Hans Herbert von Arnim
Die Deutschlandakte

Hans Herbert von Arnim

Die Deutschlandakte

Was Politiker und Wirtschaftsbosse
unserem Land antun

C. Bertelsmann

Verlagsgruppe Random House FSC-DEU-0100
Das für dieses Buch verwendete FSC-zertifizierte
Papier *Munken Premium* liefert Arctic Paper Munkedals AB, Schweden.

3. Auflage
© 2008 by C. Bertelsmann Verlag, München,
einem Unternehmen der Verlagsgruppe Random House GmbH
Umschlaggestaltung: R·M·E Roland Eschlbeck/Rosemarie Kreuzer
Satz: Uhl + Massopust, Aalen
Druck und Bindung: GGP Media GmbH, Pößneck
Printed in Germany
ISBN 978-3-570-01024-2

www.cbertelsmann.de

Inhalt

Zur Einführung 11

I Volkssouveränität und Verfassung

1 Volkssouveränität: Usurpation durch die
   politische Klasse 15
2 Verfassung: Sicherung oder Gefährdung des
   Gemeinwohls? 22
3 Politische Klasse: Der heimliche Souverän 26
4 Norm und Wirklichkeit: Die Verfassung steht nur
   auf dem Papier 30
5 Repräsentation und Partizipation:
   Dichtung statt Wahrheit 35
6 Selbstbedienung: Entscheidung der Politik in
   eigener Sache 37

II Wahlen

1 Wahlen: Das entwertete Fundamentalrecht der
   Bürger 39
2 Wahl von Abgeordneten: Inszenierter Schein 42
3 Europa: Wahl ohne Auswahl 46
4 Wahlbeteiligung: Stell' dir vor, es sind Wahlen,
   und keiner geht hin 48
5 Diskriminierung von neuen Parteien und
   Wählergemeinschaften: Politik als Closed Shop 51
6 Fünf-Prozent-Klausel: Willkommene Barriere
   gegen Konkurrenz 57
7 Europäische Union: Eine Scheindemokratie 64
8 Vorwahlen: Wider das Monopol der Parteien 68

9 Begrenzung der Amtszeit: Zwei Wahlperioden
sind genug 70

III Direkte Demokratie

1 Direkte Demokratie: Deutschland,
ein Entwicklungsland 73
2 Wie die politische Klasse den Souverän verachtet:
Hamburger Lehrstück in Machtmissbrauch 81
3 Reform der Kommunalverfassung:
Die legale Revolution 84
4 Direktwahl des Ministerpräsidenten:
Eine Antwort auf das Fünf-Parteien-System 89

IV Politische Parteien

1 Parteibuchwirtschaft: Die Kolonisierung von
Staat und Verwaltung 92
2 Staatliche Parteienfinanzierung: Die Verfassungsväter
würden sich im Grabe drehen 98
3 Parteien im Schlaraffenland: Und sie wollen
immer mehr 104
4 Parteisteuern: Wie die Parteien ihre
Zöglinge melken 111
5 Spenden an Parteien und Abgeordnete:
Institutionalisierte Korruption 114
6 Parteistiftungen: Die gesetzlosen Sechs 120
7 Der Parteienstaat: Leibholz' schweres Erbe 124
8 Parteiinterne Ochsentour: Lebensferne Tretmühle
zur Macht 126
9 Politische Parteien: Korrupte Organisationen? 129

V Abgeordnete

1 Abgeordnete: Parteifunktionäre statt
Volksvertreter 138
2 Diätenerhöhung: Wie Abgeordnete sich selbst
bedienen und die Wahrheit verdrehen 140
3 Zusatzeinkommen von Abgeordneten:
Volle Publikation unerlässlich 149

4 Landtagsabgeordnete: Volle Bezahlung
für Halbtagsjob 152

5 Freiheit des Mandats: Ein schöner Traum 157

6 Parlamentarische Unverantwortlichkeit von
Abgeordneten: Ein überholtes Vorrecht 160

7 Abgeordnetenmitarbeiter: Missbrauch
von Steuergeld 162

8 Europäische Union: Schlaraffenland für Politiker
und Parteien 164

9 Berufspolitiker: Dilettanten im Amt? 167

10 Entschädigung: Der Stein der Weisen 171

VI Parlamente

1 Die demokratische Legitimation des Bundestags:
Eine bloße politische Formel 175

2 Verbeamtung: Die sogenannte Repräsentation
des Volkes 178

3 Der lange Arm der politischen Klasse:
Der Wissenschaftspreis des Bundestags 181

4 Europaparlament: Kein Parlament 185

5 Sofortmaßnahmen: Gegen Unverantwortlichkeit
und Verdrossenheit 186

VII Gewaltenteilung

1 Erosion der Gewaltenteilung:
Eine rechtsstaatlich-demokratische
Bankrotterklärung 190

2 Minister als Abgeordnete: Ein unmöglicher
Spagat 194

3 Staatsanwälte: Am Zügel der Politik 196

4 Parteienfinanzierung: Scheinkontrolle durch das
Bundesverfassungsgericht 200

5 Hofkommissionen: Irreführung der
Öffentlichkeit 203

6 Bundespräsident: Von der Macht
eines Machtlosen 207

VIII Föderalismus und Bundesländer

1 Neugliederung der Bundesländer:
Versagen aus Opportunismus 211
2 Der gefesselte Riese: Konstitutionelle Lähmung
der Republik 214
3 Perversion der Politik:
Organisierte Unverantwortlichkeit 217

IX Gerichte

1 Prozesse von endloser Dauer:
Wer richtet die Richter? 221
2 Richter: Ohne Verantwortung? 225
3 Die Kleinen hängt man, die Großen
lässt man laufen: Der Deal im Strafprozess 227

X Wissenschaft und Schulen

1 Wissenschaft an den Problemen vorbei:
Warum Staatsrechtslehre und Politikwissenschaft
versagen 232
2 Staatsrechtslehre: Nicht ohne faschistische
U-Boote 234
3 Schulen und Lehrer: Vernachlässigung des
Wichtigsten 236

XI Medien

1 Die vierte Gewalt: Ein Teil des Problems 239
2 Politische Korrektheit: Öffentliches Leugnen
privater Wahrheit 242
3 Talkshows: Fernsehen als Parlamentsersatz? 245
4 Außen- und Europapolitik:
Mediale Inszenierung 246

XII Folgen der Wiedervereinigung

1 Die verspielte Einheit: Aus Machtstreben
und Gewinngier 249
2 Die sogenannte Bodenreform:
Unrecht aus Opportunität 254

XIII Wirtschaft

1 Der Mittelstand: Zwischen allen Stühlen 257
2 Überzogene Vorstandsgehälter trotz Misswirtschaft:
  Wer kontrolliert die Wirtschaftsbosse? 259
3 Diener vieler Herren: In der Wirtschaft ganz
  normal? 266
4 Kontrollierte Kontrolleure: »Gleichschaltung« von
  Betriebsräten 268
5 Strompreise in Deutschland: Gegen die
  Konzerne scheint kein Kraut gewachsen 272
6 Landesbanken: Vom Prestigeinstitut zum
  Klotz am Bein 274
7 Funktionäre: Unselige Macher in Politik,
  Verwaltung, Wirtschaft und Verbänden 277

XIV Lobbying und Pluralismus

1 Lobbying: Zwischen Notwendigkeit und
  Missbrauch 280
2 Pluralismus: Wunsch und Wirklichkeit 285

XV Korruption

1 Politische Korruption: In Deutschland erlaubt 289
2 Pantouflage: Wie man sein Amt ungestraft
  zu Geld macht 292
3 Sponsoring der öffentlichen Hand: Zwischen
  Wohltätigkeit, Werbung und Korruption 295
4 Whistleblower: Denunziant oder Anwalt des
  öffentlichen Interesses? 296
5 Flick-Skandal: Sturz einer Regierung 298

XVI Zukunft unserer Kinder

1 Mangelnde Nachhaltigkeit:
  Das strukturelle Defizit 301
2 Staatsverschuldung: Geißel der Nationen 305
3 Dinks (Double income, no kids):
  Verweigerung der Verantwortung 308

4 Kinderwahlrecht:
Institutionelle Stärkung der Zukunft 311

Des Buches roter Faden 314

Zum Schluss: 16 Thesen 341

Personenregister 345
Sachregister 351

Zur Einführung

Politiker und Honoratioren, die bei öffentlichen Anlässen die politischen und gesellschaftlichen Verhältnisse Deutschlands in den Blick nehmen, kommen nur allzu gern in Festtagslaune und streichen die Sternstunden der deutschen Demokratie heraus. In diesem Buch wird die andere Geschichte der Republik hinter den vollmundigen Erfolgsmeldungen erzählt. Hier trifft der Leser auf eine erschreckende Fülle von Versäumnissen, gezielten Täuschungen, Rechtsbrüchen und politischer Verantwortungslosigkeit. Aus purem Egoismus haben vor allem die politische und die wirtschaftliche Klasse in erstaunlicher Kontinuität seit den Gründungsjahren die Weichen falsch gestellt und dringend notwendige Anpassungen unterlassen. Angesichts der Unterdrückung dieser Schattenseite unserer Demokratie in der öffentlichen Diskussion erscheint es legitim, sie hier besonders hervorzuheben. Ist die Rute verbogen, so sagt schon das Sprichwort, kann man sie nur richten, indem man sie nach der anderen Seite biegt. Das Buch handelt deshalb von Tatsachen und Zusammenhängen, die aus Gründen der Ideologie und der sogenannten politischen Korrektheit meist ungenannt bleiben. Von Sachverhalten, die aus dem Sprachgebrauch verbannt, und von Begriffen, denen ein Inhalt untergeschoben wird, der mit ihrer eigentlichen Bedeutung nichts mehr zu tun hat. Die Dinge beim Namen nennen und mit den Problemen offen umgehen ist erste Voraussetzung für eine Wende zum Besseren und die Entwicklung konkreter Reformvorschläge.

Für den unvorbereiteten Leser mag die Ansammlung von Aufregern, die das Buch enthält, wie ein Schock wirken. Immerhin wird der Stoff dadurch leichter verdaulich, dass er in wohlbemessene Portionen aufgeteilt ist. In 82 in sich geschlossenen Texten, die in 16 Kapitel gegliedert sind, werden Defizite und

Auswüchse in Politik, Gerichtsbarkeit und Wirtschaft beleuchtet. Das neue Format entspricht einem vielfachen Wunsch von Lesern nach handlicher und eingängiger Darstellung. Anders als sonst bei Sachbüchern muss man sich nicht erst lange einlesen, um wirklich etwas »mitzunehmen«. Die kompakten Texte fördern Erschütterndes zu Tage, regen zu unkonventionellem Nachdenken an, und vielleicht stimulieren sie sogar zu politischem Handeln. Man kann sich je nach Geschmack in kürzester Zeit informieren oder – dank der Querverweise, des zusammenfassenden Schlusskapitels und der 16 Thesen am Ende des Buches – auch intensiver mit der Sache beschäftigen.

Das Buch ist die Quintessenz intensiver Recherchen des Autors auf der Basis jahrzehntelanger Beschäftigung mit den politisch-gesellschaftlichen Zuständen in Deutschland. Wer sich nicht vom vordergründigen Schein blenden lassen will, findet hier die richtige Anleitung und die nötige Aufklärung, die »neuen Kleider« der heute Mächtigen zu durchschauen und die politische und wirtschaftliche Klasse nackt dastehen zu sehen.

Die einzelnen Texte sind nicht isoliert aneinandergereiht, sondern werden durch ein inneres Band zusammengehalten. Indem die Ziele und Motive der Akteure – die von den öffentlich behaupteten völlig abweichen – hinterfragt werden, wird der übergreifende Zusammenhang deutlich. Das – ansonsten sorgfältig verborgene – Netzwerk hinter dem auf der Schaubühne präsentierten Politstück wird erkennbar. Zugleich zeigt sich, dass und auf welche Weise die Institutionen, die dieser Doppelzüngigkeit Vorschub leisten, allmählich von den Akteuren selbst deformiert worden sind, um ihre egoistischen Ziele besser durchsetzen zu können. Das Ergebnis ist eine krasse Diskrepanz zwischen dem öffentlich immer wieder beschworenen Ideal und den real existierenden Zuständen, die sich – angesichts der Herausforderungen, vor denen unser Gemeinwesen steht – als fatal zu erweisen droht. Denn die verdorbenen Institutionen passen nicht mehr und verlieren ihre Steuerungskraft. Die gesetzten Anreize und Schranken vermögen die Akteure in Politik, Verwaltung und Wirtschaft nicht mehr so zu dirigieren, dass ihre Entscheidungen möglichst zum Vorteil für die Gemeinschaft ausschlagen. Es herrscht ein Zustand organisierter Unverantwortlichkeit.

Die Zusammenhänge, die zur Verdeutlichung der großen Linie am Schluss dieses Buches ausführlicher dargestellt sind, werden nirgendwo sonst thematisiert, weder von der etablierten Wissenschaft noch von der Publizistik. Einzelne Problemfälle treten zwar immer wieder in Erscheinung. Oft werden sie auch skandalisiert und sind deshalb unübersehbar. Doch was diese Welt »im Innersten zusammenhält«, das eigensüchtige Streben der sogenannten Eliten, ihre weit gesponnenen Beziehungsgeflechte und die spezifische Wirkungsweise der pervertierten Institutionen, bleibt im Verborgenen. Fast alle staatlichen, wirtschaftlichen und gesellschaftlichen Wortführer halten an einem normativ aufgeladenen, aber wirklichkeitsfernen Bild von sich selbst und von der Funktionsweise unserer Institutionen fest. Die Zusammenhänge herzustellen und die Realverfassung unseres Landes hinter den auf Glanzpapier vorgeschobenen Normativverfassungen zu enthüllen gilt als tabu. Solche Entzauberung müsste, so scheint man instinktiv zu befürchten, ja auch die Grundvorstellungen, auf denen Staat und Gesellschaft beruhen, ins Wanken bringen und die Legitimität der Herrschaft im Staat, in der Wirtschaft, in Verbänden und Medien erschüttern. In Wahrheit kann nur ungeschminkte Offenheit die Basis schaffen, um die tief gehenden Defizite unseres Gemeinwesens zum Wohle aller zu beseitigen. Der Idee nach hat die Demokratie ja auch den großen Vorzug, dass sie die öffentliche Diskussion ihrer Mängel erlaubt und so einer Versteinerung vorbeugt und ihre Leistungsfähigkeit auch gegenüber neuen Herausforderungen bewahrt.

Hält man sich also nicht an die Tabuisierung – und das sollte die ureigenste Aufgabe des Wissenschaftlers sein – und schiebt den interessen- und machtbedingten Schleier beiseite, entsteht ein Gesamtbild, das zu schlüssigen Erklärungen führt und weitgehende Folgerungen für Staat und Gesellschaft erzwingt. Das dafür erforderliche theoretische Rüstzeug ist im Ansatz da und dort und in unterschiedlichen Disziplinen durchaus vorhanden. Aber auch die Wissenschaft ist schwerfällig wie ein Tanker und vermag nur ganz langsam eine neue Richtung einzuschlagen. Zudem stehen diejenigen Wissenschaftler, die sich mit Parteien, Verbänden etc. befassen, diesen meist so nahe, dass sie ihnen nicht wehtun wollen. Deshalb scheut man davor zurück, die isolierten Ansätze zu einem problemorientierten Ganzen zusammenzufügen, eine umfassende Gesamtsicht zu entwickeln und diese konsequent auf die verschiedenen Bereiche unseres Gemeinwesens anzuwenden. Genau dies aber wird im vorliegenden Buch versucht.

I Volkssouveränität und Verfassung

1 Volkssouveränität: Usurpation durch die politische Klasse

Die demokratische Bewegung hat das Gottesgnadentum, das die Herrschaft der Monarchen und des Adels über Jahrhunderte legitimiert hatte, als fromme Lüge entlarvt und an ihre Stelle die – unter gewaltigen Blutopfern erkämpfte – Volkssouveränität gesetzt. Doch die erweist sich heute ebenfalls als bloßes herrschaftsstützendes Trugbild, mit dem nunmehr eine neue politische Klasse ihrer Stellung ideologischen Glanz zu verleihen und das Volk ruhig zu stellen sucht.

Die viel beschworene Volkssouveränität, die die Basis unseres ganzen demokratischen Staatsaufbaus darstellt, ist bei genauem Hinsehen nichts weiter als eine Fiktion. Weder beruht das Grundgesetz von 1949 auf Entscheidungen des Volkes, noch hat das deutsche Volk heute über die europäische Verfassung (die nun nicht mehr so heißen darf) mit zu entscheiden – und über Erweiterungen der EU schon gar nicht.

Volkssouveränität bedeutet: Die Schaffung der Verfassung als politisch-rechtlicher Grundlage eines Gemeinwesens ist Sache des Volkes. Eine solche »Verfassung ist nichts anderes als die in Rechtsform gebrachte Selbstverwirklichung der Freiheit des Volkes. Darin liegt ihr Pathos, und dafür sind die Völker auf die Barrikaden gegangen.« So hatte es der SPD-Abgeordnete Carlo Schmid im Parlamentarischen Rat, der das Grundgesetz in den Jahren 1948 und 1949 konzipierte, formuliert. Doch darum ist es in unserer Republik schlecht bestellt. Selten war ein Volk so sehr von der Gestaltung »seiner« Verfassung ausgeschlossen wie das deutsche. Zwar behauptet die Präambel des Grundgesetzes das Gegenteil: »Das deutsche Volk« habe sich »kraft seiner verfassungsgebenden Gewalt dieses Grundgesetz« gegeben, und Art. 20 postuliert, »alle Staatsgewalt« gehe »vom Volke aus«. Die herrschende deutsche Verfassungslehre nimmt – staatstragend, wie sie ist – die vollmundigen Sätze für die Wirklichkeit und schließt daraus, die Organe der Gesetzgebung, der Verwaltung und der Gerichtsbarkeit seien schon dadurch demokratisch legitimiert, dass das Grundgesetz sie nennt. Doch die ganze Konstruktion steht auf tönernen Füßen, weil die genannten Sätze schlichtes Wunschdenken sind. In Wahrheit fehlt dem Grundgesetz selbst die erforderliche demokratische Legitimation. Die sogenannte bundesdeutsche Volkssouveränität ist ein ideologisch verbrämtes Traumgebilde.

Dass die Väter des Grundgesetzes so taten, als ob, hatte seine Gründe: Seit der Aufklärung und den darauf fußenden Menschenrechtserklärungen gelten nur solche Verfassungen als anerkennenswert, die das Volk sich selbst gegeben hat. Dieses Prinzip gehört zu den »unverletzlichen und unveräußerlichen Menschenrechten«, zu denen sich das »Deutsche Volk« gemäß Art. 1 Abs. 2 Grundgesetz ausdrücklich »bekennt«. Dementsprechend sind die 1946 und 1947 erlassenen Verfassungen der Länder der späteren Bundesrepublik regelmäßig von Versammlungen beschlossen worden, die zu diesem Zweck direkt vom Volk gewählt worden waren, und vor ihrem Inkrafttreten wurden sie vom Volk in Abstimmungen angenommen.

Alles das fehlt beim Grundgesetz. Tatsächlich waren es die westlichen Besatzungsmächte, die die Entstehung des Grundgesetzes beherrschten. Sie dekretierten den Erlass des Grundgesetzes, nahmen massiv Einfluss auf seinen Inhalt und stellten sein Inkrafttreten unter den Vorbehalt ihrer Genehmigung. Und selbst der Parlamentarische Rat war keineswegs vom Volk eingesetzt, sondern von den Landesparlamenten, die das Grundgesetz auch mehrheitlich beschlossen. Nach den Landesverfassungen waren die Landesparlamente dazu aber gar nicht befugt. Sie waren von den Bürgern für ganz andere Aufgaben gewählt worden. In ihrer Wahl konnte deshalb keine Ermächtigung zur Bundes-Verfassungsgebung seitens des Volkes gesehen werden. Und auch abschließend durften die Westdeutschen nicht über das Grundgesetz abstimmen, obwohl selbst die Alliierten dies ausdrücklich verlangt hatten (dies aber später nicht energisch durchsetzten).

Im Parlamentarischen Rat war man sich des konstitutiven Mangels auch völlig bewusst. Sein Präsident, der spätere Bundeskanzler Konrad Adenauer, bekannte freimütig: »Wir sind keine Mandanten des deutschen Volkes, wir haben den Auftrag von den Alliierten«, und Carlo Schmid sprach unumwunden von einer Form der »Fremdherrschaft«. Deshalb hatte der CDU-Abgeordnete Heinrich von Brentano, der spätere Außenminister, bei der zweiten Lesung des Grundgesetzes den Antrag gestellt, das Volk wenigstens über das Grundgesetz abstimmen zu lassen, und dies so begründet:

»Indem wir anerkannt haben, dass die Staatsgewalt vom Volke ausgeht, haben wir ein unverzichtbares, aber auch unabdingbares Recht des Volkes anerkannt, über sein politisches Schicksal selbst zu entscheiden ... Nicht wir, sondern nur die Gesamtheit des Volkes kann die Verfassung mit dem Vertrauen ausstatten und sie damit zu lebendiger Wirksamkeit bringen, die für eine gesunde Entwicklung unserer Demokratie Voraussetzung ist.«

Der Antrag fand zwar die Zustimmung der FDP und der KPD, wurde aber von der Mehrheit niedergestimmt. Damals ließ sich die Ablehnung immerhin einigermaßen plausibel begründen: Das Grundgesetz unterliege der Kontrolle der Besatzungsmächte und erfasse auch nur die Deutschen der drei westlichen Besatzungszonen. Es sei deshalb keine echte demokratische Verfassung und könne ohnehin nur vorläufigen Charakter haben, daher auch bloß die Bezeichnung »Grundgesetz«. Zudem stand der Parlamentarische Rat unter dem Eindruck einer akuten Ost-West-Krise. Das von den Sowjets blockierte Berlin musste mit »Rosinenbombern« entsetzt werden, die in Frankfurt im Minutentakt starteten und landeten – unmittelbar über den Köpfen der Ratsmitglieder. Man fürchtete, die Kommunisten würden eine Abstimmung der Demokratie-entwöhnten Deutschen als Agitationsplattform missbrauchen.

Die damaligen Argumente gegen die Verfassungsgebung durch das Volk waren allerdings durchweg zeitgebunden und sind spätestens mit der Wiedervereinigung entfallen. Die Väter der Verfassung hatten dafür in weiser Voraussicht auch Vorsorge getroffen. Denn das Grundgesetz sieht in seinem Schlussartikel 146 für den Fall der deutschen Wiedervereinigung seine eigene Ablösung vor, sobald »eine Verfassung in Kraft tritt, die von dem deutschen Volk in freier Selbstbestimmung beschlossen worden ist«. Das erforderliche Ausführungsgesetz zu dieser Vorschrift, das auch eine Initiative aus der Mitte des Volkes ermöglichen würde, hat das Parlament aber bisher zu erlassen versäumt. Dafür, dass der Weg des Art. 146 GG nach der Vereinigung nicht beschritten und die demokratische Legitimation nicht nachgeholt wurde, gibt es keine stichhaltige Begründung – außer die Machtinteressen der politischen Klasse. Auch die nach der Hitlerdiktatur zunächst von vielen unterstellte Unmündigkeit des deutschen Volkes sollte nach fünfzig Jahren demokratischer Praxis im Westen und nach erfolgreicher basisdemokratischer Revolution im Osten (»Wir sind das Volk«) inzwischen eigentlich als überwunden gelten.

Zusammenfassend muss man feststellen: Die angebliche Volkssouveränität ist eine mit den vollmundigen Behauptungen des Grundgesetzes unvereinbare Lüge, für die es heute keine Rechtfertigung mehr gibt. Teile der deutschen Staatsrechtslehre, für die z.B. Gerd Roellecke steht, geben das Fiktive der bundesdeutschen Volkssouveränität denn auch offen zu.

Das hat die gewichtige Konsequenz, dass die demokratische Legitimation, die alle Staatsorgane vom souveränen Volk herleiten, entfällt. Geht man davon aus, die Verfassung beruhe auf dem Willen des Volkes, wird nämlich auch den Institutionen, die die Verfassung geschaffen und denen sie Funktionen zugewiesen hat, eine Art demokratische Salbung zuteil. Dann erhalten Bundestag, Regierung, Präsident, Verfassungsgericht etc. verfassungsunmittelbare sogenannte institutionelle und funktionelle demokratische Legitimation (so das Bundesverfassungsgericht und die herrschende Staatsrechtslehre). Da dem Grundgesetz selbst aber die demokratische Legitimation fehlt, fällt die ganze Konstruktion in sich zusammen wie ein Kartenhaus (zur sogenannten personellen demokratischen Legitimation, die angeblich durch die Wahl des Bundestags vermittelt wird, siehe S. 42 ff.).

Der größte Teil der Staatsrechtslehrer will das Fehlen der Volkssouveränität denn auch auf gar keinen Fall wahrhaben. Zu ihnen zählt Reinhard Mußgnug. Er flüchtet in die Behelfsthese, das demokratische Defizit des Grundgesetzes sei durch die hohe Wahlbeteiligung bei der ersten Bundestagswahl im Herbst 1949 geheilt worden. Doch das widerspricht jeder

Logik: Bei Bundestagswahlen stand damals wie heute nur die Entscheidung zwischen bestimmten Parteien, die um die Regierungsbildung wetteifern, nicht aber eine Entscheidung für oder gegen das Grundgesetz zur Debatte. Die genannte These ist letztlich nur Ausdruck einer ideologischen Überhöhung des Status quo und der Maxime, dass nicht sein kann, was nicht sein darf: Eine sich als demokratisch ausgebende Verfassung *muss* demokratisch legitimiert sein. Ist sie es nicht, muss man es irgendwie hinbiegen.

Eine andere Lehrmeinung, für die z.B. der Staatsrechtslehrer und frühere Bundesverfassungsrichter Paul Kirchhof steht, versucht, die Frage, ob das Volk das Grundgesetz angenommen habe oder nicht, überhaupt als irrelevant abzutun: Da die Zustimmung der Bürger einer bestimmten Generation alle späteren Generationen ohnehin nicht binden könne, spiele es heute keine Rolle mehr, ob das Volk früher einmal zugestimmt habe oder nicht. Doch dieser Argumentation ließe sich dadurch leicht der Boden entziehen, dass man nicht nur das überfällige Ausführungsgesetz zu Art. 146 GG erließe, sondern auch *jeder* Generation das Recht gäbe, auf das Grundgesetz einzuwirken – ein Gedanke, den die Politikwissenschaftlerin Heidrun Abromeit in die Diskussion gebracht hat. Zu diesem Zweck müsste man auch auf Bundesebene Volksbegehren und Volksentscheide einführen, mittels derer das Volk das Grundgesetz jederzeit ändern könnte (was fast alle Bundes*länder* hinsichtlich ihrer Landesverfassungen bereits vorsehen). Dann wiederum könnte das Nicht-Gebrauch-Machen von der Möglichkeit, das Grundgesetz zu ändern, vernünftigerweise als Einverständnis mit dessen aktuellem Inhalt verstanden werden. Es gibt also durchaus einen Weg, die Souveränität des deutschen Volkes zu verwirklichen, und zwar die Souveränität der gegenwärtigen *und* aller zukünftigen Generationen. Man muss dem Bundesvolk lediglich ein Recht geben, das auf Landesebene ganz selbstverständlich ist.

Übrigens: Der Gedanke, jede Verfassung müsse von Zeit zu Zeit überprüft werden und jede Generation eines Volkes müsse das Recht haben, über ihre Verfassung neu zu befinden, ist zeitlos. Der Gedanke stammt von Thomas Jefferson, dem »Vater« der amerikanischen Verfassung, und er ist zum Beispiel in US-Bundesstaaten auch realisiert. In Michigan, Illinois, Missouri und anderen Staaten bestimmt die Verfassung, dass die Bürger alle zwanzig Jahre per Volksabstimmung darüber entscheiden dürfen, ob eine neue verfassunggebende Versammlung einberufen werden soll oder nicht.

In Deutschland ist die Herstellung der Volkssouveränität allerdings schwierig und stößt auf große Widerstände. Denn in die Position, die dem Volk vorenthalten wird, ist inzwischen die politische Klasse eingerückt. Sie hat die Souveränität an sich gerissen und macht gegen jeden Versuch, das zu ändern, massiv Front – nicht zuletzt dadurch, dass sie diesen Sachverhalt ideologisch verschleiert und ein gezieltes Sperrfeuer gegen jeden, der um Aufklärung bemüht ist, entfacht. In fraktions- und länderübergreifender Einigkeit gestaltet die politische Klasse die Verfassung nach ihren Belangen, vor allem die für den Erwerb und Erhalt der Macht zentralen Regeln: das Wahlrecht, die Übergröße der Parlamente, die Finanzierung von Parteien, Fraktionen und Parteistiftungen, die Überversorgung von Politikern, die parteipolitische Vergabe von Posten, die Deformation des Föderalismus und die prägende Struktur der politischen Willensbildung insgesamt. Sie wird auch direktdemokratische Elemente kaum freiwillig auf Bundesebene einführen.

Auch auf Europaebene bleibt das deutsche Volk bisher außen vor. Wichtige Abstimmungen, etwa über die Einführung des Euro, die sogenannte europäische Verfassung (auch wenn man sie seit der Regierungskonferenz von Heiligendamm vom Juni 2007 nicht mehr so bezeichnet) und die Erweiterung der EU, erfolgen nur im Bundestag – und dort auch noch im Wege bloßen Abnickens und ohne wirkliche Debatte. Das Volk bleibt ausgeschlossen, ganz zu schweigen von einer Volksabstimmung, wie sie etwa in Frankreich, Dänemark, Irland, den Niederlanden und anderen Ländern stattgefunden hat.

Dabei hatten große Teile des politischen Establishments zu Beginn des europäischen Verfassungsgebungsprozesses auch in Deutschland die Notwendigkeit einer Volksabstimmung über die europäische Verfassung selbst eingeräumt. Ministerpräsidenten wie Peter Müller (Saarland), Wolfgang Böhmer (Sachsen-Anhalt), Dieter Althaus (Thüringen) und Edmund Stoiber (Bayern) plädierten für ein Referendum. Stoiber: »Bei Fragen von fundamentaler Bedeutung darf nicht über die Köpfe der Bürger hinweg entschieden werden.« Und am 26. November 2001 sprachen sich CDU und CSU insgesamt für ein Referendum über eine europäische Verfassung aus. Doch am Ende des Prozesses hatte man alle guten Vorsätze vergessen, fiel wieder auf die Abwehrhaltung gegen direkte Demokratie zurück, und auch die Spitzen der Union fügten sich in eine rein parlamentarische Ratifikation, die dann auch noch in eine regelrechte Farce ausartete: Auf der Bundestagssitzung im Mai 2005 wurde jede Kritik von der Fraktionsregie unterdrückt. Kein Gegner des Vertragswerkes durfte ans Rednerpult. Neunzig Abgeordnete konnten ihre Erklärungen nur schriftlich zu Protokoll geben. Dahinter stand nicht zuletzt die Absicht, der kurz darauf folgenden Volksabstimmung in Frankreich durch ein geschlossenes Ja zur europäischen Verfassung ein Signal zu geben. So wurde die gesamte deutsche Volksvertretung, wie der Politikwissenschaftler Otmar Jung mit Recht kritisiert, in unwürdiger Weise »für eine außenpolitische ›Geste‹ der Demonstration instrumentalisiert«.

Dass die Entscheidungen in aller Eile über die Köpfe der Bevölkerung hinweg getroffen wurden, erstickte jede breite und tief gehende öffentliche Diskussion. Wie immer, wenn das Volk nichts zu sagen hat, fehlte jede fundierte Erörterung des Für und Wider, obwohl es um wahrhaft fundamentale Fragen ging, nämlich um die Übertragung von Teilen der Souveränität von Bonn bzw. Berlin auf Brüssel. Das Bewusstsein der politischen Klasse, die Bürger nicht überzeugen zu müssen, und das Gefühl der Bürger und Medien, doch nichts bewirken zu können, weil alles schon entschieden sei, nahm jeder großen Debatte schon im Ansatz die Motivation.

Warum eigentlich dürfen nur die Bürger anderer EU-Staaten über europäische Verfassungsfragen abstimmen und nicht auch die Deutschen? In Sachen Europa ist die direkte Mitbestimmung der Bürger genau so unerlässlich wie in grundlegenden nationalen Fragen (siehe S. 73 ff.). Über den neuen EU-Reformvertrag findet nun allerdings auch in Frankreich und den Niederlanden keine Volksabstimmung mehr statt. Begründung: Das Risiko einer Ablehnung sei zu hoch, und der Vertrag sei ja auch keine Verfassung mehr. In Wahrheit ist er fast inhaltsgleich mit dem früheren Text. Hier zeigt sich, wie die europäische Demokratie immer weiter erodiert. Immerhin: Mindestens die Iren stimmen über die europäische Verfassung ab, im Mai oder Juni 2008.

2 Verfassung: Sicherung oder Gefährdung des Gemeinwohls?

Ferdinand Lassalle sah in Verfassungen schon vor eineinhalb Jahrhunderten nichts weiter als den Ausdruck der jeweiligen Machtverhältnisse. Bloß werde das durch idealistische Konstrukte verschleiert. Lassalle wandte sich gegen die Ausbeutung der Arbeiterschaft. Wird heute aber nicht das ganze Volk ausgebeutet – durch die politische Klasse, die den Staat in Besitz genommen und die Verfassung ihren Zwecken nutzbar gemacht hat?

Seit den Ursprüngen der modernen Demokratie in den USA und in Frankreich unterscheidet die Verfassungstheorie zwischen der verfassung*gebenden* Gewalt (pouvoir constituant), die durch Erlass der Verfassung ausgeübt wird, und der durch die Verfassung *geschaffenen* Gewalt (pouvoir constitué), die jeweils durch Wahlen eingesetzt wird. Beides, der Erlass der Verfassung und die Wahl der Regierung, steht in der Demokratie dem Volke zu. Die Verfassung soll die Voraussetzungen für bürgernahe und gute Politik schaffen und die Akteure daran hindern, statt dem Wohl des Volkes ihr eigenes Wohl zu verfolgen. Sie hat vor allem drei Funktionen: die Staatsmacht demokratisch zu legitimieren, Machtmissbrauch zu verhindern und günstige Bedingungen für die Gemeinwohlgestaltung durch die Politik zu sichern. In Bundesstaaten mit kommunaler Selbstverwaltung grenzt die Verfassung zusätzlich die Kompetenzen von Bund, Ländern und Gemeinden voneinander ab.

Demokratische Legitimation verlangt, dass zunächst einmal die Verfassung selbst und damit auch alle von ihr geschaffenen Institutionen und die ihnen zugewiesenen Funktionen auf dem Willen des Volkes beruhen. Daran fehlt es beim Grundgesetz, wie wir gesehen haben (siehe S. 15 ff.). Demokratische Legitimation verlangt weiter, dass die Mitglieder des Parlaments vom Volk gewählt werden und damit auch der Kanzler, der Bundespräsident, die Verfassungsrichter und alle anderen vom Parlament gewählten Amtsträger zumindest mittelbar demokratisch legitimiert sind. Auch daran fehlt es in unserer Republik (siehe S. 42 ff. und 175 ff.).

Machtmissbrauch soll verhindert werden durch Gewaltenteilung und Grundrechte sowie deren Sicherung durch das Bundesverfassungsgericht. Günstige Bedingungen für gute Politik zu schaffen ist vor allem die Aufgabe des Wahlsystems, das den Kern des verfassungsrechtlichen Demokratieprinzips bildet.

Wie aber soll eine solche Verfassung, die auch eigennützige Akteure dazu bringt, die Interessen der Bürger, und zwar möglichst vieler Bürger, zu verfolgen, zustande kommen? Wenn sie schon nicht aus dem Willen des Volkes hervorgegangen ist, muss sie jedenfalls so gestaltet werden, dass sie zumindest als aus dem Willen der Bürger hervorgegangen *vorgestellt* werden kann. Das verlangt Unabhängigkeit und Neutralität derer, die die Verfassung konzipieren. Können Politiker, die später selbst an die Regierung kommen wollen, aber wirklich dazu gebracht werden, bei Festlegung der Spielregeln ihre Eigeninteressen zu unterdrücken? Der Sozialphilosoph John Rawls will allen einen »Schleier des Nichtwissens« überstreifen, der ihnen ihre eigenen Interessen verbirgt und so wirkliche Unbefangenheit schafft – ähnlich dem Bild der Justitia, deren Augen verbunden sind, damit sie »ohne Ansehen der Person«, also unbeeinflusst und gerecht, entscheiden kann.

Doch diese zentrale Voraussetzung für eine gute Verfassung, die Unabhängigkeit des Verfassungsgesetzgebers, liegt in unserer Republik nicht vor. Diejenigen, die die Verfassung beschließen, sind alles andere als neutral. Die Regeln des politischen Kampfes werden bei uns von den Kämpfern selbst, das heißt der politischen Klasse, gemacht. In vielen Fällen fehlt überhaupt eine grundgesetzliche Regelung. Grundlegende Bestimmungen, die eigentlich in die Verfassung gehören, werden stattdessen dem einfachen Gesetzgeber überlassen. Beispiele sind Wahlgesetze, Abgeordneten- und Ministergesetze sowie das Parteiengesetz. Sie sind materielles Verfassungsrecht, stehen aber dennoch nicht im Grundgesetz. Das erleichtert es den Kämpfern um die Macht, sie an ihren Interessen auszurichten. Die politische Klasse hat das Wahlrecht so verfälscht, dass es dem Wähler keine Wahl mehr lässt und den Wettbewerb der Personen und Parteien krass zugunsten der Etablierten verzerrt. Auch das Parteien- und das Abgeordnetenrecht hat die politische Klasse nach ihren Interessen gestaltet.

Selbst das Grundgesetz unterliegt dem Einfluss der Akteure, die es eigentlich zügeln soll. Schon auf den Parlamentarischen Rat, der das Grundgesetz konzipierte, haben spätere Nutznießer eingewirkt. Die Bevorzugung des Bundesratsmodells anstelle des Senatsmodells wurde von den davon profitierenden Ministerpräsidenten selbst durchgesetzt (siehe S. 215). Wirksame Regeln gegen die Verbeamtung der Parlamente fanden im Parlamentarischen Rat, dessen Mitglieder selbst zu sechzig Prozent aus dem öffentlichen Dienst kamen, keine Mehrheit (siehe S. 178 ff.). Zudem kann die Verfassung jederzeit geändert werden. Dazu sind Zwei-Drittel-Mehrheiten im Bundestag und im Bundesrat erforderlich, über die die Fraktionen- und Föderalismus-übergreifende politische Klasse aber verfügt. So wurde die Pflicht zur Neugliederung der Bundesländer, statt ihr zu folgen, 1976 kurzerhand aus dem Grundgesetz gestrichen (siehe S. 212). Auch die Umgestaltung unseres Föderalismus zu einem System organisierter Unverantwortlichkeit geht auf die Praxis derer zurück, denen das Grundgesetz eigentlich Vorgaben machen sollte (siehe S. 217 ff.).

Da die Verfassung in der Hand der politischen Klasse ist, sind Anpassungen an neue Entwicklungen praktisch unmöglich. Gerade das aber wäre dringend erforderlich. Wesentliche Teile des Grundgesetzes wurden aus früheren Verfassungen übernommen. Inzwischen haben sich die Verhältnisse aber völlig gewandelt, und ganz neue Mächte sind auf den Plan getreten. Die Wirklichkeit wird heute von politischen Parteien, Interessenverbänden, Medien und Großunternehmen dominiert, ohne dass es wirksame Schranken gegen Machtmissbrauch dieser Kräfte gäbe. Das bewirkt eine für unser politisches Gemeinwesen charakteristische Verschleierung der wahren Machtverhältnisse: Der vom Grundgesetz konstruierte Staat ist mit allen seinen Organisationen nur die formale Hülle, hinter der die eigentlichen machtvollen Akteure ihr Spiel treiben. Das Grundgesetz kann deshalb viele unserer aktuellen Probleme gar nicht mehr erfassen, und die erforderlichen Anpassungen nimmt die politische Klasse, die von den Defiziten profitiert, eben nicht vor. Auch für die grassierende parteipolitische Ämterpatronage und dafür, dass dagegen nichts Wirksames unternommen wird (siehe S. 92 ff.), ist die politische Klasse verantwortlich, genauso für die Verbeamtung der Parlamente und andere Verstöße gegen die Gewaltenteilung. Die bestehende Verfassung, die die Macht in Schranken halten und zum Besten der Gemeinschaft lenken soll, ist selbst eine Ausprägung der Macht.

Was die Verfassung beinhaltet, sagt letztverbindlich allerdings nicht der auslegungsbedürftige Verfassungstext, sondern das unabhängige Verfassungsgericht, das die Auslegung vornimmt. Darin könnte man einen gewissen Ersatz dafür sehen, dass der Verfassungsgeber selbst nicht unabhängig war und ist. Auch dieser Gedanke trägt allerdings nur begrenzt. Denn erstens werden die Richter von den zu Kontrollierenden ausgewählt (siehe S. 94 f.). Das beeinträchtigt ihre Unabhängigkeit, besonders, wenn gezielt Personen ins Gericht gewählt werden, die spezielle politische Formeln, Theorien und Mythen propagieren, die aus dem Geist der politischen Klasse resultieren und ihre Stellung stützen. Nur so sind Urteile etwa zur Fünf-Prozent-Klausel im Wahlrecht (siehe S. 57 ff.), zur Unmittelbarkeit der Wahl von Abgeordneten (siehe S. 42 ff.), zur Parteienfinanzierung (siehe S. 200 ff.), zu den Abgeordnetendiäten und zu Fragen direkter Demokratie (siehe S. 78) zu verstehen. Zweitens kann das Gericht nur auf Antrag der unmittelbar Betroffenen tätig werden, nicht aber auf Antrag von Bürgern, die gegen die Selbstbedienung der politischen Klasse vorgehen wollen. Die Beschränkung des Antragsrechts mindert die Kontrollkraft des Gerichts. Deshalb bestehen weiterhin Parteisteuern (siehe S. 111 ff.) und eine überzogene Steuerbegünstigung von Spenden und Beiträgen (siehe S. 102), um nur diese Fälle offensichtlicher Verfassungswidrigkeit zu nennen. Drittens kann die politische Klasse Urteile des Gerichts unterlaufen, indem sie mit Zwei-Drittel-Mehrheiten in Bundestag und Bundesrat die Verfassung ändert. Die schon erwähnte Beseitigung der Pflicht zur Neugliederung der Bundesländer und die Absicherung der sogenannten Boden reform von 1945 in der Sowjetzone (siehe S. 254 ff.) waren Beispiele. Derartiges kann allerdings auch einmal an der Öffentlichkeit scheitern, wenn das Entscheiden in eigener Sache zu offensichtlich ist. So ist im Jahre 1995 der Versuch, die Diäten von Bundestagsabgeordneten an das Gehalt von Bundesrichtern zu koppeln, gescheitert. Der Bundesrat verweigerte nach massiver öffentlicher

Kritik und einem Appell von 86 Staatsrechtslehrern seine Zustimmung. Das hielt den Bundestag aber nicht davon ab, die Gehälter von Bundesrichtern zur Richtlinie zu nehmen und darauf z. B. die jüngste Diätenerhöhung vom November 2007 zu gründen (siehe S. 140 ff.).

3 Politische Klasse: Der heimliche Souverän

Zahlreiche Missstände in Staat und Politik werden den Parteien zugerechnet. Sie wirken, so sagt man, nicht nur an der politischen Willensbildung des Volkes *mit*, wie es in Art. 21 Grundgesetz heißt, sie beherrschen sie. Dies ist zwar richtig, aber nur ein Teil der Wahrheit, der wichtigere Teil bleibt verborgen. In den Parteien gibt es nämlich ganz unterschiedliche Gruppen mit unterschiedlichen Perspektiven und Interessen. Dies zeigte die Auseinandersetzung um die Weizsäcker'sche Parteienschelte im Jahre 1992 exemplarisch. Da die Kritik des damaligen Bundespräsidenten sich pauschal gegen die politischen Parteien richtete, ließ sie Bundeskanzler Helmut Kohl, der sich als Vorsitzender der CDU getroffen fühlte, die Möglichkeit, zu seiner Entlastung die zwei Millionen Menschen anzuführen, die in den Parteien ehrenamtlich tätig sind, oft ohne für sich persönlich etwas zu erstreben. Und diese Feststellung Kohls war im Kern ja auch durchaus zutreffend. Die Kontroverse verdeckte aber das Wesentliche: In Wahrheit sind es nicht so sehr »die Parteien« als Ganzes, sondern eine zahlenmäßig kleine, aber sehr machtvolle Gruppe *innerhalb* der Parteien, die Berufspolitiker, die die Hauptverantwortung für Fehlentwicklungen tragen. Und die große Mehrheit der Parteimitglieder übt daran oft am heftigsten Kritik, ist aber meist in einer ganz ähnlichen Ohnmachtssituation wie die Bürger insgesamt, die sich außerstande sehen, etwas zu ändern. Mit dem Fortschreiten der Professionalisierung der Politik haben Berufspolitiker innerhalb der Parteien weitgehend das Sagen. Ihre Interessen und Motive prägen die parteiinterne Wirklichkeit und die Struktur der politischen Willensbildung. Die überkommene Kritik, die auf »die Parteien« insgesamt abhebt, ist auf einem überholten Diskussionsstand stehen geblieben.

In der von Berufspolitikern beherrschten Verfassungswirklichkeit geht es um Macht, Status, Posten und Geld. Die Existenz solcher Eigeninteressen kann jeder in der Politik erfahrene Beobachter bestätigen. Zwei Motive sind elementar: Das eine ist das Interesse an der Mehrheit und damit an Macht und Gestaltung, um welche Regierung und Opposition konkurrieren. Das andere vitale Interesse ist, *von* der Politik leben zu können, und zwar möglichst gut und möglichst auf Dauer. Da die Politik selbst über ihren Status entscheidet, kommt es zur Überversorgung von Politikern, zur Aufblähung der Posten und zur Abschottung gegen Konkurrenz. Hierher gehören Doppelbezüge und überzogene Altersrenten von Politikern, viel zu große Parlamente und die vielfältigen selbst gezimmerten Regeln, mit denen Politiker ihre Abwahl erschweren und möglichen Konkurrenten wenig Chancen lassen.

Das Versorgungsinteresse unterscheidet sich dadurch vom Machtinteresse, dass nicht nur *eine* Seite, also die Spitzenpolitiker der jeweiligen Regierungsparteien, es befriedigen kann, sondern gleichzeitig alle Berufspolitiker, auch die der parlamentarischen Opposition. Das Versorgungsinteresse ist also – fraktionsübergreifend – *allen* hauptberuflichen Politikern gemeinsam, so dass sie es am wirkungsvollsten nicht durch Konkurrenz, sondern durch Kooperation und Kollusion befriedigen können, und genau das geschieht in der Praxis. Gerade bei der Menge der Hinterbänkler ist das Streben nach finanzieller Absicherung besonders ausgeprägt, weil sie – anders als die politische Elite in den vorderen Rängen – dieses Interesse nicht gegen das Interesse an Macht und Mehrheit abwägen müssen. Sie kommen ohnehin nicht als Minister oder Inhaber anderer hoher Ämter infrage. Für sie persönlich ändert sich auch dann, wenn ihre Partei die Wahlen gewinnt und die Regierung übernimmt, nicht viel, jedenfalls nicht so viel, dass der Wunsch, Regierungsfraktion zu werden oder zu bleiben, die Dominanz des eigenen Versorgungsinteresses erschüttern könnte.

Das Zusammenwirken der Berufspolitiker bei der Sicherung ihrer übereinstimmenden Interessen und die daraus resultierende politische Kartellierung sind das zentrale Phänomen, das die Politikwissenschaft heute unter dem Begriff »politische Klasse« thematisiert. Ehemalige Volksparteien entwickeln sich zu »Kartellparteien«, in denen Berufspolitiker das Sagen haben und deren zentrales Kennzeichen darin liegt, dass sie ihre Position durch Nutzung staatlicher Macht-, Personal- und Geldmittel stetig verbessern und zugleich (fast) unangreifbar machen gegen die Konkurrenz aller möglichen Herausforderer, so dass neue, noch nicht etablierte politische Kräfte praktisch keine Chance haben (siehe S. 51 ff.).

Da die Interessenten selbst an den Schalthebeln der staatlichen Macht sitzen, können sie ihre Wünsche direkt in Gesetze oder Haushaltstitel umsetzen. Das betrifft nicht nur das Wahlrecht, die staatliche Finanzierung von Parteien, Fraktionen und Parteistiftungen, die Versorgung von Politikern und die parteiliche Vergabe von Posten, Behörden und Ämtern aller Art. Es betrifft vielmehr auch – und das wird in der publizistischen Diskussion noch völlig übersehen – die Prägung der Struktur und der Institutionen der politischen Willensbildung insgesamt (siehe S. 37 f.). Da Regierungsmehrheit und Opposition gemeinsam auch über die für Verfassungsänderungen nötigen Mehrheiten verfügen, werden alle rechtlichen Barrieren gegen einvernehmlich durchgesetzten Machtmissbrauch stumpf. Sie können machen, was sie wollen, ohne dass ihnen noch eine Opposition oder ein Verfassungsgericht in den Arm fällt. Da sie in der Gemeinsamkeit ihrer Interessenlage über die Spielregeln von Macht und Einfluss verfügen, sind sie quasi souverän. Damit ist die eigentlich dem Volk zukommende Souveränität auf die politische Klasse übergegangen.

Tatsächlich erschöpfen sich Macht und Einfluss der politischen Klasse darin noch keineswegs und gehen weit über die Festlegung der formalen Regelungen hinaus: Wer den Staat beherrscht, hat Einfluss auf die gültigen ideologischen Grundvorstellungen und bestimmt, wie der französische Soziologe Pierre Bourdieu dargelegt hat, letztlich die Denkkategorien mit, nach denen Politik überhaupt wahrgenommen und beurteilt wird. Die politische Klasse hat die Einrichtungen, die das Denken prägen, insbesondere die gesamte politische Bildung, fest im Griff. Die Bundes- und Landeszentralen für politische Bildung, die Parteistiftungen und die meisten Volkshochschulen sind in ihrer Hand. Kaum ein Leiter einer größeren Schule, der nicht auch unter parteipolitischen Gesichtspunkten berufen wird, Führungskräfte der öffentlich-rechtlichen Medien werden nach Parteibuch bestellt (siehe S. 92 ff.). Die politische Klasse vergibt Ämter mit dem höchsten Ansehen bis hin zum Bundespräsidenten, zu Regierungsmitgliedern und Verfassungsrichtern. Sie verleiht Orden, Ehrenzeichen und Preise (siehe S. 181 ff.) und verpflichtet sich so fast alle zur Dankbarkeit, die öffentlich etwas zu sagen haben. Das erleichtert es ihr, Nonkonformisten, die gegen den Stachel löcken und an die Wurzel gehende Kritik an den Verhältnissen äußern, als politisch inkorrekt zu brandmarken, sie notfalls auch persönlich zu diffamieren und ins politische Abseits zu stellen. Und wenn dann doch einer vom inneren Kreis der Berufspolitiker sich aufrafft, etwas Kritisches zu sagen, wie Richard von Weizsäcker mit seiner Parteienkritik, wird das von der politischen Klasse und (fast) allen ihren unzähligen Zuarbeitern als Ausdruck von Undankbarkeit, ja von Verrat hingestellt.

Berufspolitiker verfügen damit – als einzige Berufsgruppe überhaupt – nicht nur über die gesetzlichen und wirtschaftlichen, sondern weitgehend auch über die ideologischen Bedingungen ihrer eigenen Existenz. Von daher wird die von Richard von Weizsäcker beschworene Gefahr, die Parteien – oder besser: die politische Klasse – drohten sich den Staat zur Beute zu machen – mit tiefgreifenden Rückwirkungen auf das politische System und die politische Kultur insgesamt – immer realer. Es ist auf diese Weise eine Verfassung hinter der Verfassung entstanden (siehe S. 30 ff.). Die realen Machtverhältnisse sprechen der geschriebenen Verfassung vielfach Hohn und verändern allmählich auch den Charakter der Parteien selbst.

Abhilfe kann nur das Volk selbst schaffen: Nur der wirkliche Souverän besitzt das Recht und die Kraft, dem angemaßten Souverän seine illegitim usurpierte Macht wieder zu entreißen. Ohne Revolution kann das nur im Wege von Volksbegehren und Volksentscheid geschehen (siehe S. 73 ff.).

4 Norm und Wirklichkeit: Die Verfassung steht nur auf dem Papier

Gute und bürgernahe Politik hängt nicht nur von der Tüchtigkeit und Integrität der Politiker ab, sondern auch davon, dass der rechtliche Rahmen adäquat ausgestaltet ist. Darin liegt der Grundgedanke des Konstitutionalismus. Ist das aber bei uns noch der Fall? Klaffen nicht geschriebene Verfassung und Realität so weit auseinander, dass das Grundgesetz seine Funktion nur noch eingeschränkt erfüllen und die Anreize für die Politiker nicht mehr so setzen kann, dass deren Entscheidungen möglichst zum Vorteil für die Gemeinschaft ausschlagen? Stehen nicht Kernvorschriften des Grundgesetzes nur noch auf dem Papier? Wird nicht der Sinn wichtiger Verfassungsvorschriften geradezu ins Gegenteil verkehrt? Das sind nicht nur juristische Fragen, sondern sie führen mitten ins Zentrum der Fehlentwicklungen, die allgemein beklagt werden: das Partizipationsdefizit und die mangelnde Handlungsfähigkeit der Politik.

Das Grundgesetz postuliert Gewaltenteilung (Art. 20 Abs. 2 Satz 2 GG). Deshalb müssen Beamte aufgrund von Unvereinbarkeitsvorschriften ihre Rechte und Pflichten ruhen lassen, wenn sie ins Parlament eintreten. Das verlangt die Trennung von Legislative und Exekutive. Doch ausgerechnet die Spitzen der Exekutive, die Kanzler, Minister und Parlamentarischen Staatssekretäre, gehören ganz ungerührt gleichzeitig dem Parlament an (siehe S. 194 ff.).

Doch damit nicht genug: Die ins Parlament gewählten Beamten können ihre Herkunft nicht verleugnen. Sie bleiben dem öffentlichen Dienst auch deshalb verbunden, weil sie bei Beendigung des Mandats einen Rechtsanspruch auf Wiedereinstellung haben. Das erhöht die Attraktivität des Mandats und begünstigt die Verbeamtung der Parlamente (siehe S. 178 ff.). In vielen Landesparlamenten kommt mehr als die Hälfte der Abgeordneten aus dem öffentlichen Dienst. Wie sollen Beamtenparlamente noch die Verwaltung und den öffentlichen Dienst, also quasi sich selbst reformieren?

Geht es um die eigenen Diäten, um die Versorgung von Politikern und um die Parteienfinanzierung, ziehen Regierung und Opposition an einem Strang und sind sich ausnahmsweise fraktionsübergreifend einig, so dass die Kontrolle ausfällt. Ganz ähnlich ist es etwa bei der Abwehr von Wahlrechtsreformen (siehe S. 39 ff.). Statt Gewaltenteilung herrschen dann erst recht Gewaltenvermengung und Kungelei (siehe S. 37 f.).

Das Grundgesetz betont, dass Beamten- und Richterstellen nur nach persönlicher Qualifikation und fachlicher Leistung vergeben werden dürfen (Art. 33 Abs. 2 GG). Tatsächlich grassiert »Parteibuchwirtschaft« in immer weiteren Bereichen (siehe S. 92 ff.). Dann geraten auch die Grundsätze der Gesetzmäßigkeit der Verwaltung (Art. 20 Abs. 3 GG) und das Gebot, dass alle Bürger vom Staat gleich zu behandeln sind (Art. 3 GG), in Gefahr. Kann von Beamten, die ihre Stellung der parteilichen Begünstigung verdanken, wirklich erwartet werden, dass sie dem Patronageprinzip bei ihrer Amtsführung abschwören und nicht etwa ihre Parteigenossen bei der Vergabe von Aufträgen und Subventionen begünstigen?

Die Demokratie lebt von der Erwartung, dass Politik und Gesetzgebung tendenziell ausgewogene und richtige Entscheidungen hervorbringen. Tatsächlich vernachlässigt die Politik unter dem Druck von schlagkräftig organisierten Partikularverbänden leicht die wichtigen allgemeinen Interessen (siehe S. 285 ff.). Volksvertreter sind vor der Macht der Lobby völlig unzureichend geschützt. Der Straftatbestand der Abgeordnetenbestechung ist rein symbolische Gesetzgebung. Die Abgeordneten haben ihn so eng gefasst, dass er praktisch nie zur Anwendung kommen wird (siehe S. 289 ff.). Auch Zukunftsinteressen kommen typischerweise zu kurz. Der Kurzfristhorizont der Parteien- und Verbändedemokratie buttert sie unter. Die Folgen finden in der Staatsverschuldung (siehe S. 305 ff.), in der mangelnden Vorsorge für die künftige Alterssicherung, in der Überbesteuerung von Investitionen in Betriebe und in der mangelnden staatlichen Förderung von Kindern (verstanden ebenfalls als Investition in zukünftige Generationen, siehe S. 301 ff.) ihren Ausdruck.

Das Grundgesetz garantiert das Eigentum und lässt Enteignungen nur gegen Entschädigung zu (Art. 14 GG). Es schützt aber nicht vor dem gefährlichsten Zugriff des Staates auf das Vermögen seiner Bürger: Gegen Überbelastung mit Steuern und gegen Geldentwertung besteht kein grundrechtlicher Schutz, obwohl sie das Eigentum besonders nachhaltig aushöhlen können.

Das Grundgesetz, die Haushalts- und Gemeindeordnungen binden Staat und Kommunen und alle ihre Amtsträger an die Grundsätze der Wirtschaftlichkeit und Sparsamkeit. Doch kaum eine rechtliche Bindung wird in der Praxis so häufig ignoriert.

Demokratie- und Rechtsstaatsprinzip verlangen Öffentlichkeit von Staat und Verwaltung. Tatsächlich herrscht meist das Gegenprinzip des Amtsgeheimnisses (siehe S. 297). Daran haben auch die Informationsfreiheitsgesetze nicht viel geändert.

Die Verfassungen verpflichten alle Amtsträger auf das Gemeinwohl. Das impliziert uneigennütziges Handeln. Tatsächlich orientieren sich Berufspolitiker jedoch im Zweifel meist an ihren eigenen Interessen.

Das Grundgesetz verspricht allen Bürgern die unmittelbare und freie Wahl ihrer Abgeordneten (Art. 28 Abs. 1 Satz 2 und Art. 38 Abs. 1 Satz 1 GG). So steht es jedenfalls auf dem Papier. In Wirklichkeit sind alle Kandidaten, die die Parteigremien auf sichere Listenplätze gesetzt oder in sicheren Wahlkreisen nominiert haben, damit praktisch schon gewählt, nur eben nicht von den Bürgern (siehe S. 42 ff.). Nach der Verfassung genießen alle Bürger das Recht gleicher Wählbarkeit. Tatsächlich geben die Parteien Anwärtern nur nach unendlicher »Ochsentour« die Chance, an aussichtsreicher Stelle nominiert zu werden (siehe S. 126 ff.). Dabei erfolgt die Auswahl nicht primär nach der Qualität als künftiger Volksvertreter, sondern nach Proporz, parteiinternen Machtstrukturen und nach den Vorleistungen, die der Kandidat für die Partei erbracht hat. Diese Ochsentour können sich aber nur »Zeitreiche« und »Immobile« leisten. Deshalb hat – neben Verbandsfunktionären – vor allem eine bestimmte Kategorie von Beamten, besonders Lehrer, die beste Voraussetzung, ein Parlamentsmandat zu erlangen und in Partei, Politik und Parlament eine Rolle zu spielen (siehe S. 178 ff.).

Die Abhängigkeit setzt sich auch nach der Wahl fort. Als Dank für die Verschaffung des Mandats muss der Abgeordnete hohe Abgaben aus seinem staatlichen Gehalt zahlen (siehe S. 111 ff.). Zudem ist er in die sogenannte Fraktionsdisziplin eingebunden. Das Grundgesetz garantiert den Abgeordneten zwar das freie Mandat (Art. 38 Abs. 1 Satz 2 GG). Treffen sie aber Entscheidungen »nach ihrem Gewissen«, ohne dass die Fraktionsführung das Stimmverhalten ausnahmsweise einmal »freigegeben« hat, oder zahlen sie ihre – rechtswidrigen! – Parteisteuern nicht, geraten sie leicht ins innerparteiliche Abseits und müssen befürchten, bei der nächsten Wahl nicht wieder aufgestellt zu werden (siehe S. 157 ff.).

Regierungen, Fraktionen und Parteien werden durch Koalitionsvereinbarungen faktisch gebunden, die von wenigen politischen »Elefanten« ausgehandelt worden sind, und können die Vereinbarungen dann oft nur noch nachträglich abnicken und während der Legislaturperiode abarbeiten, wollen sie die Koalition nicht gefährden.

Die Verfassungen geben den Abgeordneten ausdrücklich einen Anspruch auf »eine ihre Unabhängigkeit sichernde Entschädigung« (Art. 48 Abs. 3 Satz 1 GG), also auf Kostenerstattung und Ausgleich des Einkommensverlustes. Tatsächlich erhalten alle Abgeordneten eine gleich hohe Alimentation, so dass die materiellen Anreize, ein Mandat anzustreben, typischerweise gerade die Falschen ansprechen: diejenigen, deren Einkommen sich durch die Diäten erhöht und die *von* der Politik leben wollen, statt *für* sie (siehe S. 171 ff.).

Das alles hat eine geradezu abschreckende Wirkung auf hoch qualifizierte Persönlichkeiten: Die vorherige Ochsentour können sich viel gefragte Leute schon aus Zeitgründen gar nicht leisten, die Fraktionsdisziplin nimmt dem Mandat die Attraktivität für die besten und eigenständigsten Köpfe, und die beamtenähnliche Einheitsalimentation macht das Mandat gerade für die Erfolgreichsten zu einem finanziellen Zuschussgeschäft. Hinzu kommt, dass die amtierenden Abgeordneten den Staatsapparat nutzen, um das Risiko einer Abwahl zu minimieren und Seiteneinsteigern den Weg vollends zu verlegen. So pflegen Abgeordnete ihre aus Steuermitteln bezahlten Mitarbeiter auch vor Ort einzusetzen. Das verschafft ihnen im alles entscheidenden Kampf um die parteiinterne Nominierung einen schier uneinholbaren Vorteil gegenüber allen Herausforderern (siehe S. 162 f.). Hinzu kommt, dass Landtagsmandate als Fulltimejob bezahlt werden, obwohl sie auch in Teilzeit erledigt werden können (siehe S. 152 ff.). Das setzt Mandatsinhaber in den Stand, auf Staatskosten tagein, tagaus vor Ort Nominierungswahlkampf zu führen und möglichen Herausforderern vollends keine Chancen zu lassen.

Der Bundesrat soll die Länderinteressen in die Bundespolitik einbringen. In Wahrheit wird der Bundesrat zunehmend parteipolitisch instrumentalisiert. Im Bundesstaat sollen die Länder untereinander um die beste Politik wetteifern. Tatsächlich tendieren die Länder zur Vereinheitlichung, also einer Art Ersatzzentralismus. So haben sie ihre Kompetenzen etwa in der Schul- und Hochschulpolitik praktisch an die Kultusministerkonferenz abgetreten. Da diese aber grundsätzlich nur einstimmig entscheidet, bestimmt der Schwerfälligste das Tempo des ganzen Verbandes. Die Absprachen der Länderexekutiven im Bundesrat und in vielen Hunderten von interföderalen Gremien (zum Beispiel eben in der Konferenz der Kultusminister) haben fatale Rückwirkungen: Die Landesparlamente, also die Hauptorgane der Länder, werden zunehmend ausgeschaltet – und damit auch die sie wählenden Bürger.

Laut Präambel hat das deutsche Volk sich das Grundgesetz gegeben. Tatsächlich war aber selten ein Volk so sehr von der Gestaltung »seiner« Verfassung ausgeschlossen wie das deutsche (siehe S. 15 ff.). Das Gleiche gilt für die Europaebene. Der Maastricht-Vertrag, der sogenannte Verfassungsvertrag oder die Aufnahme neuer Mitgliedstaaten vollziehen sich in Deutschland praktisch unter Ausschluss des Volkes.

Das Grundgesetz verbrieft die Offenheit des politischen Wettbewerbs und die Chancengleichheit im Kampf um die Macht. Doch was bedeuten diese majestätischen Grundsätze in der Praxis, wenn eine professionalisierte politische Klasse – über die Fraktions- und die föderalen Grenzen hinweg – Kartelle bildet, um die Regeln des Machterwerbs und der Machtausübung in ihrem Interesse zu gestalten, die eigene Existenz zu sichern und sich gegen Einwirkungen der Bürger und Wähler zu immunisieren (siehe S. 26 ff.)? Läuft das dann in letzter Konsequenz nicht auf die Umkehrung der Richtung der politischen Willensbildung hinaus, die in der Demokratie ja eigentlich von unten nach oben verlaufen sollte?

Gegen das Wuchern der Eigeninteressen der politischen Klasse gibt es letztlich nur ein wirksames Gegenmittel, die Aktivierung des Volks selbst als des eigentlichen Souveräns in der Demokratie: Das ganze System ist für den Willen der Bürgerschaft durchlässiger zu machen, das heißt, der Common Sense der Bürger muss den ihm in der Demokratie zukommenden Einfluss erhalten. Nur dann kann der Bürger wirklich mitbestimmen. Nur dann können die verkrusteten Strukturen aufgebrochen werden, nur dann können die Handlungsfähigkeit der Politik und ihr Vermögen, auf neue Herausforderungen zu reagieren, wiederhergestellt werden. Die Erkenntnis, dass letztlich allein das Volk als wirksames Gegengewicht gegen Fehlentwicklungen der repräsentativen Demokratie in Betracht kommt, folgt aus der inneren Logik der Demokratie und war in früheren Zeiten intellektuelles Gemeingut. Die Verschüttung dieser Erkenntnis beruht auf den ideologischen Selbstschutz- und Immunisierungsstrategien der politischen Klasse. Sie fürchtet mit Recht, die hier angesprochenen urdemokratischen Mechanismen könnten ihre Monopolherrschaft gefährden (siehe S. 73 ff.).

5 Repräsentation und Partizipation: Dichtung statt Wahrheit

Repräsentation im staatsrechtlichen Sinn meint Herrschaft *für* das Volk, wobei die Herrscher ihre Legitimation früher von oben ableiteten (»von Gottes Gnaden«), heute von unten (»im Namen des Volkes«). Zugrunde liegt die Vorstellung vom »repräsentativen«, d.h. uneigennützigen und am Wohl der Gemeinschaft orientierten, Amtsträger und Staatsmann, wie sie das Grundgesetz und die Landesverfassungen in der Tat postulieren. Partizipation meint dagegen die Mitentscheidung der Beherrschten, d.h. Herrschaft *durch* das Volk, also Volkssouveränität und Demokratie.

Das Verhältnis beider Grundsätze zueinander ist umstritten. Deshalb werden sie – im Streit der Politik, aber auch der Wissenschaft – vielfach gegeneinander ausgespielt, ohne dass man überprüft, ob ihre Voraussetzungen in der Realität wirklich gegeben sind. Und das ist in Wahrheit nicht der Fall. Der fiktive Charakter von Volkssouveränität und Demokratie ist teilweise geradezu offensichtlich: Dass das Volk sich eine Verfassung gegeben habe (wie es in der Präambel des Grundgesetzes heißt), trifft überhaupt nicht, und dass das Volk die Abgeordneten und politischen Programme der Parteien wähle, trifft nur sehr eingeschränkt und nur bei formal-vordergründiger Betrachtung zu.

Das wäre vielleicht hinzunehmen, wenn auf der anderen Seite wirkliche Repräsentation bestände. Und in diese Richtung geht ja auch die übliche Argumentation: Gegen einen Abbau des Demokratiedefizits und gegen ein näheres Heranrücken der Politik an den Common Sense der Bürger (etwa durch Neuerungen im Bereich des Wahlrechts und direktdemokratischer Elemente) pflegt immer wieder der Gedanke ins Feld geführt zu werden, den Repräsentanten müsse ein Freiraum gewährt werden, um ihnen auch unpopuläre politische Entscheidungen zu ermöglichen. Doch darf man das verfassungsrechtliche Gebot repräsentativen Entscheidens nicht mit der Wirklichkeit verwechseln, in der selbstverständlich auch Politiker Eigeninteressen haben, denen sie im Falle der Kollision mit Gemeinwohlerfordernissen meist Vorrang geben. Unter Berufspolitikern dominiert (wie regelmäßig unter »Professionals«) Eigennutz statt Gemeinnutz. Damit verändert der den Repräsentanten gewährte Freiraum unter der Hand seine Qualität: Statt zur Sicherung des Gemeinwohls droht er zum Instrument unkontrollierter Durchsetzung von Eigeninteressen der politischen Klasse zu werden, zur Sicherung ihrer Macht und ihres Einflusses und zur Aufrechterhaltung der »oligarchischen Strukturen«, auf denen diese beruhen. Die von den Verfassungen vorausgesetzte Grundannahme, die Repräsentanten handelten quasi automatisch für das Volk, erweist sich damit ebenfalls als Fiktion.

Lässt man die unwirklichen Idealisierungen und Fiktionen beiseite und greift auf die Verhältnisse durch, so wie sie nun einmal sind, lässt sich der Repräsentationsgedanke nicht mehr ungeprüft gegen die Bemühungen um einen stärkeren Einfluss des Volkes ausspielen. Anders ausgedrückt: Dann lässt sich das so entzauberte und auf seinen realen Gehalt reduzierte Repräsentationsprinzip nicht mehr unbesehen zur Rechtfertigung von Partizipationsdefiziten anführen.

Summa summarum: Wir haben nur in sehr eingeschränktem Maße eine Regierung *durch* das Volk und eine Regierung *für* das Volk, beide Defizite werden aber durch kunstvolle Fiktionen verdeckt. Was liegt dann aber näher, als auf jene Fiktionen ganz zu verzichten, die staatliche Willensbildung wieder stärker an das Volk heranzuführen und dadurch im Ergebnis nicht nur mehr Regierung durch, sondern auch für das Volk zu erlangen?

6 Selbstbedienung: Entscheidung der Politik in eigener Sache

Es ist ein eherner Grundsatz des Rechts, dass keine Amtsperson in eigener Sache entscheiden darf. Richter, Beamte und Mitglieder eines Stadtrats, die ein eigenes Interesse an einer Entscheidung haben, sind von der Mitwirkung ausgeschlossen – und das aus gutem Grund: Selbstbetroffenheit macht befangen, und man weiß aus praktischer und geschichtlicher Erfahrung, dass eigene Interessen der Entscheidenden leicht zu einseitigen, unangemessenen und missbräuchlichen Resultaten führen. Doch gegen den Grundsatz, dass niemand in eigener Sache entscheiden darf, verstößt die Politik geradezu chronisch, wenn es um Entscheidungen geht, die die Mitglieder eines Landesparlaments, des Bundestags oder des Europaparlaments betreffen, die aber gleichwohl durch Gesetz, also in der repräsentativen Demokratie von den Parlamentariern selbst, zu treffen sind. Die Parlamente bestimmen durch ihre Gesetzgebung, was als »Recht« verbindlich gilt, und durch die von ihnen beschlossenen Haushaltspläne, wer wie viel Geld aus der Staatskasse erhält. Die Parlamente bestehen aber ihrerseits aus Abgeordneten und Fraktionen. Haben diese am Ergebnis der parlamentarischen Entscheidungen ein unmittelbares Eigeninteresse, so kommt es zu Entscheidungen des Parlaments in eigener Sache, also zu einer Konstellation, die ansonsten in unserer Rechtsordnung verpönt ist.

Am auffälligsten wird die Problematik bei Entscheidungen des Parlaments über Abgeordnetendiäten und Parteienfinanzierung. Hier sieht das Grundgesetz zwar eine Entscheidung durch Gesetz und damit durch die Abgeordneten selbst vor. Doch die Väter des Grundgesetzes waren noch davon ausgegangen, dass Abgeordnete nur eine Aufwandsentschädigung erhielten, und eine staatliche Parteienfinanzierung hätte schon gar nicht in ihr Vorstellungsbild gepasst. Statt den Abgeordneten die Entscheidung in eigener Sache aufzubürden, sollte in solchen Fällen ein anderer die Letztentscheidung treffen, nämlich der demokratische Souverän. Das Volk sollte im Wege von Volksentscheiden eine Kontrolle über die Bezahlung von Abgeordneten und Parteien ausüben können, wie es z. B. in der

Schweiz üblich ist. Dort beziehen Parlamentsabgeordnete sehr viel niedrigere Diäten und erhalten keine staatliche Altersversorgung. Auch eine staatliche Parteienfinanzierung ist dort unbekannt. Es geht aber keineswegs nur um Fragen der Politikfinanzierung. Die Lage ist nicht weniger fatal bei Entscheidungen des Parlaments über andere Regeln des Machterwerbs und der Machtausübung, etwa das Wahlrecht, die Größe des Parlaments, die Ernennung von Amtsträgern, die Struktur des Föderalismus und andere grundlegende Verfassungsvorschriften. Auch hier sind die Politiker selbst betroffen. Sollen alle diese Regeln nicht einseitig die Interessen der politischen Klasse widerspiegeln und dieser damit praktisch die Souveränität übertragen (siehe entsprechende Texte, S. 26 ff. und 15 ff.), muss ihr die Entscheidung aus der Hand genommen werden. Dies dürfte nur im Wege direkter Demokratie (siehe S. 73 ff.) zu realisieren sein.

II Wahlen

1 Wahlen: Das entwertete Fundamentalrecht der Bürger

Wahlen sind der Schlüssel für die Legitimation von Demokratien. Das gilt besonders für rein repräsentative Systeme wie die Bundesrepublik Deutschland und die Europäische Union, in denen – mangels direktdemokratischer Elemente – Wahlen das einzige Instrument sind, mit dem die Gesamtheit der Bürger Einfluss auf die Politik, auf die politischen Organe und ihre Entscheidungen nehmen kann. Die befriedigende Ausgestaltung der Parlamentswahlen ist somit ein zentraler Prüfstein der Demokratie – mit den Worten des spanischen Kulturphilosophen und Essayisten Ortega y Gasset: »Das Heil der Demokratie hängt von einer geringfügigen technischen Einzelheit ab: vom Wahlrecht. Alles andere ist sekundär.«

Die Wahl der staatlichen Funktionäre ist im Laufe der Zeit immer noch wichtiger geworden, weil die Bedeutung und das Gewicht des Staates sich vervielfacht haben: Vor 100 Jahren nahm der Staat etwa zehn Prozent des Sozialprodukts durch Steuern und Abgaben in Anspruch. Heute sind es rund fünfzig Prozent. Früher setzte der Staat im Wesentlichen nur den Rahmen für Wirtschaft und Gesellschaft. Heute interveniert er andauernd und überall. Entsprechend zugenommen haben das Interesse und der Wunsch der Bürger mitzubestimmen, was der Staat wie und wofür tut.

Doch wie sieht es mit dem demokratischen Fundamentalrecht der Bürger in der Praxis aus? Die Vielzahl der Wahlen zum Bundestag und zum Europäischen Parlament, zu sechzehn Landesparlamenten und zu Tausenden von Kreistagen, Stadt- und Gemeindevertretungen erweckt zwar den Eindruck, die Bürger hätten unheimlich viel zu sagen, aber der Schein trügt.

Das Wahlrecht wurde im Laufe der Jahrzehnte faktisch immer mehr entwertet. Früher konnte der Bürger immerhin zwischen zwei höchst unterschiedlichen Parteilagern wählen: den Sozialdemokraten, die für mehr Staat eintraten, und liberal-konservativen Kräften, die mehr den Selbststeuerungsmechanismen von Wirtschaft und Gesellschaft vertrauten. Inzwischen sind die Unterschiede zwischen Union und SPD fast völlig abgeschliffen. Beide verfolgen, genau genommen, eine sozialdemokratische Politik. Als Volksparteien vertreten sie nicht mehr die Interessen einer bestimmten Gruppe der Gesellschaft, sondern wollen es möglichst mit niemandem verderben. Auch die drei kleineren Bundestagsparteien bieten kein wirkliches Kontrastprogramm oder müssen sich in Koalitionen den Großen fügen. Die Linke macht hier nur zum Schein eine Ausnahme, ist in Wahrheit aber sehr »flexibel«, wenn davon ihre Regierungsbeteiligung abhängt. Das sieht man am Beispiel des Landes Berlin, wo sie selbst den einschränkendsten Maßnahmen zustimmt. Die Angleichung der Politik beflügelt allenfalls eine vordergründige »Waschmittelwerbung« in der Politik, die Unterschiede wort- und bildreich vorspiegelt, nimmt aber der Frage, ob der Bürger die eine oder andere große Partei wählt, ihre Bedeutung.

Hinzu kommt, dass bei unserem Verhältniswahlrecht nach dem Einzug der Linken auch in die westlichen Landesparlamente oft nur noch Große Koalitionen oder Dreierkoalitionen eine Regierung bilden können. Die Wähler wissen dann erst recht nicht, wozu ihre Stimme führt. Zudem redet auch der Bundesrat noch mit, der oft eine andere Mehrheit aufweist. Dann tragen alle Parteien und damit keine die Verantwortung, und der Bürger und Wähler verliert vollends die Orientierung.

Umso wichtiger wäre es, dass die Bürger wenigstens die Personen, die sie repräsentieren sollen, auswählen können. Doch auch hier ist Fehlanzeige zu vermelden. Das Versprechen des Grundgesetzes, alle Bürger könnten ihre Abgeordneten frei und unmittelbar wählen (Art. 28 Abs.1 Satz 2 und Art. 38 Abs. 1 Satz 1 GG), wird nicht eingelöst. Nach dem in Deutschland bei Wahlen des Bundestags und der Landesparlamente vorherrschenden Wahlsystem haben die Parteien nicht nur praktisch das Monopol für die Aufstellung der Kandidaten. Sie haben die Regeln auch noch so gestaltet, dass sie den Bürgern sogar die Wahl der Abgeordneten selbst abnehmen. Die Parteien entscheiden, welchen Kandidaten der Erfolg von vornherein garantiert ist, indem sie sie in sicheren Wahlkreisen aufstellen oder auf vordere Listenplätze setzen, also solche, die selbst dann Mandate garantieren, wenn die Partei schlecht abschneidet (siehe S. 42 ff.). Aus diesen Gründen ist das innerparteiliche Gerangel bei der Platzierung der Kandidaten besonders groß. Hier fallen die eigentlichen Entscheidungen über politische Karrieren. Das erklärt die Härte und Intensität, mit der in den Parteigremien um die aussichtsreichen Plätze gerungen wird.

Wir haben also die paradoxe und zutiefst undemokratische Situation, dass die Mitwirkung des Bürgers an der staatlichen Willensbildung durch Wahlen immer wichtiger geworden ist, gleichzeitig aber die Wahlen immer weniger wert sind, weil der Bürger mit dem Stimmzettel nichts mehr entscheiden kann. Über die fatalen Eigenheiten unseres Wahlrechts wird offiziell wenig gesprochen. Die politische Bildung, der sich die politische Klasse seit Langem bemächtigt hat (siehe S. 93 f.), hat es bisher wohlweislich versäumt, den Bürgern das tatsächliche Funktionieren unseres Wahlsystems nahezubringen. Darüber zu sprechen verbietet die Political Correctness. Kaum ein Wähler, der sein demokratisches Grundrecht der Wahl ausübt, kennt die Konsequenzen.

Wird die Mitwirkung der Bürger immer wichtiger, ist aber das Wahlrecht völlig entwertet, muss man einerseits das Wahlrecht reformieren, andererseits nach Alternativen suchen, die dem Bürger echte Mitwirkung erlauben, etwa Elemente der direkten Demokratie (siehe S. 73 ff.). Diese sind zugleich Voraussetzung für eine Wahlrechtsreform. Denn da die etablierten Parteien und Abgeordneten mit der Reform des Wahlrechts überfordert sind, so nötig eine solche Reform auch ist, kommt ihre Durchsetzung wohl nur durch Volksbegehren und Volksentscheid in Betracht, die in den Bundesländern ja bereits eröffnet sind.

2 Wahl von Abgeordneten: Inszenierter Schein

Jahrhundertelang haben mutige Männer und Frauen für das Recht des Volkes, seine Vertreter selbst zu wählen, gekämpft und dabei häufig ihre Freiheit geopfert und ihr Leben gelassen. Heute gehört dieses Recht zu den demokratischen Selbstverständlichkeiten. In der Praxis unserer Republik werden die Wähler aber darum betrogen, und zwar auf derart raffinierte Weise, dass sie selbst es kaum merken. Da die politische Bildung fest in der Hand der politischen Klasse ist, unterlässt selbst sie die nötige Aufklärung, und auch die Medien lassen sich einlullen.

Tacheles gesprochen wird nur, wenn es um andere Länder geht. Dazu passt eine Meldung in der *Frankfurter Allgemeinen Zeitung* vom 25. Oktober 2007: »Über eine Änderung des Wahlsystems wird seit Jahren diskutiert. Es herrscht weitgehend Konsens darüber, dass die Listenwahl eine negative Auslese begünstigt, weil sich die Abgeordneten nicht persönlich vor ihren Wählern verantworten müssen.« Die Meldung bezog sich auf Rumänien. Gilt für unser starres Listenwahlrecht in Deutschland aber nicht genau dasselbe? Unter Experten bestreiten das nur ideologisch Indoktrinierte.

Die politische Klasse hat unser Wahlsystem in eigener Sache derart pervertiert, dass die Abgeordneten gar nicht mehr vom Volk gewählt werden, wie es das Grundgesetz verlangt. Wen die Parteien auf sichere Plätze setzen – und das ist oft die große Mehrheit der Abgeordneten –, der ist lange vor der Wahl praktisch schon »gewählt«, bloß eben nicht von den Bürgern. In den sogenannten »Hochburgen« der Union oder der SPD kann die dominierende Partei den Bürgern »ihren« Wahlkreisabgeordneten diktieren. Und wer im Wahlkreis verliert, kommt oft dennoch ins Parlament. Die Parteien »überlisten« die Wähler, indem sie ihre Wahlkreiskandidaten über die Liste absichern. Denn wer auf den starren, vom Wähler nicht zu verändernden Listen auf vorderen Plätzen der etablierten Parteien steht, dem kann der Wähler rein gar nichts mehr anhaben. Könnten die Bürger dagegen wirklich auswählen, würden manche »Repräsentanten« sogleich hinweggefegt. Doch genau das können die Bürger nicht: die Abgeordneten durch Abwahl für ihr Tun verantwortlich machen. Das schürt Verdrossenheit mit Politikern und Parteien und trägt zum Rückgang der Wahlbeteiligung bei (siehe S. 48 ff.).

Die Wähler *wissen* nicht einmal, wem ihre Zweitstimme zum Einzug ins Parlament verhilft, obwohl dies (einschließlich der sogenannten Überhangmandate) die Mehrheit der Abgeordneten ist. Auf den Wahlzetteln sind nur wenige aufgelistet, und welcher Wähler nimmt schon Einblick in die Landeslisten? Das wäre auch nutzlos, weil nicht zu erkennen ist, wer nach Abzug der erfolgreichen Direktkandidaten noch übrig bleibt. Es hätte aber auch deshalb gar keinen Sinn, weil der Wähler die Auswahl der Listenabgeordneten ohnehin nicht beeinflussen kann.

Wie unser Wahlsystem funktioniert, zeigt sich beispielhaft an zwei Abgeordneten, die am 11. April 2006 in einer n-tv-Talkrunde, an der auch der Verfasser teilnahm, auftraten: Peter Altmaier (CDU) war bei der Bundestagswahl 2005 im Wahlkreis Saarlouis zwar dem SPD-Kandidaten Ottmar Schreiner unterlegen, kam aber dennoch ins Parlament, weil seine Partei ihn auf der saarländischen Landesliste abgesichert hatte. Dieter Wiefelspütz (SPD) trat im Wahlkreis Hamm-Unna II an, einem sicheren Wahlkreis seiner Partei, den er erwartungsgemäß mit rund 55 Prozent der Erststimmen gewann. Im selben Wahlkreis kandidierten auch Laurenz Meyer (CDU) und Jörg van Essen (FDP). Ihre Niederlage tat ihnen aber überhaupt nicht weh, weil beide sichere Listenplätze innehatten und deshalb von vornherein feststand, dass auch sie in den Bundestag einziehen würden. Der heftige Wahlkampf in Saarlouis, Hamm-Unna II und in vielen anderen Wahlkreisen war nur ein inszeniertes Scheingefecht, das die Wähler darüber hinwegtäuschte, dass sie in Wahrheit nichts zu sagen haben. Wissenschaftliche Analysen beweisen, dass bei Parlamentswahlen in Deutschland häufig drei Viertel aller Abgeordneten längst vor der eigentlichen Wahl durch die Bürger feststehen.

Würde die zeitliche Reihenfolge vertauscht und würden die Bürger zuerst die Parteien wählen und diese erst danach festlegen, welche Personen die auf sie entfallenden Mandate erhielten, wäre der Verfassungsverstoß offensichtlich. Dann wäre unübersehbar, dass die Wahl der Abgeordneten durch die Parteien erfolgt und nicht durch das Volk. Soll es aber wirklich einen Unterschied machen, *wann* die Partei festlegt, wer die sicheren Mandate bekommt? Ob dies vor oder nach der Wahl geschieht, das Ergebnis bleibt doch dasselbe: Die Partei und nicht das Volk verteilt die Mandate.

Wie absurd dies ist, zeigt auch ein Vergleich mit der Wirtschaft: Kein privates oder öffentliches Unternehmen stellt Personen ein, die es nicht vorher gründlich auf ihre Eignung geprüft hat. Nur das »Großunternehmen« Bundesrepublik Deutschland mit mehr als achtzig Millionen Einwohnern liefert sein politisches Schicksal Personen aus, die es nicht ausgewählt hat und deren Namen es meist nicht einmal kennt.

Damit ist die ganze Konzeption von der repräsentativen Demokratie, wie sie unserer Verfassung zugrunde liegt, in Wahrheit ohne Fundament. Die Bürger können die Abgeordneten nur dann als ihre Repräsentanten ansehen und die von ihnen beschlossenen Gesetze nur dann als bindend anerkennen, wenn sie ihre Vertreter wirklich *gewählt* haben, frei und unmittelbar, wie es das Grundgesetz ja auch ausdrücklich vorschreibt. Genau das ist aber nicht der Fall. Wer ins Parlament kommt, das wird von den Parteien bestimmt.

Diese treffen die Auswahl nach ganz anderen Kriterien als das Volk. Sie verlangen von ihren Kandidaten nicht so sehr Leistung als vielmehr Bewährung innerhalb der Partei. Parteikonformes Verhalten ist Trumpf. Das gilt auch für Abgeordnete bei Abstimmungen im Parlament (siehe S. 157 ff.). Umgekehrt werden sie als »Abweichler« diskreditiert und müssen um ihre Wiedernominierung bangen, wenn sie versuchen, von ihrem (grundgesetzlich garantierten) freien Mandat Gebrauch zu machen. Aus Repräsentanten des Volkes werden vollends gebundene Parteibeauftragte, Parteisoldaten (siehe S. 138 ff.).

Die gewandelte Rolle der Abgeordneten ändert auch die Geschäftsgrundlage für ihre Bezahlung. Wer nicht von den Bürgern, sondern von der Partei gewählt und von ihrer fortbestehenden Gunst existenziell abhängig ist, muss seiner Partei für die Verschaffung des Mandats dankbar sein und als Gegenleistung »Parteisteuern« entrichten (siehe S. 111 ff.). Ein solcher – in die Partei- und Fraktionsdisziplin eingebundener – Funktionär ist hinsichtlich seiner »Bedeutung« und »Verantwortung« (die das Bundesverfassungsgericht zu den Kriterien

für die Bezahlung von Abgeordneten rechnet) ganz anders ein-
zuschätzen als der von Artikel 38 Grundgesetz geforderte unabhängige, wirklich demokratisch legitimierte Volksrepräsen-
tant. Er ist auch in gar keiner Weise zu vergleichen mit einem
vom Volk gewählten und ihm verantwortlichen Bürgermeister einer Stadt, obwohl der Bundestag, wenn es um die Höhe
der Diäten geht, diesen Typus immer wieder beschwört (siehe
S. 140ff.).

Wer das Wahlrecht ernsthaft reformieren will, muss auf viel-
fältiges ideologisches Sperrfeuer gefasst sein. Die politische
Klasse hält aus schierem Egoismus am Status quo fest. Eine
Reform könnte ja ihre Monopolmacht, über den Fortbestand
des eigenen Status zu entscheiden, schmälern. Zur Verteidigung behaupten sie immer wieder ungerührt, die Bürger wähl-
ten ihre Abgeordneten ja selbst. Sie hätten die Repräsentanten, die sie verdienten, und müssten sich auch deren Mängel
selbst zuschreiben. Diese Sicht, die die Dinge verdreht, ist auch
in den Köpfen vieler Meinungsmacher in Politik und Medien
verankert. Die starren Listen rechtfertigt man mit Spezialisten,
die man im Parlament bräuchte, die aber bei Personalwahlen
keine Chance hätten. In Wahrheit sind Berufspolitiker gerade
dadurch gekennzeichnet, dass sie Generalisten und allenfalls
Spezialisten im Bekämpfen politischer Gegner sind. Besonders
deutlich wird das bei Ministern, die von Ressort zu Ressort
springen, auch wenn sie – fachlich gesehen – von keinem eine
Ahnung haben (siehe S. 167ff.).

Trotz dieser Widerstände gibt es nichts Dringenderes als
die Reform des Wahlsystems. Zumindest müssen Vorwahlen
eingeführt werden, um den Bürgern auch in den Hochburgen
der Parteien eine Wahl zu lassen (siehe S. 68ff.). Zusätzlich
müssen die Wähler die Möglichkeit erhalten, die Listen zu
verändern, wie dies auch in vielen anderen Ländern vorgesehen ist.

Zur Durchsetzung der Reform gibt es wohl nur zwei Wege.
Ein Machtwort aus Karlsruhe könnte das derzeitige Wahlrecht
mangels Unmittelbarkeit der Wahl der Listenabgeordneten für
verfassungswidrig erklären. Völlig utopisch ist das nicht. Ein
gegenteiliges Urteil aus den Fünfzigerjahren beruhte auf der
aberwitzigen Parteienstaatsdoktrin von Gerhard Leibholz, die
das Gericht inzwischen selbst aufgegeben hat (siehe S. 124ff.).

Das Gericht würde das geltende Wahlrecht allerdings voraussichtlich nicht sofort für nichtig erklären, sondern erst nach Ablauf einer bestimmten Frist, so dass dem Gesetzgeber ausreichend Zeit für die Reform bliebe, die dann erst für eine künftige Wahl wirksam würde. Dadurch würde auch vermieden, dass mit einem Schlag dem Bundestag und allen anderen von ihm gewählten Verfassungsorganen ganz offiziell ihre Legitimation entzogen wäre, auch dem Bundesverfassungsgericht selbst. Der andere Weg ist die Volksgesetzgebung durch Volksbegehren und Volksentscheid, wie sie auf Landesebene, also für das Landtags- und Kommunalwahlrecht, jetzt schon den Bürgern offensteht.

3 Europa: Wahl ohne Auswahl

Von den 99 Abgeordneten, die Deutschland nach Brüssel entsendet, wussten im Jahre 2004 bei der letzten Europawahl 75, also mehr als drei Viertel, schon lange vorher, dass sie ins Europäische Parlament einziehen würden, weil ihre Parteien sie auf sichere Listenplätze gesetzt hatten. Die Entscheidungen waren nur scheinbar in die Hand der Wähler gelegt, in Wahrheit aber längst vor dem eigentlichen Wahltermin bereits getroffen.

Bei Europawahlen haben Deutsche nur eine Stimme. Es besteht ein reines Verhältniswahlrecht mit starren, vom Wähler nicht veränderbaren Listen. Die meisten Parteien stellen eine Bundesliste auf, nur die Union geht – aus Rücksicht auf die CSU – mit Landeslisten ins Rennen. Die Reihenfolge auf den Listen können deutsche Wähler nicht verändern. Welche Personen ins Parlament kommen, entscheiden deshalb die Parteien, indem sie die Betreffenden auf vordere Listenplätze setzen. Dieses Verfahren haben Berufspolitiker in eigener Sache etabliert, um ihre Abwahl durch die Bürger zu verhindern. Dadurch wird die vermeintliche Volkswahl der Abgeordneten allerdings zur Farce. Die Europawahlen als »*Direkt*wahlen« zu bezeichnen, wie es sich eingebürgert hat, seitdem die Europaabgeordneten nicht mehr von den nationalen Parlamenten bestimmt werden, ist eine semantische Verschleierung der Verhältnisse. In Wahrheit ist dem Wähler die Möglichkeit genommen, schlechte Politiker zur Verantwortung zu ziehen und sie durch Abwahl bei den nächsten Wahlen zu »bestrafen«. Damit verliert die Wahl ihre Funktion. Eine funktionierende Demokratie setzt mindestens voraus, dass die Bürger schlechte Politiker »ohne Blutvergießen wieder loswerden können« (Karl R. Popper). Doch genau daran fehlt es in der EU, gerade aus deutscher Sicht. So waren zum Beispiel Martin Schulz, der 2004 die Bundesliste der SPD anführte (und heute Chef der gesamten sozialistischen Fraktion des Europäischen Parlaments ist), und Klaus-Heiner Lehne, der auf Platz 6 der nordrhein-westfälischen CDU-Liste stand, mit der Nominierung durch ihre Parteien faktisch schon gewählt, obwohl sie bei der Auseinandersetzung um die EU-Diäten die Öffentlichkeit durch Falschmeldungen in die Irre geführt hatten (siehe S. 160 ff.) und die Wähler sie vielleicht nicht mehr im Parlament sehen mochten. Dasselbe gilt für Elmar Brok, den damaligen Vorsitzenden des Auswärtigen Ausschusses des Europäischen Parlaments, der auf Platz 1 der CDU-Liste Nordrhein-Westfalens stand und damit ebenfalls dem Votum der Wähler über seine Person entzogen war, obwohl er ins Gerede gekommen war, weil seine bezahlte Lobbytätigkeit für den Bertelsmann-Konzern mit der Unabhängigkeit eines Abgeordneten eigentlich unvereinbar ist.

Politiker und Feuilletonisten versuchen zwar immer wieder, dem Volk die Verantwortung für die Auswahl der Politiker zurückzuspielen. Es heißt dann, wir Deutschen hätten nun mal die Politiker, die wir verdienten. Wir hätten sie gewählt und dürften deshalb ihre mangelnde Qualität nicht beklagen. Diese These wäre aber nur dann begründet, wenn wir unsere Abgeordneten wirklich bestimmen könnten, und dies ist eben nicht der Fall – aufgrund von Wahlregeln, die sich die politische Klasse im eigenen Sekuritätsinteresse auf den Leib geschneidert hat.

Die Parteipolitik (und die von ihr beherrschte politische Bildung) pflegt dieses fundamentale Manko, das in ähnlicher Form auch hinsichtlich von Bundestagsabgeordneten besteht (siehe S. 42 ff.), totzuschweigen, es sei denn, seine Thematisierung passt ihr ausnahmsweise einmal ins Konzept. So geschehen zum Beispiel bei der Abstimmung des Bundestags über den Einsatz deutscher Truppen in Afghanistan im Jahre 2001, als man die sogenannten Abweichler der Regierungspartei

SPD zur Räson bringen wollte. Da scheuten sich Bundeskanzler Gerhard Schröder und Fraktionsvorsitzender Franz Müntefering nicht, herauszustellen, »dass alle potenziellen Neinsager nicht direkt gewählt wurden, sondern über Landeslisten ins Parlament einrückten und sich deshalb nicht auf einen direkten Wählerauftrag berufen können«. Hier räumen Politiker also selbst ein, dass auf starren Listen gewählte Abgeordnete nicht direkt vom Volk gewählt werden, wie es bei sämtlichen deutschen Europaabgeordneten der Fall ist.

In den meisten anderen EU-Mitgliedstaaten ist dies anders. Dort können die Bürger ihre Abgeordneten bei Europawahlen bestimmen. Es ist höchste Zeit, dass auch das deutsche Wahlrecht entsprechend geändert wird.

4 Wahlbeteiligung: Stell' dir vor, es sind Wahlen, und keiner geht hin

Die Beteiligung der Bürger an Wahlen sinkt und sinkt. Das dürfte nicht zuletzt Ausdruck wachsender Unzufriedenheit der Bürger mit dem politischen System und zunehmender Verdrossenheit über Politiker und Parteien sein. Diese pflegen über niedrige Wahlbeteiligung zwar lauthals zu lamentieren. Doch sie vergießen in Wahrheit nur Krokodilstränen. Wirklich weh tut ihnen die zunehmende Ohne-mich-Haltung der Bürger keineswegs, solange sie sich nur gleichmäßig auf die etablierten Parteien verteilt und keine ernst zu nehmenden neuen Parteien auftreten. Die Parteien haben deshalb kein großes Interesse an einer Umkehrung des Trends, selbst wenn sich darin ein Maß an Protest und Unzufriedenheit der Bürger mit den Leistungen der Politik zeigt, das allmählich auch unsere Demokratie selbst gefährdet.

Der Rückgang war geradezu dramatisch bei den Landes- und den Europawahlen. In den Achtzigerjahren hatte die Beteiligung an *Landtagswahlen* noch durchschnittlich 78 Prozent betragen. Bei den fünf Landtagswahlen des Jahres 2006 blieb sie dagegen stets unter der Sechzig-Prozent-Grenze und sackte in Sachsen-Anhalt sogar auf 44,4 Prozent ab. Erstmals bei einer Landtagswahl gab es mehr Nichtwähler als Wähler. In Bremen und Niedersachsen gingen im Mai 2007 bzw. im

Januar 2008 58 bzw. 57 Prozent zur Wahl – weniger als jemals zuvor in diesen beiden Ländern. Auch in Hamburg war die Wahlbeteiligung am 24. Februar 2008 mit 63,6 Prozent so niedrig wie nie vorher. Und selbst in Hessen sank die Beteiligung am 27. Januar 2008 – trotz der starken Polarisierung im Wahlkampf – auf den geringsten jemals gemessenen Wert (64,3 Prozent).

Bei den beiden letzten *Europawahlen* stürzte die Beteiligung ebenfalls ab und fiel erstmals bei Wahlen, zu denen alle Bundesbürger gerufen werden, unter die Fünfzig-Prozent-Marke (1999: 45,2 Prozent, 2004: 43,0 Prozent). Über das historische Tief konnte nicht hinwegtrösten, dass die Beteiligung an Europawahlen auch in anderen EU-Staaten zurückging und 2004 durchschnittlich nur 45,7 Prozent betrug, obwohl in einigen Ländern gesetzliche Wahlpflicht besteht, die die Beteiligung künstlich nach oben treibt. Andererseits war die Wahlbeteiligung in vielen Beitrittsstaaten geradezu grotesk niedrig (Polen: 20,9 Prozent, Slowakei 17,0 Prozent, Slowenien 28,3 Prozent, Tschechien 28,3 Prozent).

Bei *Bundestagswahlen* war die Beteiligung seit der Wiedervereinigung zunächst gestiegen, fiel dann aber zuletzt wieder ab (1990: 77,8 Prozent, 1994: 79,0 Prozent, 1998: 82,2 Prozent, 2002: 79,1 Prozent, 2005: 77,7 Prozent). Auch auf *kommunaler* Ebene ist die Wahlbeteiligung – bei großen Unterschieden zwischen den Gemeinden – generell rückläufig und erreichte im April 2007 in Sachsen-Anhalt mit 36,5 Prozent ein historisches Tief.

Die Gründe für die abnehmende Wahlbeteiligung sind wenig erforscht. Die Debatte über die Nichtwähler hat deshalb einen blinden Fleck: Es mangelt an Empirie. Für die Wahlforscher sind Nichtwähler weitgehend unbekannte Wesen. Man weiß nur, dass mehr Junge als Alte dazugehören und mehr Frauen als Männer. Über die Motive fehlen dagegen gesicherte Daten. Warum wohl? Auch hier spielt die Political Correctness mit hinein. Die Meinungsforschungsinstitute stehen den etablierten Parteien, denen sie zuarbeiten, regelmäßig nahe. Und ein wesentlicher Grund für die Wahlabstinenz dürfte die Verdrossenheit der Bürger über die Leistungen und das Erscheinungsbild der Politik sein. Hinzu kommt die Resignation der Bürger, mit ihren Wahlzetteln an den politischen Zuständen doch nichts ändern zu können. Haben die Bürger aber zu keiner der wählbaren Parteien mehr Vertrauen, bleibt nur noch eine Möglichkeit, ihren Unwillen zum Ausdruck zu bringen: die Wahlenthaltung. Die etablierte Politik trägt in ihrer Gesamtheit also Mitverantwortung für den Rückgang der Wahlbeteiligung und lässt sich das nur ungern durch konkrete Erhebungen bescheinigen.

Eine Umkehr des Trends wäre wohl nur zu erwarten, wenn die Parteien selbst ein vitales Interesse daran hätten, das heißt, wenn die sinkende Wahlbeteiligung ihnen wirklich weh täte. Dies wäre etwa der Fall, wenn die Wahl nur gültig wäre, wenn sich ein bestimmter Mindestanteil der Wahlberechtigten, z. B. fünfzig Prozent, beteiligt. Bei Volksabstimmungen in den Ländern und Gemeinden gibt es längst derartige Quoren. Volksabstimmungen sind vielfach nur gültig, wenn nicht nur die Mehrheit der Abstimmenden zustimmt, sondern auch ein bestimmter Teil der Wahlberechtigten teilnimmt (siehe S. 73 ff.). Ein ebenfalls wirksames Mittel wäre eine Regelung, nach der sich die Anzahl der Parlamentsmandate nach der Höhe der Wahlbeteiligung richtet. Die Größe der Parlamente wäre dann nicht mehr vorgegeben, sondern bestimmte sich nach der Zahl der Wähler. Das wäre nichts völlig Neues. Schon in der Weimarer Republik hing die Größe des Reichstags von den abgegebenen Stimmen ab und variierte von Wahlperiode zu Wahlperiode. Auf je 60 000 Stimmen entfiel ein Mandat. Eine derartige Regelung sollte auch bei uns eingeführt werden. Mit sinkender Wahlbeteiligung würde dann auch die Zahl der Listenabgeordneten abnehmen. Zusätzlich sollte das Parteiengesetz so geändert werden, dass die Parteien nicht immer automatisch den Maximalbetrag der Staatsfinanzierung erhalten, wie dies derzeit – ganz unabhängig von der Wahlbeteiligung – der Fall ist (siehe S. 102), sondern das Staatsgeld bei sinkender Wahlbeteiligung ebenfalls abnimmt. Dann müssten die Parteien im eigenen vitalen Interesse etwas unternehmen. Politiker fühlen sich durch die Vorenthaltung von Posten und Geld sehr viel elementarer getroffen als durch staatsbürgerliche Appelle. Deshalb würden die vorgeschlagenen Änderungen die Anreize für die politische Klasse massiv verstärken, der durch Politikerverdrossenheit und Resignation verursachten Wahlabstinenz der Bürger ernsthaft entgegenzuwirken – und zugleich den Bürgern durch Drohen mit Wahlenthaltung ein Instrument in die Hand geben, die politische Klasse zu größerer Bürgernähe und besseren Leistungen anzuspornen.

5 Diskriminierung von neuen Parteien und Wählergemeinschaften: Politik als Closed Shop

Die Erneuerung des politischen Lebens kann auf zwei verschiedene Weisen erfolgen: »erstens durch eine Reform der bestehenden Parteien, zweitens durch die Gründung neuer Parteien. Das Erste wird in der Regel umso eher der Fall sein, je weniger das Zweite behindert wird« (so der Politikwissenschaftler Rudolf Wildenmann). In der Tat, die freie Gründung neuer Parteien ist die wirksamste Sicherung gegen Machtmissbrauch der Herrschenden. Dahin geht auch die demokratische Theorie, die das Bundesverfassungsgericht bei seinen Entscheidungen immer wieder hochgehalten hat, zumindest verbal, zuletzt in einem Urteil von 2004, das der Verfasser dieses Buches für die Ökologisch-Demokratische Partei erstritten hatte: Die Möglichkeit, jederzeit neue Parteien zu gründen, bilde »einen zentralen Grundsatz der Demokratie«. Das politische System brauche »die Mitwirkung neuer Konkurrenten, aber auch der bestehenden kleinen Parteien«, nicht zuletzt wegen der Rückwirkung auf die Parteien, die im Parlament sitzen und im Hinblick auf Wahlerfolge der Kleinen gezwungen würden, sich mit deren Themen auseinanderzusetzen. So weit das Bundesverfassungsgericht.

Bürger, die sich bei den etablierten Parteien nicht mehr aufgehoben fühlen, müssten nach der Logik offenen und fairen politischen Wettbewerbs neuen Parteien eigentlich zuströmen. Angesichts grassierender Politikerverdrossenheit müssten Neugründungen, deren Exponenten es ehrlich meinen und glaubwürdig vermitteln, dass sie nicht an ihrem eigenen Fortkommen interessiert sind, sondern allein die offensichtlichsten Kritikpunkte beheben und die dafür nötigen Reformen durchsetzen wollen, eigentlich massenhaften Zulauf haben.

Doch wie sieht es in der Praxis aus? Tatsächlich haben sich die etablierten Parteien ein gewaltiges Reservoir an Ressourcen gesichert, das ihnen schier unüberwindliche Wettbewerbsvorteile gegenüber Neuen verschafft und deren Aufkommen praktisch unmöglich macht. Die Etablierten haben ein erhebliches Übergewicht an öffentlichen Mitteln, an hauptberuflichem Personal, an Organisation, an politischer Erfahrung und an bereitwilliger praktischer und mentaler Unterstützung durch Inhaber hoher Positionen, die den Etablierten ihre Karriere verdanken. Den etablierten Parteien stehen nicht nur ihre mit staatlichen Mitteln ausgebaute Organisation und hohe laufende Subventionen zur Verfügung, von denen jede neue Partei *vor* den Wahlen völlig ausgeschlossen ist, sondern auch ihre voll alimentierten Abgeordneten mit den unzähligen vom Steuerzahler finanzierten Mitarbeitern, ferner die Fraktionen, die Parteistiftungen, die politischen und politisierten Beamten, die Regierungsmitglieder und nicht zuletzt die parteilich durchsetzten öffentlich-rechtlichen Medien und sonstigen öffentlichen Institutionen bis hin zu den Verfassungsgerichten und Rechnungshöfen (siehe S. 92 ff.). Sie alle versuchen, eine neue Partei, die Aussicht auf Erfolg verspricht, mit sämtlichen Mitteln zu bekämpfen. Das Wort Richard von Weizsäckers, dass Politiker Spezialisten darin sind, wie man politische Gegner bekämpft, bestätigt sich gerade gegenüber den Neuen vielfach. Auf dem völlig von den bisherigen Spielern beherrschten Feld ist es selbst für eine Partei mit dem besten Programm und den besten Kandidaten schwer, öffentlich als seriöser Mitspieler anerkannt zu werden. Neue Parteien müssen vielmehr damit rechnen, dass die Etablierten sie gezielt diffamieren und in eine Ecke zu stellen versuchen, um sie in den Augen der Wähler unmöglich zu machen und so die lästige Konkurrenz auf ein politisches Kümmerdasein zu reduzieren.

Die Fünf-Prozent-Klausel (siehe S. 57 ff.) gibt die gewaltigen Hürden, die die politische Klasse für neue Parteien errichtet hat, also nur höchst unvollkommen wieder. Die politische Klasse beherrscht das gesamte politische Feld finanziell, organisatorisch, mental und verbal (siehe S. 242 ff.). Die Etablierten haben sich riesige Wettbewerbsvorteile gesichert. Der »politische Markt« ist nicht offen, sondern geschlossen. Die Politikwissenschaft hat die Dominanz der Etablierten neuerdings auf den treffenden Begriff »Kartellparteien« gebracht und nennt dafür als Hauptbeispiele Deutschland und Österreich.

Schaut man genauer hin, so zeigen sich noch weitere Erschwernisse für politische Herausforderer. Hier sind kommunale Wählergemeinschaften zu nennen. Sie sind zwar, formal gesehen, keine Parteien, stehen aber in Konkurrenz mit den Parteien, nehmen ihnen, wenn sie Erfolg haben, Mandate, auch voll bezahlte Ämter in den Gemeinden und Landkreisen, und damit politischen Einfluss weg. In Baden-Württemberg etwa erlangen sie bei Kommunalwahlen meist mehr Mandate als irgendeine Partei. Im Laufe ihrer Geschichte sahen sie sich deshalb regelrechten Diskriminierungskampagnen vonseiten der Parteien ausgesetzt. Das Schlimmste war, dass ihnen in den Fünfzigerjahren kurzerhand verboten wurde, an Kommunalwahlen teilzunehmen. So geschehen in Nordrhein-Westfalen, aber auch in Niedersachsen und dem Saarland. Und das Bundesverfassungsgericht, welches eigentlich für offenen und fairen Wettbewerb um Wählerstimmen sorgen soll, hatte zu solchen Killer-Vorschriften auch noch ermuntert. Das war nur vor dem Hintergrund der aberwitzigen Parteienstaatsdoktrin von Gerhard Leibholz zu verstehen, der damals die Parteienrechtsprechung des Gerichts dominierte (siehe S. 124 ff.). Das Gericht revidierte seine Auffassung zwar später. Aber die Wählergemeinschaften haben sich von dem Tiefschlag, den ihnen die Etablierten und das Gericht versetzt hatten, in den genannten Ländern nie mehr vollständig erholt.

Auch von der hohen steuerlichen Begünstigung von Beiträgen und Spenden, die die Parteien sich verschafft haben, hatten sie Wählergemeinschaften und kleine Parteien völlig ausgeschlossen, bis das Bundesverfassungsgericht schließlich ihre Teilhabe erzwang. Ebenso lenkten die im Bundestag vertretenen Parteien die direkte staatliche Finanzierung ursprünglich allein in ihre Taschen. Parteien, die nicht die Fünf-Prozent-Klausel übersprungen hatten, schlossen sie aus. Erst das Bundesverfassungsgericht zwang sie, auch hier ihre außerparlamentarischen Wettbewerber, sofern diese bei Bundestags- oder Europawahlen mindestens ein halbes Prozent oder bei einer Landtagswahl ein Prozent der Stimmen erlangt hatten, am staatlichen Geldfluss zu beteiligen. Insgesamt kommen derzeit 21 Parteien in den Genuss.

Ein späterer Versuch der Etablierten, den Kleinen den finanziellen Brotkorb doch wieder höherzuhängen, scheiterte. Sie hatten das Parteiengesetz 2002 dahin gehend geändert, dass bei mindestens *drei* Landtagswahlen ein Prozent der Stimmen erreicht werden musste. Auch diese Verschärfung hob das Bundesverfassungsgericht mit dem erwähnten Urteil von 2004 auf.

Eine Beteiligung der Freien Wähler an der direkten Staatsfinanzierung hielt das Gericht in einem Urteil von 1992 ebenfalls für unbedingt geboten (siehe S. 101), und eine von Bundespräsident von Weizsäcker eingesetzte Sachverständigenkommission unterstrich dieses Gebot nachdrücklich. Doch die zuständigen Landesparlamente, in denen natürlich nur Parteien sitzen, blockieren, und auch das Gericht ist 1998 ziemlich ungeniert wieder zurückgerudert, obwohl der Verstoß gegen den Gleichheitssatz auf der Hand liegt: Das viele Geld, das die Parteien aus der Staatskasse erhalten, ist auch für Wahlkämpfe in den Kommunen bestimmt. Und hier stehen die Parteien eben im Wettbewerb mit Wählergemeinschaften, für deren Ausschluss von staatlichem Geld es keinen Grund gibt, schon gar keinen zwingenden Grund, der die Verletzung der Chancengleichheit allenfalls rechtfertigen könnte.

Neue Parteien haben es auch sonst schwer, hochzukommen. Um überhaupt als Partei anerkannt zu werden, müssen sie sich Zulassungsverfahren stellen, bei denen die Kriterien generalklauselartig vage sind. Das schafft Rechtsunsicherheit, unter der gerade Neue besonders leiden. Zudem entscheiden ganz unterschiedliche Stellen nach unterschiedlichen Maßstäben über die Anerkennung. Das Finanzamt erteilt die Steuerbegünstigung von Beiträgen und Spenden. In ihren Genuss kommen derzeit rund neunzig Parteien. Kommunale Behörden prüfen, ob die für die Teilnahme an Wahlen erforderlichen Unterstützungsunterschriften den komplizierten Anforderungen genügen. Letztlich entscheiden über die Zulassung zu Parlamentswahlen Bundes- und Landeswahlleiter sowie Kommissionen, die ausschließlich mit Mitgliedern der Etablierten besetzt sind.

Bis neue Parteien also überhaupt die Möglichkeit erhalten, um Stimmen zu werben, gehen sie einen schweren Gang, und man kann sich des Eindrucks nicht erwehren, dass die Etablierten den Weg absichtlich mit Fallstricken gepflastert haben. Schließlich bedrohen Herausforderer den von ihnen mit allen Mitteln verteidigten Status quo, auch unmittelbar finanziell: Selbst wenn die Neuen nicht ins Parlament einziehen, schmälern sie den Etablierten die Staatsmittel. Denn der Topf, der für alle Parteien zusammen zur Verfügung steht, ist durch die absolute Obergrenze gedeckelt (derzeit 133 Millionen Euro jährlich). Die Zuweisungen, die neue und kleine Parteien erhalten, gehen den Etablierten also zwangsläufig »verloren«.

Überhaupt sind die Vorschriften ungereimt und nicht aufeinander abgestimmt. Staatliche Zuschüsse erhalten nur solche Parteien, die bei Wahlen mindestens in einem Land ein Prozent der Wählerstimmen erreicht haben. Die Steuervergünstigung ist dagegen an kein Wählerstimmen-Quorum gebunden. Die unterschiedliche Behandlung ist nicht nachzuvollziehen. In beiden Fällen geht es um die Förderung von Beiträgen und Spenden an Parteien, das eine Mal durch staatliche Zuschläge, das andere Mal durch staatlichen Steuerverzicht. Hinzu kommt eine weitere Ungereimtheit: Wer in einem Land ein Prozent der Stimmen erreicht hat, erhält nur in diesem Land die 0,85 Euro pro Wählerstimme (siehe S. 102). Dieselbe Partei kassiert die staatlichen Zuschläge von 38 Prozent auf Beiträge und Spenden aber in sämtlichen Ländern.

Bei den eigentlichen Wahlen werden neue und kleine Parteien schon dadurch psychologisch benachteiligt, dass sie erst am unteren Ende der Wahlzettel aufgeführt werden. Die im Parlament bereits vertretenen Parteien stehen am Anfang. Fair und auch verfassungsrechtlich geboten wäre ein Auslosen der Reihenfolge.

Trotz allem enthält die staatliche Parteienfinanzierung für kleine Parteien auch ein gewaltiges Verführungspotenzial: Wer in einem Bundesland, und sei es nur in Bremen, Hamburg oder Berlin, ein Prozent der Wählerstimmen erlangt, erhält mit einem Schlag auf sämtliche Spenden und Beiträge einen staatlichen Zuschlag. Hinzu kommt die steuerliche Begünstigung in Höhe von ca. fünfzig Prozent dieser Zuwendungen. Das verführt dazu, Spenden zu erfinden, zumal auch der Verzicht auf Ansprüche als Spende an die Partei dargestellt werden kann. Da die Schatzmeister der etablierten Parteien bisher eine wirksame Kontrolle der Parteifinanzen verhindert haben, brauchen Parteien normalerweise nicht zu befürchten, dass Manipulationen rauskommen. Die günstige Gelegenheit, beim Staat Geld lockerzumachen bei gleichzeitig praktisch fehlender Kontrolle, muss geradezu zu Tricksereien verführen. Das gilt besonders, wenn kleinere Parteien in die Jahre kommen, wegen der Fünf-Prozent-Klausel kaum noch Chancen sehen, in ein Parlament einzuziehen, und ihre Funktionäre vornehmlich um der staatlichen Finanzierung willen an der fortdauernden Existenz der Partei interessiert sind. Genau das war offenbar das Schicksal der Partei »Die Grauen Panther«. Im Jahre 2007 stellte sich heraus, dass sie mit systematischen Betrügereien eine gewaltige Fülle von Spenden vorgespiegelt hatten, um die darauf entfallenden Staatszuschüsse zu ergattern. Bezeichnend ist, dass sie derartige Manipulationen schon seit mehr als einem Jahrzehnt praktizieren, ohne dass ihnen – aufgrund der fehlenden Kontrollen – jemand auf die Finger geklopft hätte. Das Ganze kam nur dadurch raus, dass aus dem inneren Kreis heraus die Staatsanwaltschaft informiert wurde. Die Ermittlungen dauern noch an, die Partei steht vor der Auflösung.

Trotz dieser Erschwernisse und Verführungen, denen neue und kleine Parteien ausgesetzt sind – ganz aussichtslos erscheint das Unterfangen, sich durch Gründung einer neuen Partei Einfluss zu verschaffen und die von den etablierten Parteien vernachlässigten oder gar verursachten Probleme anzupacken, nicht, sofern es charismatischen Persönlichkeiten gelingt, das organisatorische Problem einigermaßen in den Griff zu bekommen und das vielstimmige Gegenfeuer der Etablierten zu durchstoßen. Und gut und fruchtbar wäre es für unsere politische Landschaft allemal. In dem Maße, in dem neue Parteien ernst zu nehmen wären, zwängen sie schon im Vorfeld durch ihre bloße Existenz auch die bisherigen Parteien – bei Strafe der Minderung ihrer Macht –, die (vom Bürger honorierten) Anliegen zu kopieren. Diese indirekte Wirkung des politischen Wettbewerbs, die die alten Parteien veranlasst, wählerattraktive Programmpunkte einer neuen Partei zu übernehmen, wäre wohl der wichtigste Effekt solcher Parteigründungen. So hat auch die erfolgreiche Neugründung der Siebzigerjahre, die Grünen, inzwischen alle anderen Parteien dazu gebracht, dem Umwelt- und dem Minderheitenschutz verstärktes Gewicht zu geben.

6 Fünf-Prozent-Klausel: Willkommene Barriere gegen Konkurrenz

Sperrklauseln erwiesen sich für die Parteien, die an der Macht sind, von Anfang an als probates Mittel, kleinere Parteien auszuschalten und damit die Wirkung der alliierten Lizenzierungspolitik, die nach 1945 zunächst nur wenige Parteien zu den Wahlen zuließ, fortzusetzen. Es geht, ohne dass dies offen eingestanden wird, meist um reine Machtpolitik. Objektive, sachliche Gründe für die Sperrklausel werden oft nur vorgeschoben.

So wurde z. B. in die Bayerische Verfassung eine Sperrklausel von zehn Prozent geschrieben, um der CSU auf kaltem Wege politische Konkurrenten vom Hals zu halten. Erst sehr viel später, als der CSU nach der verlorenen Bundestagswahl von 1972 klar wurde, dass ein Regierungswechsel in Bonn künftig wohl nur mit der FDP möglich wäre (und zudem alle anderen möglichen kleineren Koalitionspartner inzwischen verdrängt waren), befürwortete die CSU plötzlich eine Senkung der bayerischen Sperrklausel auf fünf Prozent, was, wie der bayerische Ministerpräsident und spätere Kanzlerkandidat Franz Josef Strauß in einem Interview freimütig einräumte, als Bonbon für die FDP gedacht war.

Auch die Fünf-Prozent-Klausel im Bundestagswahlrecht und ihre spezifische Ausgestaltung beruhen auf gemeinsamen Machtinteressen der Bundestagsparteien, wie die Geschichte belegt. Die Väter des Grundgesetzes hatten sich im Parlamentarischen Rat noch gegen Sperrklauseln ausgesprochen. Man hatte zwar erwogen, eine Ermächtigung zu ihrem Erlass ins Grundgesetz einzufügen. Dies war aber mehrheitlich abgelehnt worden, und es hatte Einigkeit bestanden, dass ohne eine solche Ermächtigung Sperrklauseln gegen die verfassungsrechtlich gewährleistete Wahlgleichheit verstoßen. Hieraus hatte der Parlamentarische Rat folgerichtig die Konsequenz gezogen und in dem von ihm am 10. Mai 1949 beschlossenen Gesetz für die Wahl des ersten Deutschen Bundestags keinerlei Sperrklausel vorgesehen. Eine solche wurde erst durch Intervention der Ministerpräsidenten der Länder hinzugefügt, und die Militärgouverneure der Besatzungsmächte ordneten – praktisch in

Fortführung ihrer Lizenzierungspolitik – die Anwendung des so geänderten Wahlgesetzes am 13. Juni 1949 an, so dass die Fünf-Prozent-Hürde bereits bei der ersten Bundestagswahl zum Einsatz kam.

Wie sehr die Fünf-Prozent-Klausel Spielball reiner Machtinteressen war, zeigte sich bei den parlamentarischen Beratungen für das Wahlgesetz zum zweiten Deutschen Bundestag. Eine Mehrheit hatte sich bereits auf die Absenkung der Sperrklausel auf drei Prozent geeinigt, und auch der geänderte Regierungsentwurf sah nur noch ein solches abgesenktes Quorum vor. Doch plötzlich schwenkten die Freien Demokraten um. Das geschah in der Hoffnung, die noch kleineren Parteien auszumanövrieren und als einziger Koalitionspartner der CDU/CSU übrig zu bleiben. Am Ende wurde statt einer Senkung der Klausel eine Verschärfung beschlossen. Die Klausel blieb bei fünf Prozent, wurde aber – ohne irgendeine nachvollziehbare sachliche Begründung – dadurch verschärft, dass man diesen Prozentsatz nunmehr nicht nur in einem Bundesland, sondern im ganzen Bundesgebiet erlangen musste, was den Zugang zum Bundestag für kleinere Parteien gewaltig erschwert. Denn um überhaupt eine Chance zu haben, müssen sie regelmäßig erst einmal in *einem* Land um Unterstützung werben.

1956 wurde die sogenannte Alternativklausel verschärft: Statt *einem* Direktmandat waren nun *drei* erforderlich. Seither benötigt eine Partei, um an der Mandatsvergabe beteiligt zu sein, mindestens fünf Prozent der Zweitstimmen oder drei Direktmandate. Auch diese Änderung erfolgte auf Betreiben vor allem der FDP, der die Verschärfung nicht gefährlich werden konnte, wohl aber allen übrigen kleineren Parteien. Die FDP war nicht auf die Alternativklausel angewiesen, da die Fünf-Prozent-Hürde – damals – für sie stets leicht überwindbar erschien.

Das rein machtpolitisch motivierte Konzept ging schließlich auf: Während im ersten Bundestag außer der Union, der SPD und der FDP noch sieben weitere Parteien vertreten waren und im zweiten Bundestag noch drei, gab es im 1957 gewählten dritten Bundestag nur noch eine, die Deutsche Partei, die mithilfe der Drei-Mandats-Klausel und Wahlkreisabsprachen mit der CDU den Eintritt in den Bundestag geschafft hatte. Ab 1961 bestand dann genau das von der FDP anvisierte Drei-Parteien-System, in dem die FDP, wenn man von der Großen Koalition (1966–1969) absieht, in der Tat fast vier Jahrzehnte lang die Zünglein-an-der-Waage-Rolle für die Regierungsbildung innehatte, was ihr einen überproportionalen, weit über ihren Wähleranteil hinausgehenden Einfluss verschaffte. Die FDP verhalf bis 1966 den CDU/CSU/FDP-Regierungen Adenauer und Erhard zur Mehrheit, ab 1969 den SPD/FDP-Regierungen Brandt und Schmidt und von 1982 bis 1998 der CDU/CSU/FDP-Regierung Kohl.

Die Ausschlusswirkung der Sperrklausel wurde mit der Wiedervereinigung noch weiter verschärft. Jetzt müssen in der um ein gutes Drittel größeren Republik fünf Prozent erlangt werden. Für die Bundestagswahl von 1990, der ersten nach der Vereinigung, hat das Bundesverfassungsgericht dies allerdings für verfassungswidrig erklärt. Parteien, die bis dahin nur in einem Teil Deutschlands erfolgreich gewesen waren, hatten es schwer, auch im anderen Teil Fuß zu fassen. Die daraus folgende faktische Verschärfung der Sperrklausel verstieß gegen die Chancengleichheit der Parteien. Doch neue Parteien, die zunächst nur in einem Bundesland (oder in wenigen Bundesländern) anfangen, sehen sich regelmäßig ebenfalls einer faktischen Verschärfung gegenüber, und zwar in noch viel größerem Maße.

Um kleinere Parteien nicht aufkommen zu lassen, wurde die Fünf-Prozent-Klausel sogar auf die Europawahlen erstreckt, obwohl sie dort erst recht keinen Sinn macht, weil die Bildung einer stabilen Regierungsmehrheit auf europäischer Ebene nicht gewährleistet werden muss. Denn das Parlament hat weder auf die Bildung des Ministerrats noch der Kommission entscheidenden Einfluss. Zudem trägt das Zersplitterungsargument auch aus einem anderen Grund nicht. Im Europäischen Parlament sind rund 150 Parteien vertreten, von denen die meisten sehr viel kleiner sind als deutsche Parteien, die an der Sperrklausel scheitern.

Wie schwer sich Politiker tun, eine einmal eingeführte Sperrklausel wieder zu beseitigen, zeigt auch das Kommunalrecht. Hier besteht die Sperrklausel in wenigen Bundesländern fort, obwohl inzwischen die Bürgermeister und Landräte direkt vom Volk gewählt werden und damit der frühere Hauptgrund für die Sperrklausel, nämlich die Erleichterung der Mehrheitsbildung bei der Wahl des Bürgermeisters und des Landrats durch den Gemeinde- oder Kreistag, weggefallen ist. In Ländern wie Baden-Württemberg und Bayern, in denen die Bürgermeister von Anfang an direkt gewählt wurden, gab es bei Kommunalwahlen nie Sperrklauseln. In Nordrhein-Westfalen und in Mecklenburg-Vorpommern haben die Landesverfassungsgerichte die Sperrklausel nach Einführung der Direktwahl von Bürgermeistern und Landräten beseitigt. Andere Länder wie Hessen sind von sich aus gefolgt.

Durch ein Urteil des Bundesverfassungsgerichts vom 13. Februar 2008 wurde die Sperrklausel auch in Schleswig-Holstein abgeschafft. Jetzt haben unter den Flächenländern nur noch Thüringen und das Saarland eine Fünf-Prozent-Klausel und Rheinland-Pfalz eine 3,03-Prozent-Hürde, und die sind auch verfassungswidrig und werden nicht mehr lange Bestand haben.

Das eigentlich Problematische an Sperrklauseln ist der praktische Ausschluss neuer Parteien aus den Parlamenten und die dadurch bewirkte Versteinerung des politischen Systems, das zur »geschlossenen Gesellschaft« degeneriert. Die Klausel wird so zum Bollwerk der herrschenden Parteien zur Absicherung vor Konkurrenz. Neue Parteien fangen im Allgemeinen klein an und wachsen dann erst allmählich heran. Dabei behindert sie die Sperrklausel noch weit stärker, als die Zahl von fünf Prozent signalisiert. Denn einmal können sie am Anfang regelmäßig nur in einem Land Fuß fassen, die fünf Prozent beziehen sich aber auf die ganze Republik. Das Bundesverfassungsgericht hat selbst in einer Entscheidung von 2004 darauf hingewiesen, dass »der Aufbau einer Partei, das Werben um Parteimitglieder, das Besetzen von politischen Themen und das Erschließen von Wählerschichten« erschwert werden, wenn »die Anstrengungen auf mehrere Länder verteilt« werden müssen. Das Gericht hat deshalb das Erlangen von einem Prozent der Stimmen in *einem* Land ausreichen lassen, damit kleine Parteien an der staatlichen Bezuschussung von Beiträgen und Spenden im ganzen Bundesgebiet teilnehmen, und die sogenannte Drei-Länder-Klausel, die ein Prozent in *drei* Ländern vorsah, wegen Verstoßes gegen die Chancengleichheit kassiert. Wie viel schwerer aber ist es, im ganzen Bundesgebiet, also letztlich in allen *sechzehn* Ländern, zu reüssieren und das auch noch mit (durchschnittlich) fünf Prozent!

Zum Zweiten kommen die Stimmen einer Partei, die unter der Sperrklausel bleibt, den Parlamentsparteien im Verhältnis ihrer Größe zugute, also auch denen, welche die betreffenden Wähler möglicherweise zutiefst ablehnen. Aus Furcht vor solchen Konsequenzen schrecken Bürger oft auch dann vor der Wahl kleiner Parteien zurück, wenn sie sie sonst gewählt hätten. Eine Partei, deren Anhängerschaft im Volk zum Beispiel sechs oder sieben Prozent beträgt, kann aufgrund der psychischen Vorwirkung der Klausel dennoch ein Opfer der Sperre werden. So verfälscht die Sperrklausel die Wahlergebnisse noch mehr.

Im Übrigen hat die Sperrklausel Fernwirkungen, die weit über die zahlenmäßigen Werte hinausgehen. Parteien, die an der Hürde scheitern, fehlt das öffentlichkeitswirksame Forum des Parlaments. Sie drohen schon deshalb von den Bürgern gar nicht wahrgenommen zu werden. Zudem haben die Parlamentsparteien sich mittels ihrer Machtstellung im Staat eine Fülle von Vorteilen verschafft, die kleine Parteien im Wettbewerb ins Hintertreffen versetzen, vor allem zahlreiche Formen der Parteien- und Politikfinanzierung. Dazu gehört die staatliche Finanzierung der Parlamentsfraktionen und der Parteistiftungen, die – kraft ihres rasanten Wachstums – inzwischen einen sehr viel größeren Umfang erreicht hat als die eigentliche Parteienfinanzierung, an der allein auch die kleinen, nicht im Parlament vertretenen Parteien beteiligt sind, wenn sie etwa bei Bundestagswahlen über 0,5 Prozent der Stimmen erlangt haben (siehe S. 98 ff.). Ihre Beteiligung soll der Chancengleichheit dienen, doch auch die Aktivitäten der Fraktionen und Stiftungen werden von den Wählern ihren Mutterparteien zugerechnet und kommen ihnen deshalb im Wettbewerb um Wählerstimmen zugute, und davon sind kleine Parteien ausgeschlossen.

Hierher gehört auch die Finanzierung von Landtagsabgeordneten. Sie haben ihre Tätigkeit zu voll alimentierten und überversorgten Fulltime-Jobs aufgebläht – und das, obwohl die Aufgaben der Landesparlamente im Laufe der Zeit drastisch zurückgegangen sind (siehe S. 42 ff.). Die Überfinanzierung gibt den Parteien die Möglichkeit, ihre Abgeordneten als

»vom Landtag bezahlte Parteiarbeiter von Montag bis Freitag einspannen zu können« (so der ehemalige Bundestagspräsident Kai Uwe von Hassel). So können die Abgeordneten ihrer Parteigliederung auf Staatskosten auf vielfache Weise dienstbar sein und sich etwa in ihrer Stadt in einer Intensität für die Partei einsetzen, wie dies normalen Berufstätigen unmöglich ist. Kleine Parteien ohne Landtagsabgeordnete verfügen nicht über solche Formen verdeckter Staatsfinanzierung.

Ganz ähnlich verhält es sich mit Abgeordnetenmitarbeitern, die die Parlamentarier im Bund, in den Ländern und in Europa erhalten. So verfügt z.B. jeder Bundestagsabgeordnete über fast 15 000 Euro im Monat für die Bezahlung von Mitarbeitern und beschäftigt im Durchschnitt sechs, die er oft – mehr oder weniger verbrämt – auch für Parteiarbeit einsetzt. Auch diese Form der verdeckten Staatsfinanzierung verschafft den Etablierten beträchtliche Wettbewerbsvorteile gegenüber kleinen Konkurrenten.

Hinzu kommt die Parteibuchwirtschaft (siehe S. 92 ff.). Sie stellt einen gravierenden Missstand des bundesrepublikanischen Parteienstaats dar. Aber sie grassiert nun mal. Wer nicht das Parteibuch einer etablierten Partei besitzt, kann vom Zugang zum öffentlichen Dienst oder jedenfalls vom Weiterkommen im öffentlichen Dienst praktisch ausgeschlossen sein. Für Mitglieder kleiner Parteien kann das gewichtige Karrierenachteile mit sich bringen und die Attraktivität solcher Parteien erheblich schwächen.

Patronage macht auch vor den Verfassungsgerichten nicht halt, die fast ausschließlich aus Mitgliedern der Parlamentsparteien oder diesen nahestehenden Personen bestehen. Das ist zwar verfassungswidrig. Doch wer anders könnte das feststellen als die Gerichte selbst? So können die etablierten Parteien nicht nur die Spielregeln des Wettbewerbs mit ihren Herausforderern zu ihren Gunsten gestalten, sondern auch noch die Schiedsrichter bestimmen, die über die Angemessenheit dieser Regeln wachen sollen. Ob diese dann noch ganz unvoreingenommen sind, wenn es um Auseinandersetzungen zwischen den Parlamentsparteien, denen sie ihr Amt verdanken, und ihren Herausforderern geht, kann man mit Fug bezweifeln.

Doch das ist noch nicht alles. Die Etablierten haben kleinen und neuen Parteien noch weitere Erschwernisse in den Weg gelegt. Das gewichtigste sind die Unterschriftsquoren: Parteien, die weder im Bund noch in einem Land im Parlament vertreten sind, müssen für ihre Zulassung zur Bundestagswahl eine große Zahl von Unterschriften von Personen beibringen, die ihre Kandidatenliste unterstützen. Etablierte Parteien sind davon befreit. Pro Bundesland sind das zwischen 500 und 2000 Unterschriften, was bei einer bundesweiten Wahlteilnahme, ohne die ein Überspringen der auf das ganze Wahlgebiet bezogenen Fünf-Prozent-Klausel ohnehin regelmäßig chancenlos ist, etwa 28 000 Unterschriften ausmacht. Dabei muss man bedenken: Wer unterschreibt, weist sich als Unterstützer der neuen Kraft aus, was Schwierigkeiten auch gesellschaftlicher und wirtschaftlicher Art mit sich bringen kann, die eigentlich das Geheime der Wahl verhindern soll, was hier aber eben aufgehoben ist. Erleichtert wird das Sammeln von Unterschriften dadurch nicht. Dieses artet für kleine Parteien ohnehin zur Dauerbeschäftigung aus, die die begrenzten Kapazitäten vom eigentlichen Wahlkampf abhält und einen Erfolg bei Wahlen erst recht unwahrscheinlich macht.

Obwohl die Fünf-Prozent-Klausel und ihre gewichtigen Folgewirkungen für kleine Parteien das Grundrecht der gleichen Wahl der Bürger und der gleichen Wählbarkeit der Parteien schwer beeinträchtigen, hat das Bundesverfassungsgericht sie seit seinem Urteil vom 5. April 1952 in ständiger Rechtsprechung abgesegnet. Das Gericht ging dabei aber wohlweislich mit keinem Wort auf die ganz andere Auffassung der Verfassungsväter ein. Es berief sich stattdessen auf die angeblichen »Erfahrungen unter der Weimarer Reichsverfassung«. Diese hätten gezeigt, dass die Regierungsbildung durch übermäßige Parteizersplitterung erschwert werde. Die Sperrbestimmung sei deshalb »unter dem Gesichtspunkt der Bekämpfung von Splitterparteien« gerechtfertigt. Dabei hatten gerade in Weimar die Kräfte, die sich einer Regierungsbildung verweigerten, deutlich mehr als fünf Prozent. Das Bundesverfassungsgericht hat seine Auffassung nie revidiert, obwohl sie von namhaften staatsrechtlichen Autoren immer wieder und mit zunehmendem Recht in Zweifel gezogen worden ist. Schließlich beruht die Zulassung der Sperrklausel ursprünglich auf der Parteienstaatsdoktrin von Gerhard Leibholz, die das Gericht inzwischen selbst als unhaltbar aufgegeben hat (siehe S. 124 ff.). Entlarvend ist auch, dass

63

das Bundesverfassungsgericht die Sperrklausel unter anderem mit dem Hinweis zu rechtfertigen versuchte, sie habe sich in der Bundesrepublik allgemein durchgesetzt. Doch da die Parlamentsparteien diese Klausel zur eigenen Machtsicherung so beschlossen haben, läuft diese Begründung auf eine Abdankung des Gerichts zugunsten der Politik hinaus: Rechtsprechung aus dem Geist der politischen Klasse. Es ist der politischen Klasse – mittels ihres Einflusses auf die politische Bildung, das politische Denken überhaupt und auf das Bundesverfassungsgericht (siehe S. 92 ff. und S. 242 ff.) – gelungen, die Überzeugung von der angeblichen Notwendigkeit solcher Sperrklauseln so tief im Bewusstsein der Menschen zu verankern, dass ihre Berechtigung ohne Nennung wirklicher Gründe blind vorausgesetzt und ihre Funktion als Schutzwall des Parteienkartells vor Konkurrenz gar nicht mehr wahrgenommen wird.

7 Europäische Union: Eine Scheindemokratie

Demokratie ist in der Europäischen Union in krasser Weise defizitär. Alle unsere Vorstellungen von der Verantwortlichkeit der Politik gegenüber dem Volk sind hier außer Kraft gesetzt. Würde ein Beitrittskandidat derartige Defizite aufweisen, hätte er nicht die geringste Chance, in die EU aufgenommen zu werden.

Die Gemeinschaft war von Anfang an eine Veranstaltung der Regierungen. Sie entscheiden auf *Regierungskonferenzen* über die Verträge, d. h. die Grundlagen der EU, und sie haben – auf der Basis der Verträge – im *Rat*, der nach wie vor das zentrale Organ der Union darstellt – die Macht in der Hand. Mit dem Grundsatz der Gewaltenteilung ist es natürlich nicht vereinbar, wenn die Gesetzgebung schwerpunktmäßig Sache der Exekutive ist. Der Ministerrat kann für seine Entscheidungen nicht verantwortlich gemacht werden. Bei den nationalen Wahlen, denen sich die einzelnen Mitglieder des Ministerrats in ihren Ländern stellen müssen, stehen nationale Themen ganz im Vordergrund. Zudem ist es für die Bürger völlig undurchsichtig, wer in Europa was entscheidet. Die Verantwortlichkeit zerfließt. Der Rat zerfällt auch noch in zahlreiche Spezialräte. Eine Vielzahl der ihnen zugewiesenen Entscheidungen trifft zudem faktisch der »Ausschuss der Ständigen Vertreter der Mitgliedstaaten«. Sie alle tagen grundsätzlich nicht öffentlich.

Das *Europäische Parlament* wirkt zwar an der Gesetzgebung mit, kann die Defizite aber nicht heilen. Obwohl es immer wieder als demokratisches Feigenblatt herhalten muss, ist es selbst geradezu ein Sammelbecken demokratischer Mängel. Drei klassische Funktionen von Parlamenten stehen dem Europäischen Parlament gar nicht zu: Weder kann es eine Regierung wählen, noch entscheidet es abschließend über den Haushalt, noch kann es schließlich Gesetze initiieren. Das Recht, Gesetze einzubringen, liegt vielmehr ganz allein bei der Europäischen Kommission, und diese ist – aufgrund ihrer Unabhängigkeit und Weisungsfreiheit – praktisch von Verantwortlichkeit gegenüber dem Parlament und erst recht den Bürgern frei. Auch die fundamentale Errungenschaft der Demokratie, das gleiche Wahlrecht, ist in Brüssel außer Kraft gesetzt. Die Stimme eines Luxemburger Wählers hat elfmal so viel Gewicht wie die Stimme eines Deutschen. Entsprechend verzerrt ist auch das passive Wahlrecht. In Luxemburg benötigt ein Kandidat nur einen Bruchteil der Stimmen eines Deutschen, um ins Parlament einzuziehen. Wegen der Unübersichtlichkeit der europäischen Szene wissen die Wähler in aller Regel auch gar nicht, wie die Parteien im Parlament votiert haben. Ohnehin gehen die beiden großen Fraktionen, die Europäischen Volkspartei, zu der auch die CDU/CSU gehört, und die Sozialistische Partei Europas, zu der die deutsche SPD gehört, regelmäßig zusammen, so dass der Wähler, will er nicht eine der kleineren Parteien wählen, mit seiner Stimme niemanden für schlechte Politik bestrafen oder für gute Politik belohnen kann, wie dies eigentlich der Sinn der Wahl sein sollte. Der Mangel wird dadurch noch verschärft, dass selbst bei Europawahlen nationale Themen im Vordergrund stehen und regelmäßig die Beliebtheit oder Unbeliebtheit der nationalen Regierungen ganz wesentlich das Ergebnis mitbestimmt. Damit wird natürlich erst recht der Sinn von Europawahlen verfehlt.

Wenn aber mit dem Stimmzettel praktisch kein gezielter Einfluss auf die Parteien im Europäischen Parlament genommen werden kann, wäre es eigentlich umso wichtiger, dass die Wähler wenigstens bestimmen, welche *Personen* sie im Parlament repräsentieren. Doch auch das ist jedenfalls den Deutschen versagt. Wir können bei Europawahlen nur starre Parteilisten ankreuzen, ohne den einen oder anderen Kandidaten hervorheben zu können. Das bedeutet: Von den insgesamt 99 Abgeordneten, die Deutschland nach Brüssel schickt, können etwa die ersten dreißig Kandidaten auf der SPD-Liste und die ersten dreißig Kandidaten auf den länderweise aufgestellten CDU- und CSU-Listen längst vor dem Wahlsonntag sicher sein, ins Parlament einzuziehen. Der Wähler kann ihnen rein gar nichts mehr anhaben (siehe S. 46 ff.). Wo bleibt dann der Grundsatz der Unmittelbarkeit der Wahl der Abgeordneten durch die *Bürger*, der auch europarechtlich verbürgt ist? Dass es auch anders geht, zeigen viele Nachbarländer, die den Wählern bei Europawahlen die Möglichkeit geben, die Kandidaten wirklich auszuwählen.

Die *Europäische Kommission*, die die Gesetzesinitiative und andere wichtige Befugnisse besitzt, erhebt in ihrer Unabhängigkeit und Weisungsfreiheit nicht einmal den Anspruch, demokratisch zu sein. Die Unübersichtlichkeit ist hier fast noch größer. Wer weiß schon, was welcher Kommissar zu den Beschlüssen der Kommission beiträgt? Im Übrigen fasst auch die Kommission nur zwei Prozent ihrer Beschlüsse wirklich in mündlicher Verhandlung. 98 Prozent werden in Umlaufverfahren entschieden oder auf bestimmte Kommissionsmitglieder oder sogar auf Beamte delegiert.

Hinzu kommt: In Europa fehlen alle vorparlamentarischen Institutionen, die eine funktionierende Demokratie ausmachen. Es gibt keine europäischen politischen Parteien, die diesen Namen verdienen, und keine europäische öffentliche Meinung. Beides wäre aber erforderlich, um zu einer echten europäischen Integration, zu einem belastbaren Wir-Gefühl der Europäer, zu kommen.

Auch die Illusion, Europa sei wenigstens bei den *nationalen Parlamenten* in guten Händen, ist uns vergangen, spätestens seitdem das Fernsehmagazin »Panorama« am Tage der Abstimmung über die Europäische Verfassung im Bundestag einige Abgeordneten über deren Inhalt befragte. Alle stotterten verlegen vor der Kamera herum. Keiner wusste Bescheid – eine riesige öffentliche Blamage, die aber kennzeichnend ist für die Haltung des deutschen Parlaments. Hier herrscht bei europäischen Vorlagen eine richtiggehende »Durchwink-Mentalität«.

Entschieden wird in Brüssel und dort eben vornehmlich von der Exekutive. Der frühere Bundespräsident Roman Herzog stellt vor diesem Hintergrund die Frage, »ob man die Bundesrepublik Deutschland überhaupt noch uneingeschränkt als parlamentarische Demokratie bezeichnen kann«.

Alle diese Mängel begründen eine Situation organisierter Unverantwortlichkeit und erleichtern es Politik und Bürokratie, sich von Kontrolle freizuzeichnen. Was daraus folgt, tritt in den Finanzen besonders anschaulich zutage. Das englische Sprichwort: »Follow the money trail and you will find the truth« gilt nicht nur in Kriminalromanen, sondern auch in der Politik. Der EU-*Haushalt* ist vor allem ein Subventionshaushalt. Vier Fünftel der Ausgaben der EU entfallen auf die Struktur- und Regionalpolitik und vor allem auf die Landwirtschaft, wobei besonders die ohnehin schon begüterten Inhaber von Großbetrieben profitieren. Die Agrar- und Strukturpolitik der EU stellt einen monumentalen Sündenfall dar. Sie widerspricht sämtlichen Grundsätzen, die sich die Gemeinschaft auf die Fahne geschrieben hat: der wettbewerblichen Marktwirtschaft, dem Subventionsverbot, der Verteilungsgerechtigkeit, der primären Förderung von Produktivität und Wachstum sowie dem Grundsatz der Subsidiarität. Deshalb ist auch die Lissaboner Erklärung des Jahres 2000, wonach die EU eine Spitzenstellung in Wirtschaft und Wissenschaft in der Welt erreichen sollte, bis heute kaum mehr als eine Ansammlung hohler Worte geblieben. Im Haushalt der EU spiegelt sich der in Brüssel besonders virulente Lobbyismus von Partikularinteressen und Einzelstaaten wider, der sich mangels demokratischer Kontrolle und kraft organisierter Unverantwortlichkeit ungestört ausbreiten kann.

Acht von zehn Deutschen bekennen in Umfragen, dass sie stolz darauf sind, Europäer zu sein. Aber nur jeder Fünfte meint, dass die EU für Deutschland mehr Vor- als Nachteile bringe. Diese Zahlen erschrecken, galten wir Deutschen doch immer als Mustereuropäer. Auch die Beteiligung an Europawahlen ist drastisch zurückgegangen – auf nur noch 43 Prozent in Deutschland, und in der gesamten EU ist es ähnlich. Anders ausgedrückt: Wir sind zwar nach wie vor davon überzeugt, dass Europa nicht nur eine großartige Idee, sondern geradezu unser Schicksal ist. Aber die meisten Deutschen sind mit der konkreten Ausprägung der Europäischen Union nicht einverstanden.

Man wird auch kaum den zynischen Standpunkt einnehmen können, was die Bürger denken, könne den Politikern egal sein. Kontrolle, politische Verantwortlichkeit und andere demokratische Postulate seien nur Ideale, über die sich die Praxis insgeheim mokiere. Auch wenn der neue Verfassungsvertrag nunmehr ohne Referenden in Frankreich und den Niederlanden über die Bühne gehen soll, so zeigt doch die Geschichte, dass sich keine Herrschaft auf Dauer halten lässt, die vom Gros der Bürger zurückgewiesen wird. Ohne die allmähliche Schaffung eines belastbaren Wir-Gefühls wird das Zusammenwachsen Europas nicht gelingen. Die Frage also ist, wie die Bürger für Europa gewonnen werden können. Das geht nur durch Schaffung demokratischer, auf Europa bezogener Emotionen. Wir brauchen eine europäische Diskussions- und Streitkultur: politischen Wettbewerb, politische Auseinandersetzungen und politischen Kampf, bei dem es wirklich um europäische Fragen geht und an denen die Bürger direkt beteiligt sind. Derartiges kann nur durch europaweite, d.h. nicht auf einzelne Mitgliedstaaten beschränkte, Wahlen und Volksabstimmungen erreicht werden, was gleichzeitig europaweit agierende politische Parteien voraussetzt. Wer meint, das zu erreichen sei Illusion, der muss konsequenterweise auch auf die Bürger verzichten. Dann kann es aber sein, dass uns am Ende die ganze Europäische Union um die Ohren fliegt.

8 Vorwahlen: Wider das Monopol der Parteien

Die verqueren Mechanismen, gemäß denen Politiker in Deutschland ins Amt kommen, sind eines der Hauptprobleme unserer Demokratie. Selbst Helmut Kohl sprach von »Filz«, »Verbonzung« und »Verkrustung«. Die parteiinterne Ochsentour (siehe S. 126 ff.), die in den großen westlichen Parteien regelmäßige Voraussetzung für ein Parlamentsmandat ist, begünstigt die Rekrutierung nach Nicht-Leistungskriterien; bevorzugt werden »Zeitreiche« und »Immobile«. Parteiinterne Verbindungen und Seilschaften sind entscheidend. Die Wähler haben praktisch keinen Einfluss auf die Auswahl des politischen Personals, das ihnen deshalb auch nicht wirklich verantwortlich ist. Hier müssen Reformen ansetzen. Die Wähler müssen wirklich wählen können, sei es durch Kumulieren und Panaschieren von Stimmen, sei es durch Mehrheitswahl. Das würde – per Rückwirkung – auch die Parteigremien veranlassen, bei Aufstellung der Kandidaten die Wählerwünsche stärker zu berücksichtigen (siehe S. 42 ff.).

Darüber hinaus sollten die Bürger auch unmittelbar an der Aufstellung der Kandidaten beteiligt und so den Parteien das Nominierungsmonopol aus der Hand genommen werden. Das ist besonders notwendig in sogenannten sicheren Wahlkreisen. In ihnen kann die dominierende Partei den Bürgern ihre Abgeordneten »faktisch diktieren« (so selbst das Bundesverfassungsgericht). Hochburgen der Union sind meist durch einen besonders hohen Anteil an Katholiken gekennzeichnet und liegen regelmäßig in ländlichen Gegenden. Beispiele für entsprechende Bundestagswahlkreise sind Paderborn (wo Gerhard Wächter auch 2005 wieder ganz sicher ins Parlament einzog), Biberach (wo Franz-Xaver Romer erfolgreich »kandidierte«) oder Straubing (wo Ernst Hinsken schon lange vorher gewonnen hatte). Hochburgen der SPD sind dagegen Arbeitermetropolen, insbesondere Ruhrgebietsstädte wie zum Beispiel Gelsenkirchen (wo Joachim Poß sein Bundestagsmandat sicher hatte) und Duisburg (wo Petra Weis und Johannes Pflug in den beiden Wahlkreisen praktisch schon mit ihrer Nominierung gewählt waren). Hier kann die Mehrheit aus inneren sozialpsychischen Bindungen heraus gar nicht anders, als den Kandidaten zu wählen, den »ihre« Partei präsentiert.

Ein Instrument, den Wähler mitentscheiden zu lassen, sind sogenannte Vorwahlen in den Wahlkreisen. Franz Müntefering hatte sie als Generalsekretär der SPD in die öffentliche Diskussion gebracht. Er konnte sich damit in seiner Partei aber nicht durchsetzen.

Vorwahlen kennen wir aus den Vereinigten Staaten für Wahlen zum Kongress und zu den Staatenparlamenten. An gebundenen Vorwahlen können nur diejenigen teilnehmen, die sich zu der betreffenden Partei bekennen (so insgesamt in 38 amerikanischen Staaten und dem District of Columbia). An offenen Vorwahlen kann jeder Wahlberechtigte – unabhängig von seiner Parteibindung – teilnehmen, allerdings nur bei *einer* Partei (so insgesamt in neun Staaten). Auch hier bedarf es natürlich eines Vorschlags, damit die Bewerber auf die Stimmzettel kommen, wobei Wahlvorschläge auch von Wahlberechtigten eingereicht werden können. Das läuft dann im Ergebnis auf eine Art »Vor-Vorwahl« hinaus. Das Ganze klingt kompliziert, ließe sich aber auch stark vereinfachen, indem jedenfalls die größeren Parteien, deren Kandidaten eine Chance haben, den Wahlkreis zu gewinnen, dort mehrere Kandidaten aufzustellen hätten. Vorwahlen oder ähnliche Verfahren würden verhindern, dass Parteien in ihren Hochburgen den Bürgern die Abgeordneten diktieren. Durchzusetzen wäre eine solche Reform allerdings wohl nur durch direkte Demokratie. In den Bundesländern ist sie bereits möglich, im Bund müsste direkte Demokratie erst noch eingeführt werden.

9 Begrenzung der Amtszeit: Zwei Wahlperioden sind genug

Je länger die Amtszeit von Politikern währt, desto eher droht Abgehobenheit. Dass der Realitätsverlust lang gedienter Politiker zu den üblichen Deformationen zählt, weiß die Staatslehre seit Jahrtausenden. Dennoch hat das Grundgesetz daraus praktisch keine Konsequenzen gezogen. Eine Begrenzung der Amtszeit von Politikern gibt es in Deutschland bisher nur für Bundespräsidenten, die nur einmal wiedergewählt werden, also insgesamt höchstens zehn Jahre amtieren können, und für Bundesverfassungsrichter, die nur einmal für zwölf Jahre wählbar sind. Wäre es nicht sinnvoll, auch die Amtszeiten von Abgeordneten, Regierungsmitgliedern und kommunalen Spitzenposten zu begrenzen? Davon könnte man sich versprechen:

- ein Gegengewicht gegen den schleichenden Trend zum Berufspolitiker ohne Beruf,
- die automatische Ablösung verbrauchter, aber selbstherrlich gewordener und nicht rückzugsbereiter Politiker,
- die Auflockerung von Verkrustungen und
- die Verbreiterung des Einzugsbereichs von Politik und verbesserte Chancen für jüngere Kandidaten und Seiteneinsteiger.

Schon der erste Bundeskanzler Konrad Adenauer musste nach 14 Jahren von der eigenen CDU aus dem Amt geschoben werden. Unter den Versäumnissen der letzten Jahre der Kanzlerschaft von Helmut Kohl leidet die Republik noch heute. Die Reformen, mit denen sich die Große Koalition derzeit herumquält, hätten spätestens Mitte der Neunzigerjahre angepackt werden müssen. Da war Kohl aber schon zwölf Jahre im Amt. Auch in den Ländern ist Dauerregieren meist von Übel. Man denke nur an den früheren nordrhein-westfälischen Ministerpräsidenten Johannes Rau, der das Amt erst abgab, als ihm versprochen wurde, er werde Bundespräsident. Das wurde er dann auch, und zwar einer der schwächsten, die die Republik je hatte. Der 65-jährige Edmund Stoiber wollte nach 14-jähriger Amtszeit als bayerischer Ministerpräsident (und insgesamt 25 Jahren im bayerischen Kabinett) noch weitere sieben Jahre regieren, was nur durch eine CSU-interne Palastrevolution verhindert werden konnte, ausgelöst durch eine Außenseiterin, Gabriele Pauli. Ministerpräsidenten wie Kurt Biedenkopf oder Lothar Späth, die anfangs ihre Länder erfolgreich regiert hatten, brannten am Ende vor lauter Allmachtsgehabe die Sicherungen durch, und sie begingen Fehler, die am Anfang ihrer Amtszeit nicht denkbar gewesen wären. Auch Abgeordneten, auf deren Wahl und Wiederwahl die Bürger in Deutschland praktisch keinen Einfluss haben (siehe S. 42 ff.), würde die Begrenzung auf zwei Wahlperioden guttun. Dass Otto Schily auch noch nach der Abwahl der Schröder-Regierung im Jahre 2005 eine ganze weitere Wahlperiode ein Parlamentsmandat hat und, wenn es um die Veröffentlichung seiner Zusatzeinnahmen geht, immer noch den besserwisserischen Innenminister spielt, bekommt dem Bundestag schlecht.

Doch wer soll solche Reformen durchsetzen? Regierungen und Parlamente tun sich schwer, ihre eigene Amtszeit zu beschneiden. Von ihnen ist nichts zu erwarten, schon gar nicht die Zwei-Drittel-Mehrheiten, die zur Änderung der Verfassungen erforderlich sind. In den USA ist es trotzdem gelungen, »term limits« für Gouverneure und Abgeordnete einzuführen – bezeichnenderweise aber nur in den Staaten, die Gesetze und Verfassungsänderungen auch am Parlament vorbei durch Volksbegehren und Volksentscheid beschließen können. Das war der Weg, auf dem solche Reformen allein möglich wurden –

71

trotz des hinhaltenden Widerstands der Parlamente. Da derartige direkte Demokratie auch in den deutschen Bundesländern eröffnet ist, erscheint die Einführung von »term limits« auch bei uns durchaus realistisch.

III Direkte Demokratie

1 Direkte Demokratie: Deutschland, ein Entwicklungsland

Die Diskussion um das Ob und das Wie direkter Demokratie markiert – neben der Ausgestaltung der Bundesstaatlichkeit – *die* verfassungspolitische Frage in Deutschland überhaupt. Oder sollte sie doch markieren.

»Direkte Demokratie« bedeutet das Recht der Bürger, politische Entscheidungen an sich zu ziehen, die in rein repräsentativen Demokratien Sache des Parlaments sind. Dies kann geschehen

- durch *Volksentscheid*, dem ein *Volksbegehren* vorausgehen muss, das z.B. in Schleswig-Holstein mindestens fünf Prozent der Wahlberechtigten unterschrieben haben,
- durch entsprechende Entscheidungen der Bürger in Städten, Gemeinden und Landkreisen, die dort *Bürgerbegehren* und *Bürgerentscheid* heißen, oder
- durch *Referendum*, d.h. durch Volksabstimmung ohne ein vorausgehendes Begehren der Bürger, die bei Entscheidungen über bestimmte Fragen entweder zwingend vorgesehen ist oder auf Antrag der Volksvertretung oder der Exekutive erfolgt.

In den Bundesländern und Kommunen hat die direkte Demokratie in den letzten zwanzig Jahren geradezu einen Siegeszug gehalten. Heute besitzt das Volk in allen 16 Ländern die Möglichkeit, unter bestimmten Voraussetzungen die Gesetzgebung im Wege von Volksbegehren und Volksentscheid selbst in die Hand zu nehmen. Meist können auf diese Weise auch die Landesverfassungen geändert werden. In den Gemeinden können die Bürger inzwischen in den dreizehn Flächenländern wichtige Sachfragen durch Bürgerbegehren an sich ziehen und durch Bürgerentscheid anstelle des Gemeinderats abschließend entscheiden, eine Möglichkeit, die bis Ende der Achtzigerjahre nur in Baden-Württemberg gegeben war. Entsprechende Rechte haben die Bürger in den Landkreisen von immerhin zehn Flächenländern (in allen außer Baden-Württemberg, Hessen und Thüringen). Damit können auch die Kreisbürger Begehren anstrengen und Entscheide herbeiführen. Der Ausweitung der rechtlichen Möglichkeiten folgte in jüngerer Zeit auch eine starke Belebung der Praxis.

Die Gründe für die Entwicklung hin zu mehr direkter Demokratie sind gewiss vielschichtig und zahlreich. Eine Konstante ist aber durchgehend zu beobachten: das sinkende Vertrauen in die Leistungsfähigkeit der rein repräsentativen Systeme und das wachsende Misstrauen gegenüber der politischen Klasse.

Auf der besonders wichtigen Bundesebene ist dagegen in Sachen direkte Demokratie bisher völlige Fehlanzeige zu vermelden. Hier gibt es weder Volksbegehren noch Volksentscheid, obwohl eine große Mehrheit der Bevölkerung ihre Einführung begrüßen würde. Das bestätigen Umfragen, die seit Jahrzehnten ein stabiles Ergebnis aufweisen. Bei einer Forsa-Umfrage im Auftrag des *Stern* im Dezember 2006 etwa traten achtzig Prozent für die Einführung von Volksbegehren und Volksentscheiden auf Bundesebene ein. Doch die politische Klasse blockiert und versucht das mit folgenden Argumenten zu rechtfertigen:

- die Scheu vor einer unberechenbaren Dynamik des Demos, des Volkes als Träger der Demokratie, die wir – seit dem deutschen Idealismus – wie einen geistigen Rucksack mit uns herumschleppen,
- die Behauptung schlechter Erfahrungen mit direktdemokratischen Elementen in der Weimarer Republik,
- die behauptete Unvereinbarkeit direktdemokratischer Elemente mit der Struktur der repräsentativen Demokratie.

Alle diese Einwände sind im Schrifttum längst widerlegt. Dabei hat der Politikwissenschaftler Otmar Jung sich besondere

Verdienste erworben. Für direkte Demokratie, die natürlich nur als Ergänzung der repräsentativen Demokratie, nicht als ihre – praktisch gar nicht mögliche – Ersetzung, in Betracht kommt, spricht vor allem fünferlei:

- Der umfassende Diskussionsprozess, der durch direktdemokratische Verfahren ausgelöst wird; er hat große Ähnlichkeit mit dem Habermas'schen Ideal des herrschaftsfreien Diskurses.
- Die Eröffnung der Volksgesetzgebung, bezogen auch auf die Verfassung, kommt dem Ideal der Volkssouveränität, soweit es in einer grundsätzlich repräsentativen Demokratie realisierbar ist, denkbar nahe. Souveränität in diesem Sinn braucht nicht die komplette Selbst-Verfassungsgebung zu bedeuten. Aber die jederzeit aktualisierbare *Möglichkeit* des Volkes, über die Verfassung durch Volksbegehren und anschließenden Volksentscheid zu verfügen, also Verfassungsvorschriften aufzuheben, zu ändern oder zu erlassen, ist der Weg, »um die Volkssouveränität aus dem Reich demokratietheoretischer Fiktion in den Bereich der Praxisrelevanz zu überführen« (so mit Recht die Politikwissenschaftlerin Heidrun Abromeit).
- Bürger sind typischerweise eher bereit, sich gemeinwohlorientiert zu verhalten als Berufspolitiker, selbst dann, wenn ihre Eigeninteressen damit kollidieren. Das beruht nicht etwa darauf, dass Bürger die besseren Menschen wären, sondern darauf, dass für sie meist weniger auf dem Spiel steht und sie sich deshalb gemeinwohlorientiertes Verhalten eher leisten können. Die Bürger hängen normalerweise nicht mit ihrer ganzen wirtschaftlich-gesellschaftlichen Existenz von ihren Wahl- und Abstimmungsentscheidungen ab.
- Auch lässt sich aufzeigen, dass die immer noch verbreitete Auffassung von der Irrationalität der Bürger und Wähler, sofern sie heute überhaupt noch passt, an rein repräsentative Demokratien gebunden ist und auf direktdemokratische Institutionen gerade nicht (oder jedenfalls sehr viel weniger) zutrifft.
- Schließlich und vor allem: Direkte Demokratie ist das wichtigste Gegengewicht gegen Machtmissbrauch der politischen Klasse.

Genau das, die wirksame Kontrolle der politischen Klasse, ist aber auch der eigentliche Grund für den Widerstand großer Teile der politischen Kräfte gegen mehr direkte Demokratie. Die 1992 eingesetzte 64-köpfige Gemeinsame Verfassungskommission von Bundestag und Bundesrat stimmte zwar mit Mehrheit für die Einführung von Volksbegehren und Volksentscheid im Bund. Vorher hatte man sich jedoch darauf geeinigt, Beschlüsse nur mit Zwei-Drittel-Mehrheit zu treffen, so dass die politische Klasse nicht befürchten musste, aus einfachen Mehrheitsbeschlüssen könnten irgendwelche ernsten Folgen für sie erwachsen.

Ebenso folgenlos waren die Koalitionsvereinbarungen der rot-grünen Regierung unter Gerhard Schröder. SPD und Bündnis 90/Grüne hatten in ihrem Koalitionsvertrag vom Herbst 1998 vereinbart, »auch auf Bundesebene Volksinitiative, Volksbegehren und Volksentscheid durch Änderung des Grundgesetzes ein(zu)führen«, und es kam am Ende der Wahlperiode auch zu einem entsprechenden Gesetzentwurf. Da dazu nach herrschender Auffassung eine Grundgesetzänderung mit Zwei-Drittel-Mehrheit erforderlich ist und die Regierungsfraktionen wussten, dass die Opposition blockieren würde, waren solche Initiativen aber wohlfeil. Tatsächlich stand die Spitze von Rot-Grün gar nicht mehr hinter dem offiziell proklamierten und in den eigenen Parteien- und Wahlprogrammen geforderten Vorhaben, so dass der Gesetzentwurf und die Abstimmung im Bundestag nichts weiter als »ein Stück politisches Theater« waren (so Otmar Jung). Die Abstimmung erbrachte eine (einfache) Mehrheit von 248 Abgeordneten für und 199 gegen den Entwurf. Bei 666 Abgeordneten wären für die Verfassungsänderung 444 Ja-Stimmen erforderlich gewesen.

Da die Spitzen der beiden Regierungskoalitionen das Projekt nach Kräften boykottiert hatten, wäre es nicht einmal zur Abstimmung im Bundestag gekommen, wenn sich nicht ein charismatischer Bundestagsabgeordneter, Gerald Häfner, heute Vorsitzender von »Mehr Demokratie e.V.«, mit ganzer Kraft dafür eingesetzt hätte. Wie sehr die beiden Protagonisten der Regierungskoalition bemüht waren, die für sie höchst peinliche Diskrepanz zwischen Wort und Tat totzuschweigen, zeigt sich auch darin, dass der Vorgang in den Memoiren von Gerhard Schröder und Joschka Fischer keinerlei Erwähnung findet.

Angesichts des Zuspruchs, den das Thema bei den Bürgern hat, schrieb zwar auch die zweite Regierung Schröder das »Ziel, Volksinitiative, Volksbegehren und Volksentscheid auf Bundesebene einzuführen«, in ihre Koalitionsvereinbarung vom Herbst 2002. Ein weiterer Gesetzgebungsversuch wurde aber nicht mehr unternommen. Im Koalitionsvertrag der Großen Koalition von 2005 schließlich findet sich nur noch der Satz: »Die Einführung von Elementen der direkten Demokratie werden wir prüfen«, ohne dass von einer solchen ernsthaften Prüfung bisher aber etwas bekannt geworden wäre – faktisch eine Beerdigung dritter Klasse.

Auch dort, wo Volksbegehren vorgesehen sind, sind nach Weimarer Vorbild allerdings der Haushaltsplan, Abgabengesetze und Besoldungsordnungen ausgenommen. Sie glaubt man in Deutschland dem beschränkten Untertanenverstand nicht anvertrauen zu dürfen. Die Reservierung dieser Materien allein für das Parlament steht in Widerspruch zu der Erkenntnis, dass die »subventions- und bewilligungsfreudigen« Parlamente (so der Staatsrechtslehrer Ulrich Scheuner) sich weder zu wirksamer Eindämmung der öffentlichen Ausgabenflut und der gewaltigen Staatsverschuldung noch zur wirksamen Wahrnehmung des Budgetrechts und der Kontrolle von Regierung und Verwaltung als fähig erwiesen haben. Die Ausklammerung finanzwirksamer Vorlagen leugnet auch die historische Tatsache, dass an der Wiege der Demokratie *Finanz*revolten standen: In den USA trennten sich die dreizehn Kolonien von ihrem englischen Mutterland mit dem Schlachtruf »No taxation without representation«, weil ihnen das Recht verwehrt wurde, Repräsentanten ins englische Parlament zu wählen und so über ihre Besteuerung mitzuentscheiden. Auch die Französische Revolution wurde, was allerdings kaum bekannt ist, wesentlich durch die unglaubliche finanzielle Verschwendung des königlichen Hofes ausgelöst. Das Ausklammern von Finanzvorlagen von der Volksgesetzgebung heißt, gerade das Wichtigste auszulassen, und dürfte auch damit zusammenhängen, dass die Demokratie in Deutschland nach 1945 nicht durch Revolution erkämpft, sondern durch die westlichen Alliierten oktroyiert wurde.

In Wahrheit ist direkte Demokratie das einzige wirksame Mittel, um den staatlichen Leviathan in Schranken zu halten.

Empirische Studien zeigen, dass direkte Demokratie einen deutlich hemmenden Einfluss auf Staatsausgaben und Staatsverschuldung hat und zugleich der Zukunft eine Bresche schlägt. Wer wirklich den Staat begrenzen und seinen Anteil am Sozialprodukt möglichst niedrig halten und zugleich ein Leben auf Kosten unserer Kinder und Enkel verhindern möchte, was alle politischen Kräfte der Republik, jedenfalls abstrakt, auf ihre Fahnen geschrieben haben, für den ist es geradezu ein Muss, Elemente der direkten Demokratie auf Bundesebene einzuführen, und zwar solche, mittels derer auch die Finanzen, also die Einnahmen und Ausgaben des Staates, zum Gegenstand direkter Demokratie gemacht werden können.

Abgeordnetendiäten fallen nicht unter die überkommenen Vorbehalte und können deshalb schon jetzt Gegenstand der Volksgesetzgebung in den Ländern sein. Das zeigt ein vom Bund der Steuerzahler Ende der Siebzigerjahre initiiertes Verfahren, dessen Einleitung bereits genügte, den nordrhein-westfälischen Landtag zum Einlenken und zum »Abspecken« das geplanten Diätengesetzes zu veranlassen. Ein internes Gutachten der Landesregierung hatte damals die Zulässigkeit der Volksgesetzgebung in Sachen Abgeordnetendiäten bestätigt. Im erwähnten Gesetzentwurf der SPD und der Grünen von 2002 waren die Abgeordnetendiäten jedoch ausdrücklich ausgeschlossen.

Widerstand gegen direkte Demokratie kommt allerdings nicht nur von der politischen Klasse selbst, sondern auch von Verfassungsgerichten, deren Mitglieder ihrerseits von der politischen Klasse berufen werden. Sie missbrauchen ihre Macht, den Inhalt der Verfassung abschließend zu definieren, zum Teil in abenteuerlicher Weise, um den Spielraum für direkte Demokratie klein zu halten. So hat der Bayerische Verfassungsgerichtshof am 17. September 1999 seine eigene frühere Rechtsprechung um 180 Grad gedreht und – entgegen dem Wortlaut der Bayerischen Verfassung und ihrer Entstehungsgeschichte – eine massive Erschwerung von Volksentscheiden über Verfassungsänderungen dekretiert. Auch behaupten er und etwa der Thüringische Verfassungsgerichtshof in einem Urteil vom 19. September 2001 allen Ernstes, gesellschaftliche Gruppen könnten Volksbegehren und Volksentscheid zur Selbstbedienung missbrauchen, obwohl empirische Ergebnisse genau in die andere Richtung weisen und direkte Demokratie umgekehrt das einzige Instrument ist, der Selbstbedienung der politischen Klasse Schranken zu setzen. Den Finanzvorbehalt legt man extensiv weit aus und glaubt, das Parlament vor einer relativen Schwächung seiner Position bewahren zu müssen, wobei man den Vorrang des souveränen Volkes gegenüber dem Parlament als seinem bloßen Beauftragten ins Gegenteil verkehrt. Hier zeigt sich einmal mehr der lange Arm der politischen Klasse beim Versuch, sich gegen Einwirkungen des Volkes abzuschotten. Es gibt allerdings andere Urteile von Landesverfassungsgerichten, wie das des Sächsischen Verfassungsgerichtshofes vom 11. Juli 2002, die zeigen, dass auch hier der »Becket-Effekt« (siehe S. 331) seine Wirkung entfaltet und richterlicher Machtmissbrauch nicht die Regel zu sein braucht.

Direkte Demokratie erscheint besonders wichtig hinsichtlich der sogenannten Regeln des Machterwerbs und des Machterhalts, also vor allem des Wahlrechts. Hier ist die Gefahr, dass die politische Klasse ihre Gestaltungsmacht missbraucht und die Regeln im eigenen Interesse, aber zulasten der Gemeinschaft verkehrt, besonders groß, und die Auswirkungen solcher Verzerrungen sind gravierend. Definiert man »Demokratie« mit Abraham Lincoln als Regierung *durch* das Volk und *für* das Volk, so erkennt man, dass direktdemokratische Verfahren von beiden Elementen ein Mehr versprechen.

Da bei der für jeden Bürger zugänglichen Abstimmung die Mehrheit – ohne die Zwischenschaltung von Repräsentanten – entscheidet, bewirkt direkte Demokratie ganz allgemein ein Mehr an Partizipation, also an Regieren *durch* das Volk. Demgegenüber ist der Einfluss des Volkes auf Entscheidungen des Parlaments, das ja nur in Vertretung des Volkes handeln kann, stark verdünnt. Hinzu kommt, dass das staatsrechtliche Dogma, das Parlament besitze demokratische Legitimation sowohl durch die Direktwahl der Abgeordneten als auch aufgrund seiner Einsetzung durch das volkslegitimierte Grundgesetz, in Wahrheit auf reinen Fiktionen beruht, die beide einer Nachprüfung nicht standhalten (siehe S. 175 ff.). Bezogen auf die Regeln des Machterwerbs und der Machtausübung ist auch mehr *für* das Volk zu erwarten. Denn das Volk ist ein sehr viel besserer Richter als die in eigener Sache entscheidenden Betroffenen, wenn es um die Fairness der Regeln geht. Direktdemokratische Entscheidungen über die Regeln des Machterwerbs bewirken also erst recht ein Mehr an Regieren für *und* durch das Volk. Auch der Grundsatz der Volkssouveränität wird mit wirklichem Leben erfüllt, wenn das Volk selbst über die Regeln des Machterwerbs und damit über die institutionellen Grundlagen der Demokratie entscheiden kann.

Konzentriert man direkte Demokratie auf die Regeln des Machterwerbs, so entfallen zudem alle – berechtigten und unberechtigten – Befürchtungen, die regelmäßig gegenüber direkter Demokratie vorgebracht werden. So besteht keine Gefahr, durch verfassungsändernde Gesetze würden Minderheiten erdrückt und deren Grundrechte beschnitten. Die Regeln des Machterwerbs betreffen alle Bürger in gleicher Weise, und ihre Reform verhindert lediglich, dass sich die politische Klasse weiterhin in eigener Sache ungerechtfertigte Privilegien verschafft und den Bürgern ihre politischen Rechte verkürzt, vor allem das aktive und passive Wahlrecht sowie das Recht, sich eine Verfassung zu geben.

Schließlich trifft auch der Einwand, bestimmte Probleme, die der moderne Staat zu regeln habe, seien wegen ihrer Komplexität etwas für Spezialisten und eigneten sich deshalb nicht für die mehrheitliche Entscheidung durch das Volk, auf die Regeln des Machterwerbs von vornherein nicht zu. Diese sind typischerweise umso besser, je einfacher sie gestaltet sind. Die Kompliziertheit etwa des derzeitigen Bundestagswahlrechts und vieler Erscheinungsformen der Politikfinanzierung beruht ganz wesentlich darauf, dass höchst problematische Effekte vor der Öffentlichkeit verborgen werden sollen.

Auch die Rolle der Medien würde sich verändern. Wenn die Bürger selbst über die Grundordnung entscheiden können, fragen sie mehr Informationen nach. Die Medien müssten dem im eigenen wirtschaftlichen Interesse nachkommen und sachhaltiger berichten.

Bezogen auf die Regeln der Macht, weist direkte Demokratie also noch sehr viel mehr Vorteile auf, als sie ohnehin besitzt. Gleichzeitig entfallen immer wieder befürchtete Nachteile und Gefahren hier erst recht. Es wundert deshalb nicht, dass selbst grundsätzliche Gegner der direkten Demokratie in den Reihen der Staatsrechtslehre sie in Bezug auf jene Grundregeln nachdrücklich befürworten.

2 Wie die politische Klasse den Souverän verachtet: Hamburger Lehrstück in Machtmissbrauch

Vor Kurzem konnten die Hamburger noch stolz sein auf ihre fortschrittliche Demokratie. Aus eigener Kraft hatten sie sich ein volksnahes Wahlrecht gegeben, das ein besseres und unabhängigeres Parlament versprach. Zugleich hatten sie die direkte Volksgesetzgebung durch Volksbegehren und Volksentscheid wesentlich verbessert. Doch die politische Klasse will – trotz aller Beschwörung der Volkssouveränität an Sonntagen – die Macht nicht mit dem Volk teilen. Sie drehte das Rad der Geschichte zurück und zog dem neuen Wahlrecht den Zahn. Dieses Vorgehen mag – auf der Basis der von der politischen Klasse selbst gesetzten Regeln – vordergründig als legal erscheinen, und von der politischen Klasse ausgewählte Verfassungsrichter mögen das sogar abgesegnet haben. Legitim ist es jedenfalls nicht, und selbst die Legalität steht infrage.

Der politischen Klasse Hamburgs war das neue Wahlrecht, das erstmals bei der zum damaligen Zeitpunkt nächsten Parlamentswahl im Februar 2008 angewendet werden sollte, vor allem aus einem Grund ein Dorn im Auge: Es drohte den Parteien das Monopol über die Rekrutierung von Politikern zu entreißen, das sie bisher in aller Selbstherrlichkeit an sich gezogen hatten. Gerade das aber war der Sinn der Neuerung: die Allmacht der Parteien zu brechen und die Bürger an der Auswahl ihrer Vertreter teilhaben zu lassen, wie das Grundgesetz und die Hamburger Landesverfassung dies ja auch ausdrücklich vorsehen. Mit dem neuen Wahlrecht war ein erster wichtiger Schritt getan, der Misere der Rekrutierung von Politikern (siehe S. 126 ff.) durch eine Reform der Demokratie von Grund auf abzuhelfen. Die Initiative war von der Nichtregierungs-Organisation »Mehr Demokratie« eingebracht worden, und bei der Schlussabstimmung im Juni 2004 wurde sie von zwei Dritteln der abstimmenden Bürger unterstützt. Auch das notwendige Zustimmungsquorum für Volksgesetze von zwanzig Prozent der Abstimmungsberechtigten wurde übersprungen, allerdings nur knapp und nur dank der zeitlichen Koppelung an die Europawahl.

Doch das Machtinteresse der Parteifunktionäre, die bereits

verhindert hatten, dass das Parlament selbst sich zu einer wirksamen Reform aufraffte, setzte alle Hebel in Bewegung, den Volkswillen zu konterkarieren. Besonders die CDU trat hierbei hervor. Kaum hatte sie – noch nach dem alten Wahlrecht – mit ihrem Spitzenkandidaten Ole von Beust die absolute Mehrheit im Parlament errungen, machte sie sich daran, die Neuerungen zurückzudrehen – und missbrauchte so ihre parlamentarische Mehrheit zum eigenen Machterhalt. Am 11. Oktober 2006 setzte sie im Hamburger Parlament eine Gesetzesänderung durch, die das Wahlgesetz des Volkes in den entscheidenden Punkten entschärft und das Rekrutierungsmonopol der Parteien wiederherstellt. Diese Restauration erfolgte, ohne dass das neue Wahlrecht auch nur ein einziges Mal angewendet worden wäre. Es gab also keinerlei bessere Erkenntnisse, etwa aufgrund von Unzuträglichkeiten bei der praktischen Anwendung, die eine neue Lage geschaffen hätten. Vielmehr bestand das Parlament schlicht darauf, an die Stelle des Volkswillens seinen eigenen Willen zu setzen.

Zynischerweise hatte die Kommission, die die Restauration vorbereitet hatte, ausgerechnet unter dem Vorsitz des früheren CDU-Landesvorsitzenden Jürgen Echternach beraten, mit dessen Namen sich eine höchst unrühmliche Vergangenheit der Hamburger CDU verbindet. Echternach hatte mit einem Kreis von Getreuen seit den Siebzigerjahren die Hamburger CDU autoritär geführt und sich bei der Kandidatenaufstellung derart über Verfassungsprinzipien der innerparteilichen Demokratie hinweggesetzt, dass das Landesverfassungsgericht im Jahre 1993 eine komplette Landtagswahl annullieren musste. In der Folge war Hamburg in eine schwere politische Krise geraten. Das radikale Absinken des Vertrauens der Bürger in die Etablierten hatte etwa im Aufkommen der Statt-Partei und der Schill-Partei seinen Ausdruck gefunden.

Zugleich versucht die CDU nun, die Volksgesetzgebung, mit der das volksnahe Wahlrecht durchgesetzt worden war, zu entschärfen. Volksentscheide sollen künftig nicht mehr gleichzeitig mit einer regulären Wahl abgehalten werden, was das Erreichen der Beteiligungsquoren sehr erschwert. Auch dürfen die Bürger sich nur noch auf einer Behörde in die Unterstützungsliste für ein Volksbegehren eintragen. Unterschriften sollten also nicht mehr auf dem Markt oder an der Haustür gesammelt werden dürfen, was das Überschreiten der Quoren erheblich problematischer werden lässt. Der obligatorischen Entkoppelung der Abstimmungen von Wahlen schob das Verfassungsgericht allerdings einen Riegel vor.

Ein weiteres Volksgesetzgebungsverfahren in Hamburg, welches dem Kassieren von Volksentscheiden durch das Parlament einen Riegel vorschieben und auch das Zustimmungsquorum für Verfassungsänderungen auf 35 Prozent herabsetzen sollte, erreichte am 14. Oktober 2007 mit 75,9 Prozent zwar die für Verfassungsänderungen erforderliche Zwei-Drittel-Mehrheit bei Weitem, scheiterte aber an dem zusätzlich verlangten fünfzigprozentigen Zustimmungsquorum. Dabei hatten mit 39,1 Prozent der Wahlberechtigten mehr Hamburger an der Abstimmung teilgenommen als an der vorangegangenen Europawahl (34,9 Prozent). Das Erfordernis, dass mindestens fünfzig Prozent der Wahl*berechtigten* einer Verfassungsänderung zustimmen müssen, ist praktisch unerreichbar, es sei denn, der Termin der Abstimmung fällt mit einer Parlamentswahl zusammen, was die Machthaber jedoch im vorliegenden Fall zu verhindern wussten. Aus grandiosen Siegern bei der Volksabstimmung wurden durch Tricksereien Verlierer gemacht. Die Absurdität der Situation zeigt auch folgende Beobachtung: Den Abwehrkampf gegen die Senkung des prohibitiven Zustimmungsquorums von fünfzig auf 35 Prozent hatte die Beust-Regierung mit der Parole geführt, dann würde in Hamburg künftig nicht mehr die Mehrheit entscheiden. Dabei konnte die Regierung sich selbst auf gerade mal 32 Prozent der Wahlberechtigten stützen.

Mit der Änderung des Wahlgesetzes missachtete das Parlament die Entscheidung des Volkes. Auf den ersten Blick mag dies vielleicht zulässig erscheinen, weil bisher Regelungen fehlen, die die größere Bestandskraft von direktdemokratischen Entscheidungen ausdrücklich festlegen. Tatsächlich aber besitzt die Volksvertretung lediglich vom Volk abgeleitete und deshalb mindere demokratische Legitimation. Wenn sie sich ungerührt über den Inhaber der demokratischen Souveränität hinwegsetzt, ist das sinnwidrig. Zu Volksgesetzen kommt es schließlich immer nur dann, wenn das Parlament die gewünschten Regelungen nicht selbst erlässt. So ist dem Parlament ausdrücklich die Möglichkeit eingeräumt, nach erfolgreichem Volksbegehren den Gesetzesvorschlag als eigenes, inhaltsgleiches Parlamentsgesetz zu übernehmen und auf diese Weise das Verfahren zu erledigen. Unterlässt das Parlament dies, hat das Volk mit dem Volksentscheid das letzte Wort. Damit ist es unvereinbar, wenn das Parlament sich nach erfolgtem direktdemokratischem Mehrheitsvotum über dieses hinwegsetzen kann – ohne Einhaltung irgendwelcher Karenzzeiten und ohne dass eine neue Lage eingetreten wäre. In einem Land, das sich zur Volkssouveränität bekennt, müssen *unmittelbar* vom Volk erlassene Gesetze selbstverständlich einen höheren Rang besitzen als Gesetze, welche dem Volk nur *mittelbar* zugerechnet werden können, weil seine Vertretung sie erlassen hat. Das ergibt die Verfassungsauslegung unabhängig von ausdrücklichen Regelungen. Deshalb sind Volksentscheide in der Schweiz für das Parlament absolut tabu. Doch in Deutschland verachtet die politische Klasse das Volk und schreckt nicht davor zurück, demokratische Prinzipien umzudrehen, um ihre Macht zu sichern und sich gegen Einwirkungen des Volkes zu immunisieren. Das hatten wir bereits bei den Themen »Volkssouveränität« (siehe S. 15 ff.) und »Wahlen« (siehe S. 39 ff. und 42 ff.) feststellen müssen. Die Anmaßung der politischen Klasse, mehrheitliche Volksentscheide zu kassieren, widerspricht demokratischen Grunderfordernissen so sehr, dass sie einer Art Staatsstreich von oben gleichkommt.

Dass dieser Skandal dennoch keinen bundesweiten Sturm der Entrüstung ausgelöst hat, ist bezeichnend für die demokratische Kultur unserer Republik. Die politische Klasse hat es durch ihre Eigenpropaganda, die die Begriffe verdreht, die Grundsätze verzerrt und auch die Staatsrechtslehre und die Verfassungsgerichte bis zu einem gewissen Grad einbindet, fertiggebracht, dass in Sachen Demokratie den Menschen der klare Blick abhandenzukommen droht.

3 Reform der Kommunalverfassung: Die legale Revolution

Richard von Weizsäcker kritisierte in seinem Gesprächsbuch von 1992, es wäre nicht gelungen, die Direktwahl der Bürgermeister und Landräte in Ländern wie Niedersachsen und Nordrhein-Westfalen trotz deren offenkundiger Defizite (latente Führungsschwäche und geringe Partizipationsmöglichkeit der Bürger) einzuführen, und nannte dies einen »klassischen Fall der Machtbehauptung von Parteizentralen« und der Abschreckung der Bevölkerung. Amts- und Mandatsträger stellen sich nun einmal ungern selbst infrage und suchen lieber nach Gründen, den Status quo möglichst wenig zu verändern.

Doch seitdem ist die Lage eine völlig andere. Die Direktwahl, die es damals nur in Süddeutschland gab, hat einen beispiellosen Siegeszug durch ganz Deutschland erlebt. Heute werden die Bürgermeister in allen dreizehn Flächenländern und die Landräte in elf Flächenländern (Ausnahmen: Baden-Württemberg und Bayern) direkt vom Volk in den jeweiligen Kommunen gewählt. Wie wurde diese einzige Strukturreform der letzten Jahrzehnte, die mehr Bürgernähe und größere politische Handlungsfähigkeit in die Kommunen bringt und die Macht der Parteien begrenzt, gegen den Widerstand vieler scheinbar übermächtiger kommunaler Funktionäre politisch durchgesetzt? Diese Frage ist – angesichts des sprichwörtlichen bundesrepublikanischen Reformstaus – von größtem Interesse. Auch anderen Reformen der Regeln der Macht stehen die Eigeninteressen der politischen Klasse entgegen, und damals zeigte sich, wie solcher Widerstand direktdemokratisch überwunden werden kann.

Den Schlüssel für die Antwort bietet ein Referendum vom 20. Januar 1991 in Hessen, bei dem 82 Prozent der Abstimmenden für die Direktwahl der Bürgermeister und Landräte votierten. Die Initiative war vom damaligen CDU-Ministerpräsidenten Walter Wallmann ausgegangen, der sie im Alleingang auf die politische Tagesordnung gesetzt hatte und mit dem populären Thema sicher auch Punkte bei der gleichzeitig mit der Abstimmung stattfindenden Landtagswahl sammeln wollte. Letzteres gelang allerdings nicht. Die CDU verlor die Wahl.

Die hessische Volksabstimmung machte in anderen Ländern hellhörig und trug dazu bei, die Direktwahl der kommunalen Spitze auch dort durchzusetzen. Was die Politiker so unerhört beeindruckte, war die Höhe des Abstimmungsergebnisses: Das 82-Prozent-Votum zeigte, dass es in der Bevölkerung in diesem Punkt fast so etwas wie einen Konsens gab, und das, obwohl die SPD und Die Grünen opponiert hatten und auch die CDU durchaus nicht mit ganzem Herzen dabei gewesen war. Schlagartig wurde deutlich, welche Meinung die breite Mehrheit in dieser Sache hat und dass die Gemeindeverfassungen vieler Länder davon in zentralen Punkten abwichen. Damit war aber ihre Legitimation erschüttert, auch wenn die politische Klasse sich bemühte, die hessische Abstimmung möglichst nicht zum öffentlichen Thema werden zu lassen. Verfassungen verlieren in der Demokratie ihre Legitimation, wenn sie in zentralen Punkten und auf Dauer nicht mehr von der Mehrheit des Volkes, von dem alle Staatsgewalt ausgehen soll, getragen werden. Das gilt mutatis mutandis auch für Gemeindeverfassungen. Und ebendieses Abweichen der Verfassung vom Volkswillen war durch die Volksabstimmung in so krassem Ausmaß zutage getreten, dass es unmöglich wurde, etwa nur von einem »vorübergehenden Stimmungsbild eines wankelmütigen Volkswillens« zu sprechen. Zugleich wurde – angesichts der Tatsache, dass alle Landesverfassungen Volksbegehren und Volksentscheid auf Landesebene zulassen – auch deutlich, welches politische Potenzial in der Möglichkeit liegt, das Volk sprechen und den gordischen Knoten pluralistischer Blockierung durchhauen zu lassen. Damit wurde die hessische Erfahrung zu einem wichtigen Motor für die durchgreifenden Reformen der Gemeindeverfassungen in der ersten Hälfte der Neunzigerjahre. In Nordrhein-Westfalen, wo die Mängel der überkommenen Gemeindeverfassung besonders manifest waren, hatte ein Parteitag der allein regierenden SPD den Reformern zwar zunächst eine Abfuhr erteilt. Die Blockade wurde aber schließlich dadurch aufgebrochen, dass die Führungen der oppositionellen CDU und FDP ein Volksbegehren in Angriff nahmen. Zu seiner Vorbereitung waren 3000 Unterschriften erforderlich. Die Initiatoren bekamen in kurzer Zeit imponierende 50000 zusammen, was die Popularität des Themas erneut unterstrich. Da die SPD-Regierung nicht direktdemokratisch »überholt« werden wollte, berief sie einen weiteren Parteitag ein, der die früheren Beschlüsse aufhob und die Einführung der Direktwahl beschloss.

In Niedersachsen verlief der Reformprozess ganz ähnlich. Dort griff der damalige Führer der CDU-Opposition, Christian Wulff, das Thema Direktwahl von Bürgermeistern und Landräten im Herbst 1993, kurz vor der Landtagswahl, auf. Der Ministerpräsident und SPD-Landesvorsitzende Gerhard Schröder verkündete kurz darauf seine Unterstützung und erlangte schließlich im März 1995 mit knapper Mehrheit den positiven Beschluss eines SPD-Sonderparteitags. Die parteiinterne Überzeugungsarbeit war ihm auch dadurch erleichtert worden, dass Wulff ein Volksbegehren mit anschließendem Volksentscheid angekündigt hatte, die nach den Erfahrungen in Hessen mit hoher Wahrscheinlichkeit Erfolg gehabt hätten.

Die Reform in Nordrhein-Westfalen und Niedersachsen legte das Amt des Bürgermeisters als Vorsitzenden des Rats und das Amt des Gemeindedirektors als Chef der Verwaltung zum Zweck der Direktwahl zusammen und halbierte so mit einem Schlag die Zahl der Führungspositionen in den Kommunen. Der Widerstand war deshalb groß. Zudem fürchteten die mächtigen kommunalen Fraktionsvorsitzenden der großen Parteien eine Relativierung ihrer Stellung. Schließlich waren die vielen Bürgermeister und Landräte, die gleichzeitig ein Landtagsmandat innehatten, von der Neuregelung auch dadurch betroffen, dass sie – selbst im Falle einer künftigen Übernahme der neuen, beide Ämter vereinigenden Position in ihrer Kommune – nicht länger Landtagsabgeordnete hätten bleiben können, weil dann Unvereinbarkeitsbestimmungen greifen (die hinsichtlich der bisher ehrenamtlichen, aber gleichwohl großzügig entschädigten Ämter von Bürgermeistern und Landräten nicht bestanden). Allein unter den 81 Landtagsabgeordneten der SPD-Mehrheitsfraktion im niedersächsischen Landtag waren 21 Bürgermeister und fünf Landräte. Der gewaltige innerparteiliche Widerstand etablierter kommunaler Funktionäre konnte nur durch direktdemokratische Initiativen oder das glaubwürdige Drohen damit gebrochen werden. Und so war es auch in anderen Ländern. Durch Nutzung der Möglichkeiten der direkten Demokratie verschärften die Parteiführer die Parteienkonkurrenz und bewirkten auf diese Weise eine programmatische Annäherung der Parteien an die Präferenzen des Volkes. Die (vom Volk mit überwältigender Mehrheit gewünschte) Direktwahl von Bürgermeistern und Landräten kam auf die politische Tagesordnung und wurde schließlich auch durchgesetzt.

Übrigens, eine Umfrage der Forschungsgruppe Wahlen vom Februar 2008 zeigt, dass 78 Prozent der Wahlberechtigten mit ihren Bürgermeistern zufrieden bis sehr zufrieden sind – in Zeiten allgemeiner Politikerverdrossenheit ein bemerkenswertes Ergebnis.

Hier zeigt sich: Es gibt in allen deutschen Ländern einen Weg, auch an den (von den jeweiligen Mehrheitsparteien beherrschten) Parlamenten vorbei grundlegende Verbesserungen in der Struktur unserer politischen Willensbildung durchzusetzen, nämlich durch Volksentscheide. Mit ihnen können in vielen Ländern sogar die Landesverfassungen geändert werden. Dieser Möglichkeiten (oder zumindest der glaubhaften Drohung mit ihnen) können sich auch Parteiführer zur Verbesserung ihrer Wahlchancen bei Volkswahlen bedienen und damit Reformen auch gegen die Interessen ihrer eigenen politischen Klasse durchsetzen. Die Reform der Kommunalverfassungen belegt,

- wie die amtierenden Ministerpräsidenten und ihre Herausforderer sich des populären Themas (Einführung der Direktwahl) in der Vorwahlzeit sozusagen als »Material« bedienten, um bei den anstehenden Wahlen Punkte zu sammeln,
- wie es ihnen gelang, die parteiinternen Widerstände zu überwinden, und
- wie sie dabei die Möglichkeiten der direkten Demokratie zur Realisierung der Reform nutzten.

Die Entwicklung hin zur Bürgerverfassung auf kommunaler Ebene wurde auch durch die bürgerschaftliche Revolution in der DDR und die davon mitbeeinflusste Verfassungsentwicklung in den neuen Ländern gefördert. In Rheinland-Pfalz kommt hinzu, dass die FDP sich in wechselnden Regierungskoalitionen, zunächst mit der CDU und dann mit der SPD, für die Einführung von Elementen der Bürgerverfassung auf kommunaler Ebene eingesetzt hatte. Auch das bayerische Volksbegehren und der bayerische Volksentscheid von 1995, initiiert von der Bürgergruppe »Mehr Demokratie«, mit dem das Instrument kommunaler Bürgerbegehren und Bürgerentscheide gegen den massiven Widerstand der dort allein regierenden CSU eingeführt wurde, entfaltete einige Schubkraft und schwächte die Widerstände gegen die Einführung derartiger direktdemokratischer Elemente auf kommunaler Ebene auch in anderen Ländern. Heute sind kommunale Sachentscheidungen direkt durch das Volk, die es vorher nur in Baden-Württemberg gegeben hatte, in allen Bundesländern eröffnet. Auch das geschah an der politischen Klasse vorbei – quasi durch legale

Revolution, wie sie die in den Landesverfassungen vorgesehene direkte Demokratie ermöglicht.

4 Direktwahl des Ministerpräsidenten: Eine Antwort auf das Fünf-Parteien-System

Mit dem Einzug der Linken in die Parlamente von Bremen (Mai 2007), Hessen und Niedersachsen (Januar 2008) und Hamburg (Februar 2008) scheint sich in der Bundesrepublik auf Dauer auch im Westen ein Fünf-Parteien-System zu etablieren: CDU bzw. CSU, SPD, FDP, Grüne und eben die Linke. Das kann die Bildung einer Mehrheitsregierung gewaltig erschweren, wie man am Beispiel Hessens sieht, und, wenn es zur Wahl eines Ministerpräsidenten kommt, zu Koalitionen führen, die der Wähler nie und nimmer gewollt hat. Auch die politische Verantwortung zerfließt in Großen Koalitionen oder Dreierkoalitionen völlig. Der Ruf nach der Mehrheitswahl wird deshalb wieder lauter, wie zum Beispiel ein Vorstoß des ehemaligen Bundespräsidenten Roman Herzog im März 2008 zeigte.

Doch es gibt noch eine ganz andere Alternative, die eine klare Regierungsbildung unmittelbar durch die Wähler ermöglicht, ohne dass den kleineren Parteien der Garaus gemacht wird: die Direktwahl des Ministerpräsidenten unmittelbar durch das Volk. Der Vorschlag besitzt zudem den Charme, dass er auch gegen den Widerstand der politischen Klasse durchsetzbar ist, wohingegen die Mehrheitswahl, jedenfalls auf Bundesebene, auf absehbare Zeit nicht die geringste Chance besitzt.

Die praktische Realisierbarkeit demonstriert der Siegeszug der Direktwahl von Bürgermeistern in den Neunzigerjahren, der auf Volksbegehren und Volksentscheiden (oder glaubwürdigem Drohen damit) beruhte. Den Ausgangspunkt hatte 1991 ein Volksentscheid in Hessen gebildet, bei dem sich 82 Prozent der Abstimmenden für die Einführung der Direktwahl der Bürgermeister und Oberbürgermeister aussprachen. Inzwischen werden die Stadtoberhäupter in allen dreizehn Flächenländern direkt gewählt (siehe S. 84 ff.).

Dieser Siegeszug braucht noch nicht zu Ende zu sein, denn der Grundgedanke lässt sich von den Städten auch auf die Länder übertragen. Auch hier liegt es nahe, den Regierungschef direkt wählen zu lassen, besteht doch die Hauptaufgabe der Bundesländer in der Verwaltung (mit der Regierung an der Spitze), während ihre parlamentarischen Gesetzgebungsbefugnisse eher gering sind. Der Vorschlag gewinnt in der verfassungspolitischen Diskussion der Bundesrepublik denn auch zunehmend an Gewicht. Staatsrechtslehrer und Politikwissenschaftler empfehlen ganz überwiegend eine solche Reform. In dieselbe Richtung geht eine kürzlich erschienene Speyerer Dissertation.

Eine solche grundlegende Änderung des Regierungssystems ist von den Landesparlamenten allerdings kaum zu erwarten. Die politische Klasse wird von sich aus schwerlich eine Reform anstreben, welche die Macht neu verteilt, den Bürgern mehr Rechte gibt und den Wert parteiinterner Netzwerke mindert, die die Wiederwahl von Ministerpräsidenten und Landtagsabgeordneten sichern. Das zeigte sich bereits bei der Reform der Gemeindeverfassung, die die Parlamente ebenfalls nicht von sich aus in Angriff nahmen. Gleichwohl, durch Volksbegehren und Volksentscheid könnten auch die Landesverfassungen geändert werden. Und attraktiv für die Bürger ist eine solche Reform allemal. In der Umfrage einer rheinland-pfälzischen Zeitung vom 3. März 2000 sprachen sich nicht weniger als 88 Prozent für eine künftige Direktwahl des Ministerpräsidenten aus.

Die Hauptelemente einer solchen Reform sind

– die Direktwahl des Regierungschefs durch das Volk und
– die Verbesserung des Landtagswahlrechts.

Das hätte eine Reihe von Vorzügen: Die Volkswahl des Regierungschefs würde seine demokratische Legitimation erhöhen und Koalitionsbildungen überflüssig machen. Für wackelige Koalitionsregierungen wäre kein Raum mehr. Regierungschefs würden nicht mehr in Hinterzimmern ausgekungelt wie in Bayern bei der Nachfolge Edmund Stoibers im Jahre 2007. Die Wähler würden nicht mit Koalitionen konfrontiert, die sie gar nicht gewollt haben. Und abgewählte Regierungen würden nicht mangels Alternative weiterregieren wie in Hessen.

Dann müssten die Parteien im eigenen Interesse attraktive Kandidaten aufstellen – unabhängig davon, ob diese von Anfang an die Ochsentour durchlaufen haben und die innerparteilichen Strippen ziehen. Dann hätten plötzlich sehr viel mehr

Kandidaten eine Chance. Der Kreis der für politische Spitzenämter infrage kommenden Persönlichkeiten würde ausgeweitet. Auch das Parlament würde nicht etwa geschwächt, sondern gestärkt. Es würde von einem Anhängsel der Regierung zu einem echten Gegengewicht. Derzeit steht die Parlamentsmehrheit politisch ganz auf der Seite der Regierung, die sie gewählt hat und gegen Kritik verteidigt. Die Minderheit opponiert zwar öffentlich, richtet aber wenig aus, weil sie von der Mehrheit jederzeit niedergestimmt werden kann. Von echter Gewaltenteilung zwischen Parlament und Regierung sind wir derzeit also weit entfernt. Dagegen würde die Volkswahl des Ministerpräsidenten das ganze Parlament freimachen dafür, die Regierung wirksam zu kontrollieren, und so die Gewaltenteilung wieder herstellen.

Selbst wenn im Landtag andere Parteien als die des volksgewählten Ministerpräsidenten eine Mehrheit hätten, würde dies seine Regierungsfähigkeit ebenso wenig infrage stellen wie in Großstädten. Vorausgesetzt ist dabei, dass auch das Landtagswahlrecht ähnlich wie in den Städten personalisiert und dadurch der Typ des Parteisoldaten, der nur aus parteitaktischen Gründen opponiert und blockiert, zugunsten wirklicher Volksvertreter zurückgedrängt wird.

Aus ähnlichen Gründen hätte auch der direkt gewählte Regierungschef gegenüber seiner Partei eine stärkere Stellung und ließe sich im Bundesrat nicht mehr so leicht parteilich einbinden und auf eine parteitaktische Blockadehaltung festlegen. Das würde auch die Regierungsfähigkeit im Bund erhöhen.

Insgesamt würde die Reform also beides erhöhen, die Handlungsfähigkeit der Politik und ihre Bürgernähe.

Gelänge es, eine solche Reform auch nur in einem Lande durchzusetzen, könnte dies eine Aufbruchstimmung erzeugen, die auf andere Länder und den Bund überschwappen und auch dort die Reformbereitschaft sprunghaft erhöhen könnte. Von allein kommen solche Reformen gegen den Widerstand der politischen Klasse nicht zustande. Es gilt, aus der Bürgerperspektive eine Strategie zur Durchsetzung der Reform zu entwickeln. Wie wir uns auch drehen und wenden: Wir kommen an der Erkenntnis nicht vorbei, dass »wir nicht darauf warten dürfen, dass auf wunderbare Weise von selbst eine neue Welt geschaffen werde« (so Karl R. Popper). Politik ist nun einmal zu wichtig, als dass man sie allein den Berufspolitikern überlassen sollte.

IV Politische Parteien

1 Parteibuchwirtschaft: Die Kolonisierung von Staat und Verwaltung

Die Fähigsten in die staatlichen Ämter! Dieser Grundsatz gilt, wie uns die Geschichtsbücher sagen, als große Errungenschaft der Demokratie. Vorrechte, wie sie Adel und Geistlichkeit besaßen, die früher die Ämter unter sich aufteilten, waren einer der Missstände, die die Menschen auf die Barrikaden trieben und die Französische Revolution auslösten. Privilegien, die mit der Qualifikation für das Amt nichts zu tun haben, sollten ein für alle Mal beseitigt werden.

Wie aber steht es damit in der Praxis der Republik? Sind an die Stelle von Adel und Geistlichkeit nicht neue Privilegierte getreten, die Profiteure des modernen Parteienstaates? Ist Parteibuchwirtschaft – oder wissenschaftlicher: parteiliche Ämterpatronage – nicht an der Tagesordnung? Sind die Parteien nicht dabei, sich den Staat zur Beute zu machen, wie es der frühere Bundespräsident Richard von Weizsäcker formuliert hat? Die Parteien stellen ja nicht nur das Parlament und die Regierung (was in der parlamentarischen Demokratie völlig in Ordnung ist), sondern nehmen auch da Einfluss, wo sie eigentlich nichts zu suchen haben, zum Beispiel in der Verwaltung. Sie beeinflussen die Personalauswahl vielfach bis hinunter zum kleinen Beamten und öffentlichen Angestellten. Wenn das Parteibuch aber über die Karriere im öffentlichen Dienst entscheidet, werden immer mehr Beamte, die sich weniger *für* Politik engagieren als *von* ihr leben wollen, aus Opportunismus in die Parteien gelockt (siehe S. 178 ff.).

Fast fühlt man sich an das klassische Wort des italienischen Soziologen Gaetano Mosca erinnert, es gebe immer und in jeder Regierungsform eine politische Klasse, die sich die Macht und die Fleischtröge des Staates unter den Nagel reißt. Die Verfügung über staatliche Ämter war seit jeher ein probates Mittel, sich Einfluss und Gefolgschaft zu verschaffen. Und so betrachten auch die neuzeitlichen Vehikel zur Macht, die Parteien, den Postenschacher als ihre wohlfeile Ressource. Dabei hat Ämterpatronage ein dreifaches Ziel: die Belohnung von Parteigängern (Versorgungspatronage), die Sicherung der Macht (Herrschaftspatronage) und zusätzlich die Demonstration des eigenen Einflusses nach außen (Demonstrationseffekt), was einen disziplinierenden Effekt auf alle anderen ausübt, die in diesem Staat etwas werden wollen, deren Kooperationsbereitschaft erhöht und dadurch wiederum die Macht der Parteien vermehrt.

Ein weites Feld für solche Belohnungen bieten öffentliche Wirtschaftsunternehmen. Fast kein Elektrizitätswerk, keine öffentliche Sparkasse, kein städtischer Verkehrsbetrieb, kein irgendwie zum öffentlichen Dienstleistungssektor gehöriger Betrieb wird nicht auch als Versorgungsunternehmen für Parteigänger missbraucht. Ein fatales Beispiel bieten die Landesbanken von Nordrhein-Westfalen und Sachsen. Dort hat die Unfähigkeit politisch infiltrierter Unternehmensführungen zig Milliarden Verluste verursacht. Dass die öffentliche Hand überhaupt Unternehmen hält, wird regelmäßig mit hehren Zielen gerechtfertigt, die in der Praxis aber kaum je erfüllt, oft nicht einmal formuliert werden. Umso nachhaltiger ist der Run sogenannter »verdienter« Parteipolitiker auf die lukrativen Posten. Und auch für die Parteikassen lohnt sich Patronage. Als Gegenleistung müssen die Begünstigten aus ihrem Amtsgehalt nämlich laufende Sonderzahlungen an ihre Partei abführen (siehe S. 111 ff.).

Da alle Patronage betreiben – auf Bundes-, Landes-, Kommunal- und Europaebene, nur eben mit unterschiedlichen politischen Vorzeichen –, pflegt keine Partei die anderen wegen dieses Beutesystems öffentlich zu kritisieren. Im Gegenteil, jede will mit den anderen mindestens gleichziehen. So nährt Ämterpatronage Ämterpatronage – ein Teufelskreis, der immer tiefer in den Sumpf führt. Das Ausmaß dieses Krebsgeschwürs im Innern des Gemeinwesens wird vor der Öffentlichkeit einträchtig abgeschirmt – durch ein Kartell des Verschweigens und des Bagatellisierens. Zu dessen strategischer Absicherung ist die politische Klasse besonders scharf auf Schlüsselstellungen der sogenannten Demokratieerziehung wie die Bundes- und Landeszentralen für politische Bildung, die sie im Proporz zu besetzen pflegt.

Alles das ist illegal: Nach den Beamtengesetzen und dem Grundgesetz ist die meist verdeckte Form der Privilegierung der einen und die Diskriminierung der anderen streng verboten. Sie reduziert die Leistungsfähigkeit des öffentlichen Dienstes und bläht ihn zugleich auf. Und dennoch: Wer kein oder nicht das richtige Parteibuch besitzt, hat im öffentlichen Dienst oft keine Chance.

Die Parteien suchen auf solch rechtswidrigem Wege auch alle möglichen Kontrollinstanzen mit ihren Leuten zu durchsetzen; mit unterschiedlichem Erfolg zwar – es gelingt ihnen zum Glück noch nicht immer und überall, aber leider immer öfter. Macht dehnt sich eben aus, bis sie an wirksame Grenzen stößt, und diese werden immer weiter hinausgeschoben und auch immer durchlässiger, weil die Parteien sich die grenzziehenden Instanzen einzuverleiben suchen. Davon betroffen sind

- hohe Gerichte, auch Verfassungsgerichte,
- die Spitzen der Rechnungshöfe,
- wichtige Positionen in den öffentlich-rechtlichen Rundfunk- und Fernsehanstalten,
- Sachverständigenkommissionen und sonstige Einrichtungen der wissenschaftlichen Politikberatung.

Damit werden diejenigen Bereiche »kolonisiert«, die die Politik eigentlich überwachen sollten. Das schwächt die Kontrolle gerade in Bezug auf parteilich bedingte Fehlentwicklungen und unterläuft den Gedanken der Gewaltenteilung (siehe S. 190 ff.). Warum unternimmt selbst das Bundesverfassungsgericht nichts gegen Ämterpatronage – trotz deren offensichtlicher Verfassungswidrigkeit? Weil das Gericht selbst im Glashaus sitzt; seine Mitglieder werden ja ebenfalls von den Parteien bestimmt. Oft werden auch aktive Parteipolitiker berufen; gelegentlich sogar offensichtlich mit dem Ziel, die Rechtsprechung zugunsten der politischen Klasse zu beeinflussen (siehe S. 200 ff.). Im Bundesverfassungsgericht hat sich – jenseits aller geschriebenen Regeln –

folgende, von der politischen Klasse nur ungern thematisierte Praxis eingespielt: Die eine Hälfte der 16 Richter wird ganz ungeniert von der CDU/CSU bestimmt, die andere Hälfte von der SPD, wobei – in der Zeit kleiner Koalitionen – die größere Regierungspartei ihrem Koalitionspartner einen Posten überlässt. Kandidaten, die einer Partei besonders nahe stehen, ob mit oder ohne Parteibuch, werden dabei massiv bevorzugt. Das geschieht unter totalem Ausschluss der Öffentlichkeit in einem Ausschuss des Bundestags und nicht im Plenum, wie es das Grundgesetz vorschreibt. Es fällt selbst der Staatsrechtslehre als traditionell staatstragender Zunft schwer, dieses Verfahren noch als verfassungsgemäß abzusegnen, und Staatsrechtslehrer wie Wilhelm Karl Geck und Rainer Wahl haben das Unaussprechliche – mutig und gegen alle Political Correctness – denn auch beim Namen genannt: Die Besetzung des Verfassungsgerichts ist verfassungswidrig.

Ein weiteres Beispiel sind die 17 Rechnungshöfe des Bundes und der Länder: Der Präsident gehört regelmäßig der einen und der Vizepräsident der anderen großen Partei an, und sie werden es sich dreimal überlegen, ob sie mit ihrer Kritik ihren Genossen wirklich wehtun wollen. Würden die Spitzen der Rechnungshöfe dagegen nicht von denen ausgewählt, die sie kontrollieren sollen, sondern unmittelbar vom Volk, würden die Kontrolleure mit Sicherheit ganz anderen Druck auf die politische Klasse entfalten. Dann würden sie die Interessen der Bürger sehr viel massiver wahrnehmen und nachdrücklich Rechtmäßigkeit, Wirtschaftlichkeit und Sparsamkeit der Verwaltung und der gesamten Politik einfordern, wie das ja eigentlich auch ihre Aufgabe ist.

Geradezu ein Tummelplatz der Parteipolitik ist der Rundfunk (siehe S. 239 ff.). Fritz Schenk, Moderator des ZDF-Magazins, stöhnte schon vor Jahren, es sei nicht zutreffend, dass öffentlich-rechtliche Anstalten von den Parteien dominiert würden, sie gehörten ihnen. Dies wird besonders deutlich, wenn um die Spitzenposition geschachert wird und man sich dabei nicht im üblichen Proporzwege ohne viel Aufhebens einigen kann. So etwa bei der Wahl des derzeit amtierenden Intendanten des ZDF. Es kam zu einem monatelangen erbitterten, auch vor der Öffentlichkeit nicht mehr zu verheimlichenden Ringen zwischen Union und SPD, bis man sich schließlich – nach vielen vergeblichen Anläufen – auf Markus Schächter als neuen Intendanten einigte. Das Echo der Öffentlichkeit auf diese Mainzer Karnevalsnummer war vernichtend. Doch wurde hier nur nach außen deutlich, was drinnen ohnehin seit Langem tägliches Brot ist: Parteitickets entscheiden über Karrieren.

Auch Sachverständigenkommissionen werden zunehmend nach Parteienproporz besetzt, besonders wenn es um das »Eingemachte« der politischen Klasse geht: ihre eigene Bezahlung und Versorgung (siehe S. 203 ff.). So war z. B. die sogenannte »Kommission unabhängiger Sachverständiger zu Fragen der Parteienfinanzierung« (wie ihr anspruchsvoller Name lautete) unter dem Vorsitz der damaligen Präsidentin des Bundesrechnungshofs, Hedda von Wedel, bei Lichte betrachtet weder unabhängig noch sachverständig. Ihre fünf Mitglieder standen den Parteien sehr nahe, um es vorsichtig auszudrücken, und keiner von ihnen hatte sich vor seiner Berufung in die Kommission mit der Materie »Parteienfinanzierung« intensiv befasst. Die Kommission beauftragte ihrerseits drei Sachverständige – auch das überwiegend nach parteipolitischem Proporz – mit Gutachten, aus denen die Kommission dann ihren Bericht zusammenstückelte. Wie angesichts ihrer Zusammensetzung nicht anders zu erwarten, hat sich die Kommission in ihrem Bericht von 2001 denn auch um manche für die etablierten Parteien unangenehme Aussage herumgedrückt.

In den Parteien herrscht vielfach eine Sondermoral, die Ämterpatronage als ganz legitim ansieht (siehe S. 135). Und diese Form der geistigen Korruption droht via Ämterpatronage auf Dauer auch auf den öffentlichen Dienst überzugreifen. Wem es primär um Mehrheiten, Bündnisse und Macht geht, dem kommt allmählich der problemorientierte Denk- und Arbeitsstil abhanden. Wer die parteipolitische Schere im Kopf hat, ob Redakteur, Schulleiter, Verwaltungsbeamter, Richter oder Professor, verliert aufgrund des vorauseilenden Gehorsams gegenüber den Machthabern leicht jede Produktivität, von Objektivität ganz zu schweigen. Und die anderen, die die Kollegen mit Parteibuch auf der Karriereleiter an sich vorbeiziehen sehen, werden in Frust und innere Emigration getrieben.

Eine bestimmte Kategorie von Wissenschaftlern spielt die Problematik allerdings gezielt herunter und stellt parteipolitische Ämterpatronage als unverzichtbar dar, um Menschen im Interesse des eigenen Fortkommens zu motivieren, in den Parteien mitzuwirken. Dazu gehören Soziologen wie Horst Bosetzky und Niklas Luhmann, der ohnehin die Bedeutung aller Verfassungswerte in Abrede stellte. Dazu gehören Rechtswissenschaftler wie Gerhard Leibholz (siehe S. 124ff.) und Joachim Rottmann, die den Parteien ihre Bestellung zum Verfassungsrichter verdankten. Rottmann erklärte das verfassungsrechtliche Verbot von Ämterpatronage kurzerhand für obsolet. Dazu gehören auch parteinahe Politikwissenschaftler wie Ulrich von Alemann, die bewusst oder unbewusst vermeiden, ihren Parteien durch Kritik der Ämterpatronage zu nahe zu treten (siehe S. 232ff.).

Solche Wissenschaftler arbeiten der politischen Klasse zu, die Ämterpatronage betreibt, dies aber in der Öffentlichkeit verschleiert. Ein typisches Beispiel war Helmut Kohl: Auf eine parlamentarische Anfrage der Grünen, was man gegen die um sich greifende parteipolitische Patronage unternehmen könne, behauptete seine Regierung, Ämterpatronage gebe es gar nicht, man brauche deshalb auch nichts gegen sie zu unternehmen. Diese Einlassung war umso dreister, als Helmut Kohl einige Jahre zuvor selbst noch parteipolitische Ämterpatronage gegeißelt und (rhetorisch) gefragt hatte, ob sie »nicht an eine Grenze gekommen« sei, wo sie »ins Unerträgliche umschlägt«.

In Wahrheit ist Parteibuchwirtschaft alles andere als ein Kavaliersdelikt. Wer teuer bezahlte Posten zweifelhaft Qualifizierten zuschanzt, und das in großem Stil, untergräbt Staat, Gerichtsbarkeit und Verwaltung und verschleudert Milliarden auf Kosten der Steuerzahler. Hier hilft nur radikales Umdenken. Die bestehenden Kontrollinstrumente müssen grundlegend verbessert werden.

Ein Gegenmittel ist die Konkurrentenklage zu Unrecht übergangener Mitbewerber. Sie hat bisher aber mehrere Schwachstellen: Der Kläger erreicht, selbst wenn er Erfolg hat, nicht seine Einstellung, sondern nur ein neues Besetzungsverfahren. Und selbst das nur, wenn der Patronierte nicht vorher ernannt wird. Die Ernennung gilt in deutscher Beamtentradition als rechtlich derart stark, dass sie nur bei gröbsten rechtlichen Mängeln wieder rückgängig gemacht werden kann, zu denen die rechtswidrige Bevorzugung bisher nicht zählt. Zudem wird die gerichtlich gemaßregelte Behörde, um einen erfolgreichen

Kläger nicht berufen zu müssen, alles daransetzen, nunmehr wirklich qualifizierte Mitbewerber aufzubieten. Auch muss, wer gegen seinen Dienstherren prozessiert, massives Mobbing befürchten und kann oft seine weitere Karriere abschreiben. Im Übrigen: Je höher das Gericht, desto größer ist die Gefahr, dass auch die Richter selbst in ihr Amt patroniert wurden und deshalb bei einschlägigen Verfahren alle Augen zudrücken.

Auch die Staatsanwälte zögern bisher, Ämterpatronage zu verfolgen, obwohl sie strafbare Untreue ist. Hier zeigt sich die politische Weisungsgebundenheit der Staatsanwaltschaft. Dennoch sollte sie endlich aufwachen und ihres Amtes walten. Offen und schriftlich, also rechtlich wirksam, wird kein Justizminister wagen, sie zurückzupfeifen (siehe S. 196ff.). Und Verfassungsrichter sollten nicht in Hinterzimmern ausgekungelt werden, sondern sich vor ihrer Wahl einer öffentlichen Anhörung im Parlament stellen.

Würde die Personalhoheit – nicht nur formal – einem direkt gewählten Bundespräsidenten im Bund (siehe S. 210) und direkt gewählten Ministerpräsidenten in den Ländern (siehe S. 89ff.) übertragen, würde die Gefahr von Ämterpatronage deutlich verringert. In den Städten mit direkt gewählten Bürgermeistern ist dies bereits jetzt der Fall.

2 Staatliche Parteienfinanzierung: Die Verfassungsväter würden sich im Grabe drehen

Eine »Krebskrankheit, die früher auf mittel- und südamerikanische Staaten beschränkt war«, nannte sie der Bundestagsabgeordnete Hermann Schmidt-Vockenhausen schon vor Jahrzehnten, und andere weitsichtige Männer stimmten ihm bei. Sie demotiviere die Mitglieder, verselbständige die Parteiführung (so der legendäre Vorsitzende der SPD-Fraktion im Bundestag Herbert Wehner) und führe schleichend zum »Verderb der Verfassung« (so der Heidelberger Politikwissenschaftler Dolf Sternberger). Gemeint ist die staatliche Parteienfinanzierung. Verhindern konnten die Mahner die Selbstbedienung der Parteien aus der Staatskasse allerdings nicht. Die Bundesrepublik wurde international zum Vorreiter einer verhängnisvollen Entwicklung, die die Parteien auch finanziell immer mächtiger macht und sie immer weiter von ihrer Basis entfernt.

Als die direkte Subventionierung der Parteien im Jahre 1959 in Deutschland eingeführt wurde, war das eine europäische Premiere und wäre sogar eine Weltpremiere geworden – hätten nicht Argentinien und Costa Rica schon vorher eine Staatsfinanzierung gehabt. Die Väter des deutschen Grundgesetzes – und die wenigen Mütter – hätten sich Derartiges nicht einmal im Traum vorstellen können. Und es gibt ja auch heute noch Länder ohne staatliche Parteienfinanzierung wie Großbritannien und die Schweiz. Nachdem der Bann erst einmal gebrochen war, kannten die Bundestagsparteien kein Halten mehr: In kürzester Zeit vervielfachten sie den Umfang ihrer jährlichen »Staatsknete«, bis das Bundesverfassungsgericht mit Urteilen von 1966 und 1968 endlich die Notbremse gezogen und die staatliche Parteienfinanzierung gedeckelt hat. Diese sogenannte absolute Obergrenze wurde später konkretisiert und beträgt für alle Parteien zusammen derzeit 133 Millionen Euro jährlich.

Um den Geldsegen vordergründig zu rechtfertigen, haben die Parteien im Parteiengesetz von 1967 ihre Rolle höchst extensiv definiert und ihre Aufgaben viel zu weit gesteckt, obwohl sie laut Grundgesetz eigentlich nur an der politischen Willensbildung des Volkes mitwirken sollen. Statt die Subventionen an den Aufgaben auszurichten, wurden die gewaltigen Subventionen umgekehrt zur Richtgröße für die Aufgaben. Hier wackelt der Schwanz mit dem Hund. Andererseits kommt die Ausweitung der Aufgaben auch dem Expansionsdrang der Parteien entgegen: Mit der selbst zugeschriebenen »Gestaltung der öffentlichen Meinung« suchen sie die »unaufhörliche und ungenierte Tätigkeit von Parteien in den öffentlich-rechtlichen elektronischen Medien« (Richard von Weizsäcker) zu rechtfertigen; mit der Aufgabe, »die politische Bildung an(zu)regen und (zu) vertiefen«, rechtfertigen sie ihre »Stiftungen« und die gezielte Einflussnahme etwa auf die Bundes- und Landeszentralen für politische Bildung; mit dem Einfluss »auf allen Gebieten des öffentlichen Lebens« suchen sie es zu legitimieren, dass sie »die ganze Struktur unserer Gesellschaft, bis tief hinein in das seiner Idee nach doch ganz unpolitische Vereinsleben« durchziehen (von Weizsäcker). So schaukeln sich die überzogenen Subventionen und die angemaßten Aufgaben gegenseitig hoch.

Den politischen Parteien und ihren Schatzmeistern, die dem Gesetzgeber in Sachen Parteienfinanzierung regelmäßig die Feder führen (siehe »Selbstbedienung«, S. 37 f.), sind die üppigen Staatsgelder noch lange nicht genug. Sie umgehen die Obergrenze, indem sie das Geld auf ihre Hilfsorganisationen umleiten. Die »Parteistiftungen« (siehe S. 120 ff.) und die Fraktionen im Bundestag und in den Landesparlamenten werden mit Staatsgeld nur so zugeschüttet und die Fonds für Abgeordnetenmitarbeiter drastisch ausgeweitet (siehe S. 162 f.) – und hier hat das Gericht eine Deckelung versäumt. Die Parteien schöpfen sozusagen aus vier Töpfen, und nachdem das Gericht auf einen den Deckel gelegt hat und nur eine begrenzte Entnahme daraus erlaubt, bedienten sich die Parteien aus den drei anderen umso ungenierter. Das führte zu gewaltigen Steigerungsraten: Die Subventionen an die Fraktionen und die Parteistiftungen haben sich in den vergangenen vierzig Jahren mehr als vervierzigfacht. Der immer wieder angemahnte allgemeine Abbau von Subventionen fällt den Parteien auch deshalb so schwer, weil sie sich damit ins eigene Fleisch schneiden würden.

Die Parteien lassen sich – entgegen den rechtlich-formalen Abgrenzungsversuchen das Bundesverfassungsgerichts und der Staatsrechtslehre – von ihren »Hilfstruppen« nicht wirklich trennen. In den Augen der Bürger und Wähler werden Aktionen der Parteistiftungen, der Fraktionen, der Abgeordneten und ihrer Mitarbeiter und der Regierungen im Bund und in den Ländern, die auch Öffentlichkeitsarbeit machen, ohnehin ihren jeweiligen Parteien zugerechnet, mit denen sie am gleichen politischen Strang ziehen. Die Amtsträger und ihre Zuträger, die ja alle gleichzeitig Parteifunktionäre sind, haben denn auch viele Aufgaben übernommen, die früher von den Parteiorganisationen wahrgenommen wurden.

Die Trennung ist in Wahrheit eine ideologische Verfälschung der wahren Verhältnisse – Heiner Geißler spricht in aller Offenheit von einer »Lebenslüge« –, weil sie das Ausmaß der staatlichen Parteienfinanzierung kaschiert, das ein Vielfaches der 133 Millionen Euro beträgt. Die öffentliche Kritik, die regelmäßig losbricht, wenn Pläne zur Erhöhung der staatlichen

Parteienfinanzierung bekannt werden, wie etwa im Sommer 2007 (siehe S. 104 ff.), ist so eigentlich nur ein Stellvertreterstreit angesichts der riesigen heimlichen Staatsfinanzierung, die trotz aller Camouflage-Versuche nicht völlig verborgen werden kann.

Und was die Öffentlichkeit erst recht noch nicht gemerkt hat: Seit 2004 werden die Parteien zusätzlich noch aus dem Haushalt der Europäischen Union subventioniert. Es fängt zwar klein an. Schon jetzt sind aber jährlich 100 Millionen Euro im Gespräch, und das ist keineswegs das Ende der Fahnenstange. Im Herbst 2007 wurde die europäische Verordnung ausgeweitet, und man führte nach deutschem Vorbild europäische Parteistiftungen ein, die jetzt auch staatlich finanziert werden. Das Geld teilen die etablierten Parteien unter sich auf. Die nationale Parteien- und Stiftungsfinanzierung wird keineswegs entsprechend gekürzt, sondern das EU-Geld kommt noch oben drauf.

Die Subventionierung der Parteien war anfangs mit dem Argument gerechtfertigt worden, dann werde es möglich, Großspenden, die stets »im Dunstkreis der Korruption stehen« (Theodor Eschenburg), zu verbieten. Doch dieses Argument wurde später »vergessen«. Tatsächlich bestehen in der Bundesrepublik Deutschland jetzt die beiden Übel nebeneinander: Großspenden (siehe S. 114 ff.) *und* üppige Staatsfinanzierung.

Die erwähnten 133 Millionen Euro sind keine staatliche Wahlkampfkostenerstattung mehr wie früher, sondern gelten seit einer Änderung des Parteiengesetzes von 1994, die auf der Grundlage eines Urteils des Bundesverfassungsgerichts von 1992 erfolgte, als Zuschuss zum gesamten Finanzaufwand der Parteien, und zwar für alle Ebenen, auch die kommunale Ebene. Damit dürfte eigentlich klar sein, dass die Nichtbeteiligung der kommunalen Wählergemeinschaften mit dem hier anzuwendenden strengen Gleichheitssatz nicht mehr in Einklang zu bringen ist (siehe »Diskriminierung von neuen Parteien und Wählergemeinschaften«, S. 53). Nunmehr ist auch die Höhe der Staatsmittel an die Wählerstimmen sowie an die Mitgliedsbeiträge und Spenden geknüpft. Die Einzelheiten sind allerdings ziemlich kompliziert: Die Parteien bekommen nominal siebzig Cent pro Stimme bei Bundestags-, Landtags- und

Europawahlen. Für die ersten vier Millionen Stimmen sind es sogar 85 Cent pro Stimme. Auf Mitgliedsbeiträge und Spenden von natürlichen Personen bis zur Höhe von 3300 Euro jährlich gibt es einen Staatszuschuss von 38 Prozent der eingeworbenen Mittel. Auch dieser Prozentsatz ist nur nominal, faktisch aber erheblich geringer, was das System erst recht undurchschaubar macht.

Die Schatzmeister haben die Beträge überhöht angesetzt, so dass sie in der Summe stets weit über 133 Millionen Euro liegen und deshalb, um die Obergrenze einzuhalten, proportional gekürzt werden müssen. Auf diese Weise stellen sie sicher, dass die Obergrenze immer voll ausgeschöpft wird, selbst wenn die Wahlbeteiligung oder die eingeworbenen Zuwendungen sinken sollten. Dieser Effekt ist mit dem Sinn der Staatsfinanzierung nicht vereinbar. Sie soll, so hat es das Bundesverfassungsgericht gewollt, Lohn für die Bürgernähe der Parteien sein und müsste deshalb mit sinkenden Zuwendungen und abnehmender Wahlbeteiligung eigentlich ebenfalls sinken (siehe S. 48 ff.).

Hinzu kommt die *indirekte* Staatsfinanzierung durch steuerliche Begünstigung. Diese ist nicht weniger kompliziert: Spenden und Beiträge an Parteien sind ebenfalls bis zur Höhe von 3300 Euro jährlich (bei zusammen veranlagten Ehepaaren sogar bis zu 6600 Euro) steuerlich begünstigt. Durch Steuerverzicht trägt der Fiskus etwa die Hälfte der Zuwendungen an Parteien. Diese Beträge sind viel zu hoch angesetzt. Das Bundesverfassungsgericht lässt die steuerliche Begünstigung nur in einer Höhe zu, die ein durchschnittlicher Einkommensbezieher normalerweise auch ausschöpfen kann, was mit 6600 Euro (bei einem Verheirateten) nicht möglich ist. Von Rechts wegen müssten die Beträge deshalb um zwei Drittel gekürzt werden. Die Schatzmeister der Parteien haben sie dennoch überhöht durchgedrückt und nehmen die Verfassungswidrigkeit wissentlich in Kauf. Denn sie wollen die Sonderabgaben ihrer Abgeordneten, die leicht 6000 Euro oder mehr im Jahr ausmachen und einen erheblichen Einnahmeposten der Parteien darstellen (siehe S. 111 ff.), nicht gefährden. Dabei vertrauen die Schatzmeister darauf, dass niemand das Bundesverfassungsgericht erneut anruft, wozu in diesem Fall ohnehin nur Parteien und Regierungen befugt sind. Das Ergebnis ist eine doppelte Begünstigung der verfassungswidrigen Parteisteuern: durch staatliche Zuschüsse *und* durch eine in ihrer Höhe ebenfalls verfassungswidrige Steuervergünstigung.

Zählt man die in den Beiträgen und Spenden steckende indirekte Staatsfinanzierung und die direkten Zahlungen an die Parteien zusammen, so liegt ihre Subventionsquote regelmäßig über fünfzig Prozent. Auch das bleibt in der Öffentlichkeit allerdings ungesagt und wird allenfalls einmal thematisiert, um missliebigen Konkurrenzparteien an den Karren zu fahren, etwa radikalen Parteien wie der NPD. Hier rechnete der Berliner Innensenator Ehrhart Körting im Sommer 2007 vor, dass diese Partei zu 64,5 Prozent vom Steuerzahler finanziert wird. Dabei bezog er auch den Steuerausfall mit ein, der durch die Steuerbegünstigung von Spenden und Beiträgen verursacht wird. Die Aussage ist zwar völlig korrekt. Bloß, rechnet man so, liegt der Staatsanteil auch bei den meisten etablierten Parteien über fünfzig Prozent (so kommen die CDU auf 52 Prozent, die Grünen auf 59 Prozent, die FDP auf 51 Prozent und die Linke auf 65 Prozent). Das aber verschwieg Körting.

Wer die Allmacht der Parteien begrenzen will, muss auch an ihrer Finanzierung ansetzen: Die Obergrenzen für die direkte Staatsfinanzierung und für die Steuervergünstigung von Spenden müssen massiv gesenkt, die Subventionierung von Fraktionen und Parteistiftungen sowie die Bezahlung von Abgeordnetenmitarbeitern beschnitten und die verfassungswidrigen Parteisteuern unterbunden werden. Gleichzeitig müssen die *Ausgaben* der Parteien und ihrer Hilfstruppen wirksam gedeckelt werden. In vielen anderen Ländern wird zumindest die Höhe der Wahlkampfkosten begrenzt. Nur so kann ein ungehemmtes finanzielles Wettrüsten im Kampf um die Macht – mit nachfolgender Refinanzierung beim Steuerzahler – wirksam unterbunden werden. Sinnvoll wäre es auch, den Bürgern etwa im Wege einer zusätzlichen Stimme bei Wahlen die Entscheidung zu überlassen, welcher Partei wie viel Staatsgeld zukommen sollte. Mit einer solchen Finanzstimme könnte jeder Wähler bestimmen, welche Partei z.B. fünf Euro Staatsgeld erhalten oder ob der Betrag verfallen soll. Das würde den Anreiz für Parteien, sich um Basisnähe zu bemühen, gewaltig erhöhen.

Da die von den Parteien beherrschten Parlamente sich zu solchen Reformen in eigener Sache kaum aufraffen werden, bleiben als Weg nur Volksbegehren und Volksentscheid, die auf Bundesebene – Parteienrecht ist Sache des Bundes – allerdings bisher nicht eröffnet sind. Dennoch besteht kein Grund zur Resignation. Es wäre nicht das erste Mal, dass Reformen zum Besseren, die heute noch utopisch erscheinen, morgen plötzlich auf der Tagesordnung stehen.

3 Parteien im Schlaraffenland: Und sie wollen immer mehr

Die Zwanzig-Millionen-Zumutung: Nur ein Sturm im Wasserglas?

Das Sommerloch 2007 war noch nicht zu Ende, da platzte die (damals noch) designierte Schatzmeisterin der SPD, Barbara Hendricks, damit heraus: Die Koalitionsparteien wollten mehr Geld. Die Mitglieder liefen ihnen davon, und immer weniger Bürger gingen zur Wahl. Statt der bisherigen 133 Millionen Euro sollten es in Zukunft 153 Millionen jährlich sein, ein Aufschlag von 15 Prozent. Seit der letzten Erhöhung im Jahre 2002 waren die Preise allerdings nur um sechs Prozent gestiegen, und das Bundesverfassungsgericht lässt Erhöhungen grundsätzlich nur entsprechend der Preissteigerung zu.

Der losbrechende öffentliche Proteststurm stieß sich vor allem an den dafür vorgebrachten Gründen. Schließlich beruht der Mitgliederschwund nicht zuletzt darauf, dass immer weniger Menschen den Parteien noch etwas zutrauen. Dafür tragen diese aber selbst die Verantwortung und sollten nicht den Steuerzahler bluten lassen. Die Staatsfinanzierung soll die Verwurzelung der Parteien bei Bürgern und Mitgliedern belohnen. Wenn Mitglieder wegbleiben, ist das genau das Gegenteil von Verwurzelung. Im Übrigen waren, wie eine Kontrollrechnung des Verfassers ergab, die selbst erwirtschafteten Einnahmen der Bundestagsparteien von 2002 bis 2006 trotz des Mitgliederschwundes um nicht weniger als 15 Prozent gestiegen, was jeder Forderung nach Erhöhung der »Staatsknete« erst recht die Grundlage entzog.

Die Wahlbeteiligung hat ohnehin keinerlei Einfluss auf die Höhe des Staatsgeldes (siehe S. 102). Ihr Sinken als Grund für die Erhöhungsforderung zu nennen, war der dreiste Versuch einer Volksverdummung. Die Schatzmeister der Parteien, die dem Gesetzgeber in Sachen Parteienfinanzierung regelmäßig die Feder führen, haben die Erstattungsbeträge mit siebzig bis 85 Cent pro Wählerstimme und 38 Cent pro Beitrags- oder Spenden-Euro absichtlich derart hoch gesetzt, dass die Summe weit über der absoluten Obergrenze von 133 Millionen Euro (§ 18 Abs. 2 Parteiengesetz) liegt und deshalb stets auf diese zurückgekürzt werden muss. Die Summe betrug im Jahr 2006 161 Millionen Euro und übertraf damit die Obergrenze um mehr als 21 Prozent. Der beabsichtigte Effekt: Die Wahlbeteiligung könnte noch weit stärker sinken, und die Parteien würden doch immer 133 Millionen bekommen. So immunisiert man sich finanziell gegen das Sinken von Wahlbeteiligung (und Beiträgen und Spenden). Dass dieser Effekt mit dem Sinn der Staatsfinanzierung eigentlich nicht vereinbar ist, kümmert die Schatzmeister wenig.

Auch das immer wieder auftauchende Argument, mehr Staatsgeld würde die Unabhängigkeit der Parteien gegenüber Einflüssen des großen Geldes sichern, weil man dann auf Großspenden verzichten könne, sticht längst nicht mehr: Selbst höchste Spenden, die sich unüberschaubar im Dunstkreis der Korruption bewegen, sind in Deutschland nach wie vor »ganz legal«. Heute haben wir beide Probleme: zu viel Staatsgeld *und* zu hohe Spenden.

Verschreckt durch die Intensität der Kritik ruderten die Koalitionsparteien alsbald öffentlich zurück. Die für die Erhöhung vorgebrachten Gründe wurden dementiert, allen voran von der damals noch amtierenden SPD-Schatzmeisterin Inge Wettig-Danielmeier, und so wurde die heutige SPD-Schatzmeisterin, die schnell in den Urlaub abgetaucht war, von ihrer Vorgängerin öffentlich »abgewatscht«. Es blieb aber bei der Erhöhungsabsicht. Für die nähere Zukunft wurde eine Gesetzesänderung angekündigt, wobei die genaue Höhe offenblieb. Die meisten offiziellen Äußerungen von Parteivertretern waren mehrdeutig. Beschwichtigend hieß es lediglich, eine Änderung des Systems der Parteienfinanzierung sei nicht geplant. Man strebe nur eine Erhöhung entsprechend den Preissteigerungen an. Im Dezember 2007 erneuerte der CDU-Schatzmeister Eckart von Klaeden auf dem CDU-Parteitag in Hannover die Forderung nach mehr Staatsgeld. Begründung: Der Mitgliederschwund der Vorjahre habe sich auch 2006 fortgesetzt.

Im Sommer 2007 hatten die Beruhigungspillen zunächst gewirkt. Die öffentliche Diskussion war schlagartig erstorben. Bisher ungesagt blieb aber Folgendes: Eine Erhöhung um zwanzig Millionen Euro ließe sich annäherungsweise auch mit einer Erhöhung des Preisindex begründen. Man müsste nur ein extrem frühes Basisjahr wählen – und so war es von den Koalitionären auch bereits vor der Sommerpause geplant gewesen. Diese Rechnung ist zwar unzulässig. Sie ist in den Augen der an den internen Verhandlungen Beteiligten allerdings mit den meisten der beschwichtigenden Erklärungen vereinbar und würde in deren Sicht auch keine Änderung des Systems verlangen. Die Sache ist also noch nicht wirklich vom Tisch. Es fragt sich auch, ob überhaupt eine Erhöhung angezeigt ist. Deshalb macht es Sinn, sich die relevanten Maßstäbe für die staatliche Parteienfinanzierung etwas genauer anzusehen.

Die Koalitionsparteien hatten offenbar von Anfang an mit dem Gedanken gespielt, auch die Preissteigerungen *vor* der letzten Erhöhung, also vor 2002, einzubeziehen und dabei bis aufs Jahr 1992 zurückzugehen. 1992 und 1993 waren die Steigerungen des Indexes für Parteiausgaben besonders hoch. Doch da das geltende Parteiengesetz erst von 1994 datiert, ist eine Heranziehung der Preissteigerungen davor schon gar nicht zulässig. Auch Preissteigerungen zwischen 1994 und 2002 dürfen bei der Ermittlung des heutigen verfassungsrechtlichen Spielraums für Erhöhungen nicht mitgerechnet werden, auch wenn sie über frühere gesetzliche Erhöhungen der Obergrenze hinausgehen. Es darf immer nur die Geldentwertung seit der letzten Erhöhung berücksichtigt werden. Denn die Parteien dürfen sich vom Staat nur nehmen, was – auch unter Berücksichtigung möglicher Kürzungen ihrer Ausgaben – »unerlässlich« ist. Sind die Parteien aber mit weniger ausgekommen, ist eine spätere Nachholung dieser früheren Spielräume nicht mehr »unerlässlich«. Mögliche frühere Erhöhungsspielräume sind verwirkt.

Eine über die Preissteigerungsrate seit 2002 hinausgehende Erhöhung lässt das Bundesverfassungsgericht allenfalls dann ausnahmsweise zu, wenn die bestehenden Verhältnisse sich einschneidend verändert hätten. Damit sind natürlich nur solche Verhältnisse gemeint, die die Parteien nicht selbst zu verantworten haben. Der Mitgliederschwund gehört nicht dazu, und die sinkende Wahlbeteiligung schon gar nicht. Im Übrigen hat das Bundesverfassungsgericht für solche Fälle die Einschaltung einer unabhängigen Sachverständigenkommission empfohlen. Denn das Gesetzgebungsverfahren bei der Parteienfinanzierung ermangele »regelmäßig des korrigierenden Elementes gegenläufiger politischer Interessen, ein Umstand, dem durch die Einschaltung objektiven Sachverstandes abzuhelfen deshalb naheliegt«.

Kontrolldefizite

Die seit 2007 reichlich sprudelnden Steuerquellen hatten die Parteien offenbar sinnlich gemacht. Zu Erhöhungen ihrer Mittel, so unbegründet sie auch sind, mögen sie sich umso mehr ermutigt fühlen, als die Kontrolle über ihr Finanzgebaren gleich vierfach defizitär ist:

- Die Parteien entscheiden über ihr Staatsgeld im Parlament in eigener Sache (siehe S. 37 f.), so dass – neben der erwähnten Einschaltung wirklich unabhängigen Sachverstandes – allenfalls die Öffentlichkeit noch eine gewisse Kontrolle ausübt.
- Die Parteien bestimmen, wer Präsident und Vizepräsident des Rechnungshofs wird, sie wählen ihre Kontrolleure also selbst aus. Und seitdem der Rechnungshof auch die Finanzen der Fraktionen prüft, haben die Parteien nicht gerade einen Hang zur Berufung starker, konfliktbereiter Persönlichkeiten entwickelt. Die Parteien bestellen auch die Verfassungsrichter (siehe S. 94 f.). So kam Gerhard Leibholz mit seiner die Parteien verherrlichenden Parteienstaatsdoktrin zu seinem Richteramt. Er brachte in einem Urteil von 1958 so nebenbei die Bemerkung unter, Parteien dürften ihre Wahlkampfkosten aus der Staatskasse erstattet bekommen, ein Satz, den die Parteien begierig aufgriffen, auch wenn er die Auffassung der Väter des Grundgesetzes auf den Kopf stellt. Die Parteien machten auch Hans Hugo Klein zum Verfassungsrichter. Dieser hatte sich kurz vorher durch einen Aufsatz empfohlen, in dem er für eine gewaltige Ausweitung der Steuervergünstigung von Parteispenden plädiert

hatte. Als Berichterstatter des Zweiten Senats setzte er dann diese Auffassung durch. Das Urteil von 1986 war allerdings derart abenteuerlich und stieß auf so einhellige Kritik in der wissenschaftlichen Öffentlichkeit, dass das Gericht es 1992 revidieren musste.

– Auch sonst müssen die Parteien bei der Regelung ihrer Finanzen das Verfassungsgericht kaum fürchten. Denn der Weg zum Gericht ist Bürgern und Steuerzahlern versperrt. Klageberechtigt sind nur Bundes- oder Landesregierungen, ein Drittel des Bundestags oder die Parteien selbst. Die aber profitieren von den zusätzlichen Mitteln und werden sie deshalb kaum auf den gerichtlichen Prüfstand bringen, selbst wenn die eine oder andere Partei vorher öffentlich dagegen Front gemacht hat. Ohne berechtigten Kläger kann das Gericht aber nicht tätig werden. Das Wissen um diese Kontrolllücke ist nicht gerade dazu angetan, die Parteien zu strenger Einhaltung des Verfassungsrechts zu veranlassen. So haben die Schatzmeister z. B. die Steuerbegünstigung für Zuwendungen an Parteien bewusst dreimal so hoch angesetzt, als es das Bundesverfassungsgericht seit 1992 erlaubt, und sie erheben weiterhin die verfassungswidrigen Sonderbeiträge als Parteisteuern (siehe S. 111 ff.) von ihren Politikern.

– Schließlich liegt der Vollzug des Parteiengesetzes im Wesentlichen in den Händen von Wirtschaftsprüfern. Die aber werden von den Parteien selbst bestellt. Zudem brauchen sie unterhalb der Landesebene nur weniger als ein Promille der Parteigliederungen zu prüfen, obwohl auf deren Buchführung die Vergabe von Hunderten von Millionen Euro Subventionen beruht. Was wären das für traumhafte Verhältnisse für die Wirtschaft, wenn die Steuerprüfung pro Jahr nur ein Promille der Unternehmen kontrollieren würde.

Oder eher weniger?

Darüber hinaus ist zu fragen, ob eine Erhöhung der Staatsfinanzierung überhaupt angemessen wäre. Sollte man nicht die Erstattungsbeträge so verringern, dass die Staatsleistungen deutlich unterhalb der absoluten Obergrenze bleiben, wie bereits die von Bundespräsident von Weizsäcker berufene Parteienfinanzierungskommission gefordert hatte, damit die Parteien – entsprechend dem Sinn der staatlichen Parteienfinanzierung – einen Verlust in der Gunst der Wähler oder Parteimitglieder auch finanziell zu spüren bekommen und die ökonomischen Anreize zur Verhinderung solcher Entwicklungen erhalten bleiben? Dann würde der Umfang der Staatsfinanzierung niedriger ausfallen als bisher. Angezeigt wäre also eher eine Senkung der Staatsfinanzierung, jedenfalls keine Erhöhung.

Im Schlaraffenland

Das bestätigt auch ein Blick auf den Gesamtrahmen der staatlichen Subventionierung der Parteien:

– Die Beiträge und Spenden an Parteien werden zusätzlich zu rund fünfzig Prozent steuerlich subventioniert – und das bis zu verfassungswidrig überhöhten Zuwendungsbeträgen. Diese indirekte Staatsfinanzierung macht noch einmal über 100 Millionen Euro im Jahr aus.

– Hinzu kommen die sogenannten Parteisteuern, die Abgeordnete und andere Amtsträger über ihre normalen Mitgliedsbeiträge hinaus – trotz aller verfassungsrechtlichen Problematik solch abgepresster Zahlungen – an ihre Parteien abführen müssen. Sie betrugen schon im Jahre 2005 52 Millionen Euro und stellen ebenfalls eine indirekte Staatsfinanzierung da, weil sie bei der Festsetzung der Diäten draufgeschlagen werden.

– Auch die Mitarbeiter von Abgeordneten, für die allein der Bundestag über 200 Millionen Euro ausgibt, werden vielfach für Parteiaufgaben eingesetzt, auch wenn das eigentlich nicht erlaubt ist (siehe S. 162 f.).

– Sehr viel Geld erhalten auch die Hilfsorganisationen der Parteien: Die Parteistiftungen, die allen Bundestagsparteien zuarbeiten, bekommen rund 300 Millionen Euro im Jahr, und die Fraktionen der Parteien, die ebenfalls Öffentlichkeitsarbeit machen, streichen allein im Bund und in den Ländern noch einmal weit über 200 Millionen ein. Der Umfang dieser beiden Finanzierungsformen hat sich mehr als vervierzigfacht, seitdem das Bundesverfassungsgericht der Staatsfinanzierung der eigentlichen Parteien Ende der Sechzigerjahre Grenzen zog.

– Zudem bekommen Parteien seit 2004 auch noch Geld von der Europäischen Union, und Brüssel hat vor wenigen Monaten sogar europäisch finanzierte Parteistiftungen eingeführt.

Es gibt zwar eine sogenannte relative Obergrenze, nach der die Parteien maximal die Hälfte ihrer Einnahmen vom Staat beziehen dürfen (§ 18 Abs. 5 Parteiengesetz). Doch diese Grenze ist rein formal. Würde man nur einen Teil der Zuwendungen, die die Parteien sich auf indirekten Wegen verschaffen, einbeziehen, wäre die relative Obergrenze bei Bundestagsparteien weit überschritten.

Alles in allem leben die Parteien »bei uns im Vergleich zu anderen westlichen Demokratien in ihrer materiellen Ausstattung immer noch im Schlaraffenland«, wie bereits der frühere Bundespräsident Richard von Weizsäcker feststellte. Das hat auch historische Gründe: Die deutschen Parteien waren schon immer vorne dran. Als sie 1959 die staatliche Parteienfinanzierung einführten, waren sie Vorreiter in Europa und – abgesehen von zwei nicht gerade vorbildlichen Staaten in Süd- und Mittelamerika – auch in der Welt. Auch die Parteistiftungen und ihre staatliche Subventionierung sind eine deutsche Erfindung.

Sollten die Parteien nicht zunächst einmal die verfassungswidrigen Bestandteile und die Kontrolldefizite beseitigen sowie die Regelungen entsprechend dem vom Bundesverfassungsgericht vorgegebenen Sinn umgestalten? Und sollten sie mit ihrem vielen Geld wirklich nicht auskommen: Warum folgen sie dann nicht endlich der Empfehlung des Europarats, die Wahlkampfausgaben zu deckeln, um dem Hochschaukeln der Ausgaben im Kampf um die Macht einen Riegel vorzuschieben? Das Bundesverfassungsgericht hat bereits in seinem wegweisenden Urteil von 1992 nachdrücklich vor unangemessenen Erhöhungen gewarnt:

»Gewönne der Bürger den Eindruck, die Parteien ›bedienten‹ sich aus der Staatskasse, so führte dies notwendig zu einer Verminderung ihres Ansehens und würde letztlich ihre Fähigkeit beeinträchtigen, die ihnen von der Verfassung zugewiesenen Aufgaben zu erfüllen.«

Die Parteien riskieren mit ihren Plänen, das Fass der Parteiverdrossenheit zum Überlaufen zu bringen. Längerfristig könnten ihnen gerade dadurch noch mehr Mitglieder abhandenkommen. Die geplante Erhöhung wäre also auch kurzsichtig und kontraproduktiv.

4 Parteisteuern: Wie die Parteien ihre Zöglinge melken

Abgeordnete, Kommunalvertreter und sonstige Inhaber von öffentlichen Ämtern müssen ihren Parteien – zusätzlich zum normalen Mitgliedsbeitrag – Teile ihrer Bezüge abtreten, sozusagen als Gegenleistung für die Verschaffung des Amtes. Hier zeigt sich, wem die Politiker in Wahrheit ihre Stellung verdanken, den Parteien und nicht etwa den Bürgern, die – entgegen den Verfassungen und der demokratischen Idee – nichts zu sagen haben. Solche Sonderabgaben machen für Parlamentsabgeordnete leicht 500 Euro monatlich aus und oft noch sehr viel mehr, besonders bei den Grünen, die wie bei einer echten Steuer Unterhaltspflichten der Abgeordneten gegenüber geschiedenen Ehegatten und Kindern abgabenmindernd berücksichtigen. Dennoch stammt jeder fünfte Euro der Einnahmen der Grünen aus Parteisteuern. Diese betrugen für alle Parteien zusammen im Jahre 2005 rund 52 Millionen Euro.

Da Zahlungen an Parteien über 10000 Euro im Jahr veröffentlicht werden müssen, kennt man die Größenordnungen für das Jahr 2005. So entrichteten die Bundesministerin Heidemarie Wieczorek-Zeul 15138 Euro, die Staatssekretärin Barbara Hendricks 22404 Euro, der Bundestagsabgeordnete Hubertus Heil 11943 Euro und der rheinland-pfälzische Ministerpräsident Kurt Beck 12677 Euro.

Parteisteuern laufen auf eine indirekte Staatsfinanzierung der Parteien hinaus. Denn sie werden praktisch bei der Bemessung der staatlichen Bezahlung draufgeschlagen. Sie unterlaufen so die vom Verfassungsgericht festgelegte »absolute Obergrenze« für staatliche Zuschüsse an Parteien (siehe S. 99). Die Parteisteuern werden den Abgeordneten unter Ausnutzung ihrer Abhängigkeit von der Partei abgepresst. Wer sie nicht freiwillig zahlt, läuft Gefahr bei der nächsten Wahl nicht wieder aufgestellt zu werden. Solcher Druck widerspricht dem Sinn der Diäten, die ja zur Sicherung der Unabhängigkeit der Abgeordneten gewährt werden, wie Art. 48 Grundgesetz ausdrücklich sagt. Parteisteuern sind nicht nur politisch hochproblematisch, sondern auch verfassungswidrig. Dass die Schatzmeister sie dennoch weiterhin eintreiben können, zeigt, wie abhängig die Abgeordneten von ihrer Partei sind. Nur Mandatsträger, auf die die Parteien als Zugpferde in Wahlkämpfen nicht verzichten können, oder solche, die ohnehin nicht mehr kandidieren, glauben gelegentlich, es sich leisten zu können, einfach nicht zu zahlen.

Absurderweise werden die illegalen Parteisteuern auch noch staatlich subventioniert, und das sogar in zweifacher Weise: Die Zwangsabgabe gilt als steuerbegünstigte Zuwendung, so dass die Politiker sie rund zur Hälfte von ihrer Steuer abziehen können. Zusätzlich erhält die Partei darauf noch einmal einen staatlichen Zuschuss in Höhe von 38 Prozent (siehe S. 102). Mit einer Nettobelastung von, sagen wir, 1500 Euro kann der Mandatsträger seiner Partei 3000 Euro zuwenden, die darauf vom Staat noch einmal nominelle 1140 Euro erhält. Das Ergebnis ist geradezu pervers: Der Staat belohnt die verfassungswidrige Transaktion, indem er sie mit mehr als dem Eineinhalbfachen (genau mit 176 Prozent) bezuschusst.

Die doppelte Begünstigung von Zuwendungen soll die Verwurzelung der Parteien in der Bürgerschaft finanziell belohnen. Das impliziert Freiwilligkeit. Parteisteuern aber sind genau das Gegenteil: Weder kommen sie von der Bürgerschaft, noch erfolgen sie freiwillig. Sie sind nicht Ausdruck von Verwurzelung in der Basis, sondern der Abgehobenheit und Selbstgenügsamkeit der Politik. Hinzu kommt, dass die Schatzmeister die Steuervergünstigung überhöht festgesetzt haben, und auch das wegen der Parteisteuer, um nämlich die Politiker bei der Stange zu halten und die Einnahmen der Parteien zu sichern. Sie haben die steuerbegünstigten Beträge in verfassungswidriger Weise so hoch angesetzt, dass die Parteisteuern möglichst voll erfasst werden. Der Komplex Parteisteuern ist also in dreifacher Hinsicht sinn- und verfassungswidrig:

- Ihr Abpressen widerspricht dem Sinn der Diäten, die Unabhängigkeit des Abgeordneten zu sichern, und unterläuft die Obergrenze für die Staatsfinanzierung der Parteien.
- Die doppelte Subventionierung von Parteisteuern läuft deren verfassungsrechtlichen Sinn, die Verwurzelung der Parteien zu prämieren, diametral entgegen.
- Die staatliche Begünstigung überhöhter Beträge, die die Schatzmeister gerade wegen der Parteisteuern durchgesetzt haben, ist ebenfalls verfassungswidrig.

Immer häufiger bitten Parteien ihre Vertreter auch noch vorab zur Kasse. Wer z.B. in Bayreuth von der CSU für die Kommunalwahl Anfang 2008 auf einem vorderen Listenplatz aufgestellt werden wollte, musste bis zu 4000 Euro Wahlkampfkosten-Umlage bezahlen. Und die CDU in Hamburg verlangte für einen guten Listenplatz bei der Landtagswahl im Februar 2008 eine »freiwillige« Spende von 2336 Euro. Solche Finanzierungsformen, die manche Parteien für ganz normal halten, weil sie nun einmal üblich seien, widersprechen in Wahrheit dem Verfassungsgrundsatz der gleichen Wählbarkeit, der nach Urteilen des Bundesverfassungsgerichts besonders streng beachtet werden muss. Durch diese Praxis könnten Studenten oder Hartz-IV-Empfänger von einer Kandidatur abgehalten werden. Auch eine Stundung und spätere Begleichung mithilfe der Diäten beseitigt das Problem nicht, denn Diäten sollen ja gerade die Unabhängigkeit der Abgeordneten sichern und nicht unter Ausnutzung der Abhängigkeit von der Partei abgepresst werden.

Bevor die Parteien an Erhöhungen ihrer Staatsgelder denken, wie wieder einmal im Herbst 2007 (siehe S. 104 ff.), sollten sie aufhören, ihre Abgeordneten zu schröpfen und erst einmal die verfassungswidrigen und unzeitgemäßen Elemente ihrer Einnahmen beseitigen. Parteisteuern sind Relikte aus vergangener Zeit, als Parteien noch keine staatlichen Zuschüsse bekamen und die Parlamentsfraktionen noch nicht vom Staat ausgehalten wurden. Heute passen sie nicht mehr in ein angemessenes Finanzierungssystem. Bloß können die Schatzmeister der Parteien, die auch dem Gesetzgeber die Feder in ihrem Sinne führen, nicht loslassen.

5 Spenden an Parteien und Abgeordnete: Institutionalisierte Korruption

Beamte oder Minister, die irgendwelche Vorteile annehmen, müssen den Staatsanwalt fürchten. Parteien und Abgeordnete dürfen sich im Gegensatz dazu so viel Geld geben lassen, wie sie kriegen können. Hier klafft ein großes Einfallstor für Korruption.

Das Wort »spenden«, das die Politik hier gerne verwendet, klingt zwar höchst altruistisch. Doch es beschönigt den Sachverhalt. Großunternehmen, die regelmäßig die eifrigsten Spender sind, dürfen schon von Rechts wegen gar nichts verschenken, wollen ihre Vorstände nicht riskieren, wegen Untreue strafrechtlich belangt zu werden. Der frühere Flick-Generalbevollmächtigte Eberhard von Brauchitsch, der selbst Millionen in Bargeld-Kuverts an Politiker verteilt hatte, stellte denn auch fest, keines der ihm bekannten großen Unternehmen hätte aus freien Stücken einer politischen Partei Geld zukommen lassen (siehe S. 298). Vielmehr sei »das Wohlverhalten der Politiker gegenüber der Wirtschaft davon abhängig gemacht« worden, »dass die Wirtschaft ihren Obolus entrichtete«. Parteispenden seien eine Art »Schutzgeld« gewesen, eine Terminologie, die nicht ganz zufällig an Mafia und organisierte Kriminalität erinnert (siehe S. 136).

Die gesetzliche Regelung der Parteispenden, die die Parteien in eigener Sache getroffen haben, ist mehrfach defizitär. Einmal sind sie – anders als meist im Ausland – in unbeschränkter Höhe zulässig. Das hängt damit zusammen, dass die bürgerlichen Parteien von Beginn der Bundesrepublik an hohe »Spenden« erhielten und darauf auch nach Erlass des Parteiengesetzes nicht verzichten wollten. Tatsächlich bekamen, wie die Öffentlichkeit erst Jahrzehnte später erfuhr, die Union und ihre Koalitionspartner schon in den Fünfzigerjahren viel Geld aus der Wirtschaft. Zwar wurde das Verbot von Großspenden auch in der Bundesrepublik immer mal wieder diskutiert. So wurde die Einführung der staatlichen Parteienfinanzierung ganz wesentlich damit gerechtfertigt, dann könne man Großspenden verbieten. Doch obwohl die »Staatsknete« stieg und stieg, wollten die maßgeblichen Parteien vom Verbot von Großspenden schließlich nichts mehr wissen (siehe S. 101).

Es ist einfach weltfremd anzunehmen, hohe Parteispenden hätten keinerlei Einfluss auf die Politik. Auch wenn eine unmittelbare Verursachung politischer Entscheidungen nur selten zu beweisen ist, öffnen jene den Empfängern zumindest die Ohren für die Anliegen der Geldgeber. Schon das ist ein großes Privileg. Welcher Bürger findet schon regelmäßig Gehör bei Ministern? Da die begünstigten Parteien wissen, dass sie sich in irgendeiner Weise revanchieren müssen, verlieren sie zwangsläufig ein Stück Autonomie. Umgekehrt kauft das spendende Unternehmen langfristigen Einfluss.

Die Zulässigkeit von Spenden an Parteien ermöglicht indirekt und durch die Hintertür auch die Korruption von Ministern, Ministerpräsidenten und Kanzlern. Denn die sind ja regelmäßig auch hohe Funktionäre der Parteien und für ihre Wiederwahl auf deren Florieren angewiesen. Oft wird das Geld ihnen selbst zur Weitergabe an die Partei gegeben, was die Übereinstimmung der Interessen von Partei und Amtsträger noch unterstreicht. Und dagegen enthält die Rechtsordnung keine wirksame Vorkehrung.

Ihre Finanzierung aus der Wirtschaft war auch der Grund, warum die Union und ihre Koalitionspartner den Erlass des Parteiengesetzes 18 Jahre lang blockierten. Denn mit dem erst 1967 in Kraft getretenen Gesetz sollten wenigstens die vom Grundgesetz vorgesehene Offenlegung der Finanzierung durchgesetzt und Großspenden veröffentlicht werden. Die wirtschaftlichen Kräfte, die hinter den Parteien stehen, sollten sichtbar werden, damit die Wähler daraus ihre Konsequenzen ziehen können. Ein Motiv für die Verfassungsvorschrift, wonach die Parteien »über die Herkunft ihrer Mittel öffentlich Rechenschaft geben« müssen, war die traumatische Erfahrung mit der sogenannten Harzburger Front, die Hitlers Machtergreifung erst ermöglicht haben soll: 1932 hatte die rheinisch-westfälische Industrie die NSDAP mit einigen Millionen vor dem Bankrott bewahrt.

Auch die Veröffentlichung schließt aber nicht aus, dass willfähriges Verhalten der Politik erkauft wird, mag die direkte Einflussnahme im Einzelfall auch schwer zu beweisen sein (siehe S. 289).

- So hat der Unternehmer Ehlerding 1998 über fünf Millionen Mark an die Regierungspartei CDU gespendet und seitens des zuständigen CDU-Ministers Matthias Wissmann den Zuschlag für einen sehr günstigen Kauf von Eisenbahnerwohnungen des Bundes erhalten, jeglichen Zusammenhang aber natürlich stets dementiert (siehe S. 291).

- In den Rechenschaftsberichten der Parteien für das Jahr 2005 kann man nachlesen, dass Porsche kurz vor dem kontrovers diskutierten Zukauf von VW-Aktien (siehe S. 267) seine an CDU, SPD und FDP gerichteten Spenden – im Vergleich zum Wahljahr 2002 – um den Faktor neun auf insgesamt 556 000 Euro gesteigert hat.

- Die Essener Ruhrkohle AG, die viele Milliarden Steinkohlesubventionen erhält und mit dem Plazet der Großen Koalition an die Börse gehen will, »spendete« 2006 an die Parteien der Großen Koalition sowie an die FDP, die in Nordrhein-Westfalen mit an der Regierung ist, 250 000 Euro.

Die Schwelle, ab der veröffentlicht werden muss, liegt im Übrigen viel zu hoch. »Spenden« an Parteien oder Bundestagsabgeordnete müssen nur veröffentlicht werden, wenn sie 10 000 Euro im Jahr überschreiten. Man kann aber mit »Spenden« an Abgeordnete oder lokale und regionale Parteigliederungen schon weit unter 10 000 Euro Einfluss nehmen. So erhielt der Bundestagsabgeordnete Johannes Kahrs für seinen Hamburger SPD-Kreisverband im Bundestagswahlkampf 2005 eine Reihe von Spenden von Rüstungsfirmen, die zwar alle unter der Publikationsgrenze lagen, weshalb sie nur wegen innerparteilicher Querelen bekannt wurden, in ihrer Summe aber weit darüber lagen. Sie erlaubten Kahrs einen ungewöhnlich aufwendigen Wahlkampf in seinem Wahlkreis. Kahrs sitzt seit 2005 im Haushaltsausschuss des Bundestags, ist dort Berichterstatter der SPD-Fraktion für das Verteidigungsministerium und entscheidet über die Rüstungskäufe für die Bundeswehr mit.

Auch fehlt die Zeitnähe der Publikation. Da die Veröffentlichung im Jahresrechenschaftsbericht der Partei zu erfolgen hat, dieser aber erst zum 30. September des folgenden Jahres dem Bundestagspräsidenten eingereicht und von diesem dann als Bundestagsdrucksache veröffentlicht werden muss, wobei die Einreichungsfrist noch um drei Monate verlängert werden darf, kann zwischen der Spende und ihrer Publikation ein Zeitraum von bis zu zwei Jahren liegen. Dadurch wird das ganze Verfahren in einigem Umfang politisch entwertet, besonders wenn die Spende vor einer Wahl, die Publikation aber erst danach erfolgt. In Großbritannien ist deshalb neuerdings eine Publikation von Großspenden im Quartalsrhythmus, in Wahlkampfzeiten sogar im Wochenrhythmus vorgeschrieben. Auch in den USA muss die Veröffentlichung zeitnah erfolgen. In Deutschland müssen seit 2002 nur Zuwendungen über 50 000 Euro *sofort* veröffentlicht werden. Warum dann aber nicht auch andere ins Gewicht fallende Spenden? Auch ihre Veröffentlichung beruht ja darauf, dass man damit Einfluss nehmen kann und die Bürger darüber informiert werden sollen.

Spenden von natürlichen Personen werden auch noch doppelt begünstigt, steuerlich und durch einen staatlichen Zuschuss, und zwar bis zur Höhe von 3300 Euro jährlich. Bei einem verheirateten Spender erhöht sich der Betrag der steuerlichen Begünstigung sogar auf 6600 Euro. Diese Beträge liegen dreimal so hoch, wie es das Bundesverfassungsgericht eigentlich erlaubt. Zu einer gerichtlichen Entscheidung ist es dennoch bisher nicht gekommen. Die allein klagebefugten Parteien (samt den von ihnen getragenen Regierungen und Parlamenten) haben kein Interesse an einer Klage, weil sie von der verfassungswidrigen Regelung profitieren. Und wo kein Kläger, da auch kein Richter.

Hinzu kommt, dass die Regelungen zur Umgehung geradezu einladen. Das haben zwei Journalisten des Fernsehmagazins »Panorama« demonstriert. Sie gaben sich als Unternehmer aus und boten Parteien zum Schein eine Spende von 30 000 Euro an. Bedingung: Sie dürfe nicht publiziert werden. Die Schatzmeister der CSU und der bayerischen FDP gingen nach Angaben der Journalisten sofort darauf ein und schlugen eine gesetzeswidrige Stückelung der Spende und ihre Aufteilung auf Verwandte vor. Dadurch wäre nicht nur die Publikationsgrenze unterlaufen worden, sondern es wären auch noch illegale Steuervorteile für die Strohmänner und Subventionen für die Partei angefallen. Zuwendungen bis zu 3300 Euro mindern die Steuer des Spenders um die Hälfte der Spende und lösen auch noch einen staatlichen Zuschuss für die betreffende Partei von 38 Prozent der Spende aus (siehe S. 98 ff.).

Die große Bereitwilligkeit von Parteifunktionären, aus Geldhunger das Gesetz zu brechen, erklärt sich aus dem völligen Fehlen wirksamer Kontrollen, ein Mangel für den ebenfalls die Schatzmeister der Parteien die Verantwortung tragen. Sie haben die Kontrolle in die Hand von Wirtschaftsprüfern gelegt. Die aber brauchen nach § 29 des Parteiengesetzes – unterhalb der Ebene der Bundes- und Landesparteien – pro Partei nur zehn Orts-, Stadt- oder Kreisgliederungen zu überprüfen, obwohl zum Beispiel die SPD und die Union je mehr als 10000 davon haben.

Anonyme »Spenden« sind doppelt gefährlich für die Demokratie. Ist nämlich bekannt, woher das Geld stammt, schränkt das immerhin die Handlungsmöglichkeit der Partei ein. Sie kann ihre Präferenzen in Richtung des Geldgebers nicht mehr zu erkennen geben, ohne ihr Gesicht zu verlieren. Ganz anders bei verdeckten Spenden. Da »Reziprozität« eine allgemeine, allen bekannte Maxime ist, lässt sich, wenn der Name des »Spenders« geheim bleibt, eine Gabe ohne Gegenleistung erst recht kaum vorstellen. Das machte die Spenden, die Bundeskanzler Helmut Kohl entgegennahm und deren Quelle er wegen eines angeblichen Ehrenworts partout nicht nennen wollte, so besonders problematisch.

»Spenden« an Abgeordnete sind ebenfalls unbeschränkt zulässig. Das ist grotesk, erhält der Abgeordnete seine Diäten doch gerade zur Sicherung seiner Unabhängigkeit, wie es im Grundgesetz ausdrücklich heißt. Diese Unabhängigkeit kann durch sogenannte Spenden offensichtlich beeinträchtigt werden. Spätestens seit 2005, seitdem das Abgeordnetengesetz Bundestagsabgeordneten die Annahme von Geld oder geldwerten Zuwendungen ohne angemessene Gegenleistung (sogenanntes arbeitsloses Einkommen) ausdrücklich verbietet, weil dadurch der Eindruck entsteht, dass Volksvertreter »angefüttert« werden, müssten auch Spenden, die ja ihrer Natur nach ohne vorzeigbare Gegenleistung erfolgen, endlich verboten werden. Das hatte die von Richard von Weizsäcker eingesetzte Parteienfinanzierungskommission schon 1993 gefordert. Die unterschiedliche Behandlung ist rein willkürlich und hängt auch damit zusammen, dass viele Abgeordnete etwa für

Vorträge weit überhöhte Honorare bekommen und sie sich die darin enthaltenen Teil»spenden« nicht nehmen lassen wollen.

Ein besonders markanter Umgehungsfall war eine Anzeigenaktion vor der niedersächsischen Landtagswahl im Frühjahr 1998. In sechzehn niedersächsischen Tageszeitungen erschienen ganzseitige Anzeigen mit dem Werbespruch: »Der nächste Kanzler muss ein Niedersachse sein.« Wohl auch aufgrund dieser Aktion wurde Gerhard Schröder dann mit dem nötigen Vorsprung zum Ministerpräsidenten gewählt und stieg damit zugleich zum Kanzlerkandidaten der SPD auf. Wer die 650000 Mark für die Anzeigenkampagne bezahlt hatte, blieb zunächst unbekannt. Die SPD und Schröder behaupteten, sie wüssten von nichts. Tatsächlich steckte Carsten Maschmeyer dahinter, der Inhaber des Allgemeinen Wirtschaftsdienstes AWD in Hannover. Doch Sanktionen gab es – trotz fehlender Publikation des Namens – keine, da das Schalten von Anzeigen zugunsten von Politikern oder Parteien durch Dritte formalrechtlich nicht als »Spende« an diese gilt. Diese Lücke im Parteiengesetz wurde bisher nicht geschlossen.

Der jüngste Trick, die gesetzlichen Regelungen für Spenden zu unterlaufen, ist die Herausgabe von Anzeigenblättern, mit denen Abgeordnete für ihre Partei werben. Ein Beispiel ist das CDU-Anzeigenblatt *Wetzlar-Kurier* des hessischen CDU-Landtagsabgeordneten Hans-Jürgen Irmer mit einer Auflage von über 100000. Hier liegt nahe, dass das mit den Anzeigen vereinnahmte Geld der Parteiwerbung, auch vor der Landtagswahl 2008, zugute kommt und ein eventueller Überschuss in die Tasche des Abgeordneten fließt. Es erfüllt dann also die Funktion von Partei- und Abgeordnetenspenden. Und dennoch braucht, formal gesehen, keine Veröffentlichung zu erfolgen, auch wenn die Anzeigenkunden an politischen Entscheidungen des Abgeordneten interessiert sein sollten. Ja, das Unternehmen kann die Kosten der Anzeige auch noch steuerlich absetzen, selbst wenn es eine juristische Person ist, also z. B. eine Aktiengesellschaft oder Gesellschaft mit beschränkter Haftung, was bei Spenden, die direkt an eine Partei geleistet werden, nicht zulässig ist. Ein anderes Beispiel ist der »Rheingau-Taunus-Anzeiger« des CDU-Bundestagsabgeordneten Klaus-Peter Willsch, in dem großflächige Anzeigen deutscher Rüstungsfirmen veröffentlicht werden, obwohl Willsch im Haushaltsausschuss des Bundestags ist und dort über Rüstungsaufträge in Milliardenhöhe mitentscheidet. In solchen Fällen werden nicht selten auch noch die Anzeigenpreise überhöht. Für einen drastischen Fall steht Josef Hollerith, der von 1990 bis 2002 CSU-Bundestagsabgeordneter war und in seinem Wahlkreis Altötting zehnfach überhöhte Anzeigenpreise in einer CSU-Broschüre für den Landkreis Altötting einstrich. Hier handelte es sich auch formal um verdeckte Parteispenden, die im Rechenschaftsbericht der CSU als solche hätten deklariert werden müssen. Da dies nicht geschehen war und der CSU dadurch, als es rauskam, ein erheblicher Schaden entstand, wurde Hollerith durch Urteil des Schöffengerichts Altötting vom 20. August 2007 zu einer Freiheitsstrafe von einem Jahr verurteilt, die zur Bewährung ausgesetzt wurde.

Was muss geschehen? Groß»spenden« an Parteien und »Spenden« an Abgeordnete sind zu verbieten. Die Publikation von Parteispenden hat zeitnah zu erfolgen, und die Schwellen sind zu senken. Die steuerliche Begünstigung von Parteispenden ist auf ein verfassungskonformes Maß zu reduzieren, und die Kontrollen sind effektiv auszugestalten. Umgehungen mittels Anzeigenblätter sind zu unterbinden.

6 Parteistiftungen: Die gesetzlosen Sechs

Die »Stiftungen« der Parteien betreiben Verschleierung schon mit ihren Namen. Sie finanzieren sich nicht etwa aus Geld, das Private für gemeinnützige Zwecke *gestiftet* haben, sondern fast ganz aus Staatszuschüssen, die den Steuerzahler über 300 Millionen Euro im Jahr kosten. Auch juristisch sind sie – mit Ausnahme der Friedrich-Naumann-Stiftung – keine Stiftungen, sondern eingetragene Vereine. In einer rechtlichen und politischen Grauzone haben sie sich zu gewaltigen Unternehmungen entwickelt. Allein im Inland beschäftigen sie weit über 1000 hauptberufliche Kräfte. Die einzige Stiftung mit Tradition ist die Friedrich-Ebert-Stiftung der SPD. Sie wurde 1925 nach dem Tod des Reichspräsidenten Ebert aus den Grabspenden gegründet und förderte zunächst vor allem die Ausbildung von Arbeiterkindern. Die anderen entstanden nach dem Krieg:

1958 die Friedrich-Naumann-Stiftung der FDP und 1964 die Konrad-Adenauer-Stiftung der CDU.

Ihre heutige gewaltige Bedeutung verdanken die »Stiftungen« einem groß angelegten Umgehungsmanöver: 1966 erklärte das Bundesverfassungsgericht die seit 1959 gezahlten Subventionen, die sich die Parteien für ihre sogenannte politische Bildungsarbeit bewilligt hatten, für verfassungswidrig. Daraufhin überwiesen die Fraktionen das Staatsgeld statt an ihre Parteien an ihre »Stiftungen« (siehe S. 100). Diese haben – trotz formaler Selbstständigkeit – die Interessen der jeweiligen Mutterpartei im Auge. Ihre Leitungsgremien sind mit verdienten Parteipolitikern besetzt. Da die CSU keinen Adressaten angeben konnte, aber keinesfalls auf das umgeleitete Staatsgeld verzichten wollte, schuf sie sich 1967 die Hanns-Seidel-Stiftung.

Die Umleitung der Mittel von den Parteien auf die »Stiftungen« war der Startschuss für einen wahren Geldsegen. Allein die »Globalzuschüsse« für die politische Bildungsarbeit der »Stiftungen«, die 1967 noch neun Millionen Mark betragen hatten, belaufen sich heute auf neunzig Millionen Euro jährlich. Schlaraffenländische Wachstumsraten weisen auch die sonstigen Mittel auf, die die »Stiftungen« zumeist für Projekte im Ausland erhalten und die heute noch einmal über 200 Millionen Euro betragen. Ursprünglich machten die Subventionen an Parteistiftungen nur einen kleinen Bruchteil der staatlichen Parteienfinanzierung aus. Heute sind sie doppelt so hoch. Diese Entwicklung bestätigt: Der Staat entscheidet über die Finanzierung der Parteistiftungen nicht unvoreingenommen, sondern wird von den Eigeninteressen der ihn beherrschenden Parteien gesteuert. Und wer zunächst dagegen war, pflegt nach einer Schamfrist schließlich doch der Verlockung des großen Geldes zu erliegen. Die Grünen, die noch Mitte der Achtzigerjahre versucht hatten, die Stiftungsfinanzierung gerichtlich zu stoppen, gründeten, als ihnen das nicht gelang, selbst ihre »Heinrich Böll Stiftung«, um am Geldsegen teilzuhaben. Und die PDS nahm ihre Klage beim Bundesverfassungsgericht zurück, als ab 1999 ihre Rosa-Luxemburg-Stiftung ebenfalls an der »Staatsknete« beteiligt wurde.

Alle Anforderungen, die das Bundesverfassungsgericht für die direkte Staatsfinanzierung der *Parteien* durchgesetzt hat, werden von den »*Stiftungen*« unterlaufen: Die Parteien erhalten staatliches Geld, wenn sie mindestens ein halbes Prozent der Wählerstimmen erlangen. Das dient der Chancengleichheit. Eine »Stiftung« erhält dagegen nur Geld, wenn ihre Mutterpartei im Bundestag vertreten ist, was in der Regel fünf Prozent der Wählerstimmen voraussetzt – und das seit zwei Wahlperioden. Es gibt – anders als bei Parteien – auch keinerlei Obergrenzen für das Staatsgeld. Spenden an »Stiftungen« können, anders als Parteispenden, unbegrenzt von der Steuer abgesetzt werden. Im Gegensatz zu den Publikationspflichten der Parteien herrscht bei den »Stiftungen« vordemokratische Geheimniskrämerei. Sie brauchen – anders als Parteien – keine öffentliche Rechenschaft über ihre Finanzen zu geben. Das finden die »Stiftungen« inzwischen allerdings selbst unangemessen, so dass sie freiwillig Berichte veröffentlichen. Selbst für Großspenden gilt keine Veröffentlichungspflicht. Wie viel die »Stiftungen« vom Bund bekommen, entscheidet der Haushaltsausschuss des Bundestags in nicht öffentlicher Sitzung. Faktisch sind es die Berichterstatter des Einzelplans des Innenministeriums, die die Beträge am Vorabend der parlamentarischen Entscheidung festlegen. Der Schlüssel für die Verteilung der Mittel und die Beträge sind in keinem Gesetzblatt veröffentlicht. Ein dem Parteiengesetz entsprechendes Stiftungsgesetz fehlt. Die Gelder sind auf eine Vielzahl von Einzeltiteln des Bundeshaushalts verteilt und selbst für Experten schwierig zu ermitteln, ganz zu schweigen von den zusätzlichen Zahlungen, die die »Stiftungen« aus den Haushalten der Länder und Kommunen erhalten. Grundlage ist lediglich eine »Gemeinsame Erklärung« der »Stiftungen« aus dem Jahre 1998, wonach die Ergebnisse der letzten vier Bundestagswahlen zum wesentlichen Verteilungsmaßstab gemacht werden sollen.

Das jahrzehntelange Wachstum der Stiftungsfinanzierung profitiert also von einem gewaltigen Kontrolldefizit. Die gleiche Ausrichtung der Interessen von Regierungs- und Oppositionsparteien begünstigt Kartelle auf Kosten der Steuerzahler. Gedeckt durch die Mächtigen im Staat, verstößt die Stiftungsfinanzierung gegen das Gebot der Regelung durch Gesetz, untergräbt in drastischer Weise die Offenheit und Chancengleichheit des politischen Wettbewerbs sowie der innerparteilichen

Demokratie, denn die »Stiftungen« sind in der Hand der Parteispitzen. Die Rechnungshöfe können das Kontrolldefizit nicht beheben. Denn sie kontrollieren nur die *Verwendung* der bewilligten Mittel, nicht aber ihre *Bewilligung,* und die ist das eigentliche Problem.

Allerdings entwickeln sich die Subventionen der »Stiftungen«, die bis 1992 rasant gestiegen waren, seitdem eher seitwärts. Die massive öffentliche Kritik und immer wieder drohende Entscheidungen des Bundesverfassungsgerichts, die wie ein Damoklesschwert über der Stiftungsfinanzierung hängen, zwingen seitdem zur Zurückhaltung.

Im Jahre 2007 erhalten von den insgesamt 335,7 Millionen Euro, die den »Stiftungen« allein aus Bundesmitteln zufließen, die Friedrich-Ebert-Stiftung 109,2 Millionen, die Konrad-Adenauer-Stiftung 100,4 Millionen, die Heinrich-Böll-Stiftung 37,5 Millionen, die Friedrich-Naumann-Stiftung 36,2 Millionen und die Rosa-Luxemburg-Stiftung 16,8 Millionen Euro, was Letztere wegen des relativ geringen Betrages wieder mit einer Klage vorm Bundesverfassungsgericht drohen lässt.

Es stellt sich aber nicht nur die Frage nach der *Höhe,* sondern auch nach dem *Existenzrecht* einer staatlichen Finanzierung der »Stiftungen«. Ist es eigentlich sinnvoll, die politische Bildung in die Hand von Einrichtungen zu legen, die den Parteien, also den Kämpfern um die politische Macht, nahestehen? Wird politische Bildung dann nicht eher zur Propaganda? Ist wirkliche politische Bildung nicht zuallererst Sache des auf Ausgewogenheit verpflichteten staatlichen Schul-, Hochschul- und Fortbildungswesens? Droht eine parteinahe politische Bildung nicht in den Sog machtorientierter Überlegungen zu geraten und so die Defizite noch zu verstärken, die uns in jüngerer Zeit immer bewusster geworden sind und zu immer größerer Politikverdrossenheit beitragen?

Die Tätigkeiten der »Stiftungen« lassen sich auch von anderen Einrichtungen wahrnehmen – und dies im Zweifel noch besser:

- die Begabtenförderung von der Studienstiftung des deutschen Volkes oder den Universitäten;
- die sozialwissenschaftlichen Forschungen der »Stiftungen« von Universitäten oder privaten Einrichtungen;

- Entwicklungsprojekte – zumindest zu einem Teil – unmittelbar von den zuständigen Ministerien;
- und soweit »Stiftungen« Kaderausbildung und Politikberatung der Parteien betreiben, sollten diese Arbeiten gleich auf die Parteien übertragen werden.

Es besteht also kein sachlicher Grund, dass diese Aktivitäten gerade von den »Stiftungen« wahrgenommen werden. Und das Machtinteresse der politischen Klasse ist kein solcher Grund. Damit bleibt das bloße Besitzstandsargument: Die »Stiftungen« sind nun mal da. Das ist als Sachargument aber wenig überzeugend – in einer Zeit, in der die öffentlichen Prioritäten neu geordnet, alte Zöpfe abgeschnitten und überholte Subventionen abgebaut werden müssen.

7 Der Parteienstaat: Leibholz' schweres Erbe

Die Lehre des Staatsrechtlers Gerhard Leibholz, der lange Jahre auch Mitglied des Bundesverfassungsgerichts war, hatte einen verheerenden Einfluss auf das Verständnis von Staat und Parteien in der Bundesrepublik, weil sie den Widerstand gegen Auswüchse lähmte. Da Leibholz Partei und *Staat* in eins setzte, waren für ihn Parteien de facto Staatsorgane und Abgeordnete »gebundene Parteibeauftragte«, die sich nur noch zusammenfänden, um anderswo – in Parteigremien, Fraktionen oder Ausschüssen – gefällte Entscheidungen »registrieren zu lassen«. Fraktionszwang, Verhältniswahl, Einheitsbesoldung der Abgeordneten, staatliche Parteienfinanzierung und Ämterpatronage seien, so meinte er, die natürliche Konsequenz. Da die Ineinssetzung von Parteien und Staat *faktisch* in erheblichem Maße ja auch zutrifft, vermittelte Leibholz den Eindruck, das *müsse* auch so sein, und legitimierte die Entwicklung auf diese Weise.

Leibholz setzte darüber hinaus auch die Parteien mit dem *Volk* in eins. Diese Gleichsetzung immunisiert die Parteien erst recht gegen Kritik. Werden die Entscheidungen der Parteien als Entscheidungen des Volkes ausgegeben, wird die natürliche Autorität des Volkswillens (»vox populi – vox dei«) auf die Parteien übergeleitet. Aus der Volkssouveränität wird eine

Art Parteiensouveränität, die die Parteien gegen Kritik unverwundbar macht. Das läuft dann im Ergebnis auf den Satz hinaus: »Parties can do no wrong.« Dann wird es schwer, selbst korruptive Praktiken der Parteien auch nur als solche zu erkennen, von ihrer Bekämpfung ganz zu schweigen. Leibholz' Konstruktion kommt – in der verkürzten Form, in der sie regelmäßig praktische Wirksamkeit erlangte – einer wissenschaftstheoretischen Überhöhung der Parteien gleich und nähert sich damit dem Traum eines jeden Herrschers an: seiner Gleichsetzung mit dem Volk, nur in unserem Fall eben bezogen auf die politischen Parteien bzw. auf ihre politische Klasse. Diese Vorstellung erschwert es, ihrer wachsenden Macht und den damit einhergehenden Missbräuchen und Fehlentwicklungen entgegenzuwirken.

Leibholz meinte, drohende Fehlentwicklungen durch zwei Vorkehrungen bannen zu können. Einmal ging er davon aus, in den Parteien organisiere sich mehr oder weniger das ganze Volk. Zum anderen setzte er innerparteiliche Demokratie voraus. An die Stelle von Demokratie im Staat trat deshalb in seinen Augen die Demokratie in der Partei. Beide Voraussetzungen – Parteien als Ersatzorganisationen des Volkes und innerparteiliche Demokratie – haben sich in der Praxis aber als bloße Wunschvorstellungen ohne Grundlage in der Wirklichkeit erwiesen, obwohl Leibholz selbst meinte, von ihrem Vorliegen hänge »die Zukunft des modernen demokratischen Parteienstaats und damit überhaupt das Schicksal der Demokratie ab«. Weder ist ein großer Teil des Volkes in den Parteien organisiert, noch herrscht wirkliche parteiinterne Demokratie. Fehlt es an beidem, so hatte Leibholz vorausgesagt, würden die Parteien »zum Selbstzweck und damit zu Fremdkörpern mit eigenen selbstständigen Zielen und Interessen innerhalb des Volksganzen und so zu einem Staat im Staate werden«. Ein solches Gemeinwesen drohe zu korrumpieren. Leider ist genau das eingetroffen.

Leibholz' Parteienstaatslehre hatte lange Zeit wesentlichen Einfluss auf die Entwicklung in Deutschland. Sie wurde zu großen Teilen vom Bundesverfassungsgericht übernommen, fand ihren Niederschlag in der Rechtsprechung bis Mitte der Sechzigerjahre und trug wesentlich zum Ausbau des Parteienstaats bei. Leibholz' Thesen gelten heute in Staatsrechtslehre und Verfassungsrechtsprechung zwar als überholt. Da sie die Entwicklung aber wesentlich beeinflusst haben, wirken sie noch fort und sind mitverantwortlich für wesentliche Fehlentwicklungen.

Inzwischen wissen wir auch, wie eine derart aberwitzige Lehre überhaupt entstehen konnte. Neue historische Forschungen haben ergeben, dass Leibholz bei Konzeption seiner Lehre die Verhältnisse in faschistischen Einparteienstaaten vor Augen hatte und er vom italienischen Faschismus beeinflusst war. Das zeigt besonders seine akademische Antrittsvorlesung mit dem Titel »Zu den Problemen des faschistischen Verfassungsrechts« von 1928. Allerdings wird die »für die bundesrepublikanische Entwicklung höchst blamable Weichenstellung« für Leibholz' Parteienstaatslehre bisher »größtenteils ignoriert«, wie die Historikerin Susanne Benöhr mit Recht festgestellt hat.

8 Parteiinterne Ochsentour: Lebensferne Tretmühle zur Macht

Das Grundgesetz verbrieft allen Bürgern das gleiche Recht, in die Parlamente gewählt zu werden. Doch hinter der formalen Fassade herrscht krasse Ungleichheit. Die Parteien haben die Aufstellung der Parlamentskandidaten faktisch monopolisiert. Und innerhalb der Parteien, besonders in den beiden großen westlichen Parteien, bekommt man in der Regel nur nach unendlicher »Ochsentour« die Chance, an aussichtsreicher Stelle nominiert zu werden. Wer zum Beispiel ein Landtags- oder Bundestagsmandat anstrebt, muss vorher viele Jahre lang Partei- und Kommunalämter innegehabt haben. Wer etwa als Schüler oder Student bei einem Abgeordneten als Mitarbeiter anheuert und so einen Mentor gewinnt, tut gut daran, erst einmal regelmäßig die Veranstaltungen des Ortsverbandes (CDU) oder Ortsvereins (SPD) zu besuchen, also die Basis. Vor allem bei den Vorstandssitzungen sollte er präsent sein, sofern diese parteiintern für Mitglieder offen sind. Er sollte sich zu Tätigkeiten melden, die sonst niemand verrichten will: Plakatkleben in Wahlkampfzeiten, Flugblätter verteilen, Saalordner spielen, Wahlkampf- bzw. Infostände in der Innenstadt oder auf dem

Markt besetzen und so sein starkes Interesse am Gedeihen der Partei demonstrieren. Der Lohn ist die Wahl in den Vorstand des Ortsvereins oder Ortsverbandes. Für die weitere Parteikarriere entscheidend kann jedoch die Wahl zum Delegierten für die nächsthöhere Ebene sein, den Unterbezirks- oder Kreisparteitag. Hier werden die Kandidaten für die Landtage oder den Bundestag nominiert und die Kandidaturen für das Europaparlament vorentschieden, ferner die Delegierten für den Bezirks- bzw. Landes- und Bundesparteitag bestimmt. Gelingt es, hier einen Vorstandsposten zu ergattern, ist eine wichtige Sprosse in der Karriereleiter erklommen, der der Aufstieg in den Bezirks- oder Landesvorstand der Partei folgen sollte, mag unser Aufsteiger darunter auch sein Studium vernachlässigen.

In den Gremien ist langes Ausharren in Sitzungen wichtiger als inhaltliches Engagement, Mitkungeln wichtiger als inhaltliches Diskutieren. Klare Meinungsäußerungen werden durch Floskeln, standardisierte Redewendungen, Stereotypen ersetzt, die die parteiliche Ideologie widerspiegeln. Wer sich dieser »Grammatik« nicht befleißigt, verdirbt sich seine Chancen. Das aber begünstigt eine Form der Sozialisation, die immer mehr am wirklichen Leben vorbeiführt, in der Machtfragen die Hauptrolle spielen und Sachfragen zurückgedrängt werden. Das Wort des früheren Bundespräsidenten Richard von Weizsäcker, Politiker würden zu Spezialisten, »wie man politische Gegner bekämpft«, hat – als Kennzeichnung eines Typus – durchaus seine Berechtigung. Wie gnadenlos der innerparteiliche Positionskampf ist, kommt in der unter Insidern gebräuchlichen Steigerungsformel »Freund – Feind – Parteifreund«, in der mehr als nur ein Körnchen Wahrheit steckt, plastisch zum Ausdruck. Die Kandidaten werden nicht primär wegen ihrer Qualität als Volksvertreter aufgestellt, sondern aus Proporzgründen und wegen ihrer innerparteilichen Verbindungen sowie den hinter ihnen stehenden »Bataillonen«.

Innerhalb der Parteien findet der Tendenz nach eine einseitige und für das Gemeinwesen fatale Selektion statt, die mit Stillschweigen zu übergehen sich die Political Correctness beflissen bemüht. Im Normalfall hat nur Chancen, in der Partei vorwärtszukommen, wer genug Zeit für die Ochsentour einbringen kann und viele Jahre lang am selben Ort verweilt; denn wenn er ihn wechselt, muss er in der neuen Parteigliederung wieder von vorn anfangen: »Zeitreiche« und »Immobile«, etwa Lehrer und ohnehin politisch Tätige (insbesondere Partei- und Abgeordnetenmitarbeiter sowie Verbandsfunktionäre), bleiben unter sich. Umgekehrt werden gerade diejenigen Personen, die in Wirtschaft und Gesellschaft besonders gefragt und deshalb »zeitarm« sind und aus beruflichen Gründen immer wieder umziehen müssen, systematisch ausgeschieden werden. Gerade die Besten und Mobilsten können sich die zeitfressende und einen Ortswechsel unmöglich machende Ochsentour nicht leisten. Diese Rekrutierungsweise hat mit einer funktionsgerechten Auswahl des politischen Personals rein gar nichts zu tun. Die unsinnige Praxis bringt typischerweise die Falschen in die Parlamente und ist eigentlich völlig überholt, entspricht aber den Interessen derer, die diesem Verfahren ihren Aufstieg verdanken, und ist deshalb schwer zu beseitigen.

Die völlige Abhängigkeit von der Partei setzt sich auch nach der Übernahme des Mandats fort und zeigt sich darin, dass die Abgeordneten kräftig bluten müssen: Wer der Partei ein Mandat (oder ein anderes besoldetes Amt) verdankt, muss dafür hohe Abgaben aus seinen Diäten zahlen (siehe S. 111 ff.). Der Wunsch der Parteischatzmeister, diese rechtlich und politisch hochproblematische Quelle am Sprudeln zu halten, ist eine Ursache für eine weitere verfassungswidrige Regelung: die überhöhte Steuerbegünstigung von Zuwendungen an Parteien (siehe S. 102 f.). So pflanzt sich Unrecht immer weiter fort. Fast möchte man das Schiller-Wort zitieren: »Das eben ist der Fluch der bösen Tat, dass sie fortzeugend immer Böses muss gebären.«

Auch die Ochsentour findet im Parlament ihre Fortsetzung. Die Abgeordneten müssen, um weiterzukommen, auch dort linientreu agieren. Sie gelangen in den Parteien nicht nach oben, wenn sie sich nicht parteifromm verhalten, und sie machen im Bundestag keine Karriere, wenn sie den faktischen Fraktionszwang nicht beachten. Formal sind alle Abgeordnete einander zwar gleichgestellt. Die Wirklichkeit sieht aber anders aus. Tatsächlich sind die Parlamente hierarchisch gegliedert. Es gibt eine Art Abgeordnetenlaufbahn. Diese verläuft vom einfachen Abgeordneten über den stellvertretenden Sprecher und Sprecher einer Arbeitsgruppe zu Fraktionsvorstandsmitgliedern unterschiedlichen Rangs, zu Fraktionsgeschäftsführern und

-vorsitzenden, zu parlamentarischen Staatssekretären und Ministern. Die Hierarchisierung findet ihren Ausdruck in der unterschiedlichen Bezahlung von Abgeordneten.

Welche mentalitätsmäßigen Auswirkungen diese Art der Sozialisierung der politischen Klasse auf Initiative, Innovation und Reformbereitschaft der bundesrepublikanischen Politik hat, wäre lohnend, einmal im Detail zu untersuchen, auch wenn ein solches Forschungsprojekt wohl eher als politisch »inkorrekt« eingestuft würde. Es lässt sich aber schon jetzt vermuten, dass die Verzerrungen bei der Personalauswahl die Leistungs-, Wettbewerbs- und Verantwortungsbereitschaft nicht gerade fördern. Es dominiert die Sichtweise von »zeitreichen« Personen, von denen vor allem eins verlangt wird: über alles reden zu können, selbst wenn sie wenig davon verstehen. Das hat zwei der Politik höchst abträgliche Konsequenzen: Der Typus des »Schwätzers« wird begünstigt, und parteiinterne Vorurteile und Tabus, die infrage zu stellen eine selbstständige kritische Auseinandersetzung verlangen würde, spielen eine umso größere Rolle.

9 Politische Parteien: Korrupte Organisationen?

Die Parteien kommen ihren beiden Hauptfunktionen – Ausrichtung am Gemeinwohl und Bürgernähe – nur höchst eingeschränkt nach. Geht es dagegen um die eigene Ausstattung mit Geld und die Ausweitung ihrer Macht und ihres Einflusses auf die öffentliche Verwaltung und andere Bereiche, in denen sie von Rechts wegen eigentlich nichts zu suchen haben, handeln sie äußerst zielstrebig und effektiv.

Dabei kommt ihnen ihre Stellung mitten im Staat zugute, kraft derer sie die Gesetze selbst gestalten können, und zwar in ihrem Sinn. Auf diese Weise verschaffen die Parteien selbst den problematischsten Regelungen den Schein der Legalität. Hier sei nur an die unbegrenzte Zulassung von Großspenden an Parteien und Abgeordnete erinnert, obwohl solche Pseudogeschenke immer im Dunstkreis der Korruption stehen (siehe S. 114 ff.). Hierher gehört auch das Dulden von Abgeordneten, die gleichzeitig Lobbyisten sind und so ihre Unabhängigkeit verkaufen (siehe S. 151 f.), sowie das Fehlen eines wirksamen

Strafgesetzes gegen Abgeordnetenkorruption (siehe S. 292 ff.). Oft wird dann sogar die Verfassung ignoriert. Beispiele sind die überzogene steuerliche Begünstigung von Zuwendungen an Parteien (siehe S. 102) und die ebenfalls verfassungswidrigen Parteisteuern, die eine verdeckte Staatsfinanzierung der Parteien darstellen (siehe S. 111 ff.).

Der politischen Klasse ist ihre Herrschaft über die Gesetzgebung aber immer noch nicht genug, und sie bricht häufig auch noch die selbst gemachten Gesetze, vor allem das Parteiengesetz. Psychologisch mag das nachvollziehbar sein: Wenn Politiker Gesetze als ihre eigenen »Kinder« betrachten, nehmen sie sie oft nicht wirklich ernst. Besonders die Schatzmeister der Parteien, die die Gesetze ausgekungelt haben, kommen in Versuchung. Der frühere hessische Wirtschaftsminister und FDP-Bundesschatzmeister Heinz Herbert Karry hat das in aller Offenheit ausgesprochen: »Als Schatzmeister kommt man unweigerlich auf den Weg der Kriminalität, wenn man das tut, was die Partei von einem erwartet.« Und vom früheren SPD-Schatzmeister Friedrich Halstenberg wird das Wortspiel kolportiert: »Wenn rauskommt, wie was reinkommt, komme ich wo rein, wo ich nicht mehr rauskomme.« Halstenberg hatte allein im Jahre 1980 über sechs Millionen Mark von Spendern eingenommen, denen er Verschwiegenheit zugesagt hatte. Walther Leisler Kiep, langjähriger Schatzmeister der Bundes-CDU, der immer den Ehrenmann gegeben hatte, war tief in illegale Praktiken verstrickt, und der Schatzmeister der hessischen CDU, Casimir Johannes Prinz zu Sayn-Wittgenstein, erst recht. Kiep hatte von dem Lobbyisten Karlheinz Schreiber in der Schweiz eine Million Mark in bar entgegengenommen, und Sayn-Wittgenstein hatte die Millionen der hessischen CDU nach Liechtenstein verschoben und ihre Rückführung als Vermächtnisse jüdischer Sympathisanten deklariert.

Wenn die Machenschaften dann auffliegen, müssen die Schatzmeister oft auch noch behaupten, ihre Vorstandskollegen, vor allem die Parteivorsitzenden, hätten von nichts gewusst. Kohl erklärte vor einem Untersuchungsausschuss sogar, er habe nicht einmal die Funktion der berüchtigten Staatsbürgerlichen Vereinigung als Spendenwaschanlage gekannt, und an Roland Koch ist natürlich auch alles völlig vorbeigegangen, obwohl der Wahlkampf, der ihn 1999 zum hessischen

Ministerpräsidenten machte, aus dem illegalen Liechtensteiner Schatz finanziert worden war. Die Verantwortung musste der frühere Generalsekretär der CDU, Franz Josef Jung, übernehmen und als Chef der hessischen Staatskanzlei zurücktreten. Jung wurde später mit dem Amt des Bundesverteidigungsministers belohnt, dessen Besetzung sich Koch vorbehalten hatte. Bei Manfred Kanther, dem früheren Vorsitzenden der hessischen CDU, war ein solches Abschieben der Verantwortung allerdings nicht möglich, ohne dass sein Nachfolger Koch dann vielleicht doch mit hineingezogen worden wäre und die von Koch angekündigte »brutalstmögliche Aufklärung« auf ihn zurückgefallen wäre. Kanther kam – aufgrund eines Deals mit der Staatsanwaltschaft (siehe S. 227 ff.) – dennoch mit einer Geldstrafe davon, obwohl gerade er, der öffentlich immer entschieden für Recht und Gesetz eingetreten war, was als Bundesinnenminister auch zu seinen amtlichen Pflichten gehörte, krass gegen das Parteiengesetz verstoßen hatte.

Die korruptiven Grauzonen betreffen keineswegs nur die Spitzen der Parteien, sie strahlen vielmehr in ihre ganze Breite und Tiefe aus. Da die unteren Parteiebenen über die Aufstellung der Parlamentskandidaten entscheiden, haben Abgeordnete ein vitales Interesse, die Schlüsselpositionen auf Gemeinde-, Kreis- und Bezirksebene entweder selbst oder mit Vertrauten zu besetzen und die Strukturen von oben her zu dominieren. Die seit Langem eingeübten Praktiken schaffen Netzwerke, über die eine Fülle von Ämtern vergeben wird, unabhängig davon, ob dies legal oder illegal ist. Dazu gehören – neben den Parlamentsmandaten – Posten in der Verwaltung, in öffentlichen Unternehmen, in Städten, Landkreisen und in den Parteien selbst. Alle pflegen in die Absprachepakete einbezogen zu werden.

Die selbst gestrickten Gesetze ermuntern auch auf andere Weise zu korruptiven Praktiken. So führt die doppelte Subventionierung von Parteien, die Geber und Nehmer von Zuwendungen zu Gewinnern auf Kosten Dritter macht (siehe S. 98 ff.), zu aberwitzigen Manipulationen. Für früher rein ehrenamtliche Tätigkeiten in der Partei werden jetzt Rechtsansprüche auf Vergütung oder Auslagenersatz konstruiert, nur um darauf dann zugunsten der Partei zu verzichten. Der Verzicht gilt als Spende, so dass der Spender fünfzig Prozent von seiner Steuerschuld abziehen und die Partei einen 38-prozentigen Zuschuss aus der Staatskasse einstreichen kann – eine Geldbeschaffungsmaschine, die dem alten alchemistischen Wunsch nahekommt, aus nichts Gold zu machen. Seminare werden anberaumt, die niemals stattfinden, nur um den Verzicht der Ansprüche der Teilnehmer auf Kostenersatz und der Referenten auf Honorar als Spenden verbuchen und dafür öffentliche Gelder erhalten zu können. Die Partei »Die Grauen – Graue Panther« hat dieses System derart auf die Spitze getrieben, dass ihre deklarierten steuerbegünstigten Spenden 64-mal so hoch waren wie ihre Mitgliedsbeiträge. Bezeichnend ist, dass ihre betrügerischen Machenschaften erst im Herbst 2007 entdeckt wurden – und auch das nur durch Hinweise aus der Partei –, obwohl sie viele Jahre lang mit großem »Erfolg« praktiziert worden waren. Dabei sind Die Grauen keineswegs die Einzigen, die derartigen Missbrauch treiben. Die großzügige Subventionierung bei völlig unzureichender Kontrolle muss die Parteien geradezu in Versuchung führen, nicht nur die legalen Spielräume voll auszuschöpfen, sondern auch vor illegalen Machenschaften nicht zurückzuschrecken. Verantwortlich sind in erster Linie wieder die Schatzmeister der Parteien, die die Regelungen ausgekungelt und derartigen Verhaltensweisen Vorschub geleistet haben.

Auch gehört es offenbar zur gängigen Praxis, Großspenden – entgegen dem Parteiengesetz – zu verheimlichen. Im Jahr 2000 kam raus, dass Helmut Kohl zwischen 1992 und 1995 zwei Millionen Mark Spenden erhalten hatte, ohne anzugeben, woher das Geld stammt – aus welcher Motivation auch immer, jedenfalls wurde so verhindert, dass ein Zusammenhang zu bestimmten Regierungsmaßnahmen herzustellen ist. Kohl hatte sich während seiner Amtszeit als Bundeskanzler offenbar ein ganzes System illegaler Parteienfinanzierung geschaffen. Auch in den Jahren 1989 bis 1992 soll die CDU mindestens zehn Millionen Mark ungeklärter Herkunft eingenommen haben. Die 100 000-Mark-Spende, die Wolfgang Schäuble vom Waffenhändler Karlheinz Schreiber entgegengenommen hatte, war ebenfalls nicht publiziert worden. Hierher gehören auch der Parteienfinanzierungsskandal der SPD in Köln und anderen nordrhein-westfälischen Städten und die Möllemann-Affäre der FDP, die beide im Jahre 2002 bekannt wurden. Jürgen Möllemann und sein FDP-Landesgeschäftsführer Hans-Joachim Kuhl hatten von 1996 bis 2002 mehrere Millionen Mark beziehungsweise Euro aus einem dubiosen Luxemburger Konto Möllemanns gestückelt und verschleiert in die offiziellen Bücher der FDP geschleust. Kuhl wurde dafür 2005 verurteilt, Möllemann ging ohne Fallschirm in den Tod, und die ohnehin finanziell knappe FDP erwartet dafür eine millionenschwere Geldbuße.

Wer meinte, nach den öffentlichen Spendenskandalen würden die Parteien sich nun strikt ans Parteiengesetz halten, wird enttäuscht. Auch heute gehört es offenbar zur gängigen Praxis, die Herkunft von Großspenden zu verheimlichen, etwa indem man sie splittet, um die Publikationsgrenze von 10 000 Euro zu unterlaufen. Zugleich können dadurch die Grenze für Steuervergünstigungen, die bei 3 300/6 600 Euro liegt, und die Grenze für Staatszuschüsse von 3 300 Euro ausgehebelt und die direkten und indirekten Subventionen mehrfach kassiert werden. Das haben zwei Journalisten des Fernsehmagazines »Panorama« im Jahre 2003 herausgefunden (siehe S. 117 f.).

Ein verfassungswidriges, aber weitverbreitetes Übel sind die schon erwähnten »Parteisteuern«, von denen die Schatzmeister immer noch behaupten, die Amtsträger würden sie freiwillig entrichten. Auch hier hat sich der für Korruption typische Gedanke des Tauschgeschäfts eingenistet: die ritualisierte Zahlung als Gegenleistung für eigentlich nicht käufliche Akte, die Verschaffung und Erhaltung staatlicher Ämter. Parteisteuern werden von allen Parteien erhoben. Der größte Teil fällt auf kommunaler Ebene an. Die Diäten sind dort zwar sehr viel niedriger als in den Landesparlamenten und im Bundestag. Aber die Zahl der Mitglieder von Gemeinderäten, Stadträten und Kreistagen ist sehr viel größer. Zudem wird ihnen meist ein höherer Prozentsatz ihrer Entschädigung abgezogen, was häufig bereits durch die Verwaltung erfolgt, so als ob es sich um einen völlig korrekten Vorgang handelte.

Auch die schnell angewachsenen Subventionen, die die Fraktionen erhalten, werden – auch auf kommunaler Ebene – immer schamloser und in immer größerem Stil für Parteiaufgaben zweckentfremdet. In vielen Kommunen und Parteien liegt die programmatische und die Öffentlichkeitsarbeit vornehmlich in der Hand der Fraktionen, deren Finanzierung so zur verdeckten verfassungswidrigen Parteienfinanzierung wird.

Bei öffentlichen Aufträgen, etwa im Hoch- oder Tiefbau, ist oft von vornherein chancenlos, wer nicht zu »Spenden« an die lokalen Parteien bereit ist. Auch hier werden an sich unverkäufliche öffentliche Handlungen bezahlt, von der Vergabe von Ämtern und Subventionen an Parteigenossen gar nicht zu reden. Ämterpatronage ist gesetzes- und verfassungswidrig, wird aber tausendfach praktiziert (siehe S. 92 ff.). Viele Mitglieder erwarten das geradezu als Gegenleistung für ihren Einsatz in den Parteien; und die Parteien setzen ihr Patronagepotenzial ja auch gezielt für die Mitgliederwerbung ein – besonders im öffentlichen Dienst: Nicht wenige treten in eine Partei nur deshalb ein, weil sie von deren Patronagemöglichkeiten zu profitieren hoffen.

Die Mitarbeiter von Bundestags-, Landtags- und Europaabgeordneten werden vielfach für die Parteiarbeit zweckentfremdet, obwohl sie eigentlich nur die Amtstätigkeit der Abgeordneten unterstützen dürfen (siehe S. 162 ff.). Zugleich schützt ihre Arbeit vor Ort den Abgeordneten vor inner- und außerparteilicher Konkurrenz und sichert so seine Wiedernominierung und Wiederwahl. Wer aber will das anprangern, wo die Abgeordneten doch selbst vielfach Parteidienste leisten und dadurch ihre Stellung absichern, vor allem viele der voll bezahlten, aber durch ihr Mandat nicht ausgelasteten Landtagsabgeordneten.

Fazit: Bereits auf den unteren Ebenen der Parteien wird rechtswidriges und korruptives Verhalten geradezu systematisch »eingeübt«. Sanktionen braucht man dabei nicht zu fürchten. Denn die Wirtschaftsprüfer nehmen nur die Bundespartei, die Landesverbände und »mindestens zehn nachgeordnete Gebietsverbände« unter die Lupe. So haben es die Schatzmeister ins Parteiengesetz geschrieben. Da jede der großen Parteien davon mehr als zehntausend hat, läuft das praktisch auf eine Nicht-Prüfung der nachgeordneten Gebietsverbände hinaus. Dem Bundestagspräsidenten bindet das Parteiengesetz erst recht die Hände. Er soll sich nach dem im Parteiengesetz niedergelegten Willen der Schatzmeister möglichst raushalten und keine wirksame Kontrolle ausüben. Das zeigen die Machenschaften der Grauen Panther: Obwohl dem Bundestagspräsidenten schon früher Anhaltspunkte für Unregelmäßigkeiten bekannt geworden waren, fehlte ihm die Handhabe zum Einschreiten. Auch die öffentliche Kontrolle ist – jedenfalls auf der so wichtigen kommunalen Ebene – stark eingeschränkt, und die Finanzkontrolle ist gerade in Sachen Politikfinanzierung und Ämterpatronage häufig weitgehend »gleichgeschaltet« (siehe S. 95). Während jedes Unternehmen und jeder Bürger, die staatliche Gelder erhalten, strenger Kontrolle unterliegen, haben die Parteien sich hinsichtlich ihrer eigenen Subventionierung praktisch einen kontrollfreien Raum geschaffen. Hier besteht ein strukturelles Kontrolldefizit, das das Parteiengesetz auch aus diesem Grund verfassungswidrig macht.

Die Fülle der Gesetzes- und Verfassungsverstöße, von denen allenfalls einmal die sprichwörtliche Spitze des Eisbergs durch Zufall nach außen dringt, erklärt sich daraus, dass innerhalb der Parteien häufig eine Art kollusive Sondermoral herrscht. Unausgesprochen gilt dann die Devise »Right or wrong – my party«. Für die Partei ist alles erlaubt, was ihr nützt. Mittelbar kommt das in vielen Beobachtungen zum Ausdruck. Helmut Kohl und Manfred Kanther betonten, sie hätten das Parteiengesetz nicht zum eigenen Nutzen, sondern »nur« im Interesse der Partei verletzt, und meinten, sich damit – zumindest gegenüber ihrer Partei – moralisch reinwaschen zu können. Verwicklungen von einem der Ihren in gesetzeswidrige Aktionen können, wenn der öffentliche Druck zu groß wird, zwar den Rücktritt zur Folge haben. Doch der Betreffende taucht unversehens in anderen hohen Ämtern wieder auf, wie der schon erwähnte Franz Josef Jung oder Cem Özdemir, der wegen eines dubiosen Kredits des Unternehmensberaters Moritz Hunzinger sein Bundestagsmandat niederlegen musste, bald darauf aber Europaabgeordneter wurde. Wolfgang Schäuble hatte wegen der Schreiber-Spende als Vorsitzender der CDU/CSU-Fraktion im Bundestag zurücktreten müssen und kehrte als Innenminister der Großen Koalition zurück. Laurenz Meyer musste Ende 2004 als Generalsekretär der CDU zurücktreten, als bekannt geworden war, dass er verschleierte Zahlungen von RWE erhalten hatte. Er wurde aber vor der Bundestagswahl 2005 wieder auf einem sicheren Listenplatz seiner Partei untergebracht und avancierte im neuen Bundestag zum wirtschaftspolitischen Sprecher der CDU/CSU-Fraktion. Rudolf Scharping musste aufgrund der vielen Fettnäpfchen, in die er getreten war, und der Hunzinger-Affäre als Verteidigungsminister zurücktreten und wurde bei der Bundestagswahl 2002 auch vom Wähler abgestraft: Er verlor seinen Wahlkreis Montabaur. Doch seine Partei hatte ihm einen Listenplatz gesichert, so dass er unversehens wieder im Parlament auftauchte.

Unausgesprochen gilt die Losung »Die Partei lässt ihre Missetäter nicht im Regen stehen«. Innerhalb der Parteien besteht sogar die Tendenz, Manipulationen, zumal wenn sie im Interesse der Partei erfolgen, zu tolerieren oder gar dazu zu ermutigen, auch wenn man das nach außen natürlich völlig anders darstellt. Eine solche Spaltung von Tat und öffentlichem Wort – diese Doppelzüngigkeit wird in der einschlägigen Literatur gemeinhin auch als ein Kennzeichen von Korruption angesehen. Helmut Kohl suchte sein hartnäckiges Schweigen damit zu rechtfertigen, er habe seinen Geldgebern sein Ehrenwort gegeben, ihre Identität nicht zu offenbaren. Für ihn hatte die geheime Absprache also höheren Rang als Gesetz und Verfassung, die zu »wahren und zu verteidigen« er bei seinem Amtsantritt als Bundeskanzler feierlich geschworen hatte. In die Einhaltung kollusiver Absprachen setzen übrigens auch Ganoven bis hin zur Mafia ihre Ehre. Die hintergründigen netzwerkgesteuerten Aktivitäten der Parteien und ihrer politischen Klasse weisen in der Tat manch beängstigende Parallele zur organisierten Kriminalität auf. Deren offizielle Definition lautet:

»Organisierte Kriminalität ist die von Gewinn- oder Machtstreben bestimmte planmäßige Begehung von Straftaten, die einzeln oder in ihrer Gesamtheit von erheblicher Bedeutung sind, wenn mehr als zwei Beteiligte auf längere oder unbestimmte Dauer arbeitsteilig unter Einflussnahme auf Politik, Medien, öffentliche Verwaltung, Justiz oder Wirtschaft zusammenwirken.«

Gewiss sind nicht alle anrüchigen Akte zugunsten von Parteien strafbar. Das liegt aber ganz wesentlich daran, dass die politische Klasse die Gesetze selbst macht, in ihrem Sinne, und deshalb korrupte Handlungen oft als »ganz legal« erscheinen lässt. Soll aber der Umstand, dass die politische Klasse auch noch ihre Herrschaft über die Gesetzgebung zum eigenen Vorteil missbraucht, den Vorwurf entkräften? Vergrößert er nicht noch die Anrüchigkeit?

Über den Bruch der Parteien- und der Steuergesetze durch Otto Graf Lambsdorff, Helmut Kohl, Manfred Kanther und andere spektakulär aufgedeckten Fälle hat sich die Öffentlichkeit entsetzt gezeigt. Tatsächlich aber begehen die Parteien Verfassungs- und Rechtsbruch en masse. Gegen extreme Parteien, die das Grundgesetz verletzen, und ihre Mitglieder vorzugehen, sind die etablierten Parteien schnell bei der Hand, und das ist gut so. Im – 2003 gescheiterten – Verbotsverfahren gegen die NPD warfen etablierte Parteien der NPD vor, sie »biete eine Basis für die organisierte Unterwanderung des demokratischen Rechtsstaats« und »vergifte das politische Klima«. Doch sie messen mit zweierlei Maß, handeln sie doch selbst oft rechts- und verfassungswidrig und entwickeln dabei nicht selten hohe kriminelle Energie.

Politikwissenschaftler sprechen oft bedauernd von einem »Antiparteieneffekt« und davon, die Bevölkerung halte Politik vielfach für ein »schmutziges Geschäft«. Ist das aber so ganz falsch? Hat der gesunde Menschenverstand nicht auch hier das richtige Gespür? Gewiss, es gibt Hunderttausende bloß zahlende Mitglieder und ehrenamtlich in den Kommunen Tätige, die es ehrlich meinen, an den Machenschaften ihrer Genossen nicht beteiligt und, wenn sie herauskommen, oft am meisten enttäuscht sind. Diese einfachen und an der Basis tätigen Parteimitglieder sind mit dem Vorwurf auch gar nicht gemeint. Es sind vielmehr die Funktionäre innerhalb der Parteien, die mittels ihrer parasitären Netzwerke nicht nur die Allgemeinheit, sondern auch die Parteien selbst ausbeuten.

Eine Umkehr würde u.a. radikale Änderungen der Parteien- und Wahlgesetze verlangen, mit denen die politische Klasse selbst vermutlich überfordert wäre, die aber durch eine »legale Revolution« mittels Volksbegehren und Volksentscheid durchaus realisiert werden könnten.

V Abgeordnete

1 Abgeordnete: Parteifunktionäre statt Volksvertreter

Die Parlamente des Bundes und der Länder nehmen für ihre Mitglieder einen besonderen Status in Anspruch und suchen ihre Sichtweise nach Kräften auch in der Öffentlichkeit zu propagieren: Die Abgeordneten seien etwas Elitäres, Ehrfurcht Einflößendes und verdienten deshalb Respekt und Vertrauen. Äußeren Ausdruck findet dieses Bild in der hervorgehobenen protokollarischen Stellung: Auf öffentlichen Veranstaltungen werden Abgeordnete stets als Erste begrüßt, und ihre Anwesenheit wird als besondere Ehre für den Veranstalter gewürdigt.

Zugrunde liegt letztlich die Vorstellung vom freien und durch die unmittelbare Volkswahl demokratisch gesalbten Abgeordneten: Indem die Bürger ihm das Vertrauen schenkten, höben sie ihn über sich selbst hinaus und ermächtigten ihn aufgrund seiner besonderen Qualitäten, frei und nur seinem Gewissen unterworfen zu entscheiden, was dem Wohle des Volkes am besten fromme. Nach Ablauf des Mandats müsse er sich aber gegenüber dem Volk verantworten, das ihm durch Nicht-Wiederwahl auch das Vertrauen entziehen könne.

Doch das alles ist unter den Realbedingungen unseres heutigen Parteienstaates nichts weiter als eine ideologische Verklärung der tatsächlichen Verhältnisse. Der besondere repräsentative Status des Abgeordneten erweist sich damit als »politische Formel« im Sinne des Staatstheoretikers Gaetano Mosca, also als eine Art Glaubenssatz, der mit der Realität nicht übereinstimmt, aber die Funktion hat, die bestehende politische Herrschaft durch moralische Überhöhung zu legitimieren. In Wahrheit sind die sogenannten Volksvertreter in unserer Republik nicht vom Vertrauen des Volkes getragen. Ihr Ansehen ist im

Gegenteil völlig im Keller. Und das hängt auch damit zusammen, dass sie gerade nicht vom Volk gewählt, sondern von den Parteien bestimmt werden (siehe S. 42 ff.), nachdem sie in der Partei eine oft jahrzehntelange Sozialisierung in den Regeln der Macht erfahren haben (siehe S. 126 ff.). Da das Volk ihnen kein Vertrauen geschenkt hat, kann es ihnen das Vertrauen auch nicht durch Verweigerung der Wiederwahl entziehen und keine wirksame Kontrolle ausüben. Auch Unabhängigkeit besteht, wenn es darauf ankommt, gerade nicht. Die Abgeordneten unterliegen regelmäßig einem faktischen Fraktionszwang. Das freie Mandat ist meist nur hohles Pathos (siehe S. 157 ff.). Da Abgeordnete weder unabhängig entscheiden noch vom Volk gewählt sind, sondern ihr Mandat ihrer Partei verdanken und ihre Entscheidungen an der Fraktionslinie ausrichten, sind sie in Wahrheit gar keine Volksvertreter, sondern Parteivertreter. Sie sind bei Lichte besehen nichts weiter als Parteifunktionäre oder mit dem Wort des früheren SPD-Verteidigungsministers Hans Apel »Parteisoldaten«.

Gleichwohl hält die politische Klasse an dem unrealistischen Abgeordnetenbild mit allen ihr zur Verfügung stehenden Mitteln der Einflussnahme auf die veröffentlichte Meinung fest. Denn das hehre Bild eignet sich hervorragend, dahinter die Machenschaften der politischen Klasse zu verbergen. Zugleich können sie dadurch der üppigen finanziellen Ausstattung, die Abgeordnete nach wie vor genießen, das Mäntelchen der Rechtfertigung umhängen und behaupten, dem hohen Stand der Abgeordneten müssten auch die Bezüge und besondere Privilegien entsprechen.

So haben die Bundestagsabgeordneten ihre im Herbst 2007 beschlossenen Diätenerhöhungen ausdrücklich damit begründet, sie könnten den gleichen Status beanspruchen wie direkt gewählte Bürgermeister von Städten bis 100 000 Einwohner. Denn auch sie seien direkt vom Volk gewählt (siehe S. 144).

Olaf Scholz, damals noch Parlamentarischer Geschäftsführer der SPD-Fraktion: »Das [Abgeordnetenmandat] ist eine sehr verantwortungsvolle Tätigkeit, und es ist das höchste Amt, in das man in unserer Demokratie vom Volk gewählt werden kann. Direkt gewählt werden kann man vom Volk nur zum Abgeordneten. Die Regierung, die Staatssekretäre, der Präsident und andere werden durch Versammlungen bestimmt. Wir sind es, die einer direkten Wahl unterliegen und als Gesetzgeber Verantwortung tragen.«

Norbert Röttgen, Parlamentarischer Geschäftsführer der CDU/CSU-Bundestagsfraktion: »Im Übrigen unterliegen gerade Mandatsträger einer strengen und regelmäßigen Leistungskontrolle. Der Wähler selbst entscheidet mit seiner Stimme, ob der Abgeordnete sein Amt dem Einkommen entsprechend ausgefüllt hat. Ich denke, dass wir mit der Orientierung an den Einkommen von Bürgermeistern... eine weitgehend akzeptierte Richtlinie haben.«

Bei allen derartigen Äußerungen wurde aber der entscheidende Unterschied völlig unter den Teppich gekehrt: Bürgermeister werden in Deutschland wirklich direkt vom Volk gewählt und im Hinblick auf die anstehende Wiederwahl auch von diesem kontrolliert. Auch in eine Fraktionsdisziplin sind Bürgermeister grundsätzlich nicht eingebunden. Sie haben also eine völlig andere demokratische Stellung als die Parteifunktionäre, die Abgeordnete in Wahrheit sind. Es hat deshalb gute Gründe, wenn die Öffentlichkeit allergisch auf Diätenerhöhungen reagiert, wie zum Beispiel im Herbst 2007, als Bundestagsabgeordnete sich fast zehn Prozent mehr bewilligten, ohne ihre überholten Privilegien zu beseitigen, und dies mit vorgeschützten Argumenten begründeten, die das Volk für dumm verkaufen sollten. In Wahrheit geht es also gar nicht um die Erhöhung allein, sondern um den angemaßten Status eines repräsentativen Abgeordneten, der in Wahrheit nicht besteht. Es geht, genau genommen, um das Missverhältnis zwischen der tatsächlichen Funktion von Abgeordneten als bloßen Parteisoldaten und ihrer ganz anders begründeten Versorgung.

2 Diätenerhöhung: Wie Abgeordnete sich selbst bedienen und die Wahrheit verdrehen

Wie Diätenerhöhungen ablaufen, zeigt das jüngste Berliner Beispiel. Falls der Bundestag hier seine Handlungsfähigkeit einmal hätte demonstrieren wollen, wäre ihm das voll gelungen – nur leider an der falschen Stelle. Am Montag, dem 5. November 2007, präsentierten die Parlamentarischen Geschäftsführer der CDU/CSU- und der SPD-Bundestagsfraktion, Norbert Röttgen und Olaf Scholz, der Berliner Presse einen bereits völlig ausformulierten Gesetzentwurf.

Die Pressekonferenz erfolgte allerdings nicht zur üblichen Zeit, also um elf Uhr vormittags, sondern erst um 14 Uhr. Den Journalisten, mit der komplizierten Materie ohnehin wenig vertraut, blieb deshalb für ihre Berichte an die heimischen Redaktionen, die am nächsten Tag erscheinen mussten, kaum Zeit, den eng beschriebenen 13-seitigen Gesetzentwurf noch durchzusehen, so dass sie auf die mündlichen Darlegungen der großkoalitionären Geschäftsführer angewiesen waren. Die problematischsten Punkte des Gesetzentwurfs konnten sie deshalb gar nicht erkennen. Entsprechend lückenhaft war die Berichterstattung. Und noch in derselben Woche, am 9. November, kam das Gesetz zur ersten Beratung in den Bundestag, die zweite und abschließende dritte Beratung folgten gemeinsam eine Woche später am 16. November. Die sonst übliche Überweisung an die zuständigen Bundestagsausschüsse oder die Anberaumung einer Sachverständigenanhörung unterblieb. So rasch ist schon lange kein Gesetz mehr durchgezogen worden.

Die Anhebung der steuerpflichtigen Diäten von 7009 Euro um 330 Euro zum 1. Januar 2008 und um weitere 329 Euro ein Jahr später wurde damit begründet, man wolle mit Bundesrichtern gleichziehen. Dabei wurde unterschlagen, dass Abgeordnete mehrere gewichtige Privilegien besitzen, deren ökonomischer Wert sie schon vor der Erhöhung weit über das Gehalt von Bundesrichtern hinaushob:

- Bundestagsabgeordnete haben – anders als Bundesrichter – zusätzlich zu ihren steuerpflichtigen Diäten eine steuerfreie Kostenpauschale von 3782 Euro monatlich (Stand: Januar 2008). Diese wird unabhängig von den tatsächlichen Aufwendungen der Abgeordneten stets in voller Höhe gezahlt und von Jahr zu Jahr automatisch den gestiegenen Preisen angepasst. Die Pauschale, die Abgeordnete davon befreit, wie jeder andere Steuerzahler ihre berufsbedingten Werbungskosten nachzuweisen und für viele – mangels entsprechender Ausgaben – ein erhebliches steuerfreies Zubrot darstellt, ist sogar verfassungswidrig. Das hat auch der Bundesfinanzhof vor Kurzem durchblicken lassen. Die Pauschale konnte sich bisher nur halten, weil den Bürgern ein

Klagerecht zum Bundesverfassungsgericht vorenthalten wird und Abgeordnete von ihrer Klagemöglichkeit natürlich keinen Gebrauch machen, ebenso wenig die Regierungen. Auch ihre Mitglieder sind Profiteure der erhöhten Abgeordnetenbezahlung. Sie sind häufig auch Abgeordnete und erhalten dann die Hälfte der steuerpflichtigen Diäten und drei Viertel der steuerfreien Pauschale zu ihren Ministerbezügen noch dazu, obwohl sie – angesichts ihrer Belastung als Minister – für das Mandat praktisch nichts mehr tun können (siehe S. 195 f.).

- Abgeordnete dürfen – anders als Richter und alle anderen staatlich alimentierten Amtsträger – nebenher einen vollen zweiten Beruf ausüben und daraus unbeschränkt viel Einkommen erzielen. Und viele tun das auch, vor allem beruflich ähnlich hoch Qualifizierte wie Bundesrichter.

- Bundestagsabgeordnete benötigen eine viel kürzere Zeit als Richter, um eine volle Altersversorgung zu erwerben, die noch dazu sehr viel früher als bei Richtern zu laufen beginnt. Das bewirkt, dass die Versorgung von Bundestagsabgeordneten, auf die einzelnen Monate der aktiven Tätigkeit bezogen, einen sehr viel höheren Wert hat als die von Bundesrichtern. Das heißt, Abgeordnete müssten, wollten sie gleichwertige Versorgungsansprüche am Versicherungsmarkt erwerben, sehr viel höhere monatliche Prämien entrichten als Bundesrichter. Rechnet man den ökonomischen Wert aller dieser Privilegien von Bundestagsabgeordneten zusammen, so standen Abgeordnete sich schon vor der Erhöhung wirtschaftlich weit besser als Bundesrichter.

- Schließlich: Abgeordneter zu werden verlangt keinerlei spezielle Ausbildung oder Berufserfahrung. Nicht selten haben Abgeordnete nicht einmal eine abgeschlossene Berufsausbildung (siehe S. 167 ff.). Die meisten Abgeordneten verbessern sich durch Übernahme eines Mandats denn auch finanziell erheblich. Alles das steht in völligem Gegensatz zum Bundesrichter, dem höchsten ordentlichen Richteramt in unserer Republik, das man nicht ohne hohe juristische Qualifikation und langjährige erfolgreiche Berufsausübung erlangt.

Zum Ausgleich für die Anhebung der Diäten sollte die Altersversorgung eingeschränkt werden. So sagten es jedenfalls die

Geschäftsführer der Großen Koalition. Doch auch diese Behauptung hielt einer Nachprüfung nicht stand. Die kleinen Einschnitte ändern an der Überversorgung nichts Wesentliches, zumal neue Privilegien noch hinzukommen.

Die Höchstversorgung erhalten Abgeordnete nun zwar erst mit 57 Jahren (vorher 55 Jahre), und diese beträgt nur 67,5 Prozent der Diäten (vorher 69 Prozent). Doch die Höchstversorgung wird aufgrund der steigenden Diäten deutlich höher ausfallen als bisher. Auch wenn Bundestagsabgeordnete nun nach zwei Wahlperioden »nur« noch zwanzig Prozent ihrer Diäten als Versorgung erhalten (statt bisher 24 Prozent), diese erst mit dem 67. Lebensjahr (statt dem 65.) zu laufen beginnt und es für jedes weitere Parlamentsjahr 2,5 Prozent der Diäten als Versorgungsanspruch gibt (statt vorher drei Prozent), ist die Versorgung immer noch sehr viel großzügiger und steigt sehr viel schneller als die von normalen Bürgern: Nach der Neuregelung erwirbt ein Bundestagsabgeordneter pro Jahr im Amt 192 Euro monatliche Altersversorgung, ein Durchschnittsrentner aber nur 26 Euro pro Beitragsjahr. Das ist ein Verhältnis von 7,3 zu 1. Die Überversorgung erkennt man schon daran, dass das Verhältnis der aktiven Einkommen nur etwa 2,5 zu 1 beträgt. In Wahrheit bleibt das Versorgungsprivileg also erhalten. Statt über Erhöhungen nachzudenken, hätten die Abgeordneten erst einmal ihre nicht zu rechtfertigenden Privilegien (Kostenpauschale und Überversorgung) beseitigen sollen. Doch dazu ist das in eigener Sache entscheidende Parlament offenbar nicht fähig.

Schon gar nicht war es gerechtfertigt, ein ganz neues Privileg in dem Gesetz unterzubringen. Nunmehr erwirbt ein Abgeordneter nämlich schon nach einem einzigen Mandatsjahr einen Versorgungsanspruch. Wo gibt es das sonst? Bisher brauchten Bundestagsabgeordnete dafür immerhin acht Jahre. Schieden sie früher aus, konnten sie eine Abfindung beanspruchen, die dem Wert der Nachversicherung in der Sozialversicherung (plus zwanzig Prozent) entsprach, was aber nur einen Bruchteil des Wertes der neuen Versorgung ausmacht.

Wie aberwitzig die neue Regelung ist, zeigt ein zweiter Gesetzentwurf, den der Bundestag am selben Tag in erster Lesung behandelte wie den Diätenentwurf, der aber in der öffentlichen Diskussion völlig untergegangen war. Er betraf die Änderung des Bundesministergesetzes. Darin soll die Wartezeit für den Versorgungsanspruch von Ministern von bislang zwei Jahren auf vier Amtsjahre verlängert werden. Auch der Beginn der Ministerversorgung wird hinausgeschoben und dem Beamtenrecht angeglichen: Eine Versorgung gibt es, selbst für »lang gediente« Minister, erst ab dem 65., in späterer Zukunft ab dem 67. Lebensjahr. Zwar erhalten Bundesminister ausnahmsweise schon ab dem 60. Lebensjahr eine Pension, dann aber nur mit erheblichen Abschlägen für jedes Jahr unter 65.

Während Bundesminister also in Zukunft bis zum Erwerb eines Versorgungsanspruchs vier Jahre benötigen, brauchen Bundestagsabgeordnete jetzt nur noch ein Jahr. Und während Minister ihre Versorgung im Regelfall erst ab dem 65. bzw. 67. Lebensjahr erhalten, bleibt es für Abgeordnete mit mindestens 18 Parlamentsjahren ohne jeden Abschlag beim Versorgungsalter 57. Hier besteht ein krasser Wertungswiderspruch, der die Neuregelung sogar verfassungswidrig macht: Verstoß gegen den Grundsatz der Systemgerechtigkeit. Einmal mehr zeigt sich, dass das Änderungsgesetz mit heißer Nadel gestrickt war und ohne Rücksicht auf seine Vertretbarkeit unter Ausnutzung der Gesetzgebungsmacht durchgepeitscht wurde.

Der Ablauf des Gesetzgebungsverfahrens war typisch für Entscheidungen des Parlaments über Diäten. Sie erfolgen überfallartig, unter Camouflage der Problempunkte, mit vorgeschützten Gründen und weitgehend einhellig. Die drei kleinen Oppositionsparteien protestierten zwar pflichtgemäß – aber wohl wissend, dass die Erhöhung ohnehin kommt und auch sie davon profitieren werden. Der mangelnde Ernst ihres Widerstandes wurde ganz deutlich, als sie sich nicht darauf einigen konnten, eine Anhörung von Sachverständigen durchzusetzen. Sie hätte die Blitzgesetzgebung verhindert und die Möglichkeit eröffnet, die verschämt hintangehaltenen Teile des Gesetzes aufzudecken und die vorgeschützten Argumente öffentlich zu widerlegen.

Apropos vorgeschützte Argumente: Auch andere Behauptungen, die die Erhöhung rechtfertigen sollten, halten einer Nachprüfung nicht stand:

• Der Vergleich mit Bürgermeistern von Städten bis zu 100 000 Einwohnern (Besoldungsgruppe B 6), den die Abgeordneten zusätzlich zur Begründung der Diätenerhöhung bemühten, ist so umpassend wie der von Äpfeln mit Birnen. Bürgermeister tragen eine hohe, individuell zurechenbare Verantwortung gegenüber ihren Wählern, Abgeordnete dagegen nicht, obwohl sie immer wieder ihre »große Verantwortung« und ihre »Direktwahl« vorschützen. Doch beides existiert in Wahrheit nicht. Abgeordnete können sich bei ihren Entscheidungen im Parlament hinter dem faktischen Koalitionszwang verstecken. Zudem kann der Bürger sie auch nicht durch Wiederwahl oder Abwahl für gute oder schlechte Politik verantwortlich machen. Wer Abgeordneter wird, bestimmen nicht die Bürger, sondern die Parteien nach ganz anderen Kriterien. Wen sie in einem sicheren Wahlkreis oder auf einem sicheren Listenplatz nominieren, der ist faktisch bereits gewählt – lange vor der sogenannten Volkswahl. Dagegen sind Bürgermeister den Bürgern ihrer Stadt wirklich für ihre gesamte Politik persönlich verantwortlich und werden von ihnen auch direkt gewählt und notfalls abgewählt.

- Ebenso wenig bestand ein angeblicher Nachholbedarf wegen zwischenzeitlich unterlassener Anhebungen. Diese Standardbehauptung, die immer nur mit Berechnungen ab 1992 operierte, überging, dass der Bundestag seine Diäten 1977 nicht weniger als verdoppelt hatte. Bezieht man das aber korrekterweise mit ein, übertraf die Entwicklung der Diäten schon vor der Erhöhung die der allgemeinen Einkommen immer noch bei Weitem.

- Auch die These, man brauche hohe Diäten, um gute Leute ins Parlament zu holen, ist nicht totzukriegen. Sie findet auch in Wirtschaftskreisen immer wieder Anklang. Dabei wäre diese These, die auch die CSU-Abgeordnete und Vizepräsidentin des Bundestags Gerda Hasselfeldt in der Diskussion um die Diätenerhöhung bemühte, nur dann überhaupt schlüssig, wenn bei der Rekrutierung von Berufspolitikern wirklich fairer Wettbewerb um die besten Köpfe bestünde und mit höheren Gehältern bessere Leute ins Parlament gelockt würden. Das aber ist gerade nicht der Fall. Für ein bezahltes Mandat im Bundestag oder in einem Landtag braucht es weniger Qualität und Leistung. Voraussetzung ist in aller Regel vielmehr eine ausdauernde Ochsentour durch die Partei (siehe S. 126 ff.). Die aber erfordert hohen Zeitaufwand, im Westen in den großen Parteien typischerweise 15 Jahre. Gerade tüchtige, junge Leute wollen das nicht mitmachen, und ältere schon gar nicht. Würden die Diäten dennoch drastisch erhöht, hätte das also gleich zwei negative Effekte: Die Prämie für geschickte Kungelei würde gesteigert, und interne Abwehrmechanismen gegen Seiteneinsteiger, die den Kunglern die Pfründen streitig machen könnten, würden noch verstärkt.

Ohnehin besteht seit Langem die Möglichkeit, die Nettoeinkommen von Abgeordneten beträchtlich zu erhöhen, *ohne* den Steuerzahler zu belasten. Das Parlament müsste nur dafür sorgen, dass endlich die Praxis der sogenannten Parteisteuern beseitigt wird (siehe S. 111 ff.). Dabei handelt es sich um Sonderabgaben, die Abgeordnete über ihre normalen Beiträge hinaus an ihre Partei abführen und die oft noch sehr viel höher ausfallen als die vorgenommene Diätenerhöhung. So gibt z.B. der SPD-Abgeordnete Swen Schulz in der *Berliner Morgenpost* vom 10. November 2007 seine »Mandatsträgerabgabe an verschiedene Parteigliederungen« mit monatlich 1500 Euro an. Die Beseitigung würde auch der politischen Hygiene dienen, denn Parteisteuern sind nach übereinstimmendem Urteil der Experten verfassungswidrig.

Gewiss, es geht nicht um hohe Belastungen der öffentlichen Haushalte. Die SPD-Politikerin Susanne Kastner hatte in der Diätendebatte vorgerechnet, jeder Bürger zahle im Jahr nur 66 Cent für jeden Abgeordneten. Doch solche Mathematik geht am Wesentlichen völlig vorbei. Das bestätigt auch ein Blick in die Geschichte. Schon die Väter der westlichen Demokratie in den USA und Frankreich forderten nachdrücklich, dass die Gesetze in vollem Umfang auch auf die Volksvertreter selbst angewendet werden. Das entspricht nicht nur demokratischer Gleichheit, sondern hat auch eine wichtige erzieherische Wirkung. Nur so merkt der Parlamentarier am eigenen Leibe, worunter das Volk leidet. Wenn die Bevölkerung unter einer steigenden Steuerlast ächzt und – aufgrund der demografischen Entwicklung – immer mehr Angst um die eigene Altersversorgung haben muss, fordern steuerfreie Kostenpauschale und üppige Altersversorgung mit Recht laute Kritik heraus. Es geht also um mehr als Neid und Populismus. Hinter der öffentlichen Kritik steckt etwas Urdemokratisches, das wir nicht gering schätzen sollten.

Was also ist zu tun, um der Selbstbedienung in Zukunft vorzubeugen? Die FDP schlägt vor, per Grundgesetzänderung eine »unabhängige Kommission« zu installieren, die nicht nur Empfehlungen macht, sondern selbst über die Diäten entscheidet. Die FDP hat kurz nach der Bundestagswahl 2005 entsprechende Gesetzentwürfe vorgelegt. Was auf den ersten Blick gut klingen mag, ist in Wahrheit eine Mogelpackung. Wer würde denn die Mitglieder der Kommission auswählen? Doch wieder die politische Klasse selbst, auch wenn der Bundespräsident formell vorgeschoben würde. Notfalls würde das durch Absprachen vor der Präsidentenwahl sichergestellt. Die politische Klasse aber tendiert, wenn es um ihr »Eingemachtes« geht, zur Berufung von Gefälligkeitskommissionen. Beispiele sind die Berger- und die von Wedel-Kommission. Beide waren weder sachverständig noch unabhängig, sondern eben Hofkommissionen (siehe S. 203 ff.). Bei Realisierung des FDP-Vorschlags würde deshalb im Ergebnis jede Kontrolle entfallen: Das Parlament würde seine Hände in unscheinbarer Unschuld waschen und auf die Entscheidung der Kommission verweisen. Diese aber wäre niemandem verantwortlich, hintenrum würden ihre Mitglieder aber für ihr Wohlverhalten von der Politik reich belohnt durch mancherlei Ehrenbezeugungen, aber auch durch Aufträge, Prozessvertretungen, Posten etc.

Die immer wieder ins Gespräch gebrachte direkte Koppelung der Diäten an Beamten- oder Richtergehälter wäre als Automatismus, der die öffentliche Kontrolle unterläuft, verfassungswidrig. Das hat das Bundesverfassungsgericht klargestellt. Sie könnte deshalb allenfalls durch Grundgesetzänderung herbeigeführt werden, was der Bundestag 1995 – erfolglos – versucht hatte. Das Problem der Entscheidung in eigener Sache würde dadurch ohnehin nicht wirklich behoben, sondern nur so getan, als ob. Denn es bliebe dabei, dass der Bundestag über die Beamtenbesoldung und damit mittelbar auch über seine eigenen Diäten beschließt. Das würde ihn auch bei Entscheidungen über die Beamtenbesoldung befangen machen; zumindest entstünde der böse Schein. Die Verknüpfung von Richterbezügen (und damit auch von Beamtenbezügen) und Abgeordnetengehalt, die der Bundestag, wenn auch informell, jetzt schon vornimmt, erklärt auch die Verve, mit der der Vorsitzende des Deutschen Beamtenbundes, Peter Heesen, die Diätenerhöhung unterstützte, etwa in der Talkshow von Anne Will am 11. November 2007, und die anschließende Forderung, die Beamtengehälter um acht Prozent zu erhöhen. Außerdem läge es weiterhin in der Hand des Bundestags, die Bezugsgröße jederzeit zu ändern. Ähnlich problematisch ist die automatische Anpassung der Diäten an die allgemeine Einkommensentwicklung, wie sie etwa der bayerische Landtag vorsieht. Deshalb hat Thüringen versucht, den Automatismus in der Landesverfassung abzusichern, und Hessen bindet die Anpassung an einen Zustimmungsbeschluss des Landtags.

Ein interessantes Verfahren praktiziert dagegen die Schweiz seit Langem. Dort steht jede parlamentarische Entscheidung über Diäten unter dem Vorbehalt der Zustimmung des Volkes. Wird dies nicht der Stellung der Abgeordneten als *Vertreter* des Volkes am besten gerecht? Der Vertretene trifft dann die Entscheidung über die Entlohnung seines Vertreters (oder hat zumindest ein Vetorecht) und nicht mehr der Vertreter allein.

Sinnvoll wäre es auch, wenn das Parlament Diätenerhöhungen nur mit Wirkung für die künftige Legislaturperiode vornehmen dürfte. Dann könnten die Abgeordneten bei ihrer Entscheidung nicht sicher sein, ob sie davon selbst profitieren. Vor allem würde zwischen der Entscheidung und ihrem Inkrafttreten eine Parlamentswahl und ein vorangehender Wahlkampf liegen, in dem die Abgeordneten damit rechnen müssten, eventuelle Missbräuche vom Wähler vorgehalten zu bekommen. Auf diese Weise könnten überraschende Entscheidungen erschwert und die öffentliche Kontrolle verbessert werden. Deutsche Parlamente tendieren allerdings eher zum umgekehrten Weg, beschließen nach der Wahl eine Erhöhungsstaffel für die ganze Legislaturperiode und unterlaufen so erst recht die öffentliche Kontrolle.

3 Zusatzeinkommen von Abgeordneten: Volle Publikation unerlässlich

Abgeordnete dürfen in Deutschland, rechtlich völlig unbegrenzt, einen zweiten Beruf ausüben. Das schafft die doppelte Gefahr der politischen Abhängigkeit von finanzstarken Interessenten und der Vernachlässigung des Mandats wegen Überlastung. Deshalb hatte Rot-Grün schon unter der Herrschaft der Kohl-Regierung gefordert, die zusätzlichen Einkünfte von Bundestagsabgeordneten müssten zur Aktivierung der öffentlichen Kontrolle zumindest veröffentlicht werden. Als SPD und Grüne 1998 an die Regierung kamen, konnten sie sich allerdings erst 2005, am Ende ihrer zweiten Wahlperiode, zu einer entsprechenden Regelung durchringen, die sie schließlich mit den Stimmen der PDS und gegen den massiven Widerstand von Union und FDP auch verabschiedeten. Die Regelung sollte zu Beginn der neuen Wahlperiode in Kraft treten. Doch der nach der Bundestagswahl 2005 ins Amt gekommene Bundestagspräsident Norbert Lammert (CDU) blockierte weiter, indem er die im Gesetz und den Verhaltensregeln vorgeschriebene Veröffentlichung einfach nicht vornahm. Als Vorwand diente ihm eine Klage zum Bundesverfassungsgericht, die einige Abgeordneten gegen die Neuregelung angestrengt hatten, obwohl nach dem einschlägigen Prozessgesetz völlig klar ist, dass solche Klagen keinerlei aufschiebende Wirkung besitzen. Und eine einstweilige Anordnung des Gerichts, die den vorläufigen Nichtvollzug des Gesetzes erlaubt hätte, lag nicht vor. Erst als das Gericht am 4. Juli 2007 die Klagen zurückgewiesen hatte, stellte Lammert die Angaben der Abgeordneten ins Internet.

Die Regelungen sind allerdings noch höchst unvollkommen. Die Höhe der Einkünfte wird nur der Größenordnung nach veröffentlicht, indem jeweils nur eine von drei Einkommensstufen ausgewiesen wird. Stufe 1 erfasst monatliche Einkünfte von 1000 bis 3500 Euro, Stufe 2 Einkünfte bis 7000 Euro und Stufe drei Einkünfte über 7000 Euro.

Das reicht nicht aus. So ist bei zahlreichen Aufsichtsrats-, Verwaltungsrats- und Beiratssitzen, die zum Beispiel der Abgeordnete Friedrich Merz innehat, lediglich die Einkommensstufe 3 angegeben, obwohl jede einzelne der Einkünfte mehr erbringen kann als die gesamten Abgeordnetendiäten. Sinnvoller wäre die Veröffentlichung der exakten Höhe der Zusatzeinkünfte. Das würde, wie auch das Urteil des Bundesverfassungsgerichts feststellt, dem demokratischen Ideal besser entsprechen.

Der Bundestag fand nichts dabei, börsennotierte Unternehmen zur Veröffentlichung der Höhe der Gehälter ihrer Vorstandsmitglieder zu verpflichten, und erließ im Frühjahr 2005 das sogenannte Vorstandsvergütungsoffenlegungsgesetz (es heißt tatsächlich so). Auch die gesetzlichen Krankenkassen müssen einmal im Jahr die Gehälter ihrer Vorstandsmitglieder publizieren. Die Veröffentlichung der genauen Höhe der Zusatzeinkünfte von Abgeordneten wäre aber sehr viel wichtiger als bei Wirtschaftsbossen. Das Parlament beschließt verbindliche Regelungen für sämtliche Bereiche. Das durch Transparenz bestätigte Vertrauen der Menschen in die Integrität ihrer Abgeordneten ist deshalb von sehr viel größerer Bedeutung. Warum der Bundestag sich dann ziert, die genaue Höhe der Zusatzeinnahmen seiner Mitglieder zu veröffentlichen, ist nicht recht nachvollziehbar, es sei denn, man sieht den Grund darin, dass er hier in eigener Sache entscheidet.

Trotz der nur begrenzten Publikationspflicht lehnen einige Bundestagsabgeordnete es beharrlich ab, sie zu befolgen. Ein Fall ist der ehemalige Innenminister Otto Schily. Er verschwieg nicht nur die 140 000 Euro, die er für eine Beratung der Siemens AG von März bis September 2007 erhalten haben soll, sondern weigerte sich überhaupt, Angaben über Mandate zu machen, die er als Rechtsanwalt betreut, obwohl dies nur in anonymisierter Form erfolgen muss und das Bundesverfassungsgericht die Veröffentlichungspflicht bestätigt hat. Dahinter steckt entweder Altersstarrsinn des 75-Jährigen, oder Schily hat noch ganz anderes zu verbergen. Wenn er nicht einlenkt, droht ihm ein Ordnungsgeld bis zur Höhe der halben Jahresdiäten, also bis 44 034 Euro.

Die neue Regelung untersagt Abgeordneten darüber hinaus nun endlich auch die Annahme arbeitsloser Zahlungen, also von »Geld oder geldwerten Zuwendungen [...] ohne angemessene Gegenleistung«, wie es im Gesetz heißt. Das sind Zahlungen, mit denen Abgeordnete, wie man in der Korruptionsdiktion sagt, angefüttert werden. Anlassfälle für die Einführung des Verbots waren die beiden nordrhein-westfälischen Volksvertreter Hermann-Josef Arentz und Laurenz Meyer. Sie hatten von dem Energie-Unternehmen RWE viel Geld bekommen, ohne belegen können, wofür. Auch zwei niedersächsische Landtagsabgeordnete, Ingolf Viereck und Hans-Herrmann Wendhausen, hatten von VW große Summen angenommen, ebenfalls ohne greifbare Gegenleistung. Da Niedersachsen aber bereits über eine schneidige Vorschrift verfügte, musste der dortige Landtagspräsident Jürgen Gansäuer das Geld herausverlangen, und die beiden niedersächsischen Abgeordneten müssen laut Urteil des Oberverwaltungsgerichts Lüneburg vom 13. März 2008 418 000 Euro an den Landtag abführen. Dagegen durften Arentz und Meyer mangels einschlägiger Vorschrift das schmutzige Geld behalten. Dem Bundestagspräsidenten waren damals noch die Hände gebunden, auch als der Vorwurf laut wurde, neben Laurenz Meyer hätten noch zwei weitere Bundestagsabgeordnete, Ulrike Flach (FDP) und Hans-Jürgen Uhl (SPD), von Siemens und VW arbeitsloses Geld genommen. Uhl musste im Jahre 2007 allerdings, als seine Verwicklung in den VW-Skandal manifest wurde, sein Mandat aufgeben, Flach sitzt immer noch im Bundestag.

Angesichts des Verbotes arbeitsloser Zahlungen ist es allerdings um so unverständlicher, dass Abgeordnete sogenannte Spenden, die ja ebenfalls ohne vorzeigbare Gegenleistung gewährt werden, weiterhin in unbegrenzter Höhe entgegennehmen dürfen und sie zudem erst oberhalb 10 000 EUR publizieren müssen, obwohl auch schon mit geringeren Beträgen Einfluss genommen werden kann.

Unerträglich ist es auch, dass Abgeordnete sich weiterhin als bezahlte Lobbyisten verdingen und so ihre Unabhängigkeit verkaufen dürfen. Solches Dienen zweier Herren hat in Deutschland traurige Tradition. So wurde Helmut Kohl auch dann noch als »Referent« beim Verband der Chemischen Industrie in Ludwigshafen geführt (1959–1969), als er längst Vorsitzender der CDU-Fraktion im Landtag Rheinland-Pfalz (1963–1969) und Vorsitzender des CDU-Landesverbandes (seit 1966) geworden war. Und am Ende seiner Karriere geschah wieder Ähnliches. Kohl und einige der Minister seiner früheren Regierung erhielten nach 1998, als sie nur noch einfache Abgeordnete waren, vom Medienunternehmer Kirch bis zu 600 000 Mark pro Jahr und pro Mann als Beratungshonorar. Dies ist nur dadurch rausgekommen, dass Kirch in Insolvenz ging. Nach der neuen Regelung hätte zumindest das Beratungsverhältnis und hinsichtlich der Höhe der Bezahlung die Kategorie 3 (über 7000 Euro) veröffentlicht werden müssen, was aber – das zeigt auch dieser Fall – nicht ausgereicht hätte.

Trotz der noch verbleibenden Mängel ist die Bundesregelung immerhin ein gewisser Fortschritt. Dagegen fehlen in den meisten Bundesländern entsprechende Bestimmungen über die Publikation zusätzlicher Einnahmen und das Verbot arbeitsloser Zuwendungen noch völlig. Die Landesparlamente stellen sich taub und vertrauen auf die zumeist schwache öffentliche Kontrolle in ihren Ländern.

4 Landtagsabgeordnete: Volle Bezahlung für Halbtagsjob

Die meisten Parlamente der 16 deutschen Länder tun so, als sei das Mandat eine Vollzeittätigkeit – und bewilligen sich entsprechend hohe Diäten und üppige Altersversorgungen. Wie jeder Insider weiß, ist das eine bloße Fiktion, die ganz und gar nicht zutrifft. Aber die Bürger sind so weit entfernt, dass die politische Klasse glaubt, ihnen etwas vorspielen zu können. Und da sie die politische Bildung fest im Griff hat, kann auch diese keine Aufklärung leisten.

Dabei gibt es Belege genug, dass das Landtagsmandat alles andere als ein »Fulltime-Job« ist:

- Die Hamburger Bürgerschaft räumt dies offen ein und hält sogar an der Praxis eines Feierabendparlaments fest, obwohl sie zusätzlich zu den Landesaufgaben auch noch Kommunalaufgaben zu erfüllen hat, also doppelt belastet ist. Hamburger Abgeordnete erhalten nur etwa ein Drittel der Bezüge ihrer bayerischen, hessischen oder nordrhein-westfälischen Kollegen und kaum die Hälfte von saarländischen oder Thüringer Abgeordneten.
- Es ist ein offenes Geheimnis, dass ein Mitglied des Stadtrats von Frankfurt, München oder Köln durch die Kommunalarbeit kaum weniger beansprucht ist als das Parlamentsmit-

glied eines Flächenlandes wie des Saarlandes oder Thüringens. Dennoch ist das Kommunalmandat ein Ehrenamt, das kein Gehalt, sondern nur eine (niedrige) Aufwandsentschädigung und keine Altersversorgung erbringt.

- Im Übrigen üben viele tüchtige Landesparlamentarier, die einen Beruf haben, diesen auch nach Übernahme des Mandats weiterhin aus. So wurde Anfang 2005 von der BASF AG offiziell erklärt, ihr Prokurist Jürgen Creutzmann, der gleichzeitig Abgeordneter und Vizepräsident des rheinland-pfälzischen Landtags mit anderthalbfachen Diäten war, arbeite, von den 260 Arbeitstagen im Jahr 210 für die BASF und nur fünfzig für den Landtag.

Für Abgeordnete aus dem öffentlichen Dienst bestehen aus Gründen der Gewaltenteilung allerdings strenge Unvereinbarkeitsvorschriften. Gerade das ist aber zu begrüßen, sonst wäre die beklagenswerte Verbeamtung der Parlamente noch größer (siehe S. 178 ff.).

Lassen wir noch einige Insider zu Wort kommen, die den Mut haben, die Schweigemauer zu durchbrechen, die die politische Klasse im eigenen Interesse errichtet hat. Der frühere Präsident des Thüringer Landtags, Gottfried Müller, ordnet die Arbeit eines Landtagsabgeordneten offen als »Halbzeitjob« ein, wenn er sich auch der mangelnden Political Correctness dieser Aussage und des »Protestes seiner Kolleginnen und Kollegen« bewusst ist. Der ehemalige Direktor des Niedersächsischen Landtags, Albert Janssen, fragte schon vor Jahren, wie lange deutsche Landtagsabgeordnete ihren »zu groß geschnittenen finanziellen Anzug« wohl noch vor dem Steuerzahler verbergen könnten. Stephan Holthoff-Pförtner, als Anwalt Helmut Kohls gleichfalls nicht im Verdacht, die Kritik an der politischen Klasse zu übertreiben, kommt in einer wissenschaftlichen Arbeit über »Landesparlamentarismus und Abgeordnetenentschädigung« aus dem Jahre 2000 zu demselben Ergebnis: Die Bezahlung von Landtagsabgeordneten sei ebenso »überdimensioniert wie die tatsächliche Ausformung der Mandatstätigkeit als ›Fulltime-Job‹«. Und der frühere Direktor des Thüringer Landtags, Joachim Linck, hat im Herbst 2007 in einer wohldurchdachten Gesamtschau der Situation von Landtagsabgeordneten entschieden die Rückkehr zum »Teilzeit- oder sogar ehrenamtlichen Abgeordneten« empfohlen.

Landtagsabgeordnete arbeiten allerdings gern mit einem Trick, um ihre Beschäftigungszeiten zu erhöhen. Sie rechnen einfach die Tätigkeit in Kommunalvertretungen mit, in denen sie häufig auch noch sitzen. Doch diese Rechnung ist unzulässig. Denn andere Kommunalvertreter werden auch nicht bezahlt, und die Aufwandsentschädigung, die sie erhalten, bekommen Landtagsabgeordnete ebenfalls.

Präsidenten und Fraktionsvorsitzende im Landesparlament haben natürlich sehr viel mehr zu tun als einfache Abgeordnete, so dass sich ihre Tätigkeit tatsächlich zu einem Fulltime-Job auswachsen kann. Aber sie erhalten ja auch – eben deshalb – doppelte Diäten, was im Umkehrschluss zeigt, dass die mit einfachen Diäten eben keine Vollzeittätigkeit ausüben.

Ursprünglich waren alle Landtagsmandate als Ehrenämter konzipiert. Noch in den Sechziger- und Siebzigerjahren betrugen die Diäten nur einen Bruchteil der Bezüge von Bundestagsabgeordneten. Inzwischen werden die Abgeordneten selbst in kleinen und armen Flächenländern voll bezahlt. Heute betragen die Grunddiäten durchschnittlich 4418 Euro in den neuen und 5636 Euro in den alten Flächenländern (ohne Nordrhein-Westfalen aufgrund seiner andersartigen Diätenstruktur). Hinzu kommen üppige weitere Leistungen (hohe pauschale Aufwandsentschädigungen, Überversorgung im Alter, Übergangsgeld etc.). Das verschafft den allermeisten Abgeordneten ein höheres Einkommen als in ihrem früheren Beruf und lässt sie in ein finanzielles Loch fallen, wenn sie ausscheiden. Das macht sie umso abhängiger von ihrer Partei, die über ihren Wiedereinzug ins Parlament entscheidet.

Der gewaltige Anstieg der Bezahlung ist paradox. Denn gleichzeitig haben die Aufgaben der Landesparlamente, z. B. im Bereich der Gesetzgebung, stark abgenommen. Daran ändert auch die im Jahre 2006 in Kraft getretene Föderalismusreform nichts Wesentliches. Mangels eigener Landesthemen weichen die Parlamente allerdings in kompetenzwidriger Weise auf die Kommunal- und Bundespolitik aus und behandeln in ihren Sitzungen z. B. den Krieg im Irak. Die landesfremden Anträge machen in den Plenarsitzungen im Durchschnitt etwa dreißig Prozent und in den Ausschusssitzungen weit über fünfzig Prozent der Parlamentsarbeit aus, wie Joachim Linck kürzlich berichtete.

Das extensive Aufgabenverständnis soll die Parlamentstätigkeit als Fulltime-Job erscheinen lassen – auch um die übertriebene Bezahlung vordergründig zu legitimieren. Dem dient auch die zeitraubende, unökonomische Organisation des Parlamentsbetriebs, die potenzielle Interessenten, die im Privatberuf erfolgreich sind und deshalb ihre Zeit gut einteilen müssen, abschreckt, ein Mandat zu übernehmen. Wie aber sollen Parlamente, die ihre eigene Arbeit nicht ordentlich zu organisieren wissen, in der Lage sein, andere Bereiche optimal zu gestalten, vorrangig die Verwaltung, deren Kontrolle zu den wichtigsten Aufgaben der Landesparlamente gehört?

Wenn die Landesparlamente sich für ihre Überfinanzierung auf das Diätenurteil des Bundesverfassungsgerichts von 1975 berufen, so ist dies in Wahrheit eine gezielte Fehlinterpretation, die von der Ideologie der politischen Klasse aber sorgsam gepflegt und mit Nachdruck öffentlich verbreitet wird. Die Rechtsprechung verpflichtet keineswegs zu Vollzeitparlamenten. Der Berichterstatter des Diätenurteils, der Richter Willi Geiger, und der damalige Bundespräsident Walter Scheel übten denn auch massive Kritik an der völlig überzogenen und missbräuchlichen Hochsetzung der Landtagsdiäten, die auf das Urteil folgte.

Die Überfinanzierung macht Landesparlamentarier ungerechtfertigterweise zu Berufspolitikern. Ihr Kleben am Mandat und ihre Abhängigkeit von der Partei untergraben das Vertrauen, von dem die repräsentative Demokratie lebt. Die Bürger müssen darauf vertrauen können, dass ihre Vertreter das Mandat nicht eigennützig wahrnehmen und schon gar nicht als materielle Pfründe zur Selbstbedienung nutzen. Tatsächlich haben die Menschen vielfach den gegenteiligen Eindruck. Hier liegt ein Grund für den massiven Ansehensverlust von Politikern, die ganz am Ende der regelmäßig per Umfrage ermittelten »Berufsprestige-Skala« stehen.

Die üppige Finanzierung bei begrenzten Aufgaben gibt den Parteien die Möglichkeit, von ihnen völlig abhängige Abgeordnete als »vom Landtag bezahlte Parteiarbeiter von Montag bis Freitag einzuspannen« (so der ehemalige Bundestagspräsident Kai Uwe von Hassel), und bringt die Diäten in den Verdacht indirekter Parteienfinanzierung. Das verschafft nicht nur den etablierten Parteien einen illegitimen Wettbewerbsvorsprung gegenüber neuen Herausfordererparteien, sondern auch den Mandatsträgern selbst im Wettbewerb mit neuen Kandidaten der eigenen Partei. Wenn voll bezahlte Landtagsabgeordnete sich über Jahre hinweg praktisch hauptberuflich ihrer Parteibasis widmen und lokale Parteiämter und kommunale Mandate auf Staatskosten ausüben können, haben sie, wenn es um die Kandidatenaufstellung durch die Parteigremien geht, einen derart gewaltigen Startvorteil, dass selbst die fähigsten Seiteneinsteiger kaum eine Chance besitzen. So hält man sich lästige Konkurrenz vom Leibe. Mit dem demokratischen Prinzip der Gleichheit der Wählbarkeit hat das allerdings nichts mehr zu tun. Doch das kümmert Abgeordnete, die durch den Verlust ihres Mandats ihren wirtschaftlichen und gesellschaftlichen Status verlieren würden, ebenso wenig wie ihre Partei. Die Verdrängung qualifizierter Kandidaten mindert die Chancen der eigenen Partei nicht, solange auch die anderen Parteien ähnlich handeln. Und die Abträglichkeit für das Ansehen des Parlamentarismus insgesamt wird in Kauf genommen.

Insgesamt zeigt sich: Die funktionswidrige Konstruktion von Vollzeitparlamentariern belastet den Steuerzahler ohne sachlichen Grund. Vor allem aber kommt sie den Staatsbürger und die Demokratie teuer zu stehen, weil sie den Typus des abhängigen »Parteisoldaten« fördert und dazu beiträgt, die besten Kräfte vom Eintritt in die Politik abzuschrecken und das Vertrauen der Menschen in ihre Politiker zu erschüttern.

Erforderlich ist eine wirkliche Reform, die die Landesparlamente zwingt, ihre Arbeit zu rationalisieren, und sie wieder zu echten Teilzeitparlamenten macht, wie es die meisten Staatenparlamente der USA sind. In der Schweiz ist sogar das Bundesparlament ein Teilzeitparlament. Die Durchsetzung ist von den Abgeordneten selbst nicht zu erwarten. Wer trennt sich schon freiwillig von gewachsenen Besitzständen? Reformen lassen sich wohl nur realisieren, wenn man sie in die Hand des demokratischen Souveräns, d. h. des Volkes selbst, zurückgibt, also mittels Volksbegehren und Volksentscheid – oder durch glaubwürdiges Drohen damit. Derartige Möglichkeiten sind in allen Bundesländern eröffnet und laden den Bürger zum Handeln ein.

5 Freiheit des Mandats: Ein schöner Traum

Der Grundsatz des freien Mandats, den das Grundgesetz in Art. 38 verbürgt, gilt als Kern unserer repräsentativen Demokratie. Die überkommene idealistische Auffassung unterstellt, unabhängige Abgeordnete würden im öffentlichen Austausch von Pro- und Kontraargumenten um das allgemeine Beste ringen. Die Realität sieht heute völlig anders aus. Die Unabhängigkeit wird von zwei Seiten bedroht: von Unternehmen, Verbänden und sonstigen Lobbyisten, die die Abgeordneten für ihre Belange einzuspannen suchen, und vonseiten der sogenannten Partei- und Fraktionsdisziplin.

Den Einfluss von Interessenten als Ausdruck der pluralistischen Demokratie anerkennen heißt nicht, auch Exzesse zu tolerieren. Wenn die verschiedenen Interessen sich in ihrer Summe nicht auspendeln, sondern gerade die wichtigsten Belange leicht auf der Strecke bleiben (siehe S. 285 ff.), müssen *finanzielle* Zuwendungen von Interessenten an Abgeordnete weiterhin als das bezeichnet werden, was sie sind: Korruption zulasten der Allgemeinheit. Finanziellen Einfluss auf die Politik können nur die Reichen nehmen – und diese in riesigem Umfang. Ließe man dies zu, würde aus der Demokratie, der »Herrschaft des Volkes«, allmählich Plutokratie, die »Herrschaft der Reichen«.

Die zweite Gefahr droht dem freien Mandat von dem faktischen Fraktionszwang, dem die Abgeordneten regelmäßig unterliegen. Die daraus resultierende relative Geschlossenheit, mit der die Fraktion öffentlich auftritt, mag der Fraktions- und Parteiführung zwar ihre Arbeit erleichtern und deren Macht- und Führungsanspruch bestätigen. Ob eine solche Geschlossenheit aber die Wahlchancen der Partei wirklich steigert, erscheint zweifelhaft. In jedem Fall wäre es für die öffentliche Diskussion anregender und fruchtbarer, wenn nicht nur vorgestanzte und mehrheitlich abgestimmte Auffassungen geäußert würden. Dann würde auch der Entleerung und schleichenden Abwertung des Parlaments und dem Abwandern der politischen Diskussion in Fernsehtalkrunden (siehe S. 245 f.) entgegengewirkt. Auch die Qualität von Politikern würde verbessert: Nur bei effektiver Gewährleistung des freien Mandats lohnt es sich für eigenständige, gedankenreiche und initiative Abgeordnete, ein Mandat anzustreben. Nur dann können sie öffentlich für ihre Ideen eintreten, auch wenn sie von der aktuellen Parteilinie abweichen.

Derzeit geraten Abgeordnete, die Entscheidungen »nach ihrem Gewissen« treffen – ohne dass die Fraktionsführung das Stimmverhalten ausnahmsweise einmal »freigegeben« hat –, leicht ins parteipolitische Abseits. Sie gelten als »unzuverlässig« und werden als Eigenbrötler oder Profilneurotiker abgestempelt. Ihre Aufstiegschancen innerhalb Partei, Parlament und Koalition sinken rapide, und sie müssen sogar befürchten, bei der nächsten Wahl nicht wieder aufgestellt zu werden.

Wenn dann aber doch einmal eine Abgeordnete ihrem Gewissen folgt (und nicht der Partei oder Fraktion), gerät das schnell zur Sensation. Die hessische SPD-Abgeordnete Dagmar Metzger war ein solcher Ausnahmefall. Sie konnte es mit ihrer Überzeugung von politischem Anstand nicht vereinbaren – entgegen allen Versprechungen der SPD vor der Wahl –, schließlich doch mit der Linken zusammenzuarbeiten, um die SPD-Vorsitzende Andrea Ypsilanti zur Ministerpräsidentin wählen zu lassen. Das zwang Ypsilanti, von ihrem erklärten Wortbruch abzulassen.

Freier sind ältere Abgeordnete, die in der Parlamentshierarchie nichts mehr werden wollen und am Ende der Legislaturperiode ohnehin ausscheiden, wie zum Beispiel die beiden FDP-Abgeordneten Burkhard Hirsch und Cornelia Schmalz-Jacobsen, die bei den Beratungen um ein neues Staatsbürgerrecht im Frühjahr 1998 trotz massiver »Seelenmassage« der Partei- und Fraktionsführungen ihrem Gewissen (und nicht der Koalitionslinie) folgten. Dass die CDU-Politikerin Rita Süssmuth auf Einladung des SPD-Bundeskanzlers Schröder im Sommer 2000 den Vorsitz der sogenannten Einbürgerungskommission übernahm, nahmen ihr viele Partei- und Fraktionsgenossen übel – und Frau Süssmuth konnte sich die Übernahme dieser Funktion ja auch nur deshalb leisten, weil sie sich dem Ende ihrer Parteikarriere näherte, ihre Versorgung sicher hatte und damit in den Status des unabhängigen Elder Statesman beziehungsweise der Elder »Stateswoman« einrückte.

Der Fraktionszwang hat Rückwirkungen auf die individuelle Verantwortung der Abgeordneten gegenüber den Bürgern

– und damit auch auf die Partizipationsmöglichkeit der Wähler. Wie können einheitlich abstimmende Abgeordnete noch für ihre politischen Aktionen von den Wählern verantwortlich gemacht werden? Das Mitschwimmen im großen Strom der Fraktion macht jede individuelle Verantwortlichkeit unmöglich. Es macht andererseits die Abgeordneten politisch unangreifbar und kommt so ihrem Sekuritätsinteresse entgegen. Der Fraktionszwang wird deshalb von den meisten Abgeordneten nicht wirklich zur Disposition gestellt, ist doch die Scheu vor Verantwortung prägend für unser ganzes System.

Ein gewisses Zusammenwirken der Abgeordneten in der Fraktion mag sinnvoll sein. Doch die Vorabfestlegung der Politik in Elefantenrunden und Koalitionsausschüssen bindet die Abgeordneten sehr viel stärker, als durch den Zusammenschluss gleicher Abgeordneter organisatorisch unerlässlich wäre. Wie die anstehenden Vorhaben in kleiner Runde abgesprochen werden, so dass einfachen Abgeordneten kein wirklicher Einfluss mehr bleibt, hat der frühere Bundestagsabgeordnete Friedbert Pflüger am eigenen Leib erfahren: »Wenn schließlich die Fraktion zusammentritt, ist in der Regel alles festgezurrt.« Die Disziplinierung der Abgeordneten besteht eben gerade nicht nur in der Unterordnung gleichberechtigter Mitglieder unter eine von allen gemeinsam konzipierte Linie im Interesse des Erfolgs, vergleichbar einer Sportmannschaft. Näher liegt der Vergleich mit weisungsgebundenen Soldaten und Söldnern, die unter fremder Führung tätig werden im Interesse eines Konzepts, an dessen Erstellung sie selbst nicht wirklich mitgewirkt haben. Insofern trifft der Ausdruck »Parteisoldaten« die Stellung der Abgeordneten gar nicht so schlecht (siehe S. 138 ff.).

Wer etwas zum Besseren ändern will, darf sich nicht auf Appelle an den Mut und das Gewissen von Abgeordneten beschränken. Er muss die systemischen Strukturen ins Auge fassen, die die Fraktionsdisziplin in der Praxis immer wieder erzwingen. Er muss sich dort umsehen, wo das freie Mandat noch in einigem Umfang Wirklichkeit ist, etwa in vielen deutschen Gemeinden, in den Bundes- und Staatsparlamenten der USA und in der Schweiz auf allen Ebenen. Die dortigen Verfassungssysteme sind in der Regel durch zweierlei gekennzeichnet: Der Exekutivchef wird direkt gewählt, was auf Kommunal- und Landesebene durchaus sinnvoll erscheint (siehe

S. 89 ff.). Wo die Exekutivchefs dagegen von der Volksvertretung gewählt werden, bleibt der Druck auf die Volksvertretung zu berechenbaren Wahlen und damit zur Fraktionsdisziplin bestehen. Das zweite Element, das die Freiheit des Mandats fördert, ist der Einbau starker Elemente des Persönlichkeitswahlrechts (Mehrheitswahl oder flexible Listenwahl). Abgeordnete, die ihr Mandat weniger der Partei als den Bürgern verdanken, sind unabhängiger und lassen sich nicht so leicht in die Fraktionsdisziplin einbinden. Wer das freie Mandat wirklich will, muss für entsprechende konstitutionelle Änderungen eintreten.

6 Parlamentarische Unverantwortlichkeit von Abgeordneten: Ein überholtes Vorrecht

Abgeordnete besitzen einen Freibrief, missliebige Bürger oder Presseorgane in den Augen der Öffentlichkeit herabzuwürdigen. In öffentlichen Auseinandersetzungen mit außerparlamentarischen Kritikern wird dies zum ungerechtfertigten Privileg, das mit dem Grundsatz der Waffengleichheit unvereinbar ist.

Während alle Bürger und Medien Behauptungen, die sie nicht belegen können, und Beleidigungen unterlassen müssen, wenn sie gerichtliche Verfolgung vermeiden wollen, können Abgeordnete aufgrund ihrer parlamentarischen Unverantwortlichkeit (sog. Indemnität) sagen, was sie wollen – ungestraft. Denn sie dürfen für Abstimmungen oder Äußerungen »im Bundestag oder in einem seiner Ausschüsse« zu keiner Zeit »gerichtlich oder dienstlich verfolgt oder sonst außerhalb des Bundestages zur Verantwortung gezogen werden«. Das gilt allerdings nicht für »verleumderische Beleidigungen« (so Art. 46 GG für Bundestagsabgeordnete). Die europarechtliche Vorschrift geht ihrem Wortlaut nach sogar noch weiter. Sie umfasst Äußerungen, die Europaabgeordnete »in Ausübung ihres Amtes« tun. Auch der Vorbehalt hinsichtlich verleumderischer Beleidigungen fehlt.

Die Vorschriften sollen die Abgeordneten davor bewahren, in parlamentarischen Auseinandersetzungen jedes Wort auf die Goldwaage legen zu müssen. Schon das erscheint allerdings fraglich. Warum sollen Abgeordnete geringere Verantwortung für die Belegbarkeit ehrverletzender Äußerungen tragen als jeder normale Teilnehmer an der öffentlichen Diskussion? Die gegenseitige Beschimpfung von Politikern trägt ja ganz wesentlich zu deren geringem Ansehen bei. Hier eine Bremse einzubauen wäre im Interesse der politischen Hygiene wünschenswert. Das Privileg wird erst recht problematisch, wenn es um Auseinandersetzungen zwischen Abgeordneten einerseits und normalen Bürgern oder der Presse andererseits geht, die über keinen solchen Freibrief verfügen.

Vor diesem Hintergrund sind neuere Urteile des Landgerichts Hamburg von großer Bedeutung, nach denen die Indemnität von Mitgliedern des Europäischen Parlaments einschränkend auszulegen ist. Die Urteile betrafen zwei prominente Brüsseler Abgeordnete, den jetzigen Fraktionsvorsitzenden der Sozialistischen Fraktion, Martin Schulz, und den rechtspolitischen Sprecher der Europäischen Volkspartei, Klaus-Heiner Lehne (CDU). Beide hatten im Streit um die europäischen Abgeordnetendiäten kritische Äußerungen und konkrete Zahlenangaben des Verfassers dieses Buchs, die (neben dem Nachrichtenmagazin *Der Spiegel*) die *Bild*-Zeitung abgedruckt hatte, als »frei erfundene« »Lügenmärchen« bezeichnet, die dazu dienten, eine »beispiellose Hetzkampagne« zur Diffamierung des Europäischen Abgeordnetenstatuts zu führen. Doch in Wahrheit waren die Zahlen korrekt. Der Springer-Verlag (als Inhaber der *Bild*-Zeitung) beantragte deshalb beim Landgericht Hamburg einstweilige Verfügungen gegen beide Europaabgeordnete, mit denen ihnen ihre Anwürfe untersagt werden sollten. Die Abgeordneten beriefen sich zur Verteidigung auf ihre Indemnität, die es ihnen erlaube, auch unrichtige Behauptungen und Beleidigungen zu äußern, drangen damit aber nicht durch. Das Gericht erließ die Verfügungen und hielt sie auch nach dem Widerspruch der beiden Abgeordneten durch Urteile vom 16. April 2004 in vollem Umfang aufrecht. Die Urteilsbegründung liest sich wie eine Anklage gegen die Abgehobenheit der Politik: »In einem demokratischen Rechtsstaat sind und bleiben die Parlamentsabgeordneten Mitglieder des Volkes und stehen nicht etwa über diesem.« Es »verstieße gegen elementare Grundsätze der Demokratie als Volksherrschaft«, wenn sich Abgeordnete im öffentlichen Meinungskampf »Privilegien« verschaffen wollten. »Privilegien und verliehene Freihei-

161

ten müssen, in zweifelhaften Fällen, so erklärt werden, wie sie am wenigsten zum Nachteil des Dritten gereichen.« Das Urteil betrifft Europaabgeordnete. Eine ähnlich einschränkende Rechtsprechung ist aber auch den deutschen Verfassungsgerichten hinsichtlich des Artikels 46 Grundgesetz und der entsprechenden Vorschriften der Landesverfassungen zu empfehlen, damit in öffentlichen Auseinandersetzungen Waffengleichheit hergestellt wird.

7 Abgeordnetenmitarbeiter: Missbrauch von Steuergeld

Kaum wo sonst werden öffentliche Mittel so häufig und so massiv missbraucht wie beim Einsatz von Abgeordnetenmitarbeitern. Bis Ende der Sechzigerjahre waren Abgeordnete noch auf sich gestellt. Immerhin gab es Hilfskräfte in den Parteien und den Parlamentsfraktionen. Als das Bundesverfassungsgericht aber 1966 und 1968 die bis dahin rasant gewachsene Staatsfinanzierung der Parteien begrenzte und eine Große Koalition Entscheidungen pro domo ohnehin erleichterte, bewilligten die Abgeordneten sich Mitarbeiter. Was sich zunächst harmlos ausnahm, als dafür im Bundeshaushalt von 1969 vier Millionen Mark ausgewiesen wurden, hat sich inzwischen zu einer regelrechten Hilfsarmee der politischen Klasse ausgewachsen. Die Zahl der Abgeordnetenmitarbeiter beträgt allein im Bundestag weit über 4000, das heißt, jeder Bundestagsabgeordnete beschäftigt im Durchschnitt sechs Mitarbeiter, teils voll-, teils teilzeit.

Im Bundeshaushalt 2007 waren dafür 137,8 Millionen Euro ausgewiesen, mehr als für die staatliche Parteienfinanzierung (133 Millionen). Jeder Bundestagsabgeordnete kann für Mitarbeiter monatlich bis zu 13660 Euro ausgeben, worin Sonderleistungen wie Weihnachts- und Urlaubsgeld und Arbeitgeberanteile zur Sozialversicherung noch gar nicht enthalten sind; rechnet man diese hinzu, so entfallen auf jeden Abgeordneten etwa 19320 Euro. Das Gesamtvolumen der bewilligten Mittel wird kaum kontrolliert. So hatte die – zweite – Große Koalition die Beträge im Herbst 2006 schnell einmal um 28 Prozent erhöht, obwohl die Arbeit jedenfalls der Masse der Abgeordneten in Zeiten Großer Koalitionen wahrlich nicht zunimmt. Selbst gewaltige Erhöhungen gehen leicht im Haushaltsplan unter. Sie bedürfen, anders als bei der Parteienfinanzierung, keiner Gesetzesänderung und pflegen deshalb geräuschlos über die Bühne zu gehen. Auch eine absolute Obergrenze fehlt, im Gegensatz zu den Parteien, obwohl Bundestagsabgeordnete ähnlich viele öffentliche Mittel bekommen.

Über die Qualifikation der einzustellenden Mitarbeiter und ihre Vergütung entscheiden in der Regel allein die Abgeordneten. Fast jede Art Anstellung ist erlaubt. Die Parlamentarier können 400-Euro-Jobs vergeben oder Mitarbeiter mit 6000 Euro Monatsgehalt beschäftigen. Die Mitarbeiter dürfen den Abgeordneten zwar von Rechts wegen nur »bei der Erledigung seiner parlamentarischen Arbeit« unterstützen. Transparenz und Kontrolle fehlen aber praktisch völlig. Abgeordnete brauchen keinerlei öffentliche Rechenschaft über die von ihnen eingestellten Leute, ihre Vergütung und ihre Tätigkeit zu geben.

Die hohen zur Verfügung stehenden Mittel bei gleichzeitigem Mangel an Kontrolle führen vielfach zu Zweckentfremdungen und Missbrauch. Der Hauptgeschäftsführer der Bundesvereinigung der Deutschen Arbeitgeberverbände, Reinhard Göhner, bis Mitte 2007 nebenher noch Bundestagsabgeordneter, soll nach Presseberichten Bundestagsmitarbeiter für den Betrieb seines Pferdegestüts eingesetzt haben, was er allerdings bestreitet. Der Bundestagsabgeordnete Siegfried Kauder soll seine Lebensgefährtin in seinem Wahlkreis beschäftigen. Zwar ist die Anstellung von Ehegatten und nahen Verwandten untersagt. Von Geliebten- oder Stellvertreter-Anstellungen ist dabei aber nicht die Rede. So arbeitet Oskar Lafontaines Zwillingsbruder Hans offenbar dem Linkspartei-Kollegen Hans-Kurt Hill zu, legt aber Wert auf die Feststellung, er sei darüber hinaus als Anwalt tätig. Diese Beispiele sind nur die Spitze des Eisbergs. Das Dunkelfeld unbekannter Fälle ist aufgrund fehlender Transparenz riesig. Am größten ist offenbar die Versuchung, Parteifreunde auf Steuerzahlerkosten einzustellen, die in Wahrheit als Geschäftsführer, Sekretär oder in anderer Funktion für die Partei arbeiten. Dies geschieht massenhaft und läuft auf eine verdeckte Staatsfinanzierung der Parteien hinaus, und die ist verfassungswidrig. Doch wo kein Kläger, da auch kein Richter.

8 Europäische Union: Schlaraffenland für Politiker und Parteien

Bürgerferne und mangelnde Kontrolle haben in der EU eine Vielzahl grotesker Auswüchse entstehen lassen. Eigentlich ein Unterthema der europäischen Verfassungsdiskussion, wurde der gesamte Problemkreis »Politikfinanzierung« von offizieller Seite bisher weitgehend ausgeblendet.

Das 2003 beschlossene europäische Parteiengesetz, das Parteibünden, die gar keine echten Parteien sind, Steuergelder zuschanzt, ist wohlweislich erst nach der Europawahl vom 13. Juni 2004 in Kraft getreten. Seine Regelungen spotten allen Grundsätzen, wie sie etwa das Bundesverfassungsgericht und der Europarat für eine angemessene öffentliche Parteienfinanzierung entwickelt haben. Abgehobene Kunstprodukte, die weder Bürger zu ihren Mitgliedern zählen noch Kandidaten für Parlamentswahlen aufstellen, werden zu Parteien erklärt – nur aus einem einzigen Grund: damit man ihnen Steuergeld zuwenden kann. Dabei suchen die großen Parteien einen Closed Shop zu bilden, das Geld unter sich aufzuteilen und den kleineren die Teilhabe unmöglich zu machen oder jedenfalls zu erschweren. Offenheit und Chancengleichheit des politischen Wettbewerbs bleiben auf der Strecke. Jede finanzielle Verankerung der Parteibünde in der Basis wird überflüssig. Sie werden zu künstlichen Organisationen, die es gar nicht mehr nötig haben, noch den politischen Willen und die Wünsche der Bürger zum Ausdruck zu bringen. Die demokratische Willensbildung von unten nach oben verkehrt sich in ihr Gegenteil. Im Jahre 2007 sind auch noch europäische Parteistiftungen hinzugekommen.

Ein im Juni 2003 vom Europäischen Parlament beschlossenes Diätengesetz sollte ebenfalls nach den Wahlen von 2004 in Kraft treten. Es scheiterte allerdings vorläufig am Ministerrat. Deutschland, Österreich, Frankreich und Schweden verweigerten ihre Zustimmung. Dazu hatte der Verfasser durch seine Anfang des Jahres in englischer und deutscher Sprache veröffentlichten kritischen Stellungnahmen beigetragen. Die Kritik wurde von den Medien aufgegriffen und verbreitet. Das Europäische Parlament gab seinen Plan trotzdem nicht auf. 2005 wurde mit Zustimmung des Rats ein Statut beschlossen, das allerdings in abgespeckter Version und auch erst 2009 in Kraft treten soll. Dabei verschließt Brüssel die Augen vor den unsäglichen Konsequenzen der Regelung: Für fast alle Europaabgeordneten ergeben sich hohe Gehaltssteigerungen. Abgeordnete aus den Beitrittsländern werden voraussichtlich sehr viel mehr verdienen als ihre Ministerpräsidenten. Und die größte Unverschämtheit ist: Die völlig überzogenen Spesenregelungen, die auf nicht veröffentlichten Erlassen des Parlamentspräsidiums beruhen, sollen neben dem geplanten Diätengesetz zum guten Teil fortbestehen. Sie ermöglichen den Abgeordneten durch so bezeichnete Kostenerstattungen riesige steuerfreie Nebeneinnahmen. Sitzungsgelder (2008: 287 Euro pro Tag) und Pauschalen (so z.B. eine Kostenpauschale von monatlich 4052 Euro) werden gezahlt, ohne dass Sitzungen stattgefunden haben oder entsprechende Kosten entstanden sind. Selbst die Abrechnung von Pseudo-Reisekosten, die steuerfreie Extra-Einkommen von bis zu 10 000 Euro im Monat ermöglicht, soll erst 2009 abgeschafft werden – und wer weiß, ob es dabei bleibt. Während Normalverbraucher wegen Betrugs bestraft werden, wenn sie zu hohe Spesen abrechnen, fordern die internen Erlasse die Abgeordneten geradezu zur Spesenreiterei auf. Betrug bleibt aber Betrug, zumindest im moralischen Sinne, auch wenn er scheinbar legalisiert ist. Deutsche, österreichische und niederländische EU-Abgeordnete sind öffentlich zwar eine Selbstverpflichtung eingegangen, nur die tatsächlich entstandenen Flugkosten abzurechnen. Doch niemand kontrolliert das, und eine Umfrage unter den 99 deutschen Abgeordneten hat Hinweise erbracht, dass sich nicht alle an ihre Zusage halten. Abgeordnete dürfen sogar ihre Ehegatten und Kinder, ja die ganze Großfamilie als Mitarbeiter einstellen, auf EU-Kosten, versteht sich, und so das Familieneinkommen weiter in die Höhe treiben. Für solche legalisierte Vetternwirtschaft stehen jedem der 785 Abgeordneten monatlich bis zu 16 914 Euro zur Verfügung, insgesamt ein Topf von 136 Millionen Euro jährlich. Andere Abgeordnete setzen Parteifunktionäre auf die EU-Gehaltsliste und finanzieren so ihre Parteien durch die Hintertür. Alles das wird dadurch erleichtert, dass Abgeordnete ihre Mitarbeiter frei auswählen und ihre Gehälter festlegen dürfen, ohne Rechenschaft über deren Tätigkeit geben zu müssen.

Ein Anfang 2008 bekannt gewordener Prüfbericht, der die unglaublichen Missstände auflistet, wurde vom Parlament streng unter Verschluss gehalten. Und eine erst 2004 eingeführte Pflicht, wenigstens Belege für die Bezahlung von Mitarbeitern zu erbringen, wurde von der Mehrheit der Abgeordneten einfach nicht erfüllt, worauf die Pflicht nicht etwa durchgesetzt, sondern stark abgeschwächt wurde. Das ist typisch für die Brüsseler Regeln der Politikfinanzierung, die Abzockern leichtes Spiel ermöglichen. Auch können Abgeordnete weiterhin ihre Unabhängigkeit verkaufen und als Lobbyisten üppige Zusatzeinkommen aus der Wirtschaft einstreichen – ohne jede Anrechnung auf ihre Diäten. Das ist eigentlich Korruption, bleibt aber aufgrund der selbst geschaffenen Gesetzeslücke ebenfalls straffrei.

So werden alle guten demokratischen Grundsätze, die sich Mitgliedstaaten im Laufe der Geschichte mühsam erkämpft haben, auf europäischer Ebene ignoriert. Wie kann ein Parlament, das in eigener Sache derart lax mit den Grundregeln des Rechts umgeht und der Bereicherung und Korruption seiner Mitglieder Vorschub leistet, als Kontrollorgan noch ernst genommen werden? Von oben, also vom Kopf her, droht die Korrumpierung des ganzen Systems.

Zum Skandal im Skandal wurde die heuchlerische Reaktion von Europaabgeordneten auf die Kritik. Für das vorläufige Scheitern ihres Diätencoups wurde eine angebliche Hetzkampagne bestimmter Medien verantwortlich gemacht. Sprecher des Parlaments manipulierten die Zahlen, täuschten die Öffentlichkeit und diffamierten die Kritiker. Sie konstruierten sogar eine richtig gehende Dolchstoßlegende, um vom eigenen Fehlverhalten abzulenken. Doch es gibt noch Richter in Hamburg: Die gezielte Desinformation durch das Parlament, die der Verfasser aufgedeckt hatte, wurde aufgrund einstweiliger Verfügungen des Landgerichts Hamburg gestoppt (siehe S. 160 ff.).

Andere fragwürdige Sonderrechte existieren schon länger, wurden bisher aber nicht aufgearbeitet. Die Bezahlung und Versorgung von Europa-Beamten macht diese zu einer privilegierten Kaste. Der finanzielle Status von Kommissaren und Finanzkontrolleuren sprengt alle Dimensionen, von den Mitgliedern der Europäischen Zentralbank mit ihrer Geldpolitik in eigener Sache ganz zu schweigen. Die Mitglieder des Europäischen Gerichtshofs verdienen fast dreimal so viel wie ihre Kollegen am Karlsruher Bundesgerichtshof. In Sachen eigene Bezahlung sitzen sie alle mit Abgeordneten und Beamten in einem Boot, was ihre Kontrollfähigkeit praktisch aufhebt. Alle genießen gemeinsam das großzügige EU-Steuerrecht, von dem viele EU-Bürger nur träumen können. Das Grundprinzip der Demokratie, dass die Gewählten denselben Regeln unterworfen sein sollen wie ihre Wähler, ist nur noch Makulatur.

Deutlicher als jeder andere Bereich zeigt die völlig aus dem Ruder laufende Politikfinanzierung, dass die Europäische Union ein höchst dürftig legitimierter Apparat ist, der sich der Kontrolle weitgehend entzieht. Deutsche können Politiker weder bei Europawahlen zur Verantwortung ziehen (siehe S. 46 ff.), noch können sie sich in Volksabstimmungen zu Wort melden, etwa zur europäischen Verfassung oder zum Beitritt neuer Mitgliedstaaten (siehe S. 20 ff.). Und eine europaweite kritische öffentliche Meinung fehlt nach wie vor. Alles, was wir an der Europäischen Union kritisieren, findet sich in potenzierter Weise in der Finanzierung ihrer Amtsträger, ihrer Abgeordneten, ihrer Beamten, ihrer Parteien und deren Hilfsorganisationen wieder:

- die Bürgerferne ihrer Parteien, ihrer Politiker und ihrer Bürokratie,
- die eingeschränkte Information der Öffentlichkeit,
- die mangelnde Kontrolle der europäischen Organe,
- die fehlende Transparenz der Entscheidungsprozesse,
- das Demokratiedefizit und
- das Eigeninteresse der politischen Klasse, das sich aufgrund der Bürgerferne und Kontrollschwäche um so ungehemmter entfalten kann.

So erweist sich die unmäßige und privilegiengespickte Politikfinanzierung als ein Seismograf für den bedenklichen Zustand der Europäischen Union insgesamt.

9 Berufspolitiker: Dilettanten im Amt?

Überall in der Republik gilt das Leistungsprinzip: in Wirtschaft und Gesellschaft wie in der Gerichtsbarkeit und der Verwaltung. Überall sind umfassende Ausbildungsgänge vorgesehen. Nur in der Politik gilt nichts dergleichen. Politiker üben als Einzige einen Beruf aus, für den keinerlei Vorbildung verlangt wird. Das hat seinen Grund in Eigenheiten des Rekrutierungsverfahrens. Bei der Kandidatenaufstellung für den Bundestag, das Europaparlament oder die Landtage spielt die parteiinterne jahrelange sogenannte Ochsentour eine zentrale Rolle. Um sie durchzustehen, benötigt man vor allem Zeit, muss sich den innerparteilichen Riten anpassen und sollte, da alles auf personenbezogenem Goodwill beruht, auch den Wohnort nicht wechseln. Das schreckt leistungsorientierte, qualifizierte, ideenreiche, schöpferische und wirtschaftlich erfolgreiche Personen, die meist mobil sein müssen und wenig Zeit haben, ab und zieht »Zeitreiche« und »Immobile« an (siehe S. 128). Nicht einmal eine abgeschlossene Berufsausbildung ist erforderlich, über die auch sehr erfolgreiche Politiker oft gar nicht verfügen. Beispiele, die der ehemalige Ministerialbeamte Wolfgang Franz vor allem aus dem Bereich der Grünen zusammengetragen hat, sind Joseph »Joschka« Fischer (Bundesminister des Auswärtigen 1998–2005), Katrin Göring-Eckardt (Fraktionsvorsitzende 2002–2005, Bundestagsvizepräsidentin seit 2005), Matthias Berninger (Parlamentarischer Staatssekretär bei der Bundesministerin für Verbraucherschutz, Ernährung und Landwirtschaft 2001–2005), Margareta Wolf (Parlamentarische Staatssekretärin beim Bundesminister für Umwelt, Naturschutz und Reaktorsicherheit 2002–2005) und Reinhard Bütikofer (Parteivorsitzender der Grünen 2002–2008). Andere waren bis zu ihrer Wahl in den Deutschen Bundestag arbeitslos; so z. B. Ludger Volmer (Die Grünen, Staatsminister im Auswärtigen Amt 1998–2002) und Elke Reinke (Die Linke, MdB seit 2005).

Auch die sogenannten Experten in den Ausschüssen der Parlamente verdienen diesen Namen meist nicht. Die Verteilung der Posten erfolgt nach Macht- und Proporzerwägungen. Für die Mitgliedschaft etwa im Haushaltsausschuss sind regelmäßig keine Kenntnisse des Haushaltswesens erforderlich. Die suchen sich viele erst anzueignen, bleiben dabei aber oft Dilettanten. Da passt das Wort des früheren Bundespräsidenten Richard von Weizsäcker: »Bei uns ist ein Berufspolitiker im Allgemeinen weder ein Fachmann noch ein Dilettant, sondern ein Generalist mit dem Spezialwissen, wie man politische Gegner bekämpft.« Und der Politikwissenschaftler Wilhelm Hennis ergänzt: »Die Malaise heute ist, dass die Politiker nicht mehr die Kenntnisse haben, die sie haben müssten. Sie kommen als Lehrer in den Bundestag und verstehen von nichts etwas – außer davon, wie man im Ortsverein seine Mehrheit organisiert.«

Der größte Teil der Berufsabgeordneten verbessert seine Finanzen durch den Eintritt in den Bundestag, das Europa- oder ein Landesparlament ganz erheblich. Kleine und mittlere Beamte verdoppeln oder verdreifachen oft ihre Bezüge.

Minister gehen üblicherweise aus dem Kreis der Abgeordneten hervor. Berufliche Spitzenqualifikationen sind dabei eher selten. »Also sitzen um den Kabinettstisch viele Leute, die außerhalb der Politik eher Mühe hätten, in Spitzenpositionen zu kommen« (*Der Spiegel*). So kann es kommen, dass ein gelernter Müllermeister Bundeswirtschaftsminister wird oder eine Frau, die aufgrund ihrer schwachen juristischen Examen wohl keine Chance gehabt hätte, Amtsrichterin zu werden, zur Justizministerin aufstieg und in dieser Eigenschaft die Richter der obersten Gerichtshöfe des Bundes mit auswählte. Als sie schließlich auch noch als Verfassungsrichterin im Gespräch war, stellte die andere große Partei sich ausnahmsweise einmal quer. Nur wenige Minister haben vor ihrer erstmaligen Bestellung nennenswerte Sachverantwortung oder gar Finanz- und Personalverantwortung getragen.

Das Amt des Parlamentarischen Staatssekretärs, das in der Zeit der ersten Großen Koalition im Bund eingeführt worden war, ist geradezu zum Institut der Versorgung und parteilichen Austarierung degeneriert. Große Kompetenz wurde schon deshalb nicht vorausgesetzt, weil Stellung und Befugnisse dieses Amtes neben Minister und beamtetem Staatssekretär unklar war. Der schon Rainer Barzel zugeschriebene Ausspruch, Parlamentarische Staatssekretäre seien »unnötig wie ein Kropf«, sie erledigten keine Arbeit, sondern machten nur welche, wurde in Kreisen der Ministerien dahin variiert: »Sie nehmen uns Arbeit ab, die es nicht gäbe, wenn wir sie nicht hätten.«

Man wundert sich immer wieder, mit welcher Selbstverständlichkeit Berufspolitiker hohe Ämter besetzen, auch wenn sie nicht über die geringsten fachlichen Fähigkeiten verfügen. Das erklärt sich eben daraus, dass der politische Machtkampf vor allem auf eins abzielt: die Besetzung der staatlichen Ämter mit den siegreichen Kämpfern und ihrer Führungsclique. Wer sich in diesem Kampf durchgesetzt hat, soll nun nicht mangels Amtsqualifikation scheitern. Das ist die vom Eigeninteresse gespeiste Maxime der Kämpfer, die Berufslüge der politischen Klasse, die für möglichst viele Ämter in Betracht kommen *will* – ohne Rücksicht auf vorhandene oder nicht vorhandene Qualifikation, auch wenn es aus der Perspektive des Gemeinwohls offensichtlich ist, dass man eigentlich ganz andere Fähigkeiten braucht, Minister zu *sein*, als die, die dazu verholfen haben, Minister zu *werden*.

Die primäre Macht- und Interessenorientierung des typischen Berufspolitikers spiegelt sich auch darin wider, dass es an einem normalen Ausbildungsgang für Politiker fehlt. Derartiges einzurichten ist zwar immer wieder gefordert worden. Der Politikwissenschaftler Eugen Kogon hat bereits vor dreißig Jahren einen besonderen Studien- und Ausbildungsgang für Politiker und zu diesem Zweck die Errichtung einer »Deutschen Politischen Akademie« vorgeschlagen. Dass es dazu nicht gekommen ist, hat seinen Grund: Was für eine berufspolitische Karriere besonders wichtig ist, kann man nicht offen benennen und schon gar nicht offiziell lehren, ohne in hohem Maße zynisch zu erscheinen: die Techniken der Macht mit ihrer raffinierten Instrumentalisierung der Schwächen von Mitmenschen zur Sicherung von Macht, Posten und Geld; die Minimierung von möglichen Angriffsflächen für politische Gegner mit der Folge von »Profillosigkeit und Positionsverschwommenheit, taktischen Loyalitätsschwankungen und Opportunismus, leerem Politikerjargon und Reden mit gespaltener Zunge« (so der Politikwissenschaftler Elmar Wiesendahl) – alles Verhaltensweisen, wie Niccolò Machiavelli sie gelehrt haben könnte. Der erfolgreiche Berufspolitiker ist vom Typ her – in der Mediendemokratie – vor allem ein Meister der Inszenierung des gefälligen Scheins. Dabei zählt weniger die tatsächliche Sachkompetenz als vielmehr die »Darstellungskompetenz von Kompetenz«.

Die sachliche Richtigkeit von Problemlösungen interessiert allenfalls in zweiter oder dritter Linie. Und genau das unterscheidet Berufspolitiker von Angehörigen wirklicher Professionen, die durch anspruchsvolle theoretische und praktische Spezialausbildungen ein hohes Maß an Fachwissen und Können erworben haben, welches ihnen eine sachlich möglichst gute Erledigung der Aufgaben beispielsweise eines Arztes, eines Rechtsanwalts oder auch eines Unternehmers erlauben soll.

Ein Ausbildungsgang für Berufspolitiker scheiterte bisher also an einem Dilemma: Was für die Karriere von Politikern am wichtigsten ist, kann man offiziell nicht lehren, ohne das sorgfältig abgedunkelte innere Wesen des Systems aufzudecken. Und das, was man lehren könnte, also die Bedingungen und Konsequenzen rationaler, am Gemeinwohl ausgerichteter Politik, ist für das persönliche Fortkommen eines Politikers nicht wirklich wichtig, sondern oft geradezu hinderlich. Eine politische Akademie müsste deshalb entweder Tabus brechen und Dinge behandeln, über die »man nicht spricht«, oder sie müsste Lehren anbieten, die Politiker nicht wirklich interessieren – beides Alternativen, die nicht sehr hoffnungsvoll stimmen, dass »die Politik« die Gründung einer solchen Akademie fördert. Dennoch sollte sie eingerichtet und ihr Besuch zur Pflicht für Parlamentskandidaten und Regierungsmitglieder werden.

10 Entschädigung: Der Stein der Weisen

Die Bezahlung von Abgeordneten ist grob ungerecht und zutiefst undemokratisch. Sie lockt die Falschen ins Parlament und macht sie zu abhängigen Parteisoldaten. Bloß, kaum einer wagt die Ungeheuerlichkeit beim Namen zu nennen (siehe S. 242 ff.).

In Deutschland erhalten alle Abgeordneten eines Parlaments grundsätzlich dieselbe Bezahlung, wobei der Bundestag für seine Mitglieder – in aller Bescheidenheit – das Gehalt von Bundesrichtern in Anspruch nimmt (siehe S. 140 ff.). In der Praxis wirkt sich dies höchst ungerecht aus. Oder ist es etwa fair, dass ein 19-jähriger Abiturient ein Bundesrichtergehalt erhält, ein erfolgreicher Unternehmer, ein umworbener Wissenschaftler oder ein Freiberufler mit anspruchsvoller Ausbildung, langjähriger Erfahrung und entsprechendem Gehalt, der sein Abgeordnetenamt ernst nimmt, dagegen auf wesentliche Teile seines Einkommens verzichten muss? Für den einen kommt das Mandat einem Lottogewinn gleich, für den anderen stellt es ein finanzielles Opfer dar. Die scheinbare Gleichheit führt zu krasser Ungleichheit. Der majestätische Grundsatz der gleichen Wählbarkeit aller Bürger verbietet ja nicht nur, Gleiches ungleich zu behandeln, sondern ebenso, Ungleiches über einen Kamm zu scheren. Doch genau dies geschieht. Das liegt an der Abwesenheit irgendwelcher Zugangsvoraussetzungen: Während man Spitzenpositionen außerhalb der Politik normalerweise erst nach langer Ausbildung und Erfahrung erreichen kann, verlangt das Parlamentsmandat nichts dergleichen. Für Beamte, die dieselbe Funktion ausüben, z. B. Grundschullehrer, ist eine einheitliche Besoldung sinnvoll. Sie brauchen für ihre Aufgabe eine klar geregelte Ausbildung, die sie durch das Bestehen von Examen belegen. Bei Abgeordneten geht es dagegen darum, allen – unabhängig von Ausbildung und Examen – gleiche Zugangschancen zum Parlament zu eröffnen. Um hier keine ökonomischen Schranken zu errichten, wäre es sinnvoll, ihnen grundsätzlich ihren jeweiligen Einkommensausfall zu ersetzen.

Da das Mandat für Männer und Frauen, die außerhalb der Politik nur einen durchschnittlich bezahlten Job ohne großes Sozialprestige finden, wahnsinnig attraktiv ist, fühlen sich zum Beispiel mittlere Beamte und Lehrer vom Hohen Haus, in dem sie nicht nur ihr Einkommen verdoppeln oder verdreifachen, sondern auch eine öffentliche Rolle übernehmen, magisch angezogen (siehe S. 178 ff.). Dagegen sind leitende Beamte, erfolgreiche Journalisten, Wissenschaftler oder Wirtschaftler, die einer verantwortungsvollen, hoch bezahlten Tätigkeit nachgehen, dort kaum anzutreffen. Als der SPD-Politiker Wolfgang Roth vom Bundestag an die Spitze der Europäischen Investitionsbank gewechselt war, sprach er offen aus, was viele denken: Für einen ökonomisch Denkenden wie ihn sei es »völlig beknackt«, seine Zeit im Bundestag zu verbringen. Finanziell gesehen, sei das Parlament »eine nette Karriere für einen Studienrat, aber sonst ...«. Wer wollte da noch behaupten, im Parlament versammle sich die Elite der Nation?

Auch von einer repräsentativen Zusammensetzung der sogenannten Volksvertretung, die in etwa der Zusammensetzung der Bürger entspräche, kann – angesichts der Beamtenschwemme – keine Rede sein.

Überdies: Wer seinen wirtschaftlichen Status allein dem Parlamentsmandat verdankt, ist auf seine Partei, von der seine politische Karriere abhängt, vollends angewiesen und wird umso leichter zum abhängigen Parteisoldaten. Darüber reiben sich die Schatzmeister der Parteien allerdings die Hände: Je mehr das Mandat als Pfründe erscheint und je abhängiger der angebliche Volksvertreter deshalb von der Aufstellung und Wiederaufstellung durch seine Partei ist, desto bereitwilliger wird er die hohen Sonderabgaben entrichten, die die Partei ihm – als Gegenleistung für die Verschaffung des Mandats – abfordert (siehe S. 111 ff.).

Das derzeitige Diätensystem begünstigt also eine einseitig inferiore Zusammensetzung des Parlaments, weil die Einheitsdiäten gerade die Tüchtigsten und die Unabhängigen wirtschaftlich abschrecken. Den glücklichen Inhabern der Mandate kann dies, so zynisch es klingen mag, allerdings nur recht sein: Das System schottet sie gegen unliebsame Konkurrenz ab.

Dabei spricht das Grundgesetz in Art. 48 Abs. 3 keineswegs von einer für alle gleich hohen Alimentation, sondern ausdrücklich von einer angemessenen, die Unabhängigkeit der Abgeordneten sichernden *Entschädigung*. Das Wort Ent-Schädigung weist auf eine Schädigung hin, die ausgeglichen werden muss. Schon der Wortlaut des Grundgesetzes legt also die Erstattung der Kosten und den Ausgleich des Einkommensausfalls nahe, der durch die Wahrnehmung des Mandats entsteht, und der ist für die Abgeordneten eben höchst unterschiedlich. Zudem darf nach Art. 48 Abs. 2 niemand gehindert werden, das Amt eines Abgeordneten zu übernehmen und auszuüben. Genau das aber bewirkt die für alle gleich hohe Alimentation. Sie schreckt Hochverdiener ab. Deshalb müsste eigentlich die Bezahlung – je nach der Höhe des bisherigen Einkommens, das der Abgeordnete durch die Übernahme des Mandats verliert – divergieren, wobei allerdings Mindest- und Höchstgrenzen vorzusehen wären.

Für ein gewisses Gegengewicht gegen die Fehlanreize des geltenden Diätensystems sorgt immerhin schon jetzt das Recht deutscher Abgeordneter, nebenher noch einen privaten Beruf auszuüben und daraus ein Zusatzeinkommen zu beziehen. Das erleichtert auch Hochqualifizierten die Übernahme eines Mandats, ohne dass sie große ökonomische Verluste in Kauf nehmen müssen. Solche Berufstätigkeit ist – angesichts der Anforderungen zumindest von Bundestagsabgeordneten – allerdings nur in Grenzen möglich, wollen sie nicht vor lauter Nebenjobs ihr Mandat vernachlässigen.

Keineswegs ins Bild des korrekten Abgeordneten passen dagegen Abgeordnete, die ihren politischen Einfluss verkaufen. Dieser Verdacht steht auch dann im Raum, wenn der Abgeordnete für das Geld aktuell gar nichts zu tun braucht. Er wird auf diese Weise jedenfalls »angefüttert« und gerät in finanzielle Abhängigkeit. Solche »arbeitslosen« Zahlungen sind Bundestagsabgeordneten deshalb seit Kurzem ausdrücklich verboten.

Eine Reform der staatlichen Diäten hin zu einer echten Entschädigung von den Abgeordneten selbst zu erwarten wäre allerdings Illusion. Zu sehr profitieren die, die drin sind, vom derzeitigen Diätensystem, als dass sie sich selbst von den besten Gemeinwohl-Argumenten überzeugen ließen. Die Hoffnung liegt deshalb auf Volksbegehren und Volksentscheiden. Auch das Bundesverfassungsgericht könnte die Weichen stellen. Das Gericht ist zwar früher selbst von einer Einheitsalimentation für alle Abgeordneten ausgegangen. Eine Umkehr ist jedoch keineswegs ausgeschlossen. Denn die früheren Urteile standen unter dem Einfluss der unseligen Parteienstaatsdoktrin von Gerhard Leibholz, welche das Gericht inzwischen selbst aufgegeben hat (siehe S. 124 ff.).

VI Parlamente

1 Die demokratische Legitimation des Bundestags: Eine bloße politische Formel

Der Bundestag gilt als die einzige von den Bürgern gewählte Institution des Grundgesetzes. Das hat gewaltige Auswirkungen: Alle wirklich wichtigen Entscheidungen muss der Bundestag selbst treffen. Er wählt aber auch alle anderen Staatsorgane und fungiert deshalb als eine Art Drehscheibe für die Vermittlung demokratischer Legitimation auch an die anderen Institutionen des Bundes: die Regierung, den Präsidenten, das Verfassungsgericht und die anderen Bundesgerichte, die Beamten und viele weitere vom Parlament gewählte bzw. von der Regierung ernannte Personen und Organisationen. Auch die Europäische Union bezieht ihre demokratische Legitimation, was Deutschland anlangt, entweder über den Bundestag, der Änderungen der EU-Verträge (oder der neuen europäischen Verfassung) ratifizieren muss, oder über die vom Bundestag gewählte Regierung, die vor allem im Rat der Europäischen Union zentrale Entscheidungen trifft. Alle leben zum großen Teil von der demokratische Legitimation, die ihnen das angeblich von den Bürgern gewählte Parlament sozusagen einhaucht.

Doch die Mitglieder des Bundestages sind in Wahrheit gar nicht vom Volk gewählt, obwohl das Grundgesetz dies zwingend vorschreibt. Die Volkswahl ist zum formalen Abnicken längst feststehender Resultate degeneriert. Tatsächlich bestimmen die Parteien nach ihren Maßstäben, wer ins Parlament kommt, nicht die Bürger (siehe S. 42 ff.). Die demokratische Legitimation des Parlaments läuft letztlich auf eine Fiktion hinaus.

Das Bundesverfassungsgericht und die Staatsrechtslehre sehen allerdings noch einen zweiten demokratischen Legitimationsstrang. Er beruht darauf, dass die Verfassung, die alle

Staatsgewalt begründet, diese auf alle von ihr geschaffenen Institutionen, also auch den Bundestag, überträgt und diesen Institutionen bestimmte Funktionen zuweist (dem Bundestag etwa die Gesetzgebung). Soweit die Verfassung nun selbst auf dem Willen des Volkes beruht, haben auch die Einrichtungen, die die Verfassung schafft und denen sie Funktionen zuweist, daran teil. Staatsrechtslehre und Verfassungsgericht sprechen von verfassungsunmittelbarer institutioneller und funktioneller demokratischer Legitimation (siehe S. 18).

Doch auch dieser Ansatz hält einer Überprüfung nicht stand. Denn das Grundgesetz beruht – entgegen der Fiktion von der Volkssouveränität – nicht auf dem Willen des Volkes, ist also selbst nicht demokratisch legitimiert. Deshalb fällt auch diese Form der Legitimation bei genauer Betrachtung in sich zusammen. Damit entfallen sowohl die institutionelle und funktionelle demokratische Legitimation der vom Grundgesetz geschaffenen Institutionen, weil das Grundgesetz nicht auf dem Willen des Volkes beruht, als auch die personelle demokratische Legitimation der Mitglieder des Parlaments und der von ihnen gewählten Verfassungsorgane, weil die Abgeordneten nicht vom Volk gewählt sind.

Bei der Demokratie, wie sie das Grundgesetz vorgesehen hat, geht es jedoch nicht nur darum, *durch* das Volk zu entscheiden, sondern auch *für* das Volk, d.h. in seinem Interesse. Das von den Staatsorganen Entschiedene muss als vom Volk gewollt vorgestellt werden können. In dieser Sicht erhält die staatsrechtliche Verpflichtung aller Amtsträger auf das Gemeinwohl, die das Bundesverfassungsgericht immer wieder hervorgehoben hat, ihren Sinn. Doch auch darum ist es schlecht bestellt. Die Ausrichtung der Institutionen und der Regeln der Macht nach den Interessen der politischen Klasse hat auch die Fähigkeit der Politik zu adäquatem Handeln schwer beeinträchtigt. Staat und Politik sind in einem Zustand, von dem nur noch Berufsoptimisten oder Heuchler behaupten können, er liege im Interesse des Volkes (siehe S. 22 ff.).

Die ganze Konzeption der repräsentativen Demokratie, wie sie dem Grundgesetz zugrunde liegt, ist also ohne Fundament. Die Bürger können das Grundgesetz nur dann als ihre Verfassung anerkennen, wenn sie Gelegenheit hatten, darüber zu entscheiden, was aber eben nicht der Fall ist. Die Bürger können die Abgeordneten nur dann als ihre Repräsentanten akzeptieren, die von ihnen beschlossenen Gesetze als bindend und die von ihnen gewählten Verfassungsrichter und Rechnungshöfler als demokratisch legitimiert anerkennen, wenn sie ihre Abgeordneten wirklich *gewählt* haben, frei und unmittelbar (wie es das Grundgesetz ja auch ausdrücklich vorschreibt), oder wenn sie zumindest den Eindruck haben, die Politik tendiere von sich aus zu ausgewogenen und richtigen Entscheidungen. Beides ist aber eben nicht der Fall.

Die im Parlament von Berufsabgeordneten über die Parteigrenzen hinweg gebildete politische Klasse entscheidet praktisch selbst über ihre Wiederwahl und darüber, wer gegebenenfalls nachrückt. Sie hat die dem Parlament anvertraute gewaltige Entscheidungsmacht an sich gerissen. Dazu gehört auch die Befugnis, alle Ämter nach ihren Vorstellungen zu besetzen, was ihren politischen Einfluss noch einmal enorm ausweitet. Nach außen werden die wahren Machtverhältnisse allerdings hinter der angeblichen direktdemokratischen Legitimation der Verfassung und des Parlaments verborgen. Die demokratische Legitimation wird vorgeschützt, um die wahren Machtverhältnisse – Monopolherrschaft der politischen Klasse – zu verschleiern.

Die sogenannte demokratische Legitimation erweist sich damit als eine »politische Formel« im Sinne des italienischen Staatstheoretikers Gaetano Mosca, der bezeichnenderweise auch der Schöpfer des Begriffs der politischen Klasse ist. Mosca hatte beobachtet, dass »in allen größeren Staaten von einer gewissen Kulturhöhe« die politische Klasse ihre Macht nicht einfach durch deren faktischen Besitz rechtfertigt, sondern sie auf »ein moralisches Prinzip« zu gründen sucht, welches bestimmten »Lehren und Glaubenssätzen« entspricht, die in der Gesellschaft anerkannt sind. Solche »politischen Formeln« entfalteten ihre Wirkung, »auch wenn [sie] der empirischen Wirklichkeit« widersprächen und bloßen »Aberglauben« sowie »eine allgemeine Illusion« darstellten. Moscas »politische Formel« ist damit auf ein Grundprinzip auch unserer Verfassung geradezu gemünzt: Die direkte demokratische Legitimation des Parlaments gilt bei uns ebenfalls als politischer Glaubenssatz, obwohl sie nur eine allgemeine Illusion widerspiegelt, die mit der Wirklichkeit nicht in Einklang zu bringen ist.

Beide Legitimationsstränge lassen sich allerdings durch gezielte Reformen herstellen: die demokratische Legitimation der Verfassung durch Einführung von Volksbegehren und Volksentscheid in Bezug auch auf die Verfassung, die persönliche demokratische Legitimation des Bundestags und der von ihm gewählten Organe durch Änderung des Wahlrechts, also etwa durch Einführung von Vorwahlen und flexiblen Listen oder Mehrheitswahl. Auch die Chance sachgerechter Entscheidungen der Politik kann – neben anderen Maßnahmen – dadurch erhöht werden, dass die Wahl von Kontrollorganen nicht durch Befangene erfolgt, sondern z.B. durch einen direkt gewählten Bundespräsidenten. Die in diesem Buch vorgeschlagenen Änderungen folgen somit unmittelbar aus der Logik des Grundgesetzes selbst, sind also von der Verfassung geboten, zumindest aber von ihr dringend nahegelegt.

2 Verbeamtung: Die sogenannte Repräsentation des Volkes

Wer repräsentiert die Deutschen in ihrer Gesamtheit? Das Parlament! So steht es jedenfalls geschrieben in den Schul- und Lehrbüchern der Demokratie. Setzt das aber nicht voraus, dass alle Berufs- und Bevölkerungsgruppen einigermaßen gleichmäßig vertreten sind? Haben nicht alle Deutschen das gleiche Recht, zu wählen und gewählt zu werden? Doch die Verhältnisse, sie sind nicht so. Zwar sind wir laut Grundgesetz alle gleich. Doch einige sind offenbar sehr viel gleicher. Vor allem die Beamten sind derart krass überrepräsentiert, dass die vielen anderen Gruppen eigentlich die Revolution ausrufen müssten. Fast die Hälfte der 2800 deutschen Parlamentarier des Bundestags, der 16 Landesparlamente und des Europäischen Parlaments kommt aus dem öffentlichen Dienst, obwohl diese Gruppe kaum mehr als zehn Prozent der Wahlberechtigten ausmacht.

Die Verbeamtung der Parlamente ist kein Zufall, sondern hat System. In den Parteien besitzen nämlich Beamte besonders gute Chancen, vorwärtszukommen und für Parlamentsmandate nominiert zu werden. Das liegt nicht zuletzt an ihrem »Zeitreichtum«. Wer in den beiden großen Parteien etwas werden will, muss eine langjährige parteiinterne Ochsentour auf sich nehmen, und das verlangt vor allem eines: die Möglichkeit, über die eigene Zeit zu disponieren (siehe S. 126 ff.). Genau das können viele Beamte, vor allem Lehrer, die in Deutschland üblicherweise nur am Vormittag Unterricht zu geben haben. Daher der Spottvers: Die Parlamente sind mal voller und mal leerer, aber immer voller Lehrer. Schon vor Jahrzehnten stöhnte das Bundesverfassungsgericht, die »Verbeamtung der Parlamente« drohe den Grundsatz der Gewaltenteilung auszuhebeln, ohne dass das Gericht aber selbst etwas Wirksames gegen den fatalen Trend unternommen hätte.

Unter den Amtsträgern sind es vor allem die niedrigeren und die höchsten, die sich im Parlament tummeln: Für kleine und mittlere Beamte bringt das Mandat eine gewaltige Erhöhung von Prestige und Einkommen. Lehrer verdoppeln oder verdreifachen im Zweifel ihre Einnahmen. Für Regierungschefs, Minister und parlamentarische Staatssekretäre bedeutet das Mandat ein finanzielles Zubrot und ein Auffangnetz, falls sie ihr Ministeramt verlieren, obwohl es der Gewaltenteilung ins Gesicht schlägt, wenn aktive Regierungsmitglieder gleichzeitig im Parlament sitzen (siehe S. 194 ff.). Dagegen sind hohe Beamte wie beamtete Staatssekretäre, Ministerialdirektoren, Ministerialdirigenten und Ministerialräte im Parlament Mangelware. Warum auch sollten sie ihre einflussreichen und verantwortungsvollen Ämter gegen das Los eines in die Fraktionsdisziplin eingebundenen Hinterbänklers eintauschen?

Auch in den Volksvertretungen vieler Städte, Gemeinden und Landkreise wimmelt es nur so von öffentlichen Bediensteten. Sie können Kommunalmandate sogar auf Staatskosten erwerben, wenn sie in den Diensten des Bundes, eines Landes oder einer anderen Kommune stehen. Dann haben sie nämlich einen Rechtsanspruch, für die Wahrnehmung des kommunalen Mandats von ihren Dienstpflichten freigestellt zu werden – bei ungekürzter Fortzahlung ihrer Bezüge. Das erleichtert es ihnen, in den Parteien Fuß zu fassen und gegebenenfalls auch ihre Nominierung für ein Mandat in einem staatlichen Parlament vorzubereiten.

Die Verbeamtung der Parlamente ist eine typisch deutsche Fehlentwicklung – mit langer Tradition. Schon der Reichstag von 1871 bestand zu fast zwei Dritteln aus Beamten. In das Grundgesetz sollte dann zwar eine Vorschrift eingefügt werden, die Beamten und Richtern die Wahl ins Parlament untersagt. So ist es auch in Großbritannien und in den USA. Doch ein solches Verbot war im Parlamentarischen Rat, der das Grundgesetz 1949 entwarf, schließlich nicht durchzusetzen; die Mitglieder des Parlamentarischen Rats kamen ja selbst zu sechzig Prozent aus dem öffentlichen Dienst.

Die Parteien durchdringen also nicht nur die Verwaltung (siehe S. 92 ff.), sondern die Verwaltung durchdringt umgekehrt auch die Parteien und Parlamente. Es entsteht ein Geflecht von Abhängigkeiten, das typisch ist für unser neofeudalistisches System und dazu führt, dass sich bald gar nichts Grundlegendes mehr bewegen lässt. Wie sollen Lehrer-Parlamente die Schulen, also quasi sich selbst, reformieren, so notwendig solche Reformen in Deutschland auch wären, wie nach den PISA-Studien auch dem Letzten klar geworden ist? Wie sollen völlig verbeamtete Parteien und Parlamente noch die nötige Distanz aufbringen, die Verwaltung und den öffentlichen Dienst grundlegend zu reformieren? Beamte und öffentliche Angestellte müssen im Parlament zwar meist ihren aktiven Dienst ruhen lassen. Aber sie kommen aus der Verwaltung und haben ein gesetzliches Recht, nach dem Mandat dahin zurückzukehren. Ihre Loyalität gehört dem öffentlichen Dienst, dem sie auch ihre Lebenseinstellung verdanken. Wie sollen sich solche Abgeordnete die geistige Unabhängigkeit bewahren, um die Reform der Verwaltung, die eigentlich nötig wäre, auch nur zu konzipieren, von der Durchsetzung ganz zu schweigen? Ein Spaßvogel hat das so formuliert: »Der öffentliche Dienst ist fest in der Hand – des öffentlichen Dienstes.« Wie sollen Beamtenparlamente schließlich ein Verständnis für die Bedeutung und Anforderungen der Wirtschaft aufbringen, von der wir alle leben?

Gegen die Verbeamtung der Parlamente hilft wohl nur eine Quotenregelung. Wie die Parteien Quoten zugunsten von Frauen festgelegt haben, sollten sie auf ihren Wahllisten auch Quoten zulasten von Kandidaten aus dem öffentlichen Dienst einführen: Zehn Prozent sind genug! Zumindest sollte die Garantie der Wiedereinstellung in den öffentlichen Dienst nach Ablauf des Mandats beseitigt werden.

3 Der lange Arm der politischen Klasse: Der Wissenschaftspreis des Bundestags

Bei den Versuchen der politischen Klasse, ihre Sicht der Dinge unters Volk zu bringen und grundlegende Kritik zu übertönen, spielt die Vergabe von Preisen und Auszeichnungen eine wichtige Rolle (siehe S. 29). Durch sie können etwa parteifromme Wissenschaftler in den Augen der Öffentlichkeit hervorgehoben und so ihren genehmen Thesen scheinbar größeres Gewicht verschafft werden. Ein Beispiel ist der mit 10000 Euro dotierte »Wissenschaftspreis des Deutschen Bundestages«, der »für herausragende Arbeiten zum Parlamentarismus« vergeben wird und der »zur Beschäftigung mit Parlamentsfragen anregen und zu einem besseren Verständnis der parlamentarischen Praxis beitragen« soll. Jury und Preisträger sind zum großen Teil linientreue Vertreter der herrschenden parteienstaatlichen Ideologie.

Den Preis 1994 erhielt der Passauer Politikwissenschaftler Werner Patzelt, der – mit vielfacher materieller, organisatorischer und personeller Hilfe des Bundestags – das bestehende parlamentarische System gegen Kritik verteidigt, Vorschläge zu Systemverbesserungen diskreditiert und mehrheitliche Wünsche der Bevölkerung durch politische Umerziehung ersticken will. Sein Doktorvater und wissenschaftlicher Mentor war der Passauer Politikwissenschaftler Heinrich Oberreuter, der auch Mitglied der Jury ist. Über ihn wird gleich noch einiges zu sagen sein.

Der Wissenschaftspreis 1995 ging an Patrick Horst. Dieser verfasste dann im Jahre 2002 eine Besprechung des Buches »Vom schönen Schein der Demokratie« für den Norddeutschen Rundfunk, die mit einem sehr positiven Urteil endete: »Insgesamt hat er [der Verfasser des Buches Hans Herbert von Arnim] ein beeindruckendes Buch vorgelegt, das auf absehbare Zeit zum politikwissenschaftlichen und staatsrechtlichen Standardwerk avancieren dürfte.« Überraschend aber war, dass derselbe Patrick Horst dasselbe Buch in einer kurz darauf erschienenen Besprechung in der *Zeitschrift für Parlamentsfragen* völlig anders beurteilte. Diese Besprechung war ein Totalveriss und schloss mit dem Fazit: »Seine [Arnims] Argumentation ... erzeugt den schönen Schein eines Regenbogens, der sich elitär-populistisch über die schweren, dunklen Wolkenberge der Parteien und Parlamente hinwegspannen ließe. Beständig und begehbar ist dieser farbenprächtig schillernde Regenbogen nicht.« Die Verkehrung der Rezension in ihr Gegenteil beruht, wie Patrick Horst selbst verlauten ließ, darauf, dass der damalige Chefredakteur der Zeitschrift, Uwe Thaysen, Professor für Politikwissenschaft an der Universität Lüneburg, massiv Einfluss genommen habe. Horst war als wissenschaftlicher Mitarbeiter von Thaysen, bei dem er sich auch habilitieren wollte, dementsprechend sozial abhängig. Die Zeitschrift wird von der »Deutschen Vereinigung für Parlamentsfragen« herausgegeben und mitfinanziert. Thaysen musste wohl deshalb schon von Amts wegen die Kritik Arnims am bundesrepublikanischen Parteienstaat seit Langem ein Dorn im Auge sein: »Wes Brot ich ess, des Lied ich sing'«, sagt schon das Sprichwort. Thaysen veröffentlichte völlig einseitige Artikel, bei denen man den Eindruck haben konnte, dass sie Arnim persönlich diskreditieren sollten.

Übrigens – und hier schließt sich der Kreis der ideologischen Vernetzung – war Thaysen seit 1993 Mitglied der Jury, die sich für die Vergabe des Wissenschaftspreises an Horst ausgesprochen hatte. Angesichts des späteren Verhaltens dieser beiden Männer, das den Mindestanforderungen an integres wissenschaftliches Arbeiten kaum entsprach, hätte man daran denken können, Horst den Preis abzuerkennen und Thaysen aus der Jury zu entfernen.

Um den Charakter der *Zeitschrift der Parlamentsfragen* voll zu erkennen, ist auf die Deutsche Vereinigung für Parlamentsfragen noch näher einzugehen. Diese vom Bundestag finanzierte Organisation ist fest in der Hand der Parteipolitik. Ihre wichtigsten Mitglieder sind Abgeordnete des Bundestags und der Landtage. Vorsitzender ist der CDU-Abgeordnete Joachim Hörster, der bis 2002 Parlamentarischer Geschäftsführer der CDU/CSU-Fraktion war und derzeit die Schlüsselposition des Vorsitzenden des Vermittlungsausschusses von Bundestag und Bundesrat innehat. Zum Vorstand der Vereinigung gehört auch Eckart von Klaeden, außenpolitischer Sprecher der CDU/CSU-Fraktion und Schatzmeister der Bundes-CDU. Die enge finanzielle und ideologische Verbindung zur Zeitschrift zeigt sich auch darin, dass die Mitglieder der Vereinigung automatisch auch die Zeitschrift regelmäßig erhalten.

Den Wissenschaftspreis des Deutschen Bundestags 1998 erhielt der Politikwissenschaftler Martin Sebaldt, der den Einfluss von Verbänden auf den Bundestag untersuchte und dabei zu einem eher beschwichtigenden Ergebnis gelangte. Seine ganze Untersuchung krankt allerdings an einem schweren methodischen Mangel: Sie beruht zu großen Teilen auf Befragungen der Verbandsgeschäftsführer selbst, welche die Probleme aus naheliegenden Gründen herunterspielen. Verbandsfunktionäre versuchen die Rolle von »Verbandsabgeordneten«, erst recht wenn diese neben ihren Diäten auch noch von ihrem Verband üppig bezahlt werden – angesichts der Nähe dieses Sachverhalts zur Korruption –, natürlich kleinzureden. Auf solchen Befragungen beruhende Aussagen weisen deshalb typischerweise eine Schieflage auf und sind vor allem ein Beleg für methodenbedingte Scheuklappen solcher »Forschungen«. Auf derart unzureichender Basis gelangte Sebaldt zu einem Resultat, das auch der Öffentlichkeitsarbeit des Bundestags entstammen könnte: Der »Mythos vom gemeinwohlabträglichen Lobbyismus« stehe auf »tönernen« Füßen.

1999 erhielt Suzanne S. Schüttemeyer den Preis. Sie war ebenfalls eine Schülerin Thaysens, der auch 1999 noch Mitglied der Jury war, und hatte sich bei ihm habilitiert. Sie verniedlichte mit vagen Ausführungen über die Schwierigkeit einer angemessenen Aufgabenfestlegung der Fraktionen die Steigerung staatlicher Fraktionsfinanzierung auf das 550-Fache (von 1949 bis 1997), obwohl der Missbrauch des in eigener Sache entscheidenden Parlaments hier offensichtlich ist. Schüttemeyer ist die derzeitige Chefredakteurin der *Zeitschrift für Parlamentsfragen*, zu deren Redaktionsmitgliedern übrigens auch Werner Patzelt gehört, der uns ebenfalls bereits als Preisträger begegnet ist.

1993 hatte Hermann Butzer den Preis erhalten, der das politische Kartell, das Parlamentsmehrheit und Opposition bei Entschädigungen über Abgeordnetendiäten regelmäßig bilden, beschönigt: Was Bürgern erlaubt sei, nämlich eigennützig zu handeln, müsse man auch Abgeordneten zubilligen. »Staatstheoretisch« seien sie selbst bei Entschädigungen in eigener Sache nicht befangen.

Die siebenköpfige Jury war ganz überwiegend mit verlässlichen Partei-Wissenschaftlern besetzt: Der Hannoveraner Professor für Öffentliches Recht, Hans-Peter Schneider, ist als Dauerprozessvertreter und Sachverständiger immer schon ein entschiedener Mann der SPD, ebenso wie der Hamburger Öffentlichrechtler Ulrich Karpen, langjähriges Mitglied des Hamburger Parlaments, ein Mann der CDU und der Passauer Politikwissenschaftler Heinrich Oberreuter immer schon ein Mann der CSU ist. Oberreuter war Stoiber-Berater und ist ständiger politischer Kommentator des Bayerischen Rundfunks und stolzer Träger von vier Bayerischen Verdienstorden. Die Frankfurter Rechtswissenschaftlerin Ute Sacksofsky dürfte ihren Posten als Verfassungsanwalt beim Hessischen Staatsgerichtshof natürlich auch ihrer Parteinähe zur SPD verdanken. Und von dem früheren Lüneburger Politikwissenschaftler Uwe Thaysen war ja schon die Rede.

Besonders die beiden langjährigen Jurymitglieder Oberreuter und Thaysen fanden offenbar nichts dabei, dass immer wieder ihre eigenen Schüler mit dem Preis ausgezeichnet wurden. Begriffe wie Befangenheit oder Interessenkollision, an die man in diesem Zusammenhang denken kann, schienen ihnen fremd zu sein. Typisch dafür ist auch das Jahr 2001, als sowohl ein Doktorand von Oberreuter, der jetzt Referent an der von Oberreuter geleiteten Akademie für politische Bildung Tutzing ist (Manfred Schwarzmeier), als auch ein Mitarbeiter von Thaysen (Hans Michael Kloth) den Preis erhielten. Thaysen war 2001 sogar Vorsitzender der Jury geworden. Dabei hatten Oberreuter und Thaysen nicht einmal selbst die vielerorts übliche formale Voraussetzung für eine herausragende akademische Laufbahn aufzuweisen. Beide wurden nicht habilitiert, haben also die auf die Promotion folgende besonders schwere akademische Prüfung, die gemeinhin erst für die Übernahme eines Lehrstuhls qualifiziert, nicht abgelegt. Besondere Parteibeflissenheit scheint die ansonsten üblichen formalen Kriterien zu ersetzen.

Die Personalie Oberreuter sorgte denn auch in akademischen Kreisen für eine bundesweite Lachnummer, als der bayerische Wissenschaftsminister Hans Zehetmair den Sechzigjährigen auf einen Lehrstuhl im renommierten Geschwister-Scholl-Institut der Münchner Universität berief – an der Berufungsliste der Fakultät und der ausgeschriebenen Altersgrenze von 55 Jahren vorbei. Man sprach von einer typischen Amigoaffäre. Doch Zehetmair und Oberreuter waren erst durch ein Urteil des Bayerischen Verwaltungsgerichtshofs vom 8. Juli 2002 zu stoppen, das die Rechtswidrigkeit der Berufung Oberreuters bestätigte.

4 Europaparlament: Kein Parlament

Das sogenannte Europaparlament hat sich diesen Namen eigenmächtig zugelegt. Doch ihm fehlt fast alles, was ein Parlament ausmacht. Weder kann es Gesetze initiieren – das kann allein die Europäische Kommission – noch die Regierung bestimmen oder den Haushalt beschließen.

Das Europaparlament wird auch nicht *gleich* gewählt. Der urdemokratische Grundsatz »One man, one vote« ist außer Kraft gesetzt. Bürger von Luxemburg haben praktisch 16-mal so viel Stimmen wie ihre deutschen Nachbarn. Und von einer *unmittelbaren* Wahl der Abgeordneten durch die Bürger kann bei der Wahl der 99 deutschen Europaabgeordneten ebenfalls keine Rede sein. Wen etwa die SPD auf die ersten 25 Plätze ihrer Wahlliste setzt, der kann schon lange vor der Wahl seines Mandats sicher sein. Die Wähler können ihm nichts mehr anhaben, selbst wenn sie ihn gerne loswürden (siehe S. 46 ff.). Die übliche Rede, seit 1979 gäbe es Direktwahlen zum Europäischen Parlament, ist – jedenfalls bezogen auf die deutschen Abgeordneten – eine klassische Form von »Schönsprech«.

Und die Wahl der einen oder anderen politischen Partei bringt keine Zuordnung von Verantwortung. Wer weiß schon, welche Partei im Parlament für welche Entscheidung steht? Auch bei den in 27 nationale Wahlen aufgesplitteten Europawahlen wird das nicht klarer. Denn die Europawahlen werden regelmäßig von nationalen Themen beherrscht. Europathemen spielen allenfalls eine untergeordnete Rolle. Ohnehin wirken die europäischen Sozialisten und die europäischen Bürgerlichen regelmäßig zusammen und bilden auf diese Weise eine Art große Koalition. Wen könnte der Wähler dann noch verantwortlich machen, selbst wenn er wüsste, was sie entschieden haben?

Eine europaweite öffentliche Meinung, die die EU wirksam kontrollieren könnte, existiert nicht, ebenso wenig europäische

Parteien, die bei Europawahlen wirklich eine Rolle spielen, obwohl beides für eine funktionierende Demokratie mit Recht als unerlässlich gilt. Künstlich von oben geschaffene europäische Parteienbündnisse und sogar europäische Parteistiftungen werden zwar seit Kurzem mit Steuergeld aufgepäppelt (siehe S. 101). Kontakt zur Basis haben sie aber nicht. Vielmehr missachten sie die Empfehlungen des Europarats und ignorieren sämtliche Vorkehrungen, die das Bundesverfassungsgericht in Deutschland durchgesetzt hat, um Missbrauch zu verhindern. Die europäischen Wahlen lassen sich die nationalen Parteien ohnehin nicht aus der Hand nehmen. Dafür sind Macht und Einfluss von Lobbyisten auf der europäischen Bühne umso stärker ausgeprägt (siehe S. 283 f.).

Die mangelnde Kontrolle durch Wähler und Öffentlichkeit begründet eine ausgeprägte politische Unverantwortlichkeit, die im Bereich der Politikfinanzierung besonders deutlich wird. Beispiele bieten das Spesensystem und die üppigen Versorgungen, die sich EU-Abgeordnete in eigener Sache – an Rat und Kommission vorbei – verschafft haben. Das läuft vielfach auf legalisierten Betrug und legalisierte Vetternwirtschaft hinaus. Und 2009, wenn das Abgeordnetenstatut in Kraft tritt, werden Abgeordnete einheitlich rund 7400 Euro Monatsgehalt bekommen. Dann werden EU-Abgeordnete etwa aus Polen oder Tschechien sehr viel mehr haben als ihre Staatspräsidenten (siehe S. 165).

Aus allen diesen Gründen erweist sich die gängige Auffassung, eine Ausweitung der Kompetenzen des Europäischen Parlaments würde zu einem Mehr an Demokratie führen, als schlicht falsch. Sie ist eine Propagandalosung, die das Parlament in eigener Sache verbreitet. Deshalb geht auch der Inhalt des Verfassungsvertrages von Lissabon von 2007 (der jetzt allerdings nicht mehr so heißen darf), soweit er die Befugnisse des Parlaments vermehren will, an den eigentlichen Problemen vorbei.

5 Sofortmaßnahmen: Gegen Unverantwortlichkeit und Verdrossenheit

Die Politikverdrossenheit in Deutschland wird immer größer, und das Vertrauen der Wähler in die Fähigkeit der Parteien, die anstehenden Probleme zu lösen, immer kleiner. Doch den Parteien tut dies alles nicht wirklich weh. Instabile Regierungen werden hingenommen, solange die Amtsinhaber nur an der Macht bleiben. Der massenhafte Austritt von Parteimitgliedern wird durch üppige Staatsfinanzierung überkompensiert. Der Zugang zum Parlament ist fest in der Hand parteiinterner Klüngler, so dass hoch qualifizierten Seiteneinsteigern keine Chance bleibt. Selbst der massive Rückgang der Wahlbeteiligung lässt die politische Klasse kalt, solange er sich gleichmäßig auf Regierung und Opposition verteilt. Und an die völlig einseitige Zusammensetzung der Parlamente, die die Bevölkerung in keiner Weise mehr repräsentieren, hat man sich längst gewöhnt.

Diese Fehlentwicklungen könnten mit einem Schlag durch einige sinnvolle Verfassungsänderungen abgestellt werden:

1. Die Ministerpräsidenten der Länder sollten direkt durch das Volk gewählt werden (siehe S. 89 ff.). Das würde Koalitionen überflüssig machen, stabile Regierungen schaffen, so dass die Fünf-Prozent-Klausel abgeschafft werden könnte. Die Legitimation der Regierung würde erhöht und die Gewaltenteilung wieder hergestellt. Direkt gewählte Ministerpräsidenten wären auch im Bundesrat nicht so leicht auf einen Blockadekurs aus Parteiräson festzulegen, so dass auch die politische Handlungsfähigkeit des Bundes erhöht würde.

2. Parlamentsabgeordnete sollten nicht alle in gleicher Höhe, sondern entsprechend ihrem bisherigen Einkommen bezahlt werden – mit Ober- und Untergrenzen (siehe S. 171 ff.). Sie würden also für den Einkommensausfall, den sie durch die Übernahme des Mandats erleiden, entschädigt, getreu dem Grundgesetz, das den Abgeordneten einen Anspruch auf »Entschädigung« gibt, nicht auf ein Einheitsgehalt. Derzeit wird die zwanzigjährige Abiturientin, die ein Bundes-

tagsmandat ergattert, nur weil sie seit ihrem 16. Lebensjahr in der Partei aktiv ist, wie ein Bundesrichter bezahlt, einem erfolgreichen Unternehmer, der sich politisch betätigt, aber der Verzicht auf große Teile seines Einkommens zugemutet. Die vorgeschlagene Änderung würde wirtschaftlich Erfolgreichen den Weg in die Politik erleichtern. Mittelmäßige Kandidaten würden nicht mehr angelockt, nur weil ihr Einkommen sich durch die Diäten verdoppelt. Die Parlamente würden ihre finanzielle Attraktivität für Beamte niedriger und mittlerer Gehaltsstufen verlieren, besonders für Lehrer.

3. Die Größe der Parlamente sollte nicht mehr starr vorgegeben sein. Wie viel Mandate insgesamt vergeben werden, sollte sich nach der Zahl der abgegebenen Wählerstimmen richten und damit nach der Höhe der Wahlbeteiligung (siehe S. 50). Das würde die politische Klasse zwingen, die abseits stehenden Bürger wieder für das Gemeinwesen zu gewinnen. Der Vorschlag ist kein Hirngespinst. Schon der Reichstag der Weimarer Zeit wurde auf diese Weise gewählt: Für je 60 000 Stimmen gab es einen Sitz. Auch die Väter des Grundgesetzes standen einer solchen Regelung positiv gegenüber und schrieben deshalb die Größe des Bundestags nicht fest.

4. Landtage sollten als Teilzeitparlamente organisiert werden (siehe S. 152 ff.). Dass dies möglich ist, zeigen Hamburg und Baden-Württemberg, die Gliedstaatenparlamente der USA und in der Schweiz sogar das Bundesparlament. Derzeit gerieren sich unsere Landesparlamentarier, um ihre staatliche »Vollalimentation« zu rechtfertigen, als Vollzeitabgeordnete. Die extensive Terminierung von Sitzungen ist öffentliche Verschwendung und erschwert beruflich erfolgreichen Kandidaten den Zutritt zur Volksvertretung. Außerdem: Wie sollen Parlamente, die selbst desorganisiert sind, in der Lage sein, die Verwaltung und den öffentlichen Dienst vernünftig zu organisieren und wirksam zu kontrollieren?

5. Das Wahlrecht sollte den Bürgern endlich Einfluss auf die Auswahl der Kandidaten geben (siehe S. 42 ff.). Das würde echte Verantwortlichkeit gegenüber den Wählern begründen. Derzeit entscheiden die Parteien, wer Abgeordneter wird. Wen sie auf sichere Listenplätze setzen oder in sicheren Wahl-

kreisen aufstellen, dessen Einzug ins Parlament steht schon lange vor der Wahl fest.

Von den Parlamentariern solche Reformen zu erwarten wäre Illusion. Frösche legen ja auch nicht freiwillig ihren Sumpf trocken. Die Reformen ließen sich aber mittels Volksbegehren und -entscheid durchsetzen. Diese stehen den Bürgern inzwischen in allen 16 Bundesländern offen, und meist lassen sich so auch Verfassungsänderungen beschließen (siehe S. 73 ff.). Auf diesem Weg wurde bereits die Direktwahl der Bürgermeister in den Flächenländern erzwungen (siehe S. 84 ff.). Wenn Bürger ihre Möglichkeiten nutzen, sind Reformen keine Utopie.

VII Gewaltenteilung

1 Erosion der Gewaltenteilung: Eine rechtsstaatlich-demokratische Bankrotterklärung

»Das Ende der Freiheit ist gekommen, wenn eine Gewalt im Staat allmächtig wird und keine kontrollierende Gewalt mehr neben und über sich hat«, mahnt Charles de Montesquieu (1689–1755), der geistige Vater der Gewaltenteilung. Seitdem gehören Gewaltenteilung und Gewaltenkontrolle zu den Kernbestandteilen westlichen Verfassungsdenkens: negativ zur Verhinderung von Machtmissbrauch, positiv zur Steigerung der Richtigkeit politischer Entscheidungen. Die Machtbefugnisse seien so zu verteilen, betonen die »Federalist Papers«, der klassische Kommentar zur amerikanischen Verfassung von 1787, dass der »Ehrgeiz dem Ehrgeiz entgegenwirkt«. Und Artikel 16 der Französischen Erklärung der Menschen- und Bürgerrechte von 1789 stellt prägnant fest, ohne Gewaltenteilung sei eine Verfassung nicht denkbar. Die Essenz dieses fundamentalen Prinzips, das auch das Grundgesetz übernommen hat, ist die – nicht nur formale – Trennung von Regierung und Parlament, ihre sinnvolle Verknüpfung und gegenseitige Kontrolle.

Solche Gewaltenteilung fehlt in der parlamentarischen Demokratie der Bundesrepublik. Hier steht die Parlamentsmehrheit, welche die Regierung gewählt hat und trägt, politisch auf der Seite der Exekutive und sieht ihre Aufgabe vor allem darin, sie zu stützen und gegen Angriffe der Opposition zu verteidigen. Sie ist ein Instrument der Machterhaltung und Machtausübung für die Regierung und deshalb außerstande, diese wirksam zu kontrollieren. Der Gewaltenmonismus kommt auch darin zum Ausdruck, dass Regierungsmitglieder und Parlamentarische Staatssekretäre gleichzeitig Sitz und Stimme im Parlament haben (siehe S. 194 ff.). Das macht die Kontrolle der Regierung durch das Parlament erst recht zur Farce, zumal der Regierungschef auch normale Abgeordnete durch die Hoffnung auf höhere Ämter disziplinieren kann.

Heute wird die öffentliche Auseinandersetzung statt vom Gegensatz zwischen Regierung und Parlament, wie er auch in Artikel 20 Grundgesetz gefordert wird, von der Auseinandersetzung zwischen Regierungs- und Oppositionsparteien beherrscht. Da die Regierung aber die Mehrheit hat und die Opposition im Parlament niederstimmen kann, besteht keine echte Gewaltenteilung mehr, sondern allenfalls eine »hinkende«. Die Opposition kann sich mit ihren Argumenten lediglich noch an die Öffentlichkeit wenden in der Hoffnung, damit bei den nächsten Wahlen die Mehrheit zu erringen.

Die mangelnde Gewaltenteilung zwischen Parlament und Regierung ist derart selbstverständlich geworden, dass sie vielfach gar nicht mehr als Problem wahrgenommen und die Kritik daran als naiv abgetan wird. Dabei sollte es uns eigentlich nachdenklich machen, dass der Nobelpreisträger Friedrich August von Hayek die fehlende Trennung von Gesetzgebung und Regierung als zentralen Konstruktionsfehler parlamentarischer Demokratien kritisiert hat.

An die Stelle solcher bei uns faktisch erschlafften Gewaltenteilung sind allerdings neue Gegengewichte getreten. Die Rechtsprechung, die in Montesquieus Augen noch ganz unbedeutend war (»en quelque façon nulle«), hat, besonders in Deutschland in Reaktion auf die Nazidiktatur, einen Aufstieg sondergleichen erlebt. Auch die Zentralbank, die Rechnungshöfe und Sachverständigenräte sind hier zu nennen. Hinzu kommen die Medien, besonders das Fernsehen, das die öffentliche Kontrolle der Postmoderne verkörpert, und Sachverständigenräte.

Doch die Parteien suchen auch diese Instanzen »gleichzuschalten«, indem sie sie mit genehmen Personen besetzen, obwohl ein Fundamentalsatz wirksamer Kontrolle besagt, dass niemand seine Kontrolleure selbst auswählen sollte. Die Parteien dehnen ihren Einfluss auf alle eigentlich als unabhängig gedachten politischen Institutionen aus, auf die Gerichte, besonders die Verfassungsgerichte, die öffentlich-rechtlichen Rundfunkanstalten, die Rechnungshöfe (siehe S. 94 ff.), teilweise auch die Wissenschaft (siehe S. 203 ff.) und andere Bereiche, wodurch deren Kontrollwille von innen heraus geschwächt wird. In dieser »Kolonisierung« von Staat und Gesellschaft durch die Parteien (so der Politikwissenschaftler Klaus von Beyme) zeigt sich das uralte und doch ewig aktuelle »Gesetz der Macht« – Montesquieu spricht von einer »expérience éternelle« –, wonach die Mächtigen im Staat dazu neigen, ihren Einfluss so lange auszuweiten, bis sie an Grenzen stoßen. Doch wirksame Grenzen gegen alle diese Infiltrationen fehlen bisher.

Die Tendenz der Parteien, die Gewalten personell zu durchdringen, erfasst auch die Verwaltung. Parteipolitische Ämterpatronage (siehe S. 92 ff.) greift bei Einstellungen und Beförderungen immer mehr um sich. Gleichzeitig nehmen die Verwaltungsangehörigen in den Parteien nach Zahl und Gewicht zu. Die Wahllisten strotzen nur so von Beamten. Entsprechend zahlreich sind sie in den Parlamenten von Bund und Ländern vertreten (siehe S. 178 ff.), was die Gewaltenteilung zwischen Legislative und Exekutive erst recht unterläuft.

Angesichts der »Umarmung« der Kontrollinstanzen durch die Kontrollierten könnte, so scheint es, immerhin der Bundesrat ein Element echter Gewaltenteilung werden. Er ist ursprünglich ja auch als Element föderalistischer Gewaltenteilung gedacht. Doch auch dieser Institution haben sich die Parteien bemächtigt. In den meisten Jahren, bevor 2005 die Große Koalition gebildet wurde, war der Bundesrat in der Hand der Opposition, und diese hat nun mal aus machtpolitischen Gründen kein Interesse daran, die Regierung politisch reüssieren zu lassen. Sie ist deshalb leicht versucht, die Regierungsmehrheit mit ihrem Nein zu blockieren, aber eben nicht aus sachlichen Gründen, sondern weil sie ihr aus Machtkalkül jeden Erfolg missgönnt (siehe S. 215 f.). Gewaltenteilung kann deshalb auch hier ihre Funktion, die Träger der Macht zu größerer inhaltlicher Richtigkeit zu bewegen, nicht erfüllen. So beseitigen die politischen Parteien nicht nur die Gewaltenteilung zwischen Regierung und Parlament, indem sie beide Gewalten machtpolitisch »gleichschalten«, schwächen die Kontrolle der Politik durch unabhängige Instanzen, indem sie sich genehme Kontrolleure bestellen, sondern verderben auch noch die Gewaltenteilung zwischen Regierungsmehrheit und Bundesrat, indem sie eine übersteigerte Blockadehaltung hervorrufen.

Wenn alle Elemente der Gewaltenteilung versagen, müsste eigentlich den Wählern die wichtigste Kontrollfunktion zuwachsen. Doch das setzt ein funktionierendes Wahlsystem voraus. Tatsächlich hat die politische Klasse der Berufspolitiker, die sich in eigener Sache meist einig ist, im Bestreben, ihre Position möglichst abzusichern, sich des Wahlrechts bemächtigt und auch andere Schlüsselregeln in ihrem Sinne umgebildet und sich so gegen Einwirkungen der Bürger weitgehend immunisiert. Das nimmt den Wählern die Möglichkeit, dass sie »schlechte Herrscher ohne Blutvergießen wieder loswerden«, was Karl R. Popper mit Recht als das demokratische Minimum herausgestellt hat. Parteien, die in den Augen der Wähler versagt haben und deshalb Wählerstimmen einbüßen, holen einfach neue Partner ins Koalitionsbett und setzen mit diesen ihre Regierung fort. Schlechte Abgeordnete kann der Bürger schon gar nicht loswerden (siehe S. 42 ff.), was der verfassungsrechtlich an sich vorgeschriebenen Wahl (und Abwahl) der Abgeordneten durch das Volk Hohn spricht.

Der Grundsatz der Gewaltenteilung richtete sich ursprünglich gegen absolute Herrscher. Doch die politische Klasse hat ihre Position durch die Usurpation staatlicher Macht, staatlicher Gesetze, staatlichen Personals und staatlichen Geldes fast unangreifbar gemacht (siehe S. 26 ff.) und geradezu eine moderne Form des Absolutismus geschaffen. Sie ist auf höchst raffinierte Weise »legibus absolutus«: von der Bindung an die für alle geltenden Normen befreit, wenn dies auch durch eine aufgehübschte Fassade verdeckt wird. Formal unterliegt die politische Klasse zwar der Verfassung und den Gesetzen, doch die macht sie selbst. Zudem bestellt sie die höchsten Richter, die den Inhalt der Vorschriften verbindlich bestimmen, wie auch andere Kontrolleure (siehe S. 94 ff.). Die Spieler legen also nicht nur die Spielregeln fest, in ihrem Sinne, sondern suchen auch noch ihre Schiedsrichter selbst aus, nach ihren Präferenzen. Formal unterliegt die politische Klasse der Kontrolle durch die Wähler, doch hat sie das Wahlsystem derart pervertiert, dass Wahlen ihr nichts mehr anhaben können. Alle diese Verbiegungen, die die politische Klasse im eigenen Interesse, aber zulasten der Bürger und der Demokratie vorgenommen hat, schreien bisher nur deshalb nicht zum Himmel, weil sie gezielt unter der Decke gehalten und mit politischen Formeln wie »Volkssouveränität« (siehe S. 15 ff.) »demokratische Legitimation« (siehe S. 175 ff.) und »unmittelbare Wahl des Parlaments durch die Bürger« (siehe S. 42 ff.) verbrämt werden. Der politischen Klasse gelingt diese Camouflage auch deshalb einigermaßen, weil sie mittels ihres großen Einflusses auf Staat und Gesellschaft die politische Ideologie beherrscht (siehe S. 26 ff.). Ganz verbergen lassen sich die wahren Verhältnisse allerdings nicht. Das Ansehen der Parteipolitiker ist im Keller. Die Verdrossenheit der Bürger grassiert. Kaum einer vertraut noch darauf, dass die Politik die anstehenden Probleme bewältigen könnte.

Angesichts der Paralysierung des ganzen Systems durch die politische Klasse kommt als wirksame Kontrollinstanz nur noch das Volk selbst in Betracht, kann eine Erneuerung von Gewaltenteilung und Gewaltenkontrolle letztlich nur von ihm ausgehen. Da die politische Klasse kaum bereit ist, auf ihre Besitzstände freiwillig zu verzichten, mögen diese auch noch so schädlich für die Gemeinschaft sein, ist eine Reform wohl nur durch direkte Demokratie durchzusetzen. In den Bundesländern könnte sogleich begonnen werden. Dort sind direktdemokratische Wege bereits eröffnet (siehe S. 73 ff.). Vor allem gilt es, das Wahlsystem und die anderen Regeln der Macht dem Monopoleinfluss der politischen Klasse zu entziehen. Auch darf sie ihre Kontrolleure nicht länger selbst auswählen.

2 Minister als Abgeordnete: Ein unmöglicher Spagat

Regierungschefs, Minister und Parlamentarische Staatssekretäre gehören in unserer Republik meist gleichzeitig dem Parlament an. Dabei hätte die Legislative die Exekutive eigentlich zu kontrollieren. Ein krasserer Verstoß gegen das Prinzip der Gewaltenteilung, das auch das Grundgesetz und die Landesverfassungen hochhalten, ist gar nicht denkbar. »Kein Gesäß ist so breit, dass jemand gleichzeitig auf der Regierungsbank und auf einem Abgeordnetenstuhl sitzen kann«, formuliert denn auch der Staatsrechtslehrer und frühere Hamburger Senator Ingo von Münch treffend. Deshalb ist es Regierungsmitgliedern in Hamburg und Bremen ja auch strikt verboten, ein Parlamentsmandat wahrzunehmen. Die anderen Länder und der Bund halten sich zwar ebenfalls an die Gewaltenteilung, allerdings nur bei niedrigeren Exekutivämtern: Für Beamte, die in den Bundestag oder einen Landtag gewählt werden, gelten fast überall strenge Unvereinbarkeitsbestimmungen. Sie müssen ihr Amt ruhen lassen, dürfen es also nicht gleichzeitig mit dem Mandat ausüben.

Dass es solche Verbote ausgerechnet für die wichtigsten Exekutivämter – die Mitglieder der Regierung – bisher nicht gibt, ist ein schwerer Systembruch. Das bestätigt auch der internationale Vergleich: In den meisten westlichen Staaten ist für Regierungsmitglieder ein Sitz im Parlament tabu. Dass es praktisch durchaus möglich ist, die Kumulierung von Ministeramt und Parlamentsmandat in einer Hand abzuschaffen, bestätigt auch die Beobachtung, dass im Bund und in den Ländern schon jetzt eine sehr viel größere Zahl von Ministern und Senatoren kein Abgeordnetenmandat hat, als gemeinhin bekannt ist; im Jahr 2000, für das eine Zählung vorliegt, waren es sogar mehr als die Hälfte.

Doch die Eigeninteressen der politischen Klasse stehen quer zur längst überfälligen Reform: Kaum ein Regierungsmitglied will freiwillig auf die Bezüge aus dem Mandat verzichten. Das hat nicht zuletzt finanzielle Gründe. Bundesminister und Parlamentarische Staatssekretäre erhalten zusätzlich zu ihrem Amtsgehalt noch die halben steuerpflichtigen Diäten von monatlich 7668 Euro (ab Januar 2009) und drei Viertel der steuerfreien Kostenpauschale von 3782 Euro (Stand: Frühjahr 2008). Hinzu können erhöhte Versorgungsbezüge kommen. Alles das ist aberwitzig, sind Minister und erst recht die Kanzlerin doch durch ihr Regierungsamt derart eingespannt, dass sie für ihr zusätzliches Mandat keine Zeit mehr haben. Die Betroffenen sehen im Mandat allerdings eine Art Auffangnetz, mit dem der Minister auch im Falle des Verlustes des Ministeramts im Spiel bleibt und die politische Karriere leichter fortsetzen kann. Doch ist eine solche Rückversicherung gewiss nicht der Sinn des Mandats.

Hinter vorgehaltener Hand wird selbst von vielen Politikern eingeräumt, dass die Doppelrolle ein Unding ist. Es gibt sogar Parteien und Politiker, die das offene Wort nicht scheuen, jedenfalls solange es ihnen in den politischen Kram passt. Die Grünen bekannten sich lange zur Unvereinbarkeit von Amt und Mandat, ein Grundsatz, der auch in ihren Statuten niedergelegt war. Doch Joschka Fischer und die anderen grünen Minister der Schröder-Regierung (1998–2005) beerdigten den Grundsatz ohne viel Federlesens. Auch ihnen war das eigene Hemd offenbar wichtiger als der grüne Rock. Ein anderes Beispiel ist der saarländische Ministerpräsident Peter Müller. Als er noch Landtagsabgeordneter und Vorsitzender der CDU-Opposition war, sprach er, wie das Landtagsprotokoll ausweist, so:

»Ich persönlich verhehle nicht, ich bin ein Vertreter der Ministerinkompatibilität, weil das einfach dem Grundsatz der Gewaltenteilung eher entspricht. Aufgabe des Parlamentes ist es, die Regierung zu kontrollieren. Wenn ich beide Funktionen gleichzeitig habe, Parlamentarier und Regierungsmitglied, ergibt sich notwendigerweise daraus eine Einschränkung der gegenseitigen Kontrollfunktion, dann ergibt sich eine Gewaltenverschränkung. Und die sollten wir in unserem System auf ein Mindestmaß reduzieren. Fraktionen, auch Mehrheitsfraktionen, die keine Regierungsmitglieder als Fraktionsmitglieder haben, werden in höherem Maße konfliktbereit sein als Fraktionen, bei denen dies der Fall ist. Vor diesem Hintergrund denke ich, dass das System der gegenseitigen Kontrolle, dass das System von Checks and Balances, das unserem demokratischen Modell zugrunde liegt, gestärkt wird, wenn jemand, der Minister ist, nicht gleichzeitig Abgeordneter sein kann.«

Wo Müller recht hat, hat er recht. Bedauerlich ist nur, dass von seiner früheren Aussage nichts mehr zu hören ist, seitdem er die Regierung des Saarlandes übernommen hat. Auch hat er keinerlei Initiative zur Änderung der saarländischen Verfassung ergriffen. Im Gegenteil: Der amtierende Ministerpräsident bekleidet nun selbst ein Abgeordnetenmandat – getreu dem sarkastischen Politikerschnack: »Was schert mich mein saublöd's Geschwätz von vorgestern.«

3 Staatsanwälte: Am Zügel der Politik

Staatsanwälte sind in Deutschland weisungsgebunden. Darin liegt ein krasser Verstoß gegen die Grundsätze der Unabhängigkeit der Justiz und der Gewaltenteilung. Nach § 146 Gerichtsverfassungsgesetz haben Staatsanwälte den dienstlichen Anweisungen ihrer Vorgesetzten nachzukommen, und die Weisungskette reicht über den Oberstaatsanwalt als Behördenleiter und den Generalstaatsanwalt bis hin zum Justizminister des jeweiligen Landes. Dadurch werden Staatsanwälte abhängig von der Politik, da der Justizminister, gerade wenn es darauf ankommt, letztlich das Sagen hat. Das wird ihm dadurch erleichtert, dass der Generalstaatsanwalt regelmäßig politischer Beamter ist, das heißt, er kann bei politischer »Unbotmäßigkeit« jederzeit in den einstweiligen Ruhestand versetzt werden, was seine Botmäßigkeit im Allgemeinen beflügelt.

Die Abhängigkeit ist deshalb so unerhört problematisch, weil Staatsanwälte eine Schlüsselstellung im Strafverfahren innehaben. Gerichte können nicht von sich aus tätig werden. Deshalb entscheidet die Staatsanwaltschaft ganz allein, ob es überhaupt zu einem gerichtlichen Verfahren kommt. Sie bestimmt, ob Ermittlungen aufgenommen werden, in welcher Weise diese erfolgen und ob und in welcher Richtung Anklage erhoben wird. Sie stellt damit die Weichen für das ganze Strafverfahren. Zwar ist es letztlich Sache des Gerichts, über die Schuld von Angeklagten zu urteilen, ob aber ein Ermittlungsverfahren eingestellt oder gar nicht eröffnet wird, entscheidet die Staatsanwaltschaft, und diese Entscheidung kann die Politik an sich ziehen. Damit liegt, wenn es um Verfahren gegen »Persönlichkeiten« geht, die Gefahr politischer Einflussnahme auf der Hand. Schon die bloße Existenz eines Weisungsrechts der Politik sorgt für einen »bösen Schein« und erweckt Misstrauen bei den Bürgern und Medien. Das schadet dem Ansehen der Justiz.

Justizminister betonen öffentlich zwar immer wieder, auf staatsanwaltschaftliche Ermittlungen würde keinerlei Einfluss genommen, womit sie nach außen immerhin die Problematik solcher Einflussnahmen anerkennen. Doch warum beseitigt man die Abhängigkeit dann nicht? In Wahrheit will die Politik nicht auf § 146 GVG verzichten, allerdings ohne dass die Erteilung der Weisung im Einzelfall öffentlich bekannt werden soll. Die für politisches Agieren typische Diskrepanz zwischen Wort und Tat ist hier besonders ausgeprägt. Weisungen werden meist nicht schriftlich erteilt, sondern in Besprechungen oder Telefonaten. Auch scheinbare »Bitten« reichen, da das Weisungsrecht im Raum steht. Staatsanwälte, die nicht reagieren oder auf Schriftlichkeit bestehen, machen sich missliebig und müssen um ihre weitere Karriere fürchten. Wer dagegen vorauseilenden Gehorsam übt, erspart sich Ärger und empfiehlt sich für Beförderungen, die ja wiederum von dem weisungsberechtigten Vorgesetzten ausgesprochen werden. Und wer befördert, befiehlt nun mal, auch wenn der Befehl nur in Andeutungen ergeht. Wer vorwärtskommen will, lasse also möglichst die Finger von politisch heiklen Verfahren. Der frühere Augsburger Staatsanwalt Winfried Maier formuliert für politisch stromlinienförmige Staatsanwälte folgende Grundregeln:

»Die Bestechung der oben interessiert mich nicht,
die Weisung des Vorgesetzten stört mich nicht,
die Einflussnahme von oben irritiert mich nicht,
der Ladendiebstahl ist strafbar – nicht?«

Erfolgt die Weisung ausnahmsweise doch einmal schriftlich, wird dies nur in der Handakte des Staatsanwalts dokumentiert, die als Dienstinternum Dritten nicht zugänglich und selbst der Akteneinsicht durch den Verteidiger des Beschuldigten entzogen ist. Hier muss der Staatsanwalt also nach außen die Verantwortung für etwas übernehmen, was in Wahrheit die Politik entschieden hat. Die Verschleierung der Verantwortung ist sogar strafrechtlich geschützt: Staatsanwälte, die durchblicken lassen, dass sie auf Weisung handeln, machen sich wegen Verrats von Dienstgeheimnissen strafbar ($ 353b Strafgesetzbuch). Das ganze Thema ist durch ein großes Maß an Heuchelei gekennzeichnet.

Da die Erteilung von Weisungen ein »gesetzlich angeordnetes verschwiegenes Thema« (so Winfried Maier) darstellt, erklärt dies, warum die Öffentlichkeit darüber kaum je etwas erfährt, es sei denn, das Verfahren stinkt derart zum Himmel, dass ein parlamentarischer Untersuchungsausschuss eingesetzt wird, dessen Bericht veröffentlicht werden muss. Als einer der größten politischen Skandale der Republik, der CDU-Spendenskandal, durch Ermittlungen der Augsburger Staatsanwaltschaft aufgedeckt wurde, waren die Beschuldigten entweder Politiker oder mit solchen eng verquickt. Entsprechend massiv war der Einfluss von oben: Die von Augsburger Staatsanwälten beabsichtigte Durchsuchung der CDU-Parteizentrale und die Vernehmung des früheren CDU-Vorsitzenden Helmut Kohl unterband die Münchner Generalstaatsanwaltschaft. Sie setzte auch einen Haftbefehl gegen den flüchtigen früheren Staatssekretär im Bundesverteidigungsministerium Holger Pfahls, der beim Verkauf von Spürpanzern nach Saudi-Arabien bestochen worden war, für einige Tage außer Kraft. Pfahls konnte in Malaysia untertauchen. Der Leiter der Staatsanwaltschaft Augsburg hatte sogar untersagt, innerdienstliche Anweisungen in der Handakte zu vermerken, was eindeutig rechtswidrig war. Die beiden Staatsanwälte, die die Ermittlungen vor allem betrieben, ernteten dafür schlechten Lohn: Oberstaatsanwalt Jörg Hillinger starb bei einem mysteriösen Autounfall, und Winfried Maier schied frustriert aus und wurde Richter am Oberlandesgericht München.

Eine Konsequenz des Weisungsrechts ist die Pflicht der Staatsanwälte in Fällen von besonderem Interesse, den Justizministern Bericht zu erstatten. Das birgt die Gefahr, dass betroffene »hohe Tiere« gewarnt werden. Wenn die Beschuldigten belastendes Material rechtzeitig beiseiteschaffen oder sich mit anderen absprechen können, drohen staatsanwaltschaftliche Ermittlungen (z.B. Hausdurchsuchungen und Vernehmungen) zur Farce zu werden. Was normalerweise nicht an die Öffentlichkeit dringt, wurde in einem Fall allerdings bekannt: Die baden-württembergische Justizministerin Corinna Werwigk-Hertneck hatte ihren FDP-Kollegen Wirtschaftsminister Walter Döring am 17. Juni 2004 telefonisch über staatsanwaltschaftliche Ermittlungen gegen ihn wegen unzulässiger Finanzierung einer Umfrage informiert. Als das ruchbar wurde, mussten beide zurücktreten.

Im Januar 2008 wurde bekannt, dass ein Berliner Oberstaatsanwalt von seinem Vorgesetzten daran gehindert worden war, sich im öffentlich-rechtlichen Fernsehen zum Thema jugendliche Intensivtäter zu äußern, da er einen anderen Standpunkt vertritt als die Politik.

Die Weisungsgebundenheit der Staatsanwaltschaft lässt sich heutzutage nicht mehr rechtfertigen. Die Staatsanwaltschaft ist keine Verwaltungsbehörde. Sie ist Teil der Justiz und ähnelt mit ihrem der Objektivität verpflichteten Ermittlungsauftrag den Gerichten. Auch politisch besetzte Generalstaatsanwaltschaften machen keinen Sinn und gehören abgeschafft. Gegen Willkür von Staatsanwälten kann man sich bereits dadurch wehren, dass ihre Aktionen der Überprüfung durch den Ermittlungsrichter und die Beschwerdeinstanzen unterliegen. Auch der Generalbundesanwalt sollte kein politischer Beamter mehr sein. Ohne Unabhängigkeit hätte es den beispiellosen Kampf der italienischen Staatsanwälte gegen die dortige Regierungskorruption nicht gegeben. Sollten diese Vorschläge vorerst nicht durchsetzbar sein, müsste die Kontrolle doch auf eine reine Rechtmäßigkeitskontrolle beschränkt werden. Zumindest aber sollte in Zukunft kein Platz mehr für Heuchelei und Geheimnistuerei sein, also für nicht transparente Einflussnahmen, die vor dem Bürger durch Gesetz geheim gehalten werden dürfen. Wie Winfried Maier mit Recht fordert, ist jede Einflussnahme zu dokumentieren und Dritten zugänglich zu machen, sobald es der Ermittlungszweck zulässt.

4 Parteienfinanzierung: Scheinkontrolle durch das Bundesverfassungsgericht

Parteienrecht ist zum großen Teil Parteien*finanzierungs*recht. Formal beschließt zwar das Parlament. Tatsächlich gibt aber das Bundesverfassungsgericht die Richtung vor, das in einer Fülle von Entscheidungen zum Ersatz- und Übergesetzgeber geworden ist. Das Parlament entscheidet über Parteienfinanzierung in eigener Sache und tendiert zu einseitigen Regelungen. Deshalb ist das Gericht ganz gezielt zu einer intensiven Kontrolle übergegangen. Statt richterlicher Zurückhaltung herrscht vielfach richterlicher Aktivismus. Die ganze Entwicklung der Politikfinanzierung lässt sich als ein Kampf zwischen Parlament und Verfassungsgericht interpretieren oder, vordergründig, zwischen Macht und Recht. Betrachtet man die Entwicklung aber im größeren Zusammenhang, so kommen Zweifel auf, ob das Bundesverfassungsgericht wirklich eine effektive Kontrolle ausgeübt oder nicht im Gegenteil ganz wesentlich dazu beigetragen hat, dass die Parteien in Deutschland wie im Schlaraffenland leben.

Das Bundesverfassungsgericht hat die Staatsfinanzierung nicht nur begrenzt, sondern sie oft geradezu angestoßen und ihr den Weg gebahnt. Denn die in eigener Sache entscheidenden Parlamente haben die vom Gericht eröffneten Gestaltungsräume voll zu ihren Gunsten ausgeschöpft und sind in kalkuliertem Risiko auch darüber hinausgegangen. Das Gericht hat dem Vorschub geleistet, weil es selbst bei eindeutig verfassungswidrigen Zahlungen die Parteien nicht zu einer Rückzahlung verurteilte, sondern nur für die Zukunft eine Anpassung verlangte, womit die Parteien also die rechtswidrig erlangte Beute behalten durften.

In einer Entscheidung von 1958, in der es allein um die Steuerbegünstigung von Parteispenden ging, hat das Gericht nebenbei und zur allgemeinen Überraschung die direkte staatliche Parteienfinanzierung für zulässig erklärt, ohne gleichzeitig irgendwelche Einschränkungen zu nennen. Die Bemerkung trug die Handschrift des Verfassungsrichters Gerhard Leibholz, der aufgrund seiner überaus parteienfreundlichen Parteienstaatsdoktrin (siehe S. 124 ff.), immer schon für eine Staatsfinanzierung eingetreten war, was auch seine wiederholte Berufung ins Gericht erklärt. Mit der Generalvollmacht aus Karlsruhe im Rücken führten die Regierungsparteien die staatliche Parteienfinanzierung sogleich ein. Das war 1959 ein europäisches Novum, und die selbst bewilligten Gelder stiegen von Jahr zu Jahr sprunghaft an, so dass das Gericht 1966 die Notbremse ziehen musste und nur noch die Erstattung von Wahlkampfkosten zuließ (siehe S. 99). Leibholz, der durch vorlaute Stellungnahmen in der Öffentlichkeit seine Befangenheit gezeigt hatte, war vorher von den Beratungen ausgeschlossen worden. Doch bereits zwei Jahre später entwertete das Gericht – unter tätiger Mitwirkung von Leibholz – die Begrenzung, indem es den Begriff der Wahlkampfkosten gewaltig ausweitete. Zugleich hatte das Gericht nebenbei die Staatsfinanzierung der Fraktionen, also der Hilfsorganisationen der Parteien, abgesegnet, auch hier ohne wirksame Grenzen zu setzen. Den gerichtlichen »Persil-Schein« nutzten die Bundestagsfraktionen, um ihre Subventionen in fünfundzwanzig Jahren von 3,4 Millionen DM (1966) auf 130 Millionen DM (2001) hochzupuschen.

Auch die Staatsfinanzierung der Parteistiftungen, die die Parteien von manchen Aufgaben entlasten, hat das Gericht zugelassen, ohne Grenzen zu markieren, so dass sich die Parteien nach der Limitierung ihrer eigenen Finanzierung geradezu darauf verwiesen sahen, auch die Stiftungsfinanzierung gewaltig aufzublähen (siehe S. 120ff.).

Mit dem Spendenurteil von 1986 lockerte das Gericht zur Überraschung von Wissenschaft und Praxis auch die bis dahin von ihm selbst eng gesteckten Grenzen für den steuerlichen Abzug von Spenden. Kurz zuvor hatten die Parteien den Staatsrechtslehrer und Parlamentarischen Staatssekretär der CDU Hans Hugo Klein zum Verfassungsrichter gemacht, der vorher durch unqualifizierte, aber umso massivere Kritik an der engen Steuerbegünstigung von Spenden an Parteien hervorgetreten war. Hier zeigt sich einmal mehr, wie die Parteien über die Auswahl der Verfassungsrichter die Rechtsprechung zu ihren Gunsten beeinflussen können.

Immerhin hat die einhellige Kritik der Wissenschaft an jenem Urteil, das weithin als peinliche Verbeugung vor der Politik angesehen wurde, das Gericht 1992 veranlasst, bei der steuerlichen Behandlung von Spenden zu seiner ursprünglichen strengen Auffassung zurückzukehren. Dadurch wurde allerdings der Eindruck einer Zickzackrechtsprechung eher noch verstärkt, so dass sich diejenigen ermutigt fühlten, die schon immer dafür eingetreten waren, es mit der Einhaltung der vom Gericht gezogenen Grenzen nicht allzu genau zu nehmen und die Grenzen der Belastbarkeit des Verfassungsgerichts stets aufs Neue zu testen. Das ist besonders misslich, weil das Gericht trotz allem in der repräsentativen Demokratie das Hauptwiderlager gegen eine überzogene Parteienfinanzierung bleibt. Auch die 1994 in Kraft getretene Neuregelung der Parteienfinanzierung ist voller kalkulierter Grenzüberschreitungen bis hin zur offensichtlichen Verfassungswidrigkeit, wie etwa die viel zu hohe Steuerbegünstigung von Zuwendungen an die Parteien zeigt (siehe S. 102). Die Schatzmeister der Parteien, die dem Gesetzgeber wieder die Feder geführt haben, verlassen sich darauf, dass keine Partei oder Regierung dagegen vorgeht, und den Bürgern wird ein Antragsrecht zum Verfassungsgericht wohlweislich vorenthalten. Die Klageberechtigten sind nicht klagewillig und die Klagewilligen nicht berechtigt.

Auch das Diätenurteil des Bundesverfassungsgerichts von 1975 zeitigte unerwartete Folgen. Es erklärte nicht nur bisherige Privilegien, vor allem die Steuerfreiheit, für verfassungswidrig, sondern sah gleichzeitig eine sogenannte Vollalimentation für Bundestagsabgeordnete vor. Das Gericht versäumte aber wieder, klare Grenzen für die in eigener Sache entscheidenden Parlamente zu ziehen, und entfaltete so im Ergebnis eine vielfache Anstoßwirkung, die zu verfassungswidrigen Kostenpauschalen, überzogener Altersversorgung (siehe S. 141 f.) und zu übermäßig aufgeblähten Landtagsdiäten (siehe S. 152 ff.) geführt hat.

Die Rechtsprechung hat die staatliche Politikfinanzierung im Ergebnis also oft nicht gebremst, sondern eher beflügelt. Man wird an die Echternacher Springprozession erinnert: Nach zwei durch das Bundesverfassungsgericht erzwungenen Schritten zurück folgten häufig drei (und mehr) Schritte nach vorn. Das Gericht hat, ohne die notwendigen Grenzen gleich mitzunennen, Wege aufgezeigt oder offen gelassen, die die in eigener Sache entscheidenden Parlamente und ihre Abgeordneten und Parteien alsbald und nur allzu bereitwillig beschritten. Dazu trägt auch bei, dass die Rechtsprechung in der Praxis eine Art Legitimationseffekt bewirkte. Die vom Gericht bescheinigte Zulässigkeit einer Regelung (oder auch nur die nicht ausdrücklich erklärte Unzulässigkeit) wird als umfassendes Gütesiegel dargestellt und scheint eine sachliche Begründung des Gesetzes zu erübrigen und das Parlament aus seiner Verantwortung für eine gute und richtige Lösung zu entlassen.

Insgesamt hat die Rechtsprechung die Parteienfinanzierung nur scheinbar und vordergründig eingedämmt. In Wahrheit hat sie der in eigener Sache entscheidenden politischen Klasse die Möglichkeit eröffnet, sie auf den verschiedenen Wegen immer weiter aufzublähen.

5 Hofkommissionen: Irreführung der Öffentlichkeit

Es gibt ganz unterschiedliche Formen von wissenschaftlicher Politikberatung, auch von Beratung durch Sachverständigenkommissionen. Da es meist an einem klaren Reglement fehlt, bestimmen Politiker ad hoc über die Einsetzung, den Auftrag und die Zusammensetzung solcher Kommissionen. Oft werden Kommissionen nur berufen, um unangenehme politische Entscheidungen auf die lange Bank zu schieben. Auch regelrechte

»Hofkommissionen« sind an der Tagesordnung. Sie sollen politisch gewünschte Ergebnisse, die, zumindest der Richtung nach, von vornherein feststehen, politisch scheinbar legitimieren, und entsprechend gezielt werden die Mitglieder berufen. Die Versuchung, so zu verfahren, ist besonders groß, wenn es um »das Eingemachte« der politischen Klasse geht, etwa um den finanziellen Status der Politiker oder ihrer Parteien und Fraktionen. Gelingt es, in solche Kommissionen mehrheitlich genehme oder gar parteihörige »Sachverständige« zu berufen, ohne dass die Öffentlichkeit das falsche Spiel durchschaut, kann die politische Klasse die formale Autorität der Einrichtung für ihre Zwecke nutzen. Diese Art von Politikberatung, bei der die Berater nur als verlängerter Arm der politischen Klasse agieren, soll im Folgenden näher beleuchtet werden. Hier treten die Probleme scheinbar wissenschaftlicher Beratung, wie durch eine Lupe vergrößert, besonders deutlich zutage.

Ein Beispiel war eine 1982 eingesetzte Parteienfinanzierungskommission, die ganz überwiegend mit parteitreuen Mitgliedern besetzt war. Sie schlug 1983 eine gewaltige – im internationalen Vergleich einmalige – Ausdehnung der Steuerbegünstigung von Parteispenden und eine massive Anhebung der direkten Staatsfinanzierung vor. Das Parlament, sprich: die Schatzmeister der Bundestagsparteien, die dem Gesetzgeber schon damals die Feder führten, zögerte nicht, die Vorschläge alsbald zu verwirklichen, und sattelte dabei noch drauf. Um die Parteilichkeit der Kommission zu verschleiern, hatte Bundespräsident Carstens es übernommen, die von den Parteien ausgesuchten Kommissionsmitglieder zu ernennen, und ließ sich so vor deren Karren spannen. Die überzogenen Regelungen wurden erst 1992 durch das Bundesverfassungsgericht kassiert, wobei allerdings das einmal erreichte Niveau der direkten Subventionen erhalten blieb.

Geradezu exemplarisch war die politische Instrumentalisierung der »Berger-Kommission«, welche die Ministerpräsidenten von Bayern und Nordrhein-Westfalen, Edmund Stoiber (CSU) und Wolfgang Clement (SPD), 1999 gemeinsam einberufen hatten und welche im Herbst 2000 Vorschläge für die Bezahlung und Versorgung von Regierungsmitgliedern unterbreitete. Ihr Vorsitzender, der Unternehmensberater Roland

Berger, und die meisten der anderen 14 Mitglieder standen der politischen Klasse besonders nahe, waren selbst Spitzenverdiener oder erhielten sogar Aufträge von bayerischen und nordrhein-westfälischen Ministerien, hatten also ein regelrechtes Akquisitionsinteresse daran, sich das Wohlwollen der Chefs der Ministerien zu sichern. Entsprechend großzügig fielen ihre Vorschläge aus. Um sie der Öffentlichkeit plausibel zu machen, wurden im Schlussbericht der Kommission wesentliche Fakten ausgeblendet und auf der Hand liegende Wertungen unterdrückt. Auf diese Weise sollte vor allem die Verfassungswidrigkeit der steuerfreien, »Aufwandsentschädigung« genannten Zusatzeinkommen von vielen Regierungsmitgliedern verschleiert werden. Allein Stoiber hat als langjähriges Mitglied der bayerischen Staatsregierung insgesamt rund zwei Millionen Euro aus dieser dubiosen Quelle bezogen, brutto wären das rund vier Millionen (wobei die D-Mark-Beträge vor der Währungsumstellung in Euro umgerechnet sind). Zugleich sollte verborgen werden, dass Landesminister und Politische Staatssekretäre mit Abgeordnetenmandat schon jetzt ein sehr viel höheres Einkommen beziehen als vergleichbare andere hohe Amtsträger im In- und Ausland. Mittels dieser Tricks sollte einer gewaltigen Erhöhung der Bezüge deutscher Regierungsmitglieder bei gleichzeitiger Aufrechterhaltung der staatsfinanzierten Altersversorgung der Weg bereitet werden. Die Kommission schoss mit ihren Vorschlägen aber derart über das Ziel hinaus, dass selbst Stoiber und Clement sich erschrocken von ihren Ergebnissen distanzierten.

Ein weiteres Beispiel war die von Bundespräsident Johannes Rau berufene »Kommission unabhängiger Sachverständiger« zu Fragen der Parteienfinanzierung. Sie war in Wahrheit eher eine Kommission nicht-unabhängiger Nicht-Sachverständiger, wie ein mutiger Kommentator in einer politikwissenschaftlichen Fachzeitschrift treffend feststellte. Ihre fünf Mitglieder standen den Parteien sehr nahe, um es vorsichtig auszudrücken, und keines von ihnen hatte sich vor der Berufung in die Kommission mit der Materie »Parteienfinanzierung« intensiv befasst. Die Kommission beauftragte denn auch ihrerseits drei Sachverständige – auch das überwiegend nach parteipolitischem Proporz – mit umfangreichen Gutachten, aus denen die Kommission dann ihre relativ dürftigen Vorschläge vom

Juli 2001 zusammenstückelte. Selbst klar verfassungswidrige Regelungen wie die überhöhte Steuervergünstigung auf Zuwendungen an Parteien (siehe S. 102), auf deren Aufrechterhaltung die Schatzmeister der Parteien größten Wert legen, wurden von der Kommission nicht bemängelt.

In derartigen Kommissionen spiegelt sich eine höchst problematische Tendenz wider: Die wissenschaftliche Beratung der Politik wird vielfach von Institutionen und Personen dominiert, die von staatlichen Aufträgen leben oder jedenfalls vom Staat finanziert werden. Dagegen mangelt es an staats- und parteiunabhängigen Forschungseinrichtungen, wie sie etwa in den Vereinigten Staaten von Amerika große, öffentlich anerkannte Bedeutung besitzen. Der deutsch-amerikanische Wissenschaftler Wolfgang Reinicke hat beobachtet, dass »die objektivsten und qualitativ anspruchsvolleren Forschungsprodukte (in den USA) von Mitarbeitern der unabhängigen Forschungseinrichtungen vorgelegt werden«. Demgegenüber sei »der Markt für Politikberatung in der Bundesrepublik Deutschland nahezu gänzlich von der Nachfrage geprägt«, also von der Politik selbst. Politiker möchten, dass Beratung möglichst »in einem ›kontrollierten‹ Umfeld abläuft«. Das schließt dann aber an den Nerv gehende Untersuchungen, etwa über die Rolle der politischen Klasse selbst, über ihre Bezahlung und über ihren Einfluss auf die demokratischen Institutionen, weitgehend aus. Der Mangel an unabhängiger Politikberatung erscheint umso fataler, als Expertenwissen in der Politik eine immer größer Rolle spielt.

Hier stellt sich aber auch die Frage nach dem Selbstverständnis von Wissenschaftlern. Wollen sie ihrer grundgesetzlich gewährleisteten Unabhängigkeit bei voller staatlicher Alimentation nicht die verfassungstheoretische Grundlage entziehen, müssen sie auch ihre innere Unabhängigkeit verteidigen, sonst droht eine capitis deminutio.

Besonders Politikwissenschaftler und Staatsrechtslehrer, die sich mit Parteien befassen, drohen oft von diesen umarmt und eingebunden zu werden (siehe S. 232 ff.). Wer über eine Partei forscht, wer Gutachten für eine Partei erstellt und immer wieder Gerichtsprozesse für sie führt, dem fehlt leicht die nötige Distanz, um frei und unabhängig urteilen zu können, wenn es um Regelungen geht, die die Partei betreffen. Gerade sie werden aber oft in einschlägige Sachverständigengremien berufen und zu Sachverständigenhearings geladen. Was Unabhängigkeit und Kritikbereitschaft auch gegenüber den Mächtigen in Staat und Gesellschaft anlangt, gilt immer noch das klassische Wort, das Ernst Fraenkel, einer der Gründungsväter der deutschen Politikwissenschaft nach dem Zweiten Weltkrieg, seinen Kollegen ins Stammbuch geschrieben hat (das aber auch für Rechtswissenschaftler gelten sollte): »Eine Politikwissenschaft, die nicht bereit ist, ständig anzuecken, die sich scheuen wollte, peinliche Fragen zu stellen, die davor zurückschreckt, Vorgänge, die kraft gesellschaftlicher Konvention zu *arcana societatis* erklärt worden sind, rücksichtslos zu beleuchten, und die es unterlässt, freimütig gerade über diejenigen Dinge zu reden, über die ›man nicht spricht‹, [hat] ihren Beruf verfehlt... Politologie ist kein Geschäft für Leisetreter und Opportunisten.«

6 Bundespräsident: Von der Macht eines Machtlosen

Als Bundespräsident Richard von Weizsäcker 1992 die fehlende Reformbereitschaft der politischen Parteien bei gleichzeitigem Allmachtstreben geißelte und ihnen »Machtvergessenheit« und »Machtversessenheit« vorwarf, gingen die Angesprochenen alsbald zum Gegenangriff über, allen voran der damalige Bundeskanzler Helmut Kohl: Der Bundespräsident habe seine Befugnisse überschritten. Solche Kritik sei nicht seines Amtes. Dasselbe passiert auch Horst Köhler, dem derzeitigen Bundespräsidenten, immer wieder, der sich häufiger als die meisten seiner Vorgänger durch Reden und Interviews in die Politik einmischt. Dabei wird übersehen, dass dieses Verfassungsorgan – aufgrund seiner Unabhängigkeit und seiner relativen parteipolitischen Neutralität – dazu prädestiniert ist, Kritik an Mängeln zu üben und so den demokratischen Selbstheilungsprozess zu fördern. Der Bundespräsident ist während seiner fünfjährigen Amtszeit nicht absetzbar, wenn man von der bisher nie praktisch gewordenen Möglichkeit des sogenannten Impeachments absieht, einer Anklage zum Bundesverfassungsgericht auf Amtsenthebung wegen vorsätzlicher Verletzung von Bundesrecht. Seine Unabhängigkeit manifestiert sich unter anderem in dem ungeschriebenen Grundsatz, dass er mit seiner Wahl aus seiner Partei austritt oder doch die Mitgliedschaft ruhen lässt. Das gibt dem Bundespräsidenten die Möglichkeit, unbequeme Fragen zu stellen und Probleme zu thematisieren, auch ohne gleich eine Lösung nennen zu müssen. Er kann Missstände beim Namen nennen und – vor allem im Wege von Aufklärung, Vorträgen und Interviews – dagegen Front machen. Er kann wirklich unabhängige Sachverständigenkommissionen berufen. Er kann zum moralischen Gewissen der Nation aufsteigen und ein Gegengewicht gegen die Übermacht der politischen Parteien bilden. Alles das kann er tun, auch wenn er der aktiven Politik, die die Missstände zu verantworten hat, auf die Nerven fällt – ja, er hat geradezu die Pflicht dazu.

Politische Stärke hängt also nicht unbedingt nur von den rechtlichen Befugnissen ab. Diese haben die Väter des Grundgesetzes dem Bundespräsidenten bewusst beschnitten. Sie wollten ihn im Vergleich zum früheren Reichspräsidenten entmachten – eine Reaktion auf die Weimarer Republik, deren Untergang sie nicht zuletzt der dominierenden Stellung des Reichspräsidenten anlasteten. Der Bundespräsident wird auch nicht mehr direkt vom Volk, sondern von der sogenannten Bundesversammlung gewählt, die aus den Abgeordneten des Bundestags und einer gleichen Anzahl von Ländervertretern besteht, die die Landesparlamente bestimmen. Die Wiederwahl eines Präsidenten ist nur einmal möglich.

An verfassungsrechtlichen Kompetenzen ist dem Bundespräsidenten immerhin die sogenannte Normenkontrolle verblieben, also die Möglichkeit, verfassungswidrige Gesetze zu blockieren. Dazu ist er nach Art. 82 Grundgesetz sogar verpflichtet. Das impliziert nicht nur die Prüfung auf formale Mängel des Gesetzes (zum Beispiel Zuständigkeit der Länder und nicht des Bundes), sondern auch auf inhaltliche Mängel (zum Beispiel Verstoß gegen Grundrechte). Angesichts der vielfachen Schludrigkeit der Gesetzgebung kann diese Befugnis in der Hand eines aktiven Präsidenten einige Bedeutung erlangen. Bundespräsident Köhler hat von dieser Kompetenz häufiger als seine Vorgänger Gebrauch gemacht. Die das kritisieren, verkennen meist, dass dem Bundesverfassungsgericht ohnehin das letzte Wort zusteht, wenn Regierung, Bundestag oder Bundesrat es gegen den Präsidenten anrufen.

Weiter hat der Präsident Bundesbeamte, Soldaten und Bundesrichter zu ernennen und kann dies beim Fehlen der nötigen Voraussetzungen verweigern. Er besitzt damit ein Instrument gegen die grassierende parteiliche Ämterpatronage (siehe S. 92ff.), ohne dass der Bundespräsident seine Möglichkeiten bisher ausgeschöpft hätte. Der Bundespräsident vertritt zudem den Bund völkerrechtlich und schließt im Namen des Bundes die Verträge mit auswärtigen Staaten, eine Kompetenz, die ebenfalls nicht unbedingt rein formal verstanden werden muss. Außerdem hat er gewisse Reservebefugnisse: Wenn der Bundestag sich nicht mit absoluter Mehrheit auf die Wahl eines Kanzlers einigt, kann der Bundespräsident den nur mit relativer Mehrheit Gewählten ernennen oder auch den Bundestag auflösen und Neuwahlen anberaumen. Dasselbe gilt, wenn der Bundeskanzler die Vertrauensfrage stellt, aber keine absolute Mehrheit findet. Die Auflösung des Bundestags bedarf hier allerdings eines Vorschlags des Kanzlers. Bei Helmut Kohl (1983) und Gerhard Schröder (2005) führten sogar manipulierte Misstrauensbeschlüsse zu Neuwahlen: Ihre Parlamentsmehrheiten sprachen dem Kanzler, wie gewünscht, das Misstrauen aus, um Neuwahlen zu ermöglichen. Denn eine eigene Auflösungsbefugnis mit der Folge von Neuwahlen besitzt der Bundestag nicht. Schließlich hat der Bundespräsident das Recht, verurteilte Straftäter zu begnadigen, was im Falle des ehemaligen Terroristen Christian Klar – im Vorfeld der von Köhler schließlich abgelehnten Begnadigung – zu heftigen öffentlichen Diskussionen führte.

Wie intensiv der Bundespräsident von seinen Kompetenzen Gebrauch macht, lässt das Grundgesetz offen. Das hängt ganz wesentlich von seiner Persönlichkeit, seinem Selbstverständnis und seinem Verhältnis zum Bundeskanzler ab, der, wie die Verfassung sagt, die Richtlinien der Politik bestimmt. Seit den Anfängen der Bundesrepublik, als einem starken und dominierenden Kanzler Konrad Adenauer ein politisch wenig ambitionierter Bundespräsident Theodor Heuss gegenüberstand, ist die Staatspraxis von starker Zurückhaltung der Bundespräsidenten geprägt. Die meisten haben die Chancen, die ihnen Unabhängigkeit und parteipolitische Neutralität bieten, verschenkt. Vom Grundgesetz ist dies keinesfalls so vorgegeben. Auch die große Mehrheit der Bevölkerung (85 Prozent nach einer *Spiegel*-Umfrage vom Dezember 2006) begrüßt es, wenn der Bundespräsident sich auch zu tagespolitischen Fragen äußert.

Würde der Bundespräsident direkt vom Volk gewählt, wie die Präsidenten von Weizsäcker und Köhler selbst vorgeschlagen haben, würde das seine demokratische Legitimation erhöhen und ihm die Ausschöpfung seiner Kompetenzen erleichtern, ohne dass Weimarer Gefahren zu befürchten wären. Er könnte dann bei Ernennung von Beamten Ämterpatronage wirkungsvoll eindämmen. Sinnvoll wäre es, ihm dann auch die Bestellung der Mitglieder des Verfassungsgerichts und anderer Bundesgerichte sowie des Rechnungshofs und weiterer unabhängiger Kontrollorgane zu übertragen. Eine solche Reform bedürfte allerdings einer Verfassungsänderung mit Zwei-Drittel-Mehrheiten im Bundestag und im Bundesrat und ist deshalb derzeit wenig wahrscheinlich, obwohl die große Mehrheit der Menschen sich in Umfragen dafür ausspricht. Ein mutiger, kluger und entschlossener Präsident ist aber auch ohne Reform in der Lage, die bestehenden präsidialen Befugnisse intensiv wahrzunehmen.

VIII Föderalismus und Bundesländer

1 Neugliederung der Bundesländer: Versagen aus Opportunismus

Es gibt politische Zustände, deren Untragbarkeit alle einsehen und die doch niemand glaubt ändern zu können, weil die Betroffenen jede Reform blockieren. Der unsinnige Zuschnitt der deutschen Bundesländer ist ein fatales Beispiel für eine solche Lähmung.

Der Zuschnitt der Bundesländer ist das Ergebnis der Besatzungszonen, die die alliierten Siegermächte 1945 errichtet hatten. Die offensichtlich willkürliche Gliederung war aber nur als vorläufig gedacht und von Anfang an auf Revision angelegt. Deshalb beauftragten die Militärregierungen die Ministerpräsidenten schon in ihren Frankfurter Dokumenten von 1948, die Grenzen der westdeutschen Länder noch vor ihrer Zusammenführung zu einem westdeutschen Teilstaat neu festzulegen und ausgewogene Strukturen zu schaffen. Die Ministerpräsidenten konnten sich aber schon damals nicht einigen. Die Lösung wurde deshalb verschoben und in Artikel 29 Grundgesetz ein zwingender verfassungsrechtlicher Auftrag zur Neugliederung der Bundesrepublik aufgenommen, wobei die letzte Entscheidung einem Volksentscheid im gesamten Bundesgebiet anvertraut war. Art. 29 GG machte die Neugliederung zur Sache des Bundes, um zu verhindern, dass die Länder in eigener Sache entschieden und dabei Besitzstandsinteressen eine zukunftsweisende Regelung blockierten. Ziel der vorgeschriebenen Neuregelung war es, die geschichtswidrigen und irrationalen Entscheidungen der Besatzungsmächte zu korrigieren und Länder zu schaffen, die nach Größe und Leistungsfähigkeit ihre Aufgaben wirksam erfüllen können, um die »Grundlage für Fortbestand und Legitimation des föderalen Gedankens« zu sichern (so der Speyerer Staatsrechtslehrer Helmut Quaritsch in einer Studie über den »unerfüllten Verfassungsauftrag«).

Mit Ausnahme der gesondert in Art. 118 GG vorgesehenen Neuregelung im Südwesten, mit der 1952 die Länder Württemberg-Baden (US-Zone) sowie Württemberg-Hohenzollern und (Süd-)Baden (französische Zone) zu Baden-Württemberg verschmolzen wurden, blieb das Vorhaben »Neugliederung der Bundesländer« auch dieses Mal hoffnungslos stecken – ein klassisches Beispiel von Politikversagen. 1969 unternahm die Bundesregierung in ihrer Regierungserklärung einen neuen Anlauf und berief eine Sachverständigenkommission unter Leitung des früheren Staatssekretärs Werner Ernst. Die Kommission empfahl, die zehn westdeutschen Länder (ohne Berlin) zu fünf oder sechs Ländern zusammenzulegen. Doch die kleineren Länder, besonders Hamburg, Bremen, Rheinland-Pfalz, Schleswig-Holstein und das Saarland, die in größeren Bundesländern aufgehen sollten, waren entschieden dagegen. Zu sehr rührte die Neugliederung an Besitzstände. Im Saarland etwa würden drei Viertel der Landespolitiker ihr Mandat verlieren. Der Widerstand kam aber nicht nur von Parlamenten, Regierungen und Verwaltungen der betroffenen Länder, sondern auch von den regionalen Gliederungen der politischen Parteien, der Kammern und Verbände. Die Bundesregierung und die größeren Länder machten ihrerseits keine Anstalten, den Widerstand zu überwinden oder auch nur eine breite öffentliche Diskussion in Gang zu bringen. Die notorische Verschleppungstaktik beschwor schließlich die Gefahr herauf, dass das Bundesverfassungsgericht das mehr als ein Vierteljahrhundert dauernde Nichthandeln der Politik für verfassungswidrig erklärt. Um dem vorzubeugen, wurde 1976, wenn auch mit schlechtem Gewissen, das Grundgesetz entschärft: Durch eine hinter verschlossenen Türen vorbereitete und eilig und geräuschlos vollzogene Änderung des Art. 29 GG, die im Plenum des Bundestags ohne ernsthafte Diskussion angenommen wurde, wurde aus der bisherigen *Muss*- eine *Kann*-Bestimmung. Zugleich liegt nun die letzte Entscheidung nicht mehr beim *Bundes*volk, sondern ist von Volksentscheiden in den betroffenen Ländern oder Gebietsteilen abhängig. Statt sich darüber Gedanken zu machen, wie man dem verfassungsrechtlichen Gebot entsprechen könne, hat man es also kurzerhand aufgehoben – »angesichts der Bedeutung der Aufgabe für unsere Demokratie« ein »beschämender Vorgang« (Werner Ernst). Die Verfassungsänderung hat eine umfassende Neugliederung praktisch vollends unmöglich gemacht, obwohl sie nach wie vor dringend nötig wäre – ein Sieg von Partikularismen und Machtinteressen von Landesfürsten, Landesparteien und sonstigen Landesinstitutionen, die um Einfluss und Status bangten. Gemeinwohlbelange hatten das Nachsehen. Heute sind die beiden kleinsten »Altbundesländer« so überschuldet, dass Private in vergleichbarer Situation längst Konkurs hätten anmelden müssen. Solange Bremen und das Saarland das Maß dessen definieren, was ein Bundesland aus eigener Kraft zu leisten in der Lage ist, bleibt eine wirkliche Reform des Föderalismus blockiert. Ohne Neugliederung macht alle Föderalismusreform praktisch kaum Sinn.

Die Notwendigkeit einer Neuregelung wurde nach der deutschen Vereinigung noch deutlicher. Bundesländer wie Mecklenburg-Vorpommern sind offensichtlich kaum in der Lage, ohne riesige Subventionen alle Länderaufgaben durchzuführen. Auch das fortschreitende europäische Zusammenwachsen und der zunehmende Standortwettbewerb der Regionen sollte eigentlich dazu veranlassen, die Zahl der Länder zu straffen, um wenige, dafür aber leistungsfähige zu schaffen.

Die Schwierigkeit einer Neugliederung unter den gewandelten Bedingungen des Art. 29 GG unterstrich auch der gescheiterte Zusammenschluss der beiden Länder Berlin und Brandenburg. Die Regierungen und Parlamente beider Länder votierten zwar dafür, was einen bemerkenswert uneigennützigen und keineswegs selbstverständlichen Schritt ihrer Amts- und Mandatsträger darstellte. Doch bei der Volksabstimmung vom 5. Mai 1996 stimmten nur die Berliner zu, die Brandenburger aber sprachen sich mehrheitlich gegen den Zusammenschluss aus. Bei den eher ländlich strukturierten Brandenburgern überwogen die – von der PDS massiv geschürten – Ängste, von den großstädtischen und überwiegend westlich geprägten Berlinern an die Wand gedrückt zu werden. Hier waren also Sonderfaktoren am Werk, die sich schwerlich generalisieren lassen: der doppelte Minderwertigkeitskomplex der Landbevölkerung gegenüber dem Großstädter *und* des »Ossis« gegenüber dem »Wessi«, beides in rücksichtsloser Weise von der PDS ausgeschlachtet.

Angesichts des Versagens der Politik bleibt für eine durchgreifende Neuordnung wohl nur der Weg des Art. 146 GG, also der Erlass einer neuen Verfassung (siehe S. 17 f.), die eine volksgewählte verfassunggebende Versammlung ausarbeitet und die das Volk durch Abstimmung annimmt.

2 Der gefesselte Riese: Konstitutionelle Lähmung der Republik

Bei Jubiläen wird das Grundgesetz gefeiert und oft geradezu als etwas Heiliges verklärt. Doch diese Beweihräucherung hält einer Überprüfung nicht überall stand. In Wahrheit erschweren das Grundgesetz und die Praxis, die sich unter seiner Geltung entwickelt hat, verantwortliches politisches Handeln bis zur Lähmung und machen durchgreifende Reformen praktisch unmöglich, so notwendig diese im heutigen Deutschland auch wären.

Nach dem Zweiten Weltkrieg und dem völligen Zusammenbruch Deutschlands baute man ins Grundgesetz möglichst viele checks and balances ein. Das Ziel war, nicht nur die Regierung an Missbrauch zu hindern, sondern auch Deutschland kleinzuhalten. Daran wirkten drei Kräfte entscheidend mit: die Alliierten, die ein starkes Deutschland, das so viel Unheil über die Welt gebracht hatte, ein für alle Male unterbinden wollten; die Deutschen selbst, die im Parlamentarischen Rat – in Reaktion auf den nationalsozialistischen »Führerstaat« – ein derartiges Übermaß an konstitutionellen Fesseln ins Grundgesetz einbauten, dass politische Führung fast unmöglich gemacht wurde; und die deutschen Länder, die vor dem Bund schon da waren: Sie waren eifersüchtig auf den Erhalt der eigenen Macht bedacht und wollten dem neu zu schaffenden Bund möglichst wenig davon abgeben. Alle diese Kräfte waren sich in der Losung einig: möglichst wenig Macht dem Bund! Unser Grundgesetz misstraut dem Zentralstaat. Das Ergebnis ist ein gefesselter Riese.

Ausgangspunkt war ein Diktat der Militärgouverneure der westlichen Besatzungszonen. Lucius D. Clay, Brian Robertson und Pierre Koenig beorderten die Ministerpräsidenten der Länder zu sich nach Frankfurt am Main und wiesen sie an, eine verfassunggebende Versammlung, den späteren Parlamentarischen Rat, einzuberufen. Dieser habe »spätestens bis zum 1. September 1948 zusammenzutreten«, um eine Verfassung auszuarbeiten, die sie aber unter den Vorbehalt ihrer Genehmigung stellten. Inhaltlich gaben die Besatzer vor allem eine »Regierungsform des föderalistischen Typs« vor, die »die Rechte der beteiligten Länder« schützen sollte. Das konnte den Ministerpräsidenten nur recht sein. Denn es gab ihnen die Chance, durch entsprechende Ausgestaltung der Ländervertretung ihren Einfluss auch auf die Bundespolitik zu sichern: Bei einem Abendessen am 26. Oktober 1948 stellten der bayerische Ministerpräsident Hans Ehard und der nordrhein-westfälische Innenminister Walter Menzel die Weichen und legten sich auf die Errichtung eines Bundesrats fest. Die Länderkammer sollte aus Vertretern der Landesregierungen bestehen, also vor allem aus den Ministerpräsidenten selbst. Die Befürworter des sogenannten Senatsmodells, also einer Zusammensetzung der Länderkammer aus extra gewählten Senatoren, zu denen Konrad Adenauer, Kurt Schumacher, Carlo Schmid, Theodor Heuss und andere Mitglieder des Parlamentarischen Rates zählten, vermochten an dieser Absprache zwischen den Vertretern der beiden größten Länder nichts mehr zu ändern. Die Landesfürsten haben also selbst dafür gesorgt, dass ihre Starrolle im Bundesrat im Grundgesetz verankert wurde.

Der Bundesrat ist ein deutsches Unikum. Dass die zweite Bundeskammer aus Landesregierungen besteht, ist eine verrückte Regelung, die es nirgendwo sonst in der westlichen Welt gibt. Diesen Brückenkopf in der Bundespolitik haben die Ministerpräsidenten dazu benutzt, ihre Macht im Laufe der Jahrzehnte immer noch weiter auszubauen: Wenn Gesetzgebung an den Bund abgegeben werden musste, stimmten die Ministerpräsidenten im Bundesrat nur unter der Bedingung zu, dass der Bund von diesen Kompetenzen nur mit Zustimmung des Bundesrats Gebrauch machen kann. In der Folge nahm die Zahl der Zustimmungsgesetze derart zu, dass heute viele wichtige Regelungen nur noch mit Billigung der Landesfürsten erlassen werden können. Diesen kommt der Machtzuwachs natürlich gelegen. Sie können sich umso eindrucksvoller auf der Bundesbühne, auf der nun mal die politische Musik gespielt wird, profilieren. Doch das geht auf Kosten der Handlungsfähigkeit des Bundes: Der Bundesrat ist meist mehrheitlich in der Hand der Opposition, so jedenfalls vor der Bildung der Großen Koalition im Jahre 2005. Die Opposition neigt aber leicht dazu, der Regierung – aus machtpolitischen Gründen – jeden Erfolg zu missgönnen und deshalb im Bundesrat Nein zu sagen. Dieser Effekt wird dadurch noch verschärft, dass Koalitionsvereinbarungen in den Ländern regelmäßig allen Partnern das Recht geben, bei unterschiedlichen Auffassungen eine Enthaltung des Landes zu verlangen, Enthaltungen im Bundesrat aber wie ein Nein des betreffenden Landes gewertet werden. Die Angewiesenheit der Regierung auf jeden einzelnen Ministerpräsidenten und das Regieren von Gnaden der Länder, von denen die meisten von der (Bundes-)Opposition zumindest mitregiert werden, schwächt ungemein. Der Bundeskanzler legt zwar formal die Richtlinien der Politik fest. Doch für eine richtungsweisende Reformpolitik fehlen ihm die konstitutionellen Voraussetzungen. Der Bundesrat kann nicht nur jedes Detail verdrehen, sondern auch die große Linie verbiegen und so den Kanzler politisch leerlaufen lassen und blamieren. Kaum ein anderes Land setzt der politischen Gestaltung derart enge Grenzen. Nicht Handlungsfähigkeit, sondern Blockademacht ist charakteristisch für unser System. So droht ganz Deutschland die Falle mangelnder Handlungs- und Reformfähigkeit. Daran hat auch die Föderalismusreform von 2006 nichts Wesentliches geändert.

Wer von der Großen Koalition, die ja auch die Mehrheit im Bundesrat besitzt, endlich eine energische Reformpolitik erhofft hatte, wurde enttäuscht. Die Union sieht sich durch ihr Fast-Wahldebakel bei der Bundestagswahl 2005 in ihrer Reformfreude gebremst, und der SPD sitzt die Linke im Nacken.

In der Europapolitik fallen die Länder dem Bund ebenfalls in den Arm. Auch den europäischen Verträgen haben die Länder nur unter der Bedingung zugestimmt, dass sie in Artikel 23 Grundgesetz umfassende Zustimmungs- und Vorbehaltsrechte eingeräumt bekamen, so dass die europäische Handlungsfähigkeit des Bundes häufig bis zur Lächerlichkeit eingeschränkt wird. Dass Deutschland in Sachen Europa mit einer machtvollen Stimme spricht, wird auch dadurch erschwert, dass fast jedes Bundesland eine eigene Vertretung in Brüssel unterhält – man mokiert sich dort längst über das deutsche Stimmengewirr und die dadurch bewirkte Schwächung des deutschen Einflusses.

Durchgreifende Änderungen sind im normalen Verfahren der Verfassungsänderung nicht zu erwarten. Der Bundesrat wird wohl kaum die Hand zu seiner eigenen Entmachtung reichen, ganz abgesehen davon, dass Art. 79 Abs. 3 GG die Strukturprinzipien des bundesdeutschen Föderalismus selbst für den verfassungsändernden Gesetzgeber festschreibt. Der Geburtsfehler könnte allenfalls durch Erlass einer neuen Verfassung korrigiert werden, die gemäß Art. 146 GG »von dem deutschen Volke in freier Entscheidung beschlossen« werden müsste (siehe S. 17 f.).

3 Perversion der Politik: Organisierte Unverantwortlichkeit

Die politische Verantwortung der Regierung gegenüber dem Volk zu sichern ist die wichtigste Aufgabe einer demokratischen Verfassung. Die Wähler müssen wissen, wem sie welche Maßnahme verdanken, um daraus die Konsequenz ziehen zu können. Anders ausgedrückt, die Bürger müssen schlechte Regierungen ohne Blutvergießen wieder loswerden können. Das Ideal einer Parteiendemokratie sieht deshalb so aus: Das Volk wählt zwischen alternativen Parteien, von denen eine die Mehrheit im Parlament erhält und die Regierung stellt. Sind die Bürger mit ihren Leistungen unzufrieden, so wählen sie sie bei der nächsten Parlamentswahl ab und bringen die Opposition an die Macht. Doch an einem solchen System fehlt es in unserer Republik. Davon, dass die Bürger schlechte Regierungen oder unfähige Abgeordnete wieder loswerden könnten, kann bei uns nicht die Rede sein. Das liegt, wie Karl R. Popper, der große Denker der Freiheit, eindrucksvoll dargelegt hat, am deutschen Wahlrecht und am deutschen Föderalismus.

Unser Verhältniswahlrecht (siehe S. 39 ff. und 42 ff.) erschwert die Zurechenbarkeit von politischer Verantwortung außerordentlich. Regierungen kommen fast nur durch Koalitionen von zwei oder mehr Parteien zustande. Sie treffen Kompromissentscheidungen. Welche Koalitionspartei dafür in welchem Maße verantwortlich ist, kann der Wähler kaum feststellen. Und richtig abwählen kann er eine Koalitionsregierung schon gar nicht: Als die SPD bei der Bundestagswahl 2005 verloren hatte, flog sie nicht etwa aus der Regierung, sondern regiert seitdem mit der CDU/CSU weiter. Wer nach einer Wahl die Regierung bildet, entscheiden regelmäßig nicht die Wähler, sondern die Parteiführer durch Koalitionsabsprachen. Regierungswechsel erfolgen bei uns nicht durch Wahlen, sondern durch neue Koalitionen. Diese werden aber erst *nach* der Wahl, also hinter dem Rücken der Wähler, geschlossen. Ein Beispiel ist die hessische Landtagswahl am 27. Januar 2008. Die Bildung einer Mehrheitsregierung ist nur möglich, wenn mindestens eine der beteiligten Parteien ihre vor der Wahl getroffene Koalitionsaussage bricht. Solange das nicht geschieht, regiert der abgewählte Ministerpräsident Roland Koch ohne parlamentarische Mehrheit weiter. Nach dem Einzug der Linken auch in die westlichen Landesparlamente werden in Zukunft oft nur Große Koalitionen oder Dreierkoalitionen eine Mehrheitsregierung bilden können. Nun müssen die Parteien sich vor den Wahlen nach allen Seiten offen zeigen, so dass der Wähler erst recht nicht weiß, was seine Stimme bewirkt, welche Regierungskoalition sich später bildet, und die politische Verantwortlichkeit verschwimmt vollends.

Zudem ist die Bundesregierung in fast allen wichtigen Fragen auf die Zustimmung der Landesregierungen im Bundesrat angewiesen. Der Bundesrat aber ist meist in der Hand der Opposition, so dass Entscheidungen, wenn sie denn überhaupt zustande kommen (siehe S. 215 f.), nur im Konsens von Regierung und Opposition erfolgen können. Wem soll der Wähler sie dann zurechnen? Wen soll er dafür verantwortlich machen? Die Kompromissentscheidungen zwischen den Koalitionsparteien und den Ministerpräsidenten der Länder verwischen die Verantwortung bis zur Unkenntlichkeit und gehen auf Kosten der Bürger, die nicht mehr durchblicken, und damit zulasten der Funktionsfähigkeit des ganzen Systems.

In der Landespolitik ist die Verflüchtigung der politischen Verantwortung fast noch größer. Denn zu den unübersichtlichen Koalitionsbildungen kommen noch vielfache Länderkooperationen hinzu. Die 16 Bundesländer betreiben in der Regel keine unabhängige, selbstbewusste Politik, wie das der Gedanke des Föderalismus nahelegt. Sie stimmen ihre Politik vielmehr in länderübergreifenden Gremien, wie z. B. der Kultusministerkonferenz, untereinander und häufig zusätzlich auch mit dem Bund ab. Es gibt fast 1000 derartige Koordinierungsgremien, in denen Gesandte der Regierungen und Verwaltungen der Länder sich absprechen. Das bindet dann faktisch die Regierungen und entmachtet die Landesparlamente noch weiter (von den Landesbürgern ganz zu schweigen). Denn die Regierungsfraktionen wollen ihre Regierung, die an den Absprachen mit den anderen Ländern festhält, nicht desavouieren, und der Opposition fehlen meist die nötigen Informationen, um fundiert Kritik zu üben. Zudem sind ihre Parteigenossen in anderen Bundesländern an der Regierung und damit an den länderübergreifenden Absprachen beteiligt. Deshalb ist auch von den zusätzlichen Kompetenzen, die die Länder durch die Föderalismusreform von 2006 bekommen haben, nicht viel zu erwarten.

Die Folge ist eine verschwiegene Zentralisierung gigantischen Ausmaßes. Derartige Koordinierungen in gemeinsamen Gremien der Länder und des Bundes sind kein wirklicher Ersatz für ein alleiniges Tätigwerden des Bundes, weil sie entscheidungsschwach und immobil sind, den Status quo wahren und ungeeignet sind, den modernen Herausforderungen gerecht zu werden. Der Sinn des Föderalismus besteht darin, dass die Länder – mit ihren Wählern als Schiedsrichter – um möglichst gute Politik wetteifern und voneinander lernen. So soll der Föderalismus ein stärkeres Regieren für und durch das Volk ermöglichen. Der verschwiegene Zentralismus aber wirkt gerade umgekehrt. Er ist nicht nur sehr viel schlechter als ein echter Föderalismus, sondern auch sehr viel schlechter als ein wirklicher Zentralismus, weil er den Wettbewerb um gute Politik unterbindet und die politische Verantwortlichkeit verwischt.

All das bewirkt, dass am Ende niemand mehr weiß, wer für was überhaupt verantwortlich ist. Der Wähler kann gute Politik nicht mehr mit dem Stimmzettel belohnen und schlechte Politik nicht bestrafen. Es herrscht ein Zustand organisierter Unverantwortlichkeit: Erfolge rechnet sich jeder zu, für Misserfolge sind dagegen immer die anderen verantwortlich. Weil alle beteiligt sind, trägt in Wahrheit niemand die Verantwortung. Das ist für die politische Klasse zwar äußerst angenehm. Ihr Berufsrisiko wird stark gemindert. Deshalb hat sie die Verantwortungsscheu ja auch zum System gemacht. Umgekehrt werden aber die Bürger und Wähler vollends orientierungslos und die Steuerungsfähigkeit des ganzen Systems weitgehend aufgehoben.

IX Gerichte

1 Prozesse von endloser Dauer: Wer richtet die Richter?

Schnelles Recht ist gutes Recht, lautet eine alte Weisheit. Spätes Recht ist dagegen oft nur noch ein Pyrrhus-Sieg – wegen der dann völlig veränderten Verhältnisse. Dennoch wartet der Rechtsuchende in Deutschland nicht selten Jahrzehnte auf ein abschließendes Urteil. Im Jahre 2006 sprach der Europäische Gerichtshof für Menschenrechte einem Unternehmer Schadensersatz zu, weil dieser nach dreißigjähriger Irrfahrt durch die gerichtlichen Instanzen noch immer keine rechtskräftige Entscheidung erhalten hatte. Das ist nur einer von über zwanzig Fällen, in denen das Straßburger Gericht die Bundesrepublik Deutschland wegen überlanger Verfahren verurteilte. Nach Artikel 6 der Europäischen Menschenrechtskonvention müssen Gerichte nicht nur »unabhängig und unparteiisch« entscheiden, sondern auch »innerhalb angemessener Frist«. Dies in der Praxis zu garantieren fehlen in Deutschland aber die nötigen Voraussetzungen. Im Gegenteil, die treibenden Kräfte in der Rechtspflege scheinen einer Verkürzung von Prozessen geradezu entgegenzustehen.

Die Politik tendiert dazu, auf Kosten der Gerichtsbarkeit ihre Haushalte zu sanieren und die Zahl der Richter zu verringern, was die Probleme nur noch weiter verschlimmert. Zudem sind die Gesetze derart unübersichtlich und kompliziert, dass selbst kleine Fälle große Probleme aufwerfen können. Durch Ausnahmeregelungen und Ausnahmen von den Ausnahmen soll auch dem letzten Einzelfall entsprochen werden, obwohl schon das römische Recht wusste: Der Versuch des Gesetzgebers, höchste Gerechtigkeit zu erreichen, führt in der Praxis leicht zu größter

Ungerechtigkeit – nicht zuletzt wegen der dann ungebührlich verlängerten Dauer gerichtlicher Verfahren. Im Übrigen schaffen gesetzliche Komplizierungen oft gar nicht Einzelfallgerechtigkeit, sondern beruhen auf der Nachgiebigkeit gegenüber schlagkräftig organisierten Partikularinteressen.

Hinzu kommt ein bisweilen übertriebenes Verständnis der richterlichen Unabhängigkeit. Dass diese ein hohes Gut und für eine funktionierende Rechtspflege unverzichtbar ist, hat sich uns Deutschen nach den Erfahrungen zweier Diktaturen tief eingebrannt. Doch die mangelnde Kontrolle, zu der Unabhängigkeit leicht führt, kann auch Schlendrian und Missbrauch Vorschub leisten – eine Gefahr, die in anderen öffentlichen Bereichen mit grundgesetzlich verbürgter Unabhängigkeit ebenfalls droht.

So verteidigen die Richter ihr überkommenes Privileg, nur zu den wöchentlichen Sitzungen im Gericht anwesend sein zu müssen, mit großem Eifer, und anscheinend ist niemand da, der sie zur Ordnung ruft. Denn über den Umfang der Dienstpflicht von Richtern entscheiden wieder Richter. Die uralte Frage, wer über die Wächter wacht, die Philosophen und Staatstheoretiker seit Jahrtausenden umtreibt, stellt sich hier in neuem Gewand. So hat der Bundesgerichtshof allen Ernstes gemeint, es gehöre zur verfassungsrechtlich gewährleisteten Unabhängigkeit, dass Richter selbst bestimmen, nicht nur wie, sondern auch wann und wo sie arbeiten. Das kann sich in einem Gerichtssystem, das Leistung materiell nicht zuverlässig belohnt, als fatal erweisen. Da zudem der schleichende Wertewandel die sogenannten Pflichtwerte immer mehr verkümmern lässt, so dass man auf das Pflichtgefühl allein nicht mehr immer bauen kann, stellt sich der Anspruch von Richtern, nach Belieben zu Hause im Garten ihren dienstlichen Pflichten nachzukommen, erst recht als Verirrung heraus. Richterliche Unabhängigkeit ist dem Richter nicht um seiner selbst willen gegeben, sondern im Interesse der Rechtsuchenden und darf nicht als Bollwerk zur Verteidigung von Spielwiesen missbraucht werden.

Die vielfache Angewiesenheit auf Sachverständige führt ebenfalls leicht zu Verzögerungen. Die Erstellung der Gutachten dauert manchmal Jahre, ohne dass die Gerichte den Schlendrian unterbinden. Ob der neue, seit Anfang 2007 geltende § 411 Abs. 1 Zivilprozessordnung, wonach Sachverständigen für ihre Gutachten Fristen gesetzt werden sollen, die erhoffte Abhilfe bringt, muss abgewartet werden. Bei Baustreitigkeiten etwa kommt es aufgrund der Gutachten und Gegengutachten oft zu ellenlangen Prozessen, was Investitionen verzögert und Investitionswillige verschreckt oder zwingt, sich der Verwaltung auf Gedeih und Verderb zu unterwerfen, ihnen also praktisch den grundgesetzlichen garantierten Rechtsschutz nimmt. Allein in Hessen blockierten verwaltungsgerichtliche Verfahren im Jahre 2000 Investitionen von mehr als fünf Milliarden Euro.

Am überzogenen Verständnis der richterlichen Unabhängigkeit scheitern regelmäßig auch die Versuche von Justizministern, im Wege ihrer Dienstaufsicht für Abhilfe zu sorgen. Aus dem gleichen Grund führen die Dienstgerichte ein Kümmerdasein. Bisweilen hat man den Eindruck, manche Richter wollten sich bloß nicht in die Karten ihrer Arbeitsweise blicken lassen. Natürlich tragen auch die Expertisen und Vorträge, die viele Richter nebenher halten, und ihre schiedsrichterlichen und anderen oft hoch bezahlten Nebentätigkeiten nicht gerade zur größeren Leistung im Dienst bei. Hier müsste die Genehmigungspraxis überprüft und gegebenenfalls verschärft werden. Problematisch ist auch die verbreitete Tätigkeit in Gemeinderäten und Kreistagen, die deutschen Richtern unbeschränkt erlaubt ist, auch wenn das den bösen Schein der Parteilichkeit zumindest in Prozessen mit politischem Einschlag begründet.

Die Verpflichtung der Richter zur Kürze (§ 313 Abs. 3 Zivilprozessordnung), das Gebot »unverzögerter Erledigung der Amtsgeschäfte« (§ 26 Abs. 2 Deutsches Richtergesetz) und die Pflicht, Urteile spätestens zwei Wochen nach der mündlichen Verhandlung abzufassen (§ 117 Abs. 4 Verwaltungsgerichtsordnung), stehen nicht selten nur noch auf dem Papier.

Die mächtigen Anwaltsverbände tun ein Übriges und wehren sich zum Beispiel gegen eine Begrenzung der Verfahren auf eine Instanz, auch wenn es nur um geringe Streitwerte geht. Die Berufungsgrenze von 600 Euro, die die Zivilprozessordnung vorsieht, ist erheblich zu niedrig. Im Übrigen: Ist das zweitinstanzliche Urteil wirklich stets besser? Die juristischen Auslegungsmethoden lassen nicht selten ganz unterschiedliche Ergebnisse zu. Macht es dann aber immer Sinn, die eine Sicht durch die andere zu ersetzen und dadurch das Verfahren in die Länge zu ziehen? Eine juristische Stammtischweisheit sagt, in der ersten Instanz sei das Urteil richtig, aber die Begründung verkehrt, in der Berufung werde die Begründung richtig, aber der Tenor falsch, und nach der Revision stimme weder das eine noch das andere.

Und der anschwellenden Masse von Juristen, die in Staat und Wirtschaft nicht unterkommen, bleibt oft nur der Ausweg, ein Rechtsanwalts-Schild vor die Tür zu hängen. Viele fühlen sich dann – unabhängig von den Erfolgschancen eines Prozesses – auf jedes Mandat, das sie kriegen können, angewiesen, wobei die Vorbereitung des Verfahrens bisweilen zu wünschen übrig lässt, was den Gerichten die Arbeit auch nicht gerade erleichtert. Die Verbreitung von Rechtsschutzversicherungen, die den Menschen das Kostenrisiko abnehmen, erleichtert es, Prozesse vom Zaun zu brechen, und verführt Streithähne immer wieder dazu, die Gerichte selbst mit Lappalien zu überziehen.

Klamme öffentliche Haushalte, uneinsichtige Querulanten, auf ihre Unabhängigkeit pochende Richter und die Vielzahl der Anwälte sowie ihre Verbandsfunktionäre führen aber keineswegs stets zu unangemessen langen Prozessen. Nicht alle Gerichte dürfen über einen Kamm geschoren werden. Im arbeitsgerichtlichen Verfahren etwa wird meist zeitnah entschieden. Auch legen die Prozessordnungen Vergleiche nahe, so dass vergleichswillige Parteien schneller zu einer endgültigen Entscheidung kommen. Das mag die Probleme da und dort relativieren, kann sie allerdings nicht beheben.

Für eine durchgreifende Reform fehlt bislang der nötige öffentliche Druck. Fragen des Gerichtswesens scheinen die Menschen im Allgemeinen nur wenig zu berühren. Deshalb mangelt es an schlagkräftigen Organisationen, die sich für durchgreifende Reformen stark machen. Erst wenn die Menschen persönlich betroffen sind und möglicherweise ihre Existenz auf dem Spiel steht, stechen Mängel der Dritten Gewalt wirklich ins Auge. Doch da dies immer nur Einzelne sind, müssen sie schweigend leiden und dulden. Das sind dann vornehmlich die Kleinen und Schwachen, für die der Richter eigentlich in besonderer Weise da sein sollte. Potente Personen können dagegen im Strafverfahren leichter »Deals« aushandeln (siehe S. 227 ff.). Finanzstarken Unternehmen bleibt der Ausweg in die Vereinbarung von Schiedsgerichten, was zwar viel Geld kostet, aber rasche Klärung und damit Rechtssicherheit garantiert.

Hier ist ein Umdenken erforderlich, das den Bereich der Justiz so wichtig nimmt, wie er ist, und die massive Erschütterung des Vertrauens der Menschen in unseren Rechtsstaat, die sich hier im Stillen vollzieht, zum öffentlichen Thema macht. Bei aller Respektierung der Unabhängigkeit von Richtern müssen Auswüchse beim Namen genannt und wuchernde Partikularinteressen in die Schranken gewiesen werden.

2 Richter: Ohne Verantwortung?

Richter werden für Fehler, auch für grobe Fehler, nicht zur Verantwortung gezogen, obwohl auch sie, wie alle Menschen, versagen und unrichtige Entscheidungen treffen können. Während Beamte und Rechtsanwälte, Ärzte und andere Freiberufler, die ebenfalls große Verantwortung tragen, aufs Strengste für sogenannte Kunstfehler haften, hat die Verletzung von Sorgfaltspflichten durch Richter normalerweise keinerlei rechtliche Konsequenzen. Sie müssen dafür persönlich in keiner Weise geradestehen. Die Dienstaufsicht, die Richter zu pflichtgemäßem Handeln anhalten soll (§ 26 Abs. 2 Deutsches Richtergesetz), läuft praktisch leer. Denn sie darf nicht in die richterliche Unabhängigkeit eingreifen, und die Gerichte haben diese in eigener Sache derart weit ausgelegt, dass der Aufsichtsinstanz weitgehend die Hände gebunden sind. »Formlos, fristlos, fruchtlos« – so lautet denn auch der sarkastische Spruch, mit dem Profis der Justiz die Dienstaufsichtsbeschwerde charakterisieren.

Die Staatsanwaltschaft könnte Richter allenfalls wegen Rechtsbeugung belangen, ein Straftatbestand (§ 339 StGB), der aber praktisch nur auf dem Papier steht. Rechtsbeugung setzt ein vorsätzliches Falschurteil voraus, und Derartiges ist einem Richter praktisch nie nachzuweisen, zumal dann wiederum Richter über Richter entscheiden. Auch hier hat der berufsmäßige Korpsgeist dazu geführt, dass das Reichsgericht und später der Bundesgerichtshof die Voraussetzungen der Rechtsbeugung derart verschärft haben, dass es kaum je zu einer Verurteilung kommt und Kenner geradezu von einer »Freispruch-Justiz« sprechen.

Gewiss, richterliche Unabhängigkeit ist ein hohes Gut; ohne

sie ist eine funktionierende Justiz nicht denkbar. Der Unabhängigkeit entspricht andererseits die strikte Bindung des Richters an das Gesetz. Unabhängigkeit ist deshalb kein Freibrief für gesetzwidriges Verhalten und richterliche Selbstherrlichkeit. Doch wer sollte die pflichtwidrige Gesetzeswidrigkeit verbindlich feststellen und Richter zur Verantwortung ziehen? Der Natur der Sache nach können dies im konkreten Einzelfall auch wieder nur Richter sein, und die entscheiden eben in eigener Sache, wenn es um Sanktionen gegen Richter geht. Der Volksmund hat dafür das Sprichwort parat: »Eine Krähe hackt der anderen nicht die Augen aus.«

Eine halbwegs wirksame Kontrolle der einzelnen gerichtlichen Entscheidung wird gemeinhin in ihrer Überprüfung durch Gerichte höherer Instanzen gesehen. Daraus ergeben sich auch Anhaltspunkte für Fehlerquoten der Vorinstanzen. In Zivilsachen werden im Durchschnitt über die Hälfte aller amtsgerichtlichen und mehr als ein Viertel aller landgerichtlichen Entscheidungen mit Rechtsmitteln angefochten und von den angefochtenen etwa ein Drittel geändert und ein weiteres Fünftel durch – häufig von der Rechtsmittelinstanz angeregten – Vergleich abweichend vom Ausgang in erster Instanz geregelt. Das heißt, fast zwanzig Prozent der erstinstanzlichen Entscheidungen werden geändert. Das liegt gewiss zum Teil auch daran, dass – aufgrund der juristischen Auslegungsmethodik – nicht selten mehrere richtige Entscheidungen denkbar sind; gelegentlich kommt es allerdings auch zu eindeutig unrichtigen. Ob das – nach Ansicht der höheren Instanz – unrichtige Urteil auf einem vorwerfbaren Verhalten des erstinstanzlichen Richters beruht, wird schon gar nicht gefragt und bleibt ungeklärt. Für eine Behörde oder ein Wirtschaftsunternehmen wäre eine solche Quote von Entscheidungen, die einer Überprüfung nicht standhalten, untragbar. Bei der Justiz kann sie auch nicht damit gerechtfertigt werden, die Rechtsmittelinstanz habe ja gerade die Funktion, ein Urteil auf seine Richtigkeit zu kontrollieren und Fehler zu beheben. Denn das darf die Vorinstanz keinesfalls zu laxem Betrieb ermutigen. Zudem gibt es Urteile, gegen die es kein Rechtsmittel gibt. Hier ist der Rechtsuchende selbst bei krassen inhaltlichen oder verfahrensmäßigen Fehlern wehrlos. Selbst gegen Richter, deren Befangenheit der Rechtsuchende befürchten muss, kann er sich kaum wehren. Denn auch hier hat die Rechtsprechung in eigener Sache die Voraussetzungen drastisch verschärft.

In Betrieben, Behörden und anderen Einrichtungen werden Fehler systematisch ausgewertet, um ihre Quellen zu beseitigen und die Leistungsfähigkeit der Einrichtung zu optimieren. Eine solche übergreifende Evaluation wäre – angesichts der Gefahr von justiziellem Schlendrian im Schutz der richterlichen Unabhängigkeit – auch hinsichtlich der Gerichte angebracht. Gleichwohl fehlt eine systematische Auswertung fehlerhafter Urteile und ihrer Gründe sowie der eingelegten Rechtsmittel bisher. Eine konsequente Fehlerlehre und damit auch eine Vorstellung, wie viele Gerichtsentscheidungen mit vermeidbaren Fehlern behaftet sind und wie ihnen vorgebeugt werden kann, gibt es nicht. Viele vermuten mit guten Gründen, dass Fehler der ersten Instanz, die sich in zweiter oder dritter Instanz herausstellen, nur die Spitze eines Eisbergs sind, und Fehler oberster Instanzen treten ohnehin nicht in Erscheinung.

Immer wenn wirksame Kontrollen fehlen, wächst die Gefahr von Fehlentwicklungen. Das gilt auch für die Justiz. Richter sind die einzigen Juristen, die sanktionslos Gesetze verletzen können. Die systematische Auswertung von Gerichtsurteilen auf Fehler und ihre Ursachen – als Basis für eventuelle weitere Maßnahmen, die die Anreize zu pflichtgemäßem und zur Vermeidung von pflichtwidrigem Handeln erhöhen – wäre deshalb besonders angezeigt, sie wird von der Justiz aber kaum unterstützt, sondern eher bereits als Angriff auf die richterliche Unabhängigkeit bekämpft. Hier ist ein Umdenken erforderlich. Die Justiz sollte mit sich selbst zurate gehen und die Selbstgefälligkeit, die sie im Umgang mit eigenen Fehlern bisweilen an den Tag legt und die selbst zur Fehlerursache werden kann, energisch bekämpfen.

3 Die Kleinen hängt man, die Großen lässt man laufen: Der Deal im Strafprozess

Das Strafrecht galt lange als Unterschichten-Recht. Das Bild des Kriminellen prägten vor allem vom rechten Weg abgekommene Arme, die in »Zuchthäusern« diszipliniert werden sollten. Das Bild passte auf die kleinen Leute. Personen mit hohem sozialen Status schienen nicht dazuzugehören. Erst 1949 machte Edwin H. Sutherland mit seiner Studie über »White Collar Crime« auf diesen bis dahin übersehenen Tätertyp aufmerksam. Aber noch vor drei oder vier Jahrzehnten gab es kaum Strafverfahren gegen führende Leute in Politik und Wirtschaft. Man ging davon aus, die Elite verhalte sich gesetzestreu. Große Namen galten praktisch als immun. Das hat sich inzwischen geändert. Strafrecht und Strafprozessrecht nehmen keine Rücksicht mehr auf Status und soziale Stellung möglicher Delinquenten. Dies ist jedenfalls die erklärte Ideologie unseres Rechtssystems. In der Praxis aber scheint immer noch die alte Volksweisheit ihre Berechtigung zu haben: »Die Kleinen hängt man, die Großen lässt man laufen.«

Während eine kleine Berliner Beamtin, die überhöhte Gebührenbescheide erlassen und so dem Land Berlin 25 000 Euro mehr eingebracht hatte, wegen Betrugs zu zwei Jahren Haft verurteilt und unter Verlust ihrer Pension vom Staatsdienst suspendiert wurde, kam der frühere Bundesinnenminister Manfred Kanther, der illegal in Liechtenstein gebunkerte Millionen für die hessische CDU verwaltet und diese als angebliche Vermächtnisse jüdischer Sympathisanten wieder in den hessischen Wahlkampf eingeschleust hatte, mit einer Geldstrafe von 54 000 Euro davon. Die Pensionsansprüche aus seinen Ämtern behält er in vollem Umfang.

Eine andere Beamtin, die die öffentliche Hand bei der Auszahlung von Sozialhilfe um eine Dreiviertelmillion zugunsten ihres Geliebten gebracht hatte, wurde wegen Untreue zu drei Jahren und neun Monaten verurteilt, was natürlich ebenfalls den Verlust von Existenz und Pension nach sich zog. Untreue hatten auch Peter Hartz, Mitglied des VW-Vorstands, und Josef Ackermann, Vorstandsvorsitzender der Deutschen Bank und Mitglied des Aufsichtsrats von Mannesmann, begangen. Der eine hatte den Vorsitzenden Klaus Volkert und andere Mitglieder des VW-Betriebsrats auf Unternehmenskosten korrumpiert und ihnen teure Lustreisen zu Prostituierten finanziert. Er gestand heimliche Sonderzahlungen an Volkert, wobei das Geständnis nicht einmal ihm selbst über die Lippen kam, sondern von seinem Verteidiger verlesen wurde, und wurde dafür mit einer milden Bewährungs- und einer Geldstrafe belohnt. Die ganzen schlüpfrigen Umstände blieben in der Verhandlung unerwähnt (siehe S. 269). Der andere hatte mitgeholfen, sechzig Millionen Mark zu veruntreuen, die Mannesmann-Funktionären ohne Grund nachgeworfen worden waren. Das Verfahren wurde gegen eine von ihm angesichts seines Einkommens sicher locker aufzubringende Buße von 3,2 Millionen Euro eingestellt (siehe S. 261). Die Verfahren gegen die drei Prominenten gehörten zu den aufsehenerregendsten ihrer Art, und jedes Mal kamen die Angeklagten, strafrechtlich gesehen, mit einem blauen Auge davon.

Es ist offensichtlich, dass hier mit unserem Strafverfahren etwas nicht stimmt. In den Fällen Kanther, Hartz und Ackermann waren der gerichtlichen Entscheidung Absprachen vorausgegangen, die Verteidigung, Staatsanwaltschaft und Gericht miteinander ausgekungelt hatten. Solche »Deals« sind das eigentliche Problem. Sie werden vielfach hinter verschlossenen Türen ausgehandelt. In der öffentlichen Hauptverhandlung wird dann kurzer Prozess gemacht.

Es heißt, sie dienten der Prozessökonomie, weil die Verfahren sonst sehr lange dauern könnten. Tatsächlich profitieren vor allem »Großkopferte«, die sich teure Strafverteidiger leisten können, die, mit allen prozessualen Wassern gewaschen, durch eine Fülle von Beweisanträgen und ähnlichen Einwirkungen den Prozess in die Länge ziehen können. In acht von zehn größeren Wirtschaftsprozessen wird inzwischen gedealt und das Strafmaß im Voraus ausgehandelt. Alle Beteiligten sind an einem schnellen Abschluss interessiert: der Verteidiger, um sich anderen lukrativen Fällen zuwenden zu können, der Staatsanwalt, der mit geringeren Ermittlungen auskommt, und der Richter, der das Verfahren ohne großen Aufwand erledigt. Es gibt sogar Richter, die die Akten vorher nicht einmal gelesen haben. Der Beschuldigte ist an den Verhandlungen oft gar nicht beteiligt, sondern wird praktisch vor vollendete Tatsachen gestellt. Es kann zu richtig gehenden Drohungen und Täuschungen kommen – wie die sogenannte Sanktionsschere: zwei Jahre mit Bewährung bei Geständnis oder fünf Jahre nach Anwendung der Strafprozessordnung. Die Gerechtigkeit wird zur Verhandlungssache und die öffentliche Hauptverhandlung zur Farce. Es kommt zu keiner Aufklärung des wirklichen Geschehens vor den Augen der Öffentlichkeit, wie es eigentlich die Funktion des Strafverfahrens ist.

Dabei sind Absprachen über das Ergebnis des Verfahrens in der Strafprozessordnung gar nicht vorgesehen. Diese ist im Gegenteil ausgesprochen vergleichsfeindlich. Urteilsabsprachen verstoßen gegen eine ganze Reihe von zwingenden Vorschriften der Strafprozessordnung: gegen den Aufklärungsgrundsatz des § 244 Abs. 2, gegen den Grundsatz der freien richterlichen Beweiswürdigung (§ 261), gegen das Verbot unzulässiger Beeinflussung des Beschuldigten (§ 136 f.), und sie begründen die Besorgnis richterlicher Befangenheit. Vor allem sprechen Urteilsabsprachen dem klassischen Grundsatz der Gerechtigkeit Hohn: der Gleichbehandlung von Arm und Reich, von Mächtigen und Machtlosen. Der Bundesgerichtshof hat sie dennoch grundsätzlich akzeptiert, weil sie sich in der Praxis durchgesetzt hätten – und kapituliert damit vor den Auswüchsen, wo es doch eigentlich seine Funktion wäre, diese zu verhindern.

Der Bundesgerichtshof begründet die Zulässigkeit von Urteilsabsprachen mit der ordnungsgemäßen Rechtsprechung, die angesichts der Überlastung der Gerichte sonst nicht zu sichern sei. Es gibt aber noch einen ganz anderen Weg, der Überlastung, soweit sie denn wirklich besteht, entgegenzuwirken: von den Richtern ein Mehr an persönlichem Einsatz zu fordern. Die Lebenszeitanstellung von Richtern ist zwar zur Sicherung ihrer Unabhängigkeit unerlässlich. Sie ist in einer Zeit, in der Millionen Beschäftigte um ihren Arbeitsplatz bangen müssen, aber gleichzeitig ein besonders wertvolles Pfund. Das gilt auch für das Recht, Ort und Zeit ihrer Arbeit frei zu wählen, das Richter aus ihrer Unabhängigkeit ableiten (siehe S. 222). Den auf Gerechtigkeit und Rechtspflege verpflichteten Amtsträgern könnte man einen über Arbeitnehmer-Dienstzeiten hinausgehenden Einsatz durchaus zumuten. Das gilt jedenfalls dann, wenn die Alternative die Hinnahme krasser Verletzungen zwingenden Prozessrechts ist. Dass eine solche Selbstverpflichtung von den obersten Richtern, von denen viele mit Vorträgen, Seminaren, Schiedsgerichten und ähnlichen hoch bezahlten privaten Nebentätigkeiten beschäftigt sind, kaum zu erwarten sein dürfte, ändert nichts daran.

Die Zulassung von Urteilsabsprachen erfolgt gegen ausdrückliches Gesetzesrecht, an das gerade die Gerichte eigentlich streng gebunden sind. Eine Rechtsfortbildung contra legem wäre allenfalls ausnahmsweise und auch dann nur zur Beseitigung krasser Ungerechtigkeiten denkbar. Hier aber schafft die Rechtsprechung umgekehrt selbst krasse Ungerechtigkeit – und dies auch noch in eigener Sache: um Richter vor der Notwendigkeit vermehrter Anstrengungen zu schützen. Nur um zu vermeiden, dass die Rechtsprechung stärker auf ihre eigene Verantwortung, mit der Belastung fertig zu werden, verwiesen wird, akzeptiert sie eine Denaturierung des strafrechtlichen Verfahrens.

Der Bundesgerichtshof hat zwar eine Reihe von Bedingungen und Voraussetzungen für die Zulässigkeit solcher Deals aufgestellt. So scheint er darauf zu bestehen, die »Verständigung« habe in der öffentlichen Hauptverhandlung stattzufinden. Gleichzeitig lässt das oberste Gericht aber auch Vorgespräche außerhalb der Hauptverhandlung zu. Damit bleibt eine Hintertür, die in der Praxis zum Scheunentor wird. Das ermöglicht Verfahrensweisen, die selbst mit dem Grundsatz der Öffentlichkeit des Strafprozesses, also der großen Errungenschaft des Rechtsstaates und der Demokratie, nichts mehr zu tun haben. Andere Anforderungen des Gerichts erscheinen als hilflose Postulate, die eher der Beruhigung des eigenen schlechten Gewissens dienen sollen. Denn wer will ihre Einhaltung sichern, wenn alle Beteiligten an einer einverständlichen Lösung interessiert sind. Das ähnelt korruptiven Absprachen, bei denen ebenfalls alle, die davon wissen, ein Interesse an ihrer verschwiegenen Einhaltung haben.

Der Deal korrumpiert Richter, Staatsanwälte und Strafverteidiger und fügt dem Rechtsbewusstsein der Bevölkerung schweren Schaden zu. Deshalb wäre auch eine Anerkennung solcher Verfahrensweisen durch den Gesetzgeber – ein Entwurf aus dem Bundesjustizministerium liegt bereits vor – nicht der richtige Weg. Dann würden erst recht die Dämme brechen, und die Versuchung der Strafgerichte, mithilfe von Deals kurzen Prozess zu machen, weiter zunehmen.

X Wissenschaft und Schulen

1 Wissenschaft an den Problemen vorbei: Warum Staatsrechtslehre und Politikwissenschaft versagen

Abweichungen des »Ist« des Staates und der Politik vom gewünschten »Soll« zu erforschen, nach den Gründen zu fragen und über mögliche Abhilfen nachzudenken – das ist die zentrale Aufgabe der Rechts- und Sozialwissenschaften, jedenfalls *sollte* sie es sein. Tatsächlich versagt die Wissenschaft weitgehend vor dieser Aufgabe. Der Hauptstrom der *Staatsrechtslehre* konzentriert sich auf die Auslegung von Verfassungen und Gesetzen. Eine darüber hinausgehende Mängelanalyse ist selten, und mögliche Alternativen werden kaum erörtert. Die Konzentration auf Normen verführt die Staatsrechtslehre dazu, die Normen für die Wirklichkeit zu nehmen oder diese ganz auszublenden. So verlor zum Beispiel der Verfasser einer Habilitationsschrift über »Die Personalgewalt öffentlicher Dienstherren« kein Wort zur verbreiteten Parteibuchwirtschaft (siehe S. 92 ff.). Das ist symptomatisch. Die Staatsrechtslehre pflegt problematische Bereiche, für die die politische Klasse als Ganzes verantwortlich ist, zu ignorieren oder herunterzuspielen. Auch den Umstand, dass Amtsträger häufig ihre eigenen Interessen verfolgen, statt gemeinwohlorientiert zu handeln, nimmt die Staatsrechtslehre entweder gar nicht zur Kenntnis oder zieht daraus doch keine Konsequenzen. Sie neigt dazu, die Augen vor der Welt, wie sie tatsächlich ist, zu verschließen.

Der Hauptstrom der *Politikwissenschaft* ist nicht weniger systemtreu. Er beschränkt sich auf die affirmative Beschreibung des Wirkens der Macht und die Analyse der zu beobachtenden »Gesetzmäßigkeiten«, ohne sich auch die nötige Kritik zuzutrauen oder gar Verbesserungsvorschläge zu machen. Das würde Wertungen verlangen. Die aber werden ausgeblendet, was vordergründig mit methodischer Sauberkeit begründet wird. Das macht die Politikwissenschaft blind für ihre eigentliche Berufung: die Beschäftigung mit dem Gemeinwohl, verstanden als Wohl der Bürger insgesamt. Deshalb schlägt auch die Politikwissenschaft einen großen Bogen um die schwelenden Wunden unseres Parteienstaats. Sie lässt sich im Gegenteil häufig in Hofkommissionen einbinden, die der politischen Klasse nach dem Mund reden (siehe S. 203 ff.). Eine oberflächliche Bestandsaufnahme ist unzureichend, um die Probleme unserer Republik in praxisrelevanter Weise in den Blick und in den Griff zu bekommen. Ein problemorientierter Ansatz kommt nicht ohne die abgewogene Bewertung der ermittelten soziologischen Phänomene aus. Weil es daran fehlt, hat die gesamte Politikwissenschaft z.B. die grotesken Auswüchse der Politikfinanzierung verschlafen, und es war einem Außenseiter der Disziplin vorbehalten, sie an die Öffentlichkeit zu bringen und ihre Eindämmung zu erzwingen.

Wertende Ansätze dürfen sich aber nicht in der Schwarz-Weiß-Fragestellung der Staatsrechtslehre (verfassungswidrig: ja oder nein) erschöpfen, sondern müssen auch rechts- und verfassungs*politische* Fragestellungen mit abdecken. Die Methoden und Ergebnisse zweier ganz unterschiedlicher Arten von Disziplinen: empirischer und normativer, müssen zusammengeführt und integriert werden. Solch interdisziplinäres Arbeiten ist selten. Das liegt an der methodischen Schwierigkeit, aber auch daran, dass die Probleme oft von den Mächtigen im Staat verursacht sind und ihre Behandlung die Qualität und Leistungsfähigkeit und letztlich die Legitimität der Machthaber betrifft, weshalb sie (und bestimmte bekannt parteinahe Wissenschaftsrichtungen mit ihnen) die Fragen ungern öffentlich thematisiert und problematisiert sehen (siehe S. 244).

Die traditionelle Staatsnähe der Staatsrechtslehre und die Herkunft der Politikwissenschaft aus der Reedukationspolitik der Alliierten gegenüber den Deutschen nach dem Zweiten Weltkrieg erschwert es beiden zusätzlich, Staat und Parteien zu kritisieren.

In die Aufmerksamkeitslücke konnte die Parteienstaatsdoktrin von Gerhard Leibholz stoßen, die die von den Parteien beherrschte Wirklichkeit zur Norm und die Wissenschaft auf diese Weise unfähig machte, gegen parteilich bedingte Fehlentwicklungen einzuschreiten (siehe S. 124 ff.). Sie hat in der Anfangszeit der Bundesrepublik auch die Rechtsprechung geprägt. Das Bundesverfassungsgericht hat sich zwar schließlich von ihr emanzipiert. Aber die Weichen in Richtung Parteienstaat waren längst gestellt.

Wer strukturelle Mängel der Politik aufdeckt, hat es immer noch mit den Mächtigen unserer Republik zu tun. Er riskiert, anzuecken und in Ungnade zu fallen. Doch muss die Wissenschaft dies nicht aushalten? Ist ihr nicht gerade deshalb die wissenschaftliche Unabhängigkeit bei voller staatlicher Alimentation garantiert? Wollen Staatsrechtslehre und Politikwissenschaft nicht zur willfährigen Magd der politischen Machthaber verkommen, müssen sie ihre Unabhängigkeit auch nutzen. Wenn die Wissenschaft wirklich eine »Schlüsselfunktion für die gesamtgesellschaftliche Entwicklung« hat, wie das Bundesverfassungsgericht meint, ist es umso wichtiger, dass sie die Möglichkeiten und Maßstäbe menschlichen Handelns ohne Rücksicht auf Interessenten jeglicher Art immer wieder von Neuem durchdenkt und fortentwickelt.

2 Staatsrechtslehre: Nicht ohne faschistische U-Boote

Der Staatsrechtslehrer Theodor Maunz galt als einer der ganz Großen seines Faches. Roman Herzog, selbst einer seiner Schüler, stellte 1993 fest: »Maunz war nach 1948/49 mit Sicherheit einer der beherrschenden Verfassungsrechtler der Bundesrepublik Deutschland, man kann auch sagen, er hat das demokratische Verfassungsrecht der Bundesrepublik mitgeprägt.« »Ohne ihn«, so hieß es in der Festschrift zu seinem 80. Geburtstag, hätte die »Entwicklung des öffentlichen Rechts« der Bundesrepublik Deutschland »nicht ihre gegenwärtige Gestalt gefunden«. Theodor Maunz schrieb das erste Standard-Lehrbuch zum deutschen Staatsrecht, das in 31 Auflagen erschienen ist und die Jurastudenten der ersten 25 Jahre der Republik entscheidend geprägt hat. Er begründete auch den maßgeblichen Kommentar zum Grundgesetz, zusammen mit Günter Dürig.

Ebendieser Theodor Maunz hatte im NS-Staat als wissenschaftliche Stütze des Systems fungiert. Als die damaligen Texte des CSU-Mannes bekannt wurden, musste er, der seit 1957 bayerischer Kultusminister gewesen war, unter dem Druck der öffentlichen Kritik am 10. Juli 1964 zurücktreten.

Dass er seiner rechten Überzeugung aber keineswegs völlig abgeschworen hatte, kam nach seinem Tod am 10. September 1993 heraus. Maunz hatte Gerhard Frey, dem Führer der rechtsextremen Deutschen Volksunion (DVU) und Herausgeber der ebenso gesinnten *Deutschen National-Zeitung*, bis in sein 91. Lebensjahr mit juristischen Gutachten beigestanden und anonym zahlreiche Beiträge in dem Blatt veröffentlicht. Maunz war offenbar wissenschaftlich und politisch eine gespaltene Persönlichkeit. Die eine Hälfte stand politisch und wissenschaftlich im Rampenlicht der Öffentlichkeit, die andere musste er vor der Öffentlichkeit streng geheim halten und wissenschaftlich-publizistisch hinter einem Pseudonym verbergen – eine Art wissenschaftlicher Dr. Jekyll und Mr. Hyde.

Theodor Maunz war keineswegs der einzige Staatsrechtslehrer mit Nazivergangenheit, der in der Bundesrepublik wieder eine bedeutende Rolle spielte und einen Lehrstuhl innehatte. Nur von ihm ist allerdings bekannt geworden, dass er weiterhin einer rechtsextremen Partei zuarbeitete.

Maunz' gar nicht zu überschätzender Einfluss auf die Staatsrechtslehre zeigte sich übrigens auch in seinen berühmten Schülern. Einer war Roman Herzog, der auch Mitherausgeber des genannten Kommentars ist. Er hatte sich bei Maunz habilitiert und seinen Münchner Lehrstuhl während dessen Ministerzeit vertreten. Herzog ist gewiss rechtsextremer Gesinnung unverdächtig. Er war es aber, der als Präsident des Bundesverfassungsgerichts und Vorsitzender des entscheidenden Senats nach dem Fall der Mauer den Vertretern der DDR eine Formulierung des Artikel 143 Absatz 3 Grundgesetz empfahl, über deren Rechtmäßigkeit er später ungerührt mitentschied (siehe S. 254 ff.). Er hatte vor Speyerer Studenten geäußert, eine Entscheidung könne natürlich nur zugunsten der Regierung ausgehen. Seine Regierungs- und Parteitreue wurde wohl auch davon getragen, dass er vermutlich schon damals beabsichtigte, Bundespräsident zu werden, und dafür natürlich auf die etablierten Parteien angewiesen war.

Ein weiterer Herausgeber des »Maunz-Dürig« ist Hans Hugo Klein. Er fiel vor allem dadurch auf, dass er etwa in Sachen

Politikfinanzierung stets die Partei der Etablierten ergriff. Er verteidigte die Steuerfreiheit der Abgeordnetendiäten vehement, unterlag dann aber in Karlsruhe, als das Bundesverfassungsgericht im Diätenurteil die Steuerfreiheit für verfassungswidrig erklärte. Klein erklärte die Grenzen für die Steuervergünstigung von Zuwendungen an politische Parteien für viel zu gering. Das war eine gute Empfehlung für die Parteien, ihn ins Bundesverfassungsgericht zu wählen (siehe S. 202). Und tatsächlich: Mit ihm als Berichterstatter weitete das Gericht 1986 mehrheitlich die Steuerfreiheit praktisch grenzenlos aus. Eine Entscheidung, die im Schrifttum auf größte Kritik stieß und 1992 schließlich vom Gericht wieder rückgängig gemacht werden musste. Er ist also kein wirklich unbefangener Interpret der Diäten- und der Parteienfinanzierungsurteile des Bundesverfassungsgerichts. Doch bearbeitet er im Großkommentar von Maunz just die einschlägigen Art. 21 und 38 GG und führt so in der wissenschaftlichen Diskussion das große Wort.

Ein anderes Beispiel für wissenschaftliche Verirrungen in der Staatsrechtslehre ist Gerhard Leibholz (siehe S. 201). Er wurde bei der Konzeption seiner Parteienstaatslehre von faschistischen Ideen inspiriert. Dennoch drückte er als langjähriger Bundesverfassungsrichter seine Lehre dem Gericht auf, bevor sich dieses schließlich davon emanzipierte. Viele der seinerzeitigen Festlegungen wirken aber auch heute noch weiter.

3 Schulen und Lehrer: Vernachlässigung des Wichtigsten

Die Zukunft unserer Kinder hängt von einer guten Schul- und Hochschulbildung ab. Das gilt erst recht im Zeitalter der Wissensexplosion und der Europäisierung und Globalisierung, die den Wettbewerb verschärfen und Bildung zum zentralen Standortfaktor machen.

Doch bei uns liegt es mit den Schulen im Argen. Das belegen PISA-, TIMSS- und andere Studien. Selbst Schulministern sind die staatlichen Schulen zu schlecht, um ihnen ihre Kinder anzuvertrauen. Stattdessen schicken sie sie in Privatschulen.

Die Misere der Schule hat sicher viele Gründe. Eine Schlüsselstellung nehmen natürlich die Lehrer ein. Ein Problem dürfte in der Unbeweglichkeit des deutschen öffentlichen Dienstes liegen, der es fast unmöglich macht, unfähige oder unwillige Lehrer wieder loszuwerden: einmal Lehrer – immer Lehrer. Den auf Lebenszeit beschäftigten Lehrern fehlen die Anreize für ihre Fortbildung und das stetige Arbeiten an einem inhaltlich und methodisch guten und auf der Höhe der Zeit befindlichen Unterricht. Hinzu kommt ihre Überalterung, die im Gegensatz zu den USA, zu Japan und zu anderen Ländern steht. Dort ist das Durchschnittsalter sehr viel niedriger.

Deutsche Lehrer dürfen – anders als in vielen anderen westlichen Ländern – meist immer noch nachmittags zu Hause arbeiten. Hinzu kommen die langen Ferienzeiten, in denen die Lehrer ebenfalls nicht in der Schule anwesend sein müssen. Das läuft praktisch auf zusätzlichen Urlaub hinaus, der sich insgesamt auf rund drei Monate im Jahr addiert und getrost für Fortbildung genutzt werden könnte. Die viele Freizeit hat eine Reihe von unbeabsichtigten Konsequenzen:

Besonders Frauen suchen die Sicherheiten des Beamtentums auch deshalb, weil sie so Beruf und Familie am besten vereinbaren können. Mit pädagogischen Anliegen hat das wenig zu tun, wohl aber mit der auskömmlichen Besoldung. Lehrer werden in Deutschland an sich gut bezahlt. Im Laufe der Zeit stieg ihre Besoldung um drei Stufen. Bis in die Sechzigerjahre erhielten Grundschullehrer als Eingangsbesoldung A 9, die dann Schritt für Schritt auf A 12 angehoben wurde. Doch falls nötig, sollte man auch weitere Anhebungen nicht scheuen, vorausgesetzt, die Mängel werden abgebaut.

Ihre bisherige zeitliche Abkömmlichkeit erleichtert es Lehrern, die zeitaufwendige sogenannte Ochsentour innerhalb politischer Parteien zu durchlaufen (siehe S. 126 ff.). Das beschleunigt nicht nur den Aufstieg in der Partei, sondern oft auch im Schuldienst. Leiter einer größeren Schule wird man meist nur noch mit dem richtigen Parteibuch (siehe S. 92 ff.). Aktivitäten in den Parteien tragen für Lehrer also nicht selten doppelte Frucht: Sie fördern ihre Karriere in der Partei und im öffentlichen Dienst. Gelegentlich erhöht auch Frust in den Schulen die Motivation, sich anderweit, insbesondere in der Politik, zu beschäftigen. Als Politiker haben Lehrer nicht zuletzt deshalb gute Chancen, weil sie gewohnt sind zu reden. Es ist also kein Zufall, dass Lehrer Parteien und Parlamente überschwemmen.

Dies sind dann oft gerade diejenigen, die als Lehrer – vielleicht mangels eigener Leistungen – besonders demotiviert sind oder sich durch den Gehaltssprung zum Berufspolitiker besonders berufen fühlen. Lehrer, die in ihrem Beruf wenig leisten und sich aus Frust und Geldgier einer politischen Ersatzkarriere zuwenden, sind aber gewiss nicht die Repräsentanten, die wir uns wünschen.

Berücksichtigt man, dass Lehrer sich selbst nie in Wirtschaft und Gesellschaft bewähren mussten, sondern immer nur staatliche Schulen, staatliche Hochschulen und einen staatlichen Vorbereitungsdienst durchlaufen haben, bevor sie in staatlichen Schulen zu lehren beginnen, wird klar, dass sie die normale Arbeitswelt nicht kennen, auf die sie die Schüler einstimmen sollen. Ob eine derartige staatsbürokratische Sozialisierung, die zwangsläufig eine gewisse wirtschafts- und wettbewerbsferne Haltung begünstigt, sie wirklich befähigt, auf die Gesellschaft vorzubereiten, muss bezweifelt werden. Verstärkte Aus- und Weiterbildung in Sachen Wirtschaft ist deshalb unerlässlich.

Die deutsche Vormittagsschule muss den Übergang zur Ganztagsschule schaffen. Das hätte – neben Anhebung der schulischen Leistung – den Vorzug, dass die Berufstätigkeit von beiden Eltern erleichtert wird, dass die Kinder von der Straße oder vom Computer wegkommen und dass die berufliche Benachteiligung von Frauen gemindert wird.

XI Medien

1 Die vierte Gewalt: Ein Teil des Problems

Die öffentliche Kontrolle durch die Medien bildet ein bedeutsames Gegengewicht gegen Missstände und Fehlentwicklungen. Die Selbstheilungskräfte der Demokratie sind eng mit den Medien verbunden. Ohne sie würden Missbräuche leichter unter den Teppich gekehrt, und es fehlte der öffentliche Druck, Fehlentwicklungen abzustellen. Beispiele gibt es zuhauf: die verschiedenen Parteispendenaffären sowie die Versuche, die Beteiligten durch ein Amnestiegesetz straflos zu stellen, die am öffentlichen Protest scheiterten, oder die Diäten- und Versorgungsfälle in Hessen, Hamburg, im Saarland und im Bund, wo durch öffentliche Kritik die Rücknahme unangemessener Gesetze erzwungen wurde. Gerade wenn die politische Klasse in eigener Sache entscheidet, ist Öffentlichkeit oft die einzige wirksame Kontrolle.

Andererseits reagiert die Politik auf die zunehmende Bedeutung der Medien für ihr Erscheinungsbild mit der strategischen Inszenierung der Wirklichkeit. Positiv Erscheinendes wird grell beleuchtet, Negatives ausgeblendet. Die gelungene Inszenierung der Wirklichkeit wird zum Erfolgskriterium, obwohl die produzierten Wirklichkeitsbilder nur das Spiegelbild von Interessen sind – das Gegenteil von Authentizität.

Themen, welche die politische Klasse insgesamt belasten, gelten ohnehin als tabu. Insofern existiert geradezu eine Art Schere im Kopf auch vieler Journalisten, die es erschwert, die wichtigsten Themen zum Gegenstand öffentlicher Diskussion zu machen. Hier zahlt sich der Einfluss der politischen Klasse auf Rundfunk- und Fernsehanstalten aus (siehe S. 95 f.). Und was die Medien ausblenden, scheint gar nicht zu existieren. Es kommt deshalb – und danach handeln die politische und mediale Klasse geradezu instinktiv – darauf an, Bilder und Vorstellungen in den Köpfen der Menschen zu verankern, die Zweifel am System erst gar nicht aufkommen lassen. Dass das offizielle System schwere Mängel aufweist und sich dahinter ein inoffizielles System gebildet hat, in welchem die Ursachen für Mängel und die Schwierigkeiten ihrer Behebung zu suchen sind, rührt so sehr an Grundfragen und an die Interessen der etablierten Mächte, dass bereits die Fragestellung entrüstet zurückgewiesen zu werden pflegt.

Das Fernsehen, das für die große Mehrheit der Bevölkerung zur Hauptinformationsquelle geworden ist, hat seine eigenen Gesetze. Da Personen leichter als verbale Aussagen »rüberzubringen« sind, gewinnen die optische Erscheinung und persönliche Ausstrahlung immer größere Bedeutung. Die Undurchsichtigkeit der politischen Strukturen und Verantwortlichkeiten verleiht dem Faktor »Vertrauen« zentrales Gewicht. Der am Bildschirm, wo man dem Politiker sozusagen direkt ins Gesicht sehen kann, gewonnene Eindruck der Vertrauenswürdigkeit entscheidet. Die zentrale Bedeutung der Telegenität hat Rückwirkungen auf die Spitzenkandidaten der Parteien, aber auch auf die Arbeit, das Denken und Handeln aller Personen, die ihnen zuarbeiten, ihre Mitarbeiter und Berater.

Was die Medien leisten *sollen*, ist klar. Medienfunktionäre besitzen, wie das Bundesverfassungsgericht betont, nur eine »dienende Freiheit«. Die Vielfalt der bestehenden Meinungen müsse »in möglichster Breite und Vollständigkeit Ausdruck« finden und »auf diese Weise umfassende Information geboten« werden. Doch gerade über die wichtigsten Themen »spricht man nicht«. Obwohl wir wissen, dass die große Mehrheit Änderungen des Wahlrechts wünscht und nicht nur Abgeordnete und Bürgermeister direkt wählen möchte, sondern auch die Ministerpräsidenten und den Bundespräsidenten, werden diese Fragen kaum je zum öffentlichen Thema gemacht. Dasselbe gilt für andere Regeln des Machterwerbs und für die fatale Schlüsselrolle, die der Egoismus der politischen Klasse für die Verzerrung dieser Regeln und für die Blockade von Reformen spielt (siehe S. 22 ff. und 26 ff.). Das trägt dazu bei, dass die veröffentlichte Meinung und die tatsächliche Mehrheitsmeinung stark voneinander abweichen können, ein Phänomen, das der türkisch-amerikanische Politikwissenschaftler Timur Kuran als

»öffentliches Lügen« bezeichnet. Der Kommunikationswissen-schaftler Peter Glotz sprach schlicht von der »immer größer werdenden Kluft zwischen öffentlicher und veröffentlichter Meinung«. Die veröffentlichte Meinung erweckt den Eindruck, Menschen mit anderer Auffassung seien in der Minderheit, was diese tendenziell verstummen lässt. So wird der Anteil der Lauten immer lauter, immer größer, während der Anteil der Stummen schrumpft, eine Entwicklung, die Elisabeth Noelle-Neumann, die große alte Dame der Demoskopie, die »Schwei-gespirale« nennt (siehe S. 244).

Hier wird eine Art »geistige Sperrklausel« praktiziert, die aber nicht nur fünf Prozent der Bürger unter den Tisch fallen lässt, sondern über fünfzig Prozent und damit oft gerade die-jenigen Themen ausgrenzt, welche die Menschen am meisten interessieren. Solche »Publizistenideologie« wirkt wie eine in-nere Zensur und fördert die Entmündigung der Bürger, weil sie vorsortiert, welche Tatsachen und Meinungen den Menschen frommen, statt diesen selbst die Entscheidung zu überlassen. Die umfassende Information der Öffentlichkeit fällt vielen Redakteuren im täglichen Betrieb umso schwerer, als jeden-falls die öffentlich-rechtlichen Medien unter dem Einfluss der politischen Klasse stehen und Redakteure, die dem nicht Rech-nung tragen, ihre Karriere gefährden. Die Verengung macht die politische Diskussion zudem fad und uninteressant – Glotz spricht von einer »Tantenhaftigkeit der deutschen politischen Kultur«.

Die Tabuisierung gerade der wichtigsten Themen relativiert den Wert der Kommunikationsgrundrechte. Das Recht, »sich aus allgemein zugänglicher Quelle ungehindert zu unterrich-ten« (Art. 5 Abs. 1 Satz 1 GG), die Basis aller anderen poli-tischen Grundrechte, verliert an Bedeutung, wenn bestimmte Informationen von den Medien gar nicht mehr zur Verfügung gestellt werden. Die Ausblendung wirkt voraus und lähmt be-reits die Fähigkeit, wichtige Grundfragen überhaupt nur zu denken. Es mangelt deshalb an Analysen, die den Problemen wirklich auf den Grund gehen, und an konzeptionellen Hand-lungsalternativen. Die Reaktion auf neue Herausforderungen wird erschwert und die Erneuerungsfähigkeit des ganzen Sys-tems beeinträchtigt.

Doch wehe, wenn das Eigeninteresse der Medienfunktionäre

betroffen ist. Dann gehen sie auch gegen dringend nötige Reformen gemeinsam und mit der ganzen Wucht ihrer publizistischen Macht vor und ersticken leicht jede Initiative. Ein klassisches Beispiel ist die Einführung von Schadensersatz wegen schuldhafter Ehrverletzungen. Das trifft ganz besonders Medien, die immer mal wieder mit schlecht recherchierten Artikeln Personen in den Dreck ziehen. Doch gegen die entsprechenden Gesetzentwürfe machte nicht nur die Boulevardpresse, sondern die ganze Breite der Medien mit aller Macht Front, so dass die Politik schließlich resignierte. Die unerlässliche Änderung war nur dadurch durchzusetzen, dass die Rechtsprechung sozusagen als Ersatzgesetzgeber eingriff und eine entsprechende Schadensersatzpflicht dekretierte.

2 Politische Korrektheit: Öffentliches Leugnen privater Wahrheit

In seinem Buch »1984« beschreibt George Orwell die perfiden Techniken der Macht, mit denen Diktaturen den Menschen selbstständiges Denken austreiben und sie zu gefügigen Mitläufern machen. Der offizielle Wortschatz wird von allen Elementen »gereinigt«, die zur Kritik an der Herrschaft dienen könnten. Die ideologisch aufgeladene politische Kunstsprache (»Neusprech«) soll es von vornherein unmöglich machen, für Alternativen zum herrschenden System zu werben, ja sie auch nur zu formulieren.

In einem Rechtsstaat sind derartige mit physischem Zwang durchgesetzte Praktiken natürlich untersagt. Doch die herrschende Ideologie hat auch bei uns in den Köpfen der Menschen politisch-gesellschaftliche Barrieren errichtet, die die Freiheit kaum weniger massiv einschränken können. Die Vorab-Tabuisierung bestimmter Fragen erscheint bisweilen wirksamer als gesetzliche Verbote, die den verfassungsrechtlich verbürgten Freiheiten des Denkens, der Meinungsäußerung und des Handelns offen widersprechen würden. Diese mentalen Barrieren lassen sich in dem Begriff »politische Korrektheit« zusammenfassen. Unter diesem Deckmantel werden vielfach wichtige Themen von Demokratie, Wirtschaft und Gesellschaft ausgespart. »Darüber spricht man nicht, zumindest nicht öffentlich«, lautet die Devise, die von einem stillschweigenden Komment bestimmter Kreise getragen wird. Wer dagegen verstößt, riskiert Isolation und gesellschaftliche Ächtung. Hier bestätigt sich die alte Weisheit, dass die Besetzung von Begriffen und Denkmustern in der politischen Auseinandersetzung genauso wichtig ist für den Erwerb und Erhalt der Macht wie die Besetzung strategischer Schlüsselpositionen im Krieg.

Ursprünglich in den USA aufgekommen, wandte sich der Begriff »Political Correctness« gegen die Diskriminierung von Randgruppen wie Juden oder Schwarzen und gegen die Unterdrückung etwa von Frauen. Er wollte in der Gesellschaft verbreiteten Vorurteilen entgegenwirken. Dahinter standen die Interessen der Betroffenen, die in der veröffentlichten Meinung einen machtvollen Verbündeten fanden. Sie kämpften zuallererst für eine Veränderung der Sprache, von der sie sich eine Zurückdrängung der Diskriminierung erhofften.

Für uns Deutsche sind bestimmte Fragen, die mit den NS-Verbrechen an Juden zusammenhängen, tabu. Ein Beispiel: Als Martin Walser Günter Grass fragte, was er (Grass) von Walsers Rede bei der Verleihung des Friedenspreises des Deutschen Buchhandels gehalten habe, in der sich Walser gegen die rückwärtsgerichtete Fixierung der Deutschen auf die Naziverbrechen gewandt und darüber eine öffentliche Diskussion angemahnt hatte, antwortete Grass laut Medienberichten: »So was kann man denken für sich, aber so was kann man nicht öffentlich sagen.«

Inzwischen hat der Begriff »politische Korrektheit« aber seine Stoßrichtung erweitert und umfasst auch Themen, deren offene Diskussion angeblich die Fundamente des politischen und wirtschaftlichen Systems erschüttern und das offizielle Geschichtsbild gefährden könnte. Dahinter stecken jetzt aber nicht mehr die Interessen von – tatsächlich oder angeblich – Unterdrückten, sondern die der Machthaber, die um Pfründen und Privilegien bangen. Ihr Einfluss auf praktisch alle öffentlichen Institutionen (siehe S. 92 ff.) zeigt sich in der Verdrängung bestimmter kritischer Fragen aus dem allgemeinen Sprachgebrauch. Die sachliche Argumentation und Auseinandersetzung wird durch moralische Ächtung ersetzt. Dieses »Kartell des Schweigens« macht es so schwer, strukturelle Defizite in Staat und Gesellschaft öffentlichkeitswirksam zu thematisieren – trotz deren fundamentaler Bedeutung –, von wirksamen Reformen ganz zu schweigen.

Zu den großen Tabuthemen gehört die Lücke zwischen der demokratischen Norm und der tatsächlichen Wirklichkeit – und erst recht die Frage nach den Ursachen für jene Kluft, also insbesondere nach der Rolle, die die Eigeninteressen der politischen und wirtschaftlichen Klasse bei der Korruption unseres Systems spielen (siehe S. 129 ff.). Hierher gehören Formeln wie die von der Volkssouveränität (siehe S. 15 ff.), von der Wahl des Parlaments durch die Bürger (siehe S. 175 f.), von der überhöhten Position repräsentativer Abgeordneten (siehe S. 138 ff.) und von der automatischen Leistungsorientierung der Einkommen in unserer Wirtschaft (siehe S. 259), die trotz nachweisbarer Unrichtigkeit öffentlich nicht grundsätzlich in Frage gestellt werden, auch wenn einzelne Skandalfälle gelegentlich hochkochen. Dabei geht die innere Zensur der Political Correctness eine unheilige Allianz mit den Belangen der Mächtigen ein, indem sie unliebsame, die Funktionsweise von Politik und Wirtschaft betreffende Fragen gar nicht erst zulässt, obwohl gerade sie die Menschen zutiefst beunruhigen. Dieser Effekt wird verschärft, weil auch viele Journalisten ganz gezielt nicht das zur Debatte stellen, was die Gesellschaft bewegt, sondern das, was die Gesellschaft ihrer Meinung nach bewegen *sollte*. Und das bestimmt sich meist wieder nach dem Maßstab der politischen Korrektheit. Die Aussperrung zentraler Themen, die die Menschen zutiefst berühren, durch die Medien bewirkt eine Spaltung in öffentliche und *ver*öffentlichte Meinung, die oft völlig voneinander abweichen.

In dieser Situation kommt es zu einem geradezu tragischen kollektiven Irrtum: In ihrer Vereinzelung glauben sich die Menschen mit ihrer privaten Meinung in der Minderheit und scheuen sich deshalb, gegen die herrschende scheinbare Mehrheitsauffassung aufzumucken, um nicht ins soziale Abseits zu geraten, selbst wenn ihre Auffassung den Kern des Problems trifft. Diese bereits zitierte »Schweigespirale« verführt die Menschen dazu, ihre privaten Wahrheiten öffentlich zu verleugnen (so treffend Timur Kuran in seinem Buch »Private Truths – Public Lies« von 1995).

Solche Formen der Tabuisierung betreffen nicht nur fertige Gedanken, sie beeinträchtigen auch den Konzeptions- und Entstehungsprozess. Die Ausblendung hindert nicht nur daran, bestimmte Fragen öffentlich anzusprechen. Sie wirkt unterschwellig voraus und beeinträchtigt bereits die Fähigkeit, sie überhaupt nur zu denken. Diesen Teufelskreis gilt es zu durchbrechen. Das verlangt eine unvoreingenommene Analyse der Probleme und Zusammenhänge sowie ein Zurechtrücken der Begriffe.

3 Talkshows: Fernsehen als Parlamentsersatz?

Die Talkshow von Sabine Christiansen bestimme die politische Agenda in Deutschland mittlerweile mehr als der Bundestag, hat Friedrich Merz, als er noch politisches Gewicht hatte, einmal gesagt. Inzwischen ist Anne Will an ihre Stelle getreten. Doch das ändert nichts daran, dass die politischen Gesprächsrunden von ARD, ZDF, n-tv etc. nach wie vor ein Millionenpublikum finden. So politisch uninteressiert, wie gelegentlich behauptet, kann die Bevölkerung also gar nicht sein. Entsprechend begehrt ist die Teilnahme unter den Politikern, deren Medienberater um die Mitwirkung ihrer Auftraggeber buhlen. Manche sprechen ganz offen von einer Art Ersatzparlament. Die Teilnehmer werden ja auch streng nach politischem Proporz eingeladen.

Die politische Bühne, die derartige Talksendungen bieten, und die scheinbare Konkurrenz zum Bundestag, sind dem Bundestagspräsidenten Norbert Lammert inzwischen geradezu ein Dorn im Auge. Der von ARD und ZDF gemeinsam getragene Fernsehsender Phoenix überträgt zwar fast die Hälfte aller Bundestagssitzungen, und das Parlamentsfernsehen des Bundestags überträgt via Web-TV montags bis freitags Plenar- und Ausschusssitzungen. Da die Einschaltquoten dürftig sind, reicht das dem Bundestagspräsidenten aber nicht. Er will auch vermehrte Berichterstattung im ersten und zweiten Programm. So rechnet er Ende 2007 allen Ernstes vor, die öffentlich-rechtlichen Sender hätten im Jahre 2006 mehr Zeit für die Ausstrahlung von Polit-Talkshows aufgewendet als die 250 Stunden, die Phoenix live aus dem Plenum des Bundestags berichtet hat – und fordert die Einrichtung eines eigenen Bundestags-Fernsehkanals.

Gewiss, zu den VIP-Fernsehrunden lässt sich viel Kritisches

bemerken. Sie sind Foren für Selbstdarsteller. Man kann kaum mehr als ein paar Sätze im Zusammenhang sagen. Sie unterliegen politischen Pressionen – so ist der Putin-kritische frühere Schachweltmeister und Bürgerrechtler Garri Kasparow angeblich aus »technischen Gründen«, seiner eigenen Meinung nach jedoch auf Druck der russischen Botschaft von Christiansen wieder ausgeladen worden. Doch wenn der Bundestagspräsident erwartet, ein Fernsehkanal würde die Arbeit des Bundestags populärer machen, so bleibt dies genauso an der Oberfläche. Die Öffentlichkeit interessiert sich deshalb kaum für seine Arbeit, weil er im Wesentlichen aus Parteisoldaten besteht, die praktisch nur das vollziehen, was die Regierung vorgibt. In der Realität haben sich die Rollen von Parlament und Regierung verkehrt. Nicht im Parlament liegt das eigentliche Zentrum der Macht, sondern in der Regierung, die – gerade in Zeiten einer Großen Koalition – alles intern schon festgezurrt hat, bevor es ins Parlament kommt, das die Dinge meist nur noch formell absegnet. Gewiss gibt es da auch noch eine Opposition. Doch die hat im Ergebnis nichts zu sagen. Der Ausgang der Diskussion, die Abstimmung und Entscheidung, stehen, wie gesagt, vorher meist längst fest. Und da Abgeordnete der Großen Koalition aus Parteiräson deren Linie vertreten, während die Opposition diese kritisiert, sind auch die Rollen starr verteilt. Von freiem Mandat kann keine Rede sein. Das macht die Veranstaltung so langweilig. Deshalb herrscht im Parlament auch oft gähnende Leere. Wenn aber selbst die Abgeordneten desinteressiert sind, wie soll dann das Interesse der Bürger geweckt werden? Am »lausigen« Image des Bundestags (Lammert) würde auch ein neuer Fernsehkanal nichts ändern, solange nicht die Strukturfragen angegangen und das Wahlrecht und andere Regeln des Machterwerbs grundlegend reformiert werden.

4 Außen- und Europapolitik: Mediale Inszenierung

Politiker lieben die internationale Bühne. Das Theaterspiel beherrschen Bundeskanzlerin Angela Merkel und Außenminister Frank-Walter Steinmeier nicht weniger virtuos als ihre Vorgänger Gerhard Schröder und Joschka Fischer. Ob in Paris beim Handkuss der deutschen Kanzlerin durch Jacques Chirac, ob in

Washington, wo »Angie« und »George« vor der Weltpresse ihre innige Vertrautheit zur Schau stellen, ob im Gespräch mit Putin, der der Kanzlerin zu Ehren Deutsch spricht, oder bei dem glamourösen Berliner Treffen der 27 EU-Staats- und Regierungschefs am 50. Jahrestag der Römischen Verträge, beim G-8-Gipfel in Heiligendamm oder bei der theaterreifen Unterzeichnung des Vertrags von Lissabon am 13. Dezember 2007 – immer präsentieren sich alle mit großem Pomp dem Fernsehvolk. Tausende von Journalisten berichten in alle Welt. Für die beteiligten Politiker ist das eine »Win-win-Situation«: Völlig unabhängig von den wirklichen Resultaten des jeweiligen Treffens treten sie öffentlichkeitswirksam in Erscheinung, begegnen »auf Augenhöhe« den Großen der Welt, stehen dabei demonstrativ für ihr Land ein und vertreten seine Interessen tapfer nach außen. Das hat etwas Staatstragend-Feierliches. Hier können Politiker auf der Ehrfurcht einflößenden Klaviatur der Diplomatie spielen – und das vor den Augen der Welt. Der größte Teil der auswärtigen Politik ist öffentliche Repräsentation und aufs Fernsehen geradezu zugeschnitten. In dem auf Bilder festgelegten Medium lässt sich die Darstellung Deutschlands in Europa und aller Welt besonders gut vermarkten und den staunenden Bürgern präsentieren. Noch pikanter wird es, wenn man mit finanziellen Zusagen durch die Kontinente reist. Hier gibt's öffentliche Aufmerksamkeit gegen Geschenke auf Kosten der Steuerzahler.

Und was die Außenpolitik so angenehm macht: Die sonst üblichen kritischen bis zersetzenden Gegenäußerungen der Opposition bleiben hier im Allgemeinen aus. In der *Innen*politik ist praktisch alles kontrovers, jede Maßnahme der Regierung wird sogleich von der Opposition bestritten, in Misskredit gebracht oder ins Lächerliche gezogen. Dagegen besteht in Sachen Europa und die Welt oft ein großer Konsens der politischen Funktionsträger, der über die Fraktionsgrenzen hinweggeht (und oft auch die Akteure in Wirtschaft, Kultur, Wissenschaft und Medien mitumfasst). Die Regierung sucht die Opposition über außenpolitische Absprachen gezielt zu informieren und ins Vertrauen zu ziehen. Regierungsamtliche Verlautbarungen brauchen deshalb Widerspruch oder Diskreditierung seitens der Opposition kaum zu fürchten. Ja, es gilt geradezu als unfein und für Deutschland abträglich, also als »unpatriotisch«, die Regierung hier öffentlich zu kritisieren.

247

Die medial inszenierte und dem Parteienstreit meist entrückte Außen- und Europapolitik macht Außenminister regelmäßig zu besonders beliebten Politikern. Hans-Dietrich Genscher führte die Hitliste der Umfragen stets mit großem Abstand an, ganz ähnlich seine Nachfolger Kinkel, Fischer und Steinmeier. Darin liegt wohl auch einer der Gründe, warum der Posten des Außenministers in der Regierung – neben dem des Kanzlers – besonders attraktiv ist und der Vizekanzler, der meist gleichzeitig Chef der kleineren Koalitionspartei ist, ihn regelmäßig beansprucht.

Die Außenpolitik gibt Regierungsvertretern die Möglichkeit, sich dauernd öffentlich zu produzieren und auf diese Weise den Eindruck von Bedeutung zu steigern. Man wird ihnen deshalb ein zumindest unbewusstes Eigeninteresse etwa an einem ungebremsten Weiterlaufen der europäischen Entwicklung, die die Anlässe für solche Inszenierungen massiv vermehrt, unterstellen können. Die nüchterne und an den Interessen der Bevölkerung orientierte Schweiz verwehrt ihren Politikern, mangels Mitgliedschaft in der EU, eine derartige europapolitische Plattform und die damit verbundene mediale Inszenierung – zum Leidwesen der auch dort auf Profilierung erpichten Politiker.

XII Folgen der Wiedervereinigung

1 Die verspielte Einheit: Aus Machtstreben und Gewinngier

Die deutsche Wiedervereinigung nennt man gemeinhin einen Glücksfall der Geschichte. Das ist durchaus nicht unberechtigt. Doch der hohe Preis, der dafür zu zahlen ist, bleibt in offiziellen Verlautbarungen regelmäßig ungenannt. Dieser Preis war anfangs ökonomischer Natur, schlägt inzwischen aber auf die Befindlichkeit im ganzen Land durch. Die Politik schweigt über die riesigen Summen, die seit mehr als anderthalb Jahrzehnten fließen. Sie schweigt vor allem über die Fehlleitung dieser Summen und darüber, dass die erhoffte Angleichung des Ostens an den Westen und damit das Ende der Zahlungen auch nicht im Entferntesten in Sicht ist. Sie schweigt auch darüber, wie sehr diese Gelder den Westen belasten und dass sie für den wirtschaftlichen Niedergang der Republik mitverantwortlich sind, der seit Mitte der Neunzigerjahre zu beobachten ist und an dem auch vorübergehende konjunkturelle Erholungen nichts ändern. Vor allem schweigt sie über die weit über das Ökonomische hinausgehenden menschlichen Auswirkungen des Niedergangs auf das Lebensgefühl im Osten. Die Politiker sehen sich auf gute Wahlergebnisse angewiesen, sie wollen weder die Geber noch die Nehmer vergraulen und scheuen deshalb eine ungeschminkte Tatbestandsaufnahme und die öffentliche Diskussion darüber.

Für Bundeskanzler Helmut Kohl kam die deutsche Einheit wie ein Wunder. Er hatte gegen Ende der Achtzigerjahre politisch abgewirtschaftet. Wahlforscher sagten seine Abwahl bei der Bundestagswahl 1990 voraus. Kurt Biedenkopf, Heiner Geißler, Lothar Späth und Rita Süssmuth probten parteiintern sogar den Aufstand. Die Chance der Wiedervereinigung, die

249

Kohl geschickt zu nutzen wusste, brachte ihm dann politisch sozusagen die zweite Luft. Wirtschaftlich war das Ganze allerdings ein billionenschwerer Fehlschlag, was auch daran lag, dass weder Kohl noch sein Finanzminister Theo Waigel oder seine Wirtschaftsminister Helmut Haussmann (1988 bis Januar 1991) und Jürgen Möllemann (Januar 1991 bis 1993) wirklich wirtschaftliches Verständnis besaßen. Die Wiedervereinigung glich einem Blindflug im Nebel ohne Navigationsinstrumente. Ökonomisch wurde alles falsch gemacht, was falsch gemacht werden konnte. Für diese Ignoranz der politischen Spitze muss ein ganzes Land generationenlang büßen.

Der erste Fehler bestand im Umtausch der weitgehend wertlosen Mark der DDR in die frei konvertierbare Deutsche Mark, im Wesentlichen im Verhältnis eins zu eins. Das war politisches Kalkül. Die Deutsche Mark erschien als Symbol des westlichen Wohlstands. Deshalb bot Kohl, der stets alles an den nächsten Wahlen ausrichtete, dem Osten die D-Mark rechtzeitig vor der ersten freien Volkskammerwahl vom 18. März 1990 an und errang einen gewaltigen Wahlsieg. Allerdings: Die Einführung der D-Mark verteuerte ostdeutsche Waren, die vorher zu einem Kurs von eins zu vier in die Bundesrepublik verkauft worden waren, derart, dass sie dem Wettbewerb mit hochwertigen Westwaren nicht entfernt mehr gewachsen waren und der Absatz völlig zusammenbrach. Auch der gesamte östliche Markt der früheren DDR fiel weg. In der neuen Währung konnten die Sowjetunion und andere östliche Länder die Waren nicht mehr bezahlen. Gleichzeitig »mussten von einem Tag auf den anderen alle Betriebe der DDR ihre Löhne und Verpflichtungen in D-Mark bezahlen, die sie nicht hatten und auch nicht verdienten«, wie der damalige Präsident der Bundesbank gewarnt hatte. Als seine Warnung ungehört blieb, trat er zurück. In den meisten Branchen verschwanden neun von zehn Arbeitsplätzen. Weite Teile Ostdeutschlands wurden deindustrialisiert und konnten nur dank riesiger Subventionen und Transferleistungen überleben.

Die Krise wurde noch verschärft durch viel zu schnelle Lohnsteigerungen. Anfangs waren die Löhne im Osten sehr niedrig, was die ausgesprochen geringe Produktivität, also die wirtschaftliche Leistung pro eingesetzte Arbeitskraft, bis zu einem gewissen Grad ausgleichen und wenigstens einen Teil der

Wirtschaft wettbewerbsfähig halten konnte. Betonte Zurückhaltung bei den Löhnen war deshalb für viele Betriebe eine Überlebensfrage. Doch von Zurückhaltung konnte keine Rede sein. Mangels Tarifvertragsparteien im Osten stellten sich westliche Gewerkschaften und Arbeitgeberverbände ersatzweise zur Verfügung. Beide hatten aber keinerlei Interesse daran, sich durch Lohnzurückhaltung Konkurrenten aus dem Osten heranzuzüchten. Die Unternehmen befürchteten die Konkurrenz mit billigen Waren, die Gewerkschaften fürchteten, dass niedrige Löhne auch die Lohnentwicklung im Westen dämpfen könnten. So forcierten die von westdeutschen Funktionären beherrschten Tarifvertragsparteien den raschen Anstieg der Löhne im Osten – und beseitigten damit seine Wettbewerbsfähigkeit (und die Attraktivität für Investoren) vollends. Mit der Devise »gleicher Lohn für gleiche Arbeit« wurden die Löhne gigantisch gesteigert, bis sie schließlich fast das westdeutsche Niveau erreichten. Weil aber die Produktivität auch nicht annähernd hinterherkam, handelte es sich in Wahrheit, ökonomisch gesehen, gar nicht um »gleiche Arbeit«.

Zudem wurde dem Osten auf einen Schlag die ganze westliche Gesetzesflut übergestülpt, die für eine rückständige Wirtschaft erst recht Gift war. Mit der Handhabung der überkomplizierten Regelungen kannte sich im Osten niemand aus, weder die Unternehmen noch die Verwaltung. Die Ost-Bürokratie, überfordert und verunsichert, wie sie war, machte die so dringend benötigten unternehmerischen Investitionsentscheidungen erst recht zu einem zeitraubenden Vabanque-Spiel. Das mag dazu beigetragen haben, dass auch die Verwaltungen nicht mit dem nötigen Nachdruck ausgedünnt wurden. Es besteht immer noch ein erheblicher Überhang, was aber kaum jemanden zu stören scheint. Der Westen zahlt ja.

Erschwerend kommt hinzu, dass die Bürokratie sich zum Teil immer noch in der Hand alter Netzwerke befindet und Kungelei und Korruption grassieren. Hier wirkt sich aus, dass der Westen die kommunistische Einheitspartei, die SED, im neuem Gewand der PDS weiterbestehen ließ. Die Union und die FDP wollten die sogenannten Blockparteien, zu denen die Ost-CDU und die Ost-Liberalen gehörten, die sich die SED gehalten hatte, um ein pluralistisches Parteienspektrum vorzuspiegeln, aufrechterhalten, um bei den 1990 anstehenden Wahlen ein personelles und organisatorisches Standbein im Osten zu haben, und mussten deshalb notgedrungen auch die PDS weiterhin dulden. Während die nationalsozialistische Hitler-Partei nach 1945 ausgemerzt worden war, blieb die Staatspartei des anderen deutschen Totalitarismus praktisch ungeschoren. Man wandte sich entschieden gegen die Stasi und verdeckte damit, dass die gesamte SED für Unterdrückung und schwere Verbrechen in der DDR verantwortlich war.

Die Nichtrückgabe von zigtausenden Unternehmen und landwirtschaftlichen Betrieben, die zwischen 1945 und 1949 konfisziert worden waren, an die früheren Eigentümer tat ein Übriges (siehe S. 254f.). Die Chance, westdeutsche Eliten, die nicht nur an Profit interessiert sind, sondern an ihrer früheren Heimat hängen, mit ihren Investitionen und ihrem marktwirtschaftlichen Know-how für den Wiederaufbau zu mobilisieren und dem krassen Mangel an Unternehmern abzuhelfen, wurde verspielt.

Die geringen Berufschancen führen überdies zu einer Millionen-Abwanderung gerade der Tüchtigsten aus dem Osten. Die demografischen Probleme, denen sich ganz Deutschland gegenübersieht, potenzieren sich im Osten: Die arbeitsfähigen Jüngeren, besonders die Frauen, zieht es nach Westen, so dass der Überhang an Alten und an Männern sowie das Ausbleiben von Nachwuchs sich dort geradezu zu einer demografischen Katastrophe auswachsen. Das dämpft die Bereitschaft von Unternehmen, sich dort anzusiedeln, natürlich noch weiter – ein Teufelskreis: Die aussichtslose Situation führt zur Abwanderung, die die Hoffnung auf Besserung erst recht illusorisch macht. Die Eins-zu-eins-Umstellung der Währung und die rasche Anhebung der Löhne hatte man ursprünglich auch mit dem Argument gerechtfertigt, man wolle die Abwanderung der Menschen in den Westen verhindern. Doch diese hätte vermutlich nur vorübergehend gedroht. Jetzt hat man wegen des wirtschaftlichen Kahlschlags Abwanderung auf Dauer.

Angesichts dieser Rahmenbedingungen war es kein Wunder, dass auch die von der Treuhand betriebene Privatisierung – von Ausnahmen abgesehen – ein gigantischer Fehlschlag war.

Die ehemalige DDR verglich sich nicht mit anderen Staaten, die eine ähnliche ökonomische Hypothek aus der Zeit der kommunistischen Herrschaft zu tragen haben, wie zum Beispiel

Tschechien, sondern mit dem hoch entwickelten Westdeutschland. Dieses war auch durchaus bereit zu helfen. Doch der Einsatz ging in die falsche Richtung. Statt Hilfe zur Selbsthilfe zu geben und dafür die nötigen Rahmenbedingungen zu schaffen, beruhigte man sich mit Zahlungen, die den Osten auf Dauer am Tropf halten. Jährlich werden allein aus dem Bundeshaushalt fast 100 Milliarden Euro vom Westen in den Osten gepumpt. Insgesamt belaufen sich die Transfers inzwischen auf rund 1,5 Billionen Euro. Das Fatale aber ist, dass diese Gelder überwiegend in den sozialen Konsum fließen, ohne dass dies zu Investitionen in Unternehmen und zur Schaffung von Arbeitsplätzen im Osten führt. Rentnern geht es im Osten inzwischen vielfach besser als im Westen. Die gewaltigen Transfers tragen kaum dazu bei, dass der Osten irgendwann wirtschaftlich auf eigene Füße zu stehen kommt. Auch die gründliche Erneuerung der öffentlichen Infrastruktur bewirkte keine selbsttragende wirtschaftliche Entwicklung. Die steuerlichen Vergünstigungen der ersten Jahre führten zwar zu einem richtig gehenden Bauboom. Doch als die vielen neuen Geschäfts- und Wohnhäuser keine Mieter fanden, platzte die Baublase. Wenn auch einige Hightech-Inseln im Osten durchaus florieren, führt der massive Rückgang der Bauwirtschaft doch insgesamt zu einer negativen Bilanz. Die Produktivität, die sich bis Mitte der Neunzigerjahre anzugleichen schien, klafft seitdem unverändert auseinander. Sie liegt im Osten bei etwa zwei Dritteln des Westens. Die Arbeitslosigkeit ist doppelt so hoch. Gleichzeitig belasten die Zahlungen, die rund vier Prozent des gesamten deutschen Sozialprodukts ausmachen, die westliche Wirtschaft schwer, weil sie über Abgaben finanziert werden und so die Produktionskosten erhöhen. Die sogenannte »deutsche (ökonomische) Krankheit« ist ganz wesentlich durch diesen wirtschaftlichen Klotz am Bein mitverursacht. Und was besonders beunruhigt: Die fehlende ökonomische Perspektive schlägt im Osten auf die ganze Lebenseinstellung durch: Pessimismus grassiert, das Vertrauen in die Marktwirtschaft, in politische Parteien und Demokratie ist dort auf einem Tiefstand.

Aus den Fehlern gilt es zu lernen und den Osten für Wirtschaftsansiedlungen gezielt attraktiv zu machen. Statt einer flächendeckenden Subventionierung mit der Gießkanne sollte an die florierenden Industriekerne systematisch angebaut werden.

Die Verwendung der öffentlichen Mittel sollte besser kontrolliert und gezielt auf die längerfristige Förderung von Unternehmen und begleitender Forschung und Bildung konzentriert sowie das Gesetzesdickicht gelichtet werden.

2 Die sogenannte Bodenreform: Unrecht aus Opportunität

Niemand darf für vogelfrei erklärt werden und aller seiner Rechte verlustig gehen. Das ist eines der elementarsten Grundrechte der zivilisierten Welt. Dagegen verstießen die von der kommunistischen Ideologie getragenen Enteignungen, die im Herbst 1945 in der sowjetisch besetzten Zone Deutschlands durchgeführt wurden. Neben praktisch allen größeren Wirtschaftsunternehmen wurden sämtliche landwirtschaftlichen Anwesen ab 100 Hektar entschädigungslos konfisziert und die Besitzer vertrieben und praktisch für vogelfrei erklärt (sogenannte Bodenreform). All das verstieß in grober Weise gegen die Menschenrechte und das Völkerrecht. Die Bundesrepublik hielt dieses grobe Unrecht nach der Wiedervereinigung aufrecht. Darin spiegelt sich der rücksichtslose Machtwille der Parteien, der sich gegenüber allem Recht durchsetzt und die Gewaltenteilung unterläuft, in exemplarischer Weise wider (siehe S. 26 ff. und 129 ff.). Die unter Bundeskanzler Helmut Kohl regierenden Politiker der Union und FDP fürchteten, bei den im Herbst 1990 anstehenden Wahlen des Bundestags und der Landtage der fünf neuen Länder zu unterliegen, wenn sie die Alteigentümer wieder in ihre Rechte einsetzen würden, obwohl eine solche Rückgabe eigentlich rechtlich und moralisch zwingend geboten gewesen wäre. Da man das reine Machtkalkül öffentlich nicht nennen konnte, musste man andere Gründe vorschieben, um den epochalen Rechtsbruch nicht in eigener Verantwortung öffentlich vertreten zu müssen. Die deutsche Regierung verschanzte sich deshalb trickreich hinter einer angeblichen Forderung der Sowjetunion: Diese habe die Nichtrückgabe zur Bedingung für ihre Zustimmung zur deutschen Wiedervereinigung gemacht. Mit dieser Behauptung drang die Regierung sogar vor dem Bundesverfassungsgericht durch (Urteil von 1991). Später stellte sich – aufgrund unmissverständlicher Erklärungen des seinerzeitigen russischen Staatspräsidenten Michail Gorbatschow und einiger seiner Mitarbeiter – heraus, dass von einer solchen Bedingung nicht die Rede sein konnte und sie von der deutschen Regierung nur vorgeschützt worden war, um die eigenen machtpolitischen Ziele zu erreichen. Von da ab ließen der verantwortliche Innenminister Wolfgang Schäuble und auch das Gericht (in einem Urteil von 1996) die frühere Begründung fallen und beriefen sich nur noch auf eine angeblich ähnliche Bedingung der *DDR-Regierung*, die für den Fall der Rückgabe das Aufkommen von Unruhen an die Wand malte. Allerdings war klar, dass die Stellung der DDR – angesichts des Drängens ihrer Bürger in die Bundesrepublik – derart schwach war, dass sie gegen die Bundesregierung keine solche Bedingung hätte durchsetzen können. Das konnte natürlich auch der Bundesregierung nicht verborgen bleiben, so dass ihre Behauptung, sie habe die Lage bei den Wiedervereinigungsverhandlungen subjektiv falsch eingeschätzt, völlig unglaubwürdig erscheint, zumal einer späteren, wenigstens teilweisen Beseitigung des Unrechts ohnehin nichts im Wege gestanden hätte. Dabei wäre es nur um die Rückgabe solcher Besitztümer gegangen, welche in Staatshand waren, so dass davon kein einziger DDR-Bürger individuell betroffen gewesen wäre. Eine zwielichtige Rolle spielte auch der Präsident des Bundesverfassungsgerichts und Vorsitzende des zuständigen Ersten Senats, Roman Herzog, der sich danach zum Bundespräsidenten wählen lassen wollte und deshalb auf das Wohlwollen der Parteipolitik angewiesen war (siehe S. 235). Herzog hatte, wie später bekannt wurde, die DDR-Volkskammer über verfassungsrechtliche Probleme der Wiedervereinigung beraten. Zahlreiche Indizien sprechen dafür, dass die Beratung sich auch auf die Eigentumsfrage und ihre Festschreibung durch Grundgesetzänderung bezog (so auch Constanze Paffrath in ihrem Buch »Macht und Eigentum«, was Herzog natürlich bestritt). In einer Vorlesung an der Hochschule für Verwaltungswissenschaften Speyer, wo Herzog Honorarprofessor war, soll er laut der Mitschrift eines Studenten sogar ausdrücklich erklärt haben, er habe den DDR-Abgeordneten damals geraten, sich im Grundgesetz gegen eine Rückgangsmachung der Bodenreform abzusichern, wie es ja dann auch mit Einfügung des Art. 143 Abs. 3 ins Grundgesetz geschah. Wenn dies zutrifft, riet Herzog, einen Passus einzufügen, über den er später selbst zu urteilen hatte. Dann hätten wir es hier mit einem krassen Fall von Hörigkeit des Bundesverfassungsgerichts gegenüber der Politik zu tun, der dem Grundsatz der Gewaltenteilung ins Gesicht schlägt (siehe S. 94 f. und 191 f.). Das tief sitzende Vorurteil gegen die sogenannten »Junker und Großgrundbesitzer«, denen man ihre Ländereien nicht zurückgeben wollte, obwohl der Großgrundbesitz im Westen unangetastet geblieben war, hat dabei sicher auch eine zentrale Rolle gespielt. Dabei verdrängte man, dass die Konfiskation von 1945 auch eine Vielzahl mittelständischer Wirtschaftsunternehmen erfasst hatte, die, wenn sie zurückgegeben worden wären, zu einem erheblichen wirtschaftlichen Aufschwung in den neuen Ländern hätten beitragen können. Denn die Eigentümer hätten Kapital, Know-how und persönlichen Einsatz in den Osten gebracht. Von den Gütern hätte man aus Gründen der Gleichbehandlung zumindest die Privathäuser und 100 Hektar zurückgeben müssen. Denn landwirtschaftliche Anwesen unter 100 Hektar waren von der Konfiskation im Herbst 1945 verschont geblieben und von der DDR erst nach 1949 enteignet worden. Den früheren Eigentümern solcher Anwesen war nach der Vereinigung aber grundsätzlich ein Anspruch auf Rückgabe eingeräumt worden. Dass den Eigentümern größerer Güter nicht einmal 100 Hektar zurückgegeben wurden, bleibt historisches Unrecht, begangen aus politischer Opportunität.

XIII Wirtschaft

1 Der Mittelstand: Zwischen allen Stühlen

Der Mittelstand gilt als Rückgrat der deutschen Wirtschaft. So wird er jedenfalls in Sonntagsreden gefeiert. Tatsächlich aber dominieren Großunternehmen vielfach die Märkte, die Geld- und Kreditversorgung sowie die Politik, und die Interessen des Mittelstandes kommen immer wieder zu kurz.

Was gehört zum wirtschaftlichen Mittelstand? Der Definitionen sind viele. *Qualitativ* ist der Mittelstand dadurch gekennzeichnet, dass die Führung des Unternehmens und das Eigentum am Unternehmen in einer Hand liegen. Der mittelständische Unternehmer profitiert nicht nur vom Gewinn, sondern haftet auch persönlich für Verluste bis hin zur Insolvenz des Unternehmens, die für ihn regelmäßig gleichbedeutend ist mit der Vernichtung seiner wirtschaftlichen Existenz. Hier ist also die Einheit von Führung, Eigentum und Haftung verwirklicht, die der Wirtschaftswissenschaftler Walter Eucken, einer der theoretischen Begründer der sozialen Marktwirtschaft, zu den Kernelementen für ihr befriedigendes Funktionieren rechnete. Ludwig Erhard, der Vater des deutschen »Wirtschaftswunders« in den Fünfzigerjahren, sprach von Menschen, »die willens sind, ihre eigene Haut zu Markte zu tragen, das heißt, in eigener Verantwortung ihr Schicksal« zu gestalten und einen humanen Kapitalismus zu schaffen. Der persönlich verantwortliche Leistungsträger garantiere eine breite Eigentumssteuerung und funktionierenden Wettbewerb, geschäftliche Solidität und soziale Stabilität. Der typische Mittelständler ist also genau das Gegenteil des »Funktionärs«, der nicht mit dem Schicksal des Unternehmens (oder auch des ihm anvertrauten Wohls der Bürger in Staat und Verwaltung) auf Gedeih und Verderb verbunden ist und nicht persönlich für Verluste haftet, sondern gelegentlich selbst nach folgenreichen Fehlern mit hohen Abfindungen davonkommt (siehe S. 259 f.).

Überhaupt wird in dem Wort »Mittelstand« heute häufig das positive Gegenstück gesehen zu Entwicklungen der globalen Wirtschaft, die allgemein als Auswüchse empfunden werden: langfristige Unternehmensplanung statt kurzfristigem »shareholder value«, persönliche Verbundenheit mit der Belegschaft statt ihrer kaltschnäuzigen »Freisetzung« trotz guter Bilanzen zur weiteren Maximierung des Profits. Das mag zum Teil eine gewisse Idealisierung sein, denn auch der Mittelstand kann sich den säkularen sozialökonomischen Trends nicht ganz entziehen (siehe unten). Doch in sehr vielen Unternehmen ist das Bild nach wie vor Realität.

Zum Mittelstand gehören auch Handwerker und Freiberufler, also z. B. Ärzte und Rechtsanwälte, obwohl diese rechtlich keine Wirtschaftsunternehmen betreiben. Mittelständisch sind regelmäßig auch alle anderen Dienstleister, aber auch das exportierende Maschinenbauunternehmen mit 350 Beschäftigten. *Quantitativ* rechnet man zum Mittelstand kleine und mittlere Unternehmen. Das Bonner Institut für Mittelstandforschung zieht die Grenze bei 500 Beschäftigten oder fünfzig Millionen Euro Jahresumsatz.

Der Mittelstand macht über 99 Prozent der Zahl der Unternehmen in Deutschland aus. Das verbleibende knappe ein Prozent Großunternehmen erwirtschaftet allerdings sechzig Prozent der Umsätze der deutschen Wirtschaft. Obwohl auf mittelständische Unternehmen also nur vierzig Prozent des Gesamtumsatzes entfallen, beschäftigen sie fast siebzig Prozent aller Erwerbstätigen, schaffen achtzig Prozent der Ausbildungsplätze und tätigen fast fünfzig Prozent aller Investitionen in Deutschland. Diese Zahlen illustrieren die Schlüsselbedeutung des Mittelstandes für Vollbeschäftigung, Wachstum und Ausbildung.

Trotzdem spielt der Mittelstand in Politik und Wirtschaft nicht entfernt die Rolle, die seiner Bedeutung entspricht. Im wirtschaftlichen Wettbewerb zieht er oft gegenüber marktbeherrschenden Großunternehmen den Kürzeren. Beim Zugang zu Krediten hat er es meist sehr viel schwerer als die Großwirtschaft, und in der Politik dominiert ohnehin der Einfluss großer Unternehmen, die nicht nur die Wirtschaftsverbände beherrschen, sondern auch jedes für sich in Berlin und Brüssel massiv Lobbying betreiben (siehe S. XXX), was Mittelständlern schon wegen ihrer geringen Größe regelmäßig nicht möglich ist.

Auch sonst bläst dem Mittelstand vielfach der Wind ins Gesicht. Gewisse langfristige kulturell-zivilisatorische Trends, wie der zunehmende Individualismus und der sogenannte Wertewandel hin zur Selbstentfaltung, die z. B. den Übergang des Unternehmens zu nachfolgenden Generationen teilweise infrage stellen, nagen an seinen Wurzeln. Am meisten aber leidet der Mittelstand darunter, dass seine Rolle als Unruhe und Motor der ganzen Wirtschaft und das Engagement des Unternehmers, das sich oft auch in einem zeitlich sehr viel intensiveren Einsatz äußert, als dem normalen Arbeitnehmer je zugemutet wird, gesellschaftlich kaum anerkannt wird. Die bis an die physischen und psychischen Grenzen gehende Selbstausbeutung vieler Mittelständler findet in der Öffentlichkeit kaum Resonanz. Im Gegenteil müssen erfolgreiche Unternehmer, die entsprechende Gewinne machen, oft mit scheelen Blicken von Medien und Politik rechnen.

2 Überzogene Vorstandsgehälter trotz Misswirtschaft: Wer kontrolliert die Wirtschaftsbosse?

Die Wirtschaft pflegt das Hohelied von Leistung, fairem Wettbewerb und Verantwortung lautstark zu singen. Tatsächlich hat sich gerade in der Großwirtschaft ein System der Selbstbedienung von Managern etabliert, in dem die Gehälter und Abfindungen groß- und die Verantwortlichkeit kleingeschrieben werden.

Als der Vorstandsvorsitzende der DaimlerChrysler AG Jürgen Schrempp im Sommer 2005 seinen Rücktritt ankündigte, kam es zu einem Kurssprung. Die Daimler-Aktie stieg um zehn Prozent. Das war die Reaktion der Börse auf Schrempps Versagen und zugleich Ausdruck der Hoffnung, dass es unter neuer Führung wieder vorangehe. Von dem Kurssprung profitierte Schrempp selbst am meisten. Per Aktienoptionen strich er geschätzte fünfzig Millionen Euro ein.

Nicht weniger peinlich war eine weitere Meldung: Der Aufsichtsratsvorsitzende Hilmar Kopper soll den Chef der Deutschen Bank, Josef Ackermann, über den bevorstehenden Schritt Schrempps informiert haben. Jedenfalls hatte die Bank unmittelbar nach dem Rücktritt den gestiegenen Kurs der Daimler-Aktie genutzt, um ihren Anteil von gut zehn auf knapp sieben Prozent zu verringern. Seitdem sind die Kuwaitis der größte Aktionär des Autobauers. Die Staatsanwaltschaft ermittelte wegen des Verdachts des Insidergeschäfts. Beweisen konnte sie das aber nicht.

Zu den wirtschaftlichen Untaten Schrempps gehört die Übernahme des amerikanischen Autobauers Chrysler im Jahre 1998, dessen andauernde Milliardenverluste die Bilanz des Konzerns jahrelang trübten. Im Dezember 2000 hatte *Newsweek* von einer »schlechtestmöglichen Übernahme« gesprochen, und im Januar 2004 nannte *Businessweek* Schrempp »einen der schlechtesten Manager der Welt«. Nichtsdestotrotz waren die Bezüge von Schrempp und seinen Vorstandskollegen massiv aufgestockt worden – in Anlehnung an die amerikanischen Kollegen. Oder sollten die Übernommenen etwa besser bezahlt bleiben als die Übernehmer? Die gravierende Fehlentscheidung wurde also auch noch belohnt, und im Nachhinein machte man sich in der Öffentlichkeit so seine Gedanken über die wahren Gründe für die Fusion – ein Beispiel neudeutscher Managerkultur? Schrempps Jahressalär, das nie bekannt gegeben wurde, soll nach Schätzungen – ohne Aktienoptionen und Pensionsansprüche – rund sechs Millionen Euro betragen haben, also etwa das 240-Fache einfacher Arbeitnehmer. Sein Nachfolger Dieter Zetsche erhielt zunächst erheblich weniger. Seine Bezüge schnellten 2007 aber auf über 10 Millionen Euro hoch.

Eine weitere auf Schrempps Konto gehende Fehlentscheidung war der Kauf des japanischen Autobauers Mitsubishi, der ebenfalls schwere Verluste brachte, weshalb DaimlerChrysler sich auch davon später wieder trennen musste: Das teuer eingekaufte Unternehmen wurde im Jahr 2007 zum Schnäppchenpreis abgestoßen.

Ein anderes Traditionsunternehmen, die Deutsche Bank, geriet ebenfalls in die Schlagzeilen – auch das nicht ihres wirtschaftlichen Erfolgs wegen. Ihr Aufsichtsratsvorsitzender Rolf Breuer hatte sich einen für Banker unverzeihlichen Fehler geleistet und legte schließlich im Mai 2006 sein Amt nieder – auch er natürlich gut versorgt. Breuer hatte 2002, noch als Vorstandssprecher der Bank, in einem Fernsehinterview abträglich über die Kreditwürdigkeit von Leo Kirch gesprochen, einem Kunden der Deutschen Bank, und dieser war später in Konkurs gegangen. Breuer und die Deutsche Bank waren deshalb vom Bundesgerichtshof zu Schadensersatz verurteilt worden – dem Grunde nach, die Höhe blieb zunächst offen. Mit einer im Juni 2007 eingereichten Klage verlangt Kirch 1,2 Millarden Euro.

Der schon erwähnte Vorstandsvorsitzende der Deutschen Bank, Josef Ackermann, provozierte auch andernorts massive öffentliche Kritik. Er saß im Präsidium des Aufsichtsrats der früheren Mannesmann AG. Zusammen mit dem ehemaligen Vorsitzenden der Gewerkschaft IG Metall, Klaus Zwickel, dem früheren Vorstandsvorsitzenden Joachim Funk und einem Betriebsrat bewilligte er Klaus Esser, dem Vorstandschef von Mannesmann, und anderen zu Anfang des Jahres 2000 sechzig Millionen Mark an Sonderprämien. Esser hatte bei der Übernahme des Unternehmens durch das britische Telekommunikationsunternehmen Vodafone den Übernahmekurs hochgetrieben. Aus den Verträgen der Begünstigten ergab sich allerdings keinerlei Anspruch darauf, dass ihnen Geld sozusagen nachgeworfen würde. Vorstände und Aufsichtsräte von Aktiengesellschaften verfügen über fremdes Geld, wenn sie Prämien verteilen. Sie sind, wie der Bundesgerichtshof später formulierte, »Gutsverwalter«, nicht »Gutsherren«, wenn sich viele auch gern als solche aufspielen. Die Staatsanwaltschaft erhob deshalb Anklage wegen Untreue. Ackermanns Siegeszeichen zu Beginn der Gerichtsverhandlung wurde zum Symbol für eine abgehobene Managerklasse. Der jahrelange Prozess, der als größtes Wirtschaftsstrafverfahren Deutschlands in die Geschichte einging, fand schließlich ein abruptes Ende: Aufgrund eines Deals der Verteidigung mit der Staatsanwaltschaft, dem auch das Landgericht Düsseldorf zustimmte, wurde das Verfahren gegen eine Zahlung von insgesamt 5,8 Millionen Euro eingestellt. Davon entfielen 3,2 Millionen auf Ackermann, was nur ein Bruchteil seines Einkommens von 13,6 Millionen im Jahr 2006 darstellte und deshalb leicht zu verschmerzen war (siehe S. 227 ff.). Der Imageschaden für die Deutsche Bank und die Großwirtschaft generell war allerdings immens.

Die Siemens AG, ein weiteres deutsches Vorzeigeunternehmen

mit stolzer Geschichte, kommt ebenfalls nicht aus den Schlagzeilen. Im Verantwortungsbereich des Unternehmens verloren Tausende ihren Arbeitsplatz. Dann wurde bekannt, dass Siemens in großem Maßstab korrumpiert hatte. Mit schwarzen Kassen im Umfang von vielen hundert Millionen Euro hatten Mitarbeiter des Konzerns Aufträge akquiriert. Auch Vorstandsmitglieder sollen davon gewusst haben. Kurz zuvor hatte Siemens eine überraschende Erhöhung der Vorstandsgehälter um dreißig Prozent angekündigt, weil die Aufsichtsräte Heinrich von Pierer und wiederum Josef Ackermann glaubten, feststellen zu müssen, der Vorstand sei unterbezahlt. Von Pierer und der Nutznießer der Erhöhung, der Vorstandsvorsitzende Klaus Kleinfeld, mussten bald darauf ihren Hut nehmen. Die Korruption war während ihrer Amtszeit und somit auch unter ihrer Verantwortung geschehen.

Dieser kleine Überblick wirft grundlegende Fragen der deutschen Unternehmensverfassung auf: Ein Problem ist die Höhe der Bezahlung. Die Vorstandsgehälter deutscher Großunternehmen sind ab Mitte der Neunzigerjahre in unglaublichem Maße gestiegen. Bis 1996 verdiente ein hochrangiger Manager das 15- bis 20-Fache eines durchschnittlichen Angestellten, im Jahre 2005 war es bereits das 43-Fache. Und diese Entwicklung geht ungebrochen weiter. 2006 stiegen die Vorstandsgehälter der dreißig größten deutschen börsennotierten Unternehmen um elf Prozent, eine Wachstumsrate, von der andere nur träumen können. Und auch 2007 war die Zuwachsrate zweistellig. Großunternehmen scheinen die Globalisierung nicht zuletzt deshalb zu forcieren, weil sie den Anschluss an das Niveau amerikanischer Vorstandsgehälter erstreben.

Besonders ärgerlich sind überzogene Sonderleistungen und Abfindungen, erst recht, wenn der Mann oder die Frau im Anschluss an eigenes Versagen den Hut nimmt. Ein Beispiel ist der erwähnte frühere DaimlerChrysler-Chef Jürgen Schrempp. Obwohl er mit seiner Vision von der Welt AG gründlich gescheitert war, strich er seinen riesigen Extrabonus ungerührt ein. Utz Claassen, Vorstandschef von Energie Baden-Württemberg, Deutschlands drittgrößtem Stromkonzern, dem ein Korruptionsprozess wegen der Vergabe von WM-Tickets an Politiker bevorstand, schied im Herbst 2007, sieben Monate vor

Ablauf seines Fünf-Jahres-Vertrages, aus. Der 44-Jährige wurde nicht verurteilt und kassiert seitdem eine jährliche Rente von geschätzten 400 000 Euro – »Rente mit 44«, wie man am Unternehmenssitz in Karlsruhe ironisch formulierte. Bis zum Erreichen der Altersgrenze von 63 Jahren sind das rund sieben Millionen Euro. Ein anderer Fall, der die Öffentlichkeit aufbrachte, betraf Klaus Zumwinkel, den ehemaligen Chef der Deutschen Post. Er hatte den von der Bundesregierung beschlossenen Mindestlohn, der den Wettbewerbern der Post das Leben erschwert und deshalb den Kurs der Postaktie in die Höhe trieb, zur Einlösung seiner eigenen Aktienoptionen genutzt, was ihn Anfang Dezember 2007 auf einen Schlag um 2,24 Millionen Euro reicher machte. Das war derselbe Mann, der kurz darauf eine öffentliche Diskussion über die Moral der Reichen und Mächtigen auslöste, als die Staatsanwaltschaft gegen ihn wegen Steuerhinterziehung in Liechtenstein ermittelte und er deshalb seine Ämter bei der Post niederlegen musste.

Es zeigt sich immer wieder, wie wenig Moral gewisse Unternehmensmanager besitzen und wie wenig Verantwortung sie tragen, ja, dass sie, selbst wenn sie aufgrund eigener Fehler ausscheiden müssen, dafür oft auch noch reichlich belohnt werden. Der Grund für die gewaltigen Bezüge und Abfindungen ist ein gravierender Systemfehler, der asymmetrische Vertragsgestaltungen begünstigt. In den Aufsichtsgremien, die mit den Vorstandsmitgliedern deren Bezüge aushandeln, sitzen nämlich häufig Bosse anderer Unternehmen, die dann selbst von höheren Chefgehältern profitieren. Da bei Festlegung der Konditionen andere Vorstandschefs als Bezugsgröße dienen, ist es für alle vorteilhaft, wenn das Niveau insgesamt hochgetrieben wird. Hinzu kommt, dass es für die eine Seite nicht um ihr eigenes Geld geht, für die andere Seite aber sehr wohl, und diese deshalb weit stärker motiviert ist, hart zu verhandeln. Derartige Über-Kreuz-Verquickungen, aufgrund derer mittelbar in eigener Sache entschieden und so das Niveau der Gehälter und Abfindungen immer weiter nach oben gepuscht wird, sind nichts anderes als institutionalisierte Kungelei. Das Kungeln wird dadurch noch erleichtert, dass die an sich zuständigen Aufsichtsräte die Entscheidung über den Inhalt der Vorstandsverträge und damit über die Höhe der Bezüge regelmäßig einem Ausschuss übertragen. Mit fairem marktwirtschaftlichem Wettbewerb, auf den die Großwirtschaft und ihre Publikationsorgane sich gerne berufen, hat diese Form kollektiver Selbstbedienung nichts mehr tun.

Auch die Bezüge von Aufsichtsräten steigen mit denen von Vorständen. Die der dreißig DAX-Unternehmen sind 2005 um 16 Prozent und 2006 um acht Prozent gestiegen und betrugen (ohne Vorsitzende und Stellvertreter) im Durchschnitt rund 84 500 Euro im Jahr. Die Vorsitzenden erhalten durchschnittlich 258 000, ihre Stellvertreter 176 000 Euro.

Die im Mai 2000 – in Reaktion auf die 60 Millionen D-Mark an Extra-Zahlungen für Klaus Esser – von der Bundesregierung eingesetzte »Regierungskommission Corporate Governance Kodex«, die Grundsätze für angemessenes Verhalten in der Wirtschaft entwickeln soll, hatte, um öffentliche Kontrolle zu ermöglichen, empfohlen, die Bezüge von Vorstandsmitgliedern deutscher Aktiengesellschaften zu publizieren. Viele Unternehmen schlugen diese Empfehlung aber in den Wind, so dass der Gesetzgeber im Jahre 2005 das »Vorstandsvergütungsoffenlegungsgesetz« erließ. Die Bezüge der einzelnen Vorstandsmitglieder für 2006 und spätere Jahre müssen nun publiziert werden. Das Gesetz hat allerdings noch Lücken: Die Mitgliederversammlung kann mit Drei-Viertel-Mehrheit von der Publikationspflicht befreien. Diese sogenannte Lex Wiedeking ermöglicht es Porsche und zahlreichen anderen Unternehmen, deren Löwenanteile in wenigen Händen liegen, ihre Vorstandsbezüge unter Verschluss zu halten. (Später wurde allerdings bekannt, dass Wiedeking in Jahre 2006 rund sechzig Millionen Euro verdient hat. Dafür hatte er das Unternehmen, das einst vor der Pleite gestanden hatte, aber auch hoch profitabel gemacht und seinen Wert vervielfacht.) Zudem schafft das Offenlegungsgesetz hinsichtlich Ruhegehalts- und Abfindungszusagen, bei denen nur der »wesentliche Inhalt« darzustellen ist, nur eine eingeschränkte Transparenz.

Die Kommission spricht sich seit 2007 weiter dafür aus, Abfindungen grundsätzlich auf zwei Jahresgehälter zu begrenzen und, wenn das Vorstandsmitglied wegen Verfehlungen oder Fehlleistungen, das heißt gesellschaftsrechtlich »aus wichtigem Grund«, geschasst wird, gar nichts mehr zu geben. Aber auch das ist nur eine unverbindliche Anregung und gilt ohnehin nur für künftige Verträge.

Die mit normalen Maßstäben nicht mehr zu erfassende Höhe der Managergehälter und die riesigen Abfindungen, die als Betriebsausgaben die Steuerlast des Unternehmens mindern (aber vom Empfänger natürlich versteuert werden müssen), schaffen Unfrieden in der Gesellschaft, zumal sie in krassem Kontrast zu den Durchschnittseinkommen stehen, die seit Jahren stagnieren. Wenn die Menschen nicht mehr vom grundsätzlichen Funktionieren der Marktwirtschaft überzeugt sind, wenn die Wirtschaft nicht mehr mit Leistung, Wachstum und Wohlstand gleichgesetzt wird, sondern mit Ungerechtigkeit und Privilegien, verliert das System auf Dauer seine Legitimität, und das kann für die Stabilität des Ganzen gefährlich werden. Die gewaltigen Steigerungen dienen den Gewerkschaften nun im Frühjahr 2008 als Vorlage, massive Lohnerhöhungen zu fordern, wobei Maßhalteappelle aus der Wirtschaft alle Glaubwürdigkeit verloren haben.

Aus der Politik erschallt der Ruf nach einer Begrenzung von Bezügen und Abfindungen zwar immer lauter, viele Politiker vergreifen sich dabei aber massiv im Ton. Nach Zumwinkels Steueraffäre war von »Abschaum« und »neuen Asozialen« die Rede. Der SPD-Vorsitzende Kurt Beck sprach gar von kriminellen Vereinigungen und organisierter Kriminalität. Angesichts grassierender Korruption in den eigenen Reihen und der offensichtlichen Rechtswidrigkeit zentraler Teile der Parteien- und Politikerfinanzierung (siehe S. 129 ff.) hätte er aber allen Grund, sich als Chef einer großen Partei an die eigene Brust zu schlagen. Die Kritiker der Elche sind selber welche, was allerdings nichts an der Kritikwürdigkeit der Gehaltsentwicklung der Manager von Großunternehmen ändert.

Dass etwa in den USA noch weit höhere Managergehälter und Abfindungen gezahlt werden, ist weder Trost noch Rechtfertigung. Einmal hat man dort – auch vor dem Hintergrund protestantischer Ethik – andere Vorstellungen über Spitzengehälter und Gerechtigkeit als in Mitteleuropa. Zum Zweiten erhalten nur ausnehmend wenige Deutsche Angebote für Spitzenjobs in den USA. In der Liste der 500 größten US-Unternehmen findet sich nur ein einziger Deutscher an der Spitze. Im Übrigen wird auch in den USA die Höhe vieler Managergehälter inzwischen als Auswuchs betrachtet, und die Kritik ist auch dort groß.

Insgesamt zeigt sich: Das Problem der Kontrolle selbstherr-
licher Manager, die oft mehr die Befriedigung des eigenen Egos
als das Wohl des anvertrauten Unternehmens im Sinn haben
und, auf vier oder fünf Jahre gewählt, auch wegen eigener Aktienoptionen oft eher am kurzfristigen Erfolg als am langfristigen Florieren des Unternehmens interessiert sind, bleibt un-
gelöst. Freiwillige Selbstbeschränkungen werden vielfach nicht
ernst genommen, der Corporate Governance Kodex erscheint
bislang eher als Feigenblatt. Wer also kontrolliert die Aufsichtsräte? Die uralte Frage »Wer kontrolliert die Kontrolleure?«
stellt sich in Großunternehmen der Wirtschaft aufgrund fundamentaler systemischer Mängel kaum weniger dringend als
in Politik und Verwaltung.

Für die Kontrolle kommt letztlich nur die Versammlung der
Anteilseigner in Betracht. Ein Kernproblem bei der Festsetzung der Bezüge von Vorstandsmitgliedern liegt in der dop-
pelten Delegation der Entscheidungsbefugnis: von der Aktio-
närsversammlung auf den Aufsichtsrat und von diesem auf
einen kleinen Ausschuss. Stattdessen sollte die öffentlich ver-
handelnde Mitgliederversammlung das Recht erhalten, selbst
über die Vorstandsbezüge mitzuentscheiden. Das würde zwar
die Befugnisse des Aufsichtsrats und damit auch seiner gewerk-
schaftlichen Mitglieder einschränken. Doch hat sich gezeigt,
dass deren Mitsprache die delegitimierenden Auswüchse keineswegs verhindert hat, die Vertreter der Gewerkschaften dafür also Mitverantwortung tragen.

3 Diener vieler Herren: In der Wirtschaft ganz normal?

Zwischen Unternehmen bestehen in Deutschland vielfältige
Verflechtungen. Dafür mag der Name Josef Ackermann stehen. Der Vorstandsvorsitzende der Deutschen Bank saß u.a.
im Aufsichtsrat von Mannesmann und hatte es mitzuverant-
worten, dass dessen Funktionären nach der Übernahme durch
Vodafone ohne Grund Millionen hinterhergeworfen wurden,
was sich zu einem der spektakulärsten Wirtschaftsstrafverfahren der letzten Zeit entwickelte. Ackermann soll sich auch auf
unzulässige Weise die Information über den bevorstehenden
Rücktritt des DaimlerChrysler-Chefs Jürgen Schrempp besorgt

haben, was ihm strafrechtlich allerdings nicht nachgewiesen werden konnte. Jedenfalls nutzten seine Mitarbeiter den dadurch bewirkten Kurssprung gewinnbringend für seine Bank (siehe S. 259 f.). Ackermann sitzt auch im Aufsichtsrat von Siemens, einem anderen skandalumwitterten Unternehmen.

Die Verflechtungen leisten massiven Interessenkonflikten Vorschub. Ein Fall ist die Bestellung des siebzigjährigen Ferdinand Piëch, des Aufsichtsratsvorsitzenden des MAN-Großaktionärs VW, zum Aufsichtsratsvorsitzenden auch von MAN. Da beide Unternehmen Nutzfahrzeuge herstellen, liegt der Interessenkonflikt nahe. Es ist ein Unding, dass Derartiges nach wie vor gesetzlich nicht untersagt ist. Anders als bei Vorstandsmitgliedern gibt es für Mitglieder von Aufsichtsräten bisher kein Konkurrenzverbot. Die Experten sprechen von hoher »Konflikttoleranz« des deutschen Aktiengesetzes, das von dem idealisierten Vorstellungsbild getragen ist, Aufsichtsratsmitglieder wüssten ihre unterschiedlichen Verantwortlichkeiten und Pflichten scharf zu trennen. Doch oft – und so auch im Falle Piëch – scheint es so, dass die Berufung gerade zu dem Zweck erfolgt, ein Unternehmen von außen zu steuern. Piëch ist zugleich Miteigentümer der florierenden Porsche AG, die kürzlich ihren Anteil an VW auf über dreißig Prozent erhöhte und eine weitere Erhöhung auf 51 Prozent und darüber hinaus anstrebt. Auch diese Machtzusammenballung und Verquickung, die ebenfalls zu einer Interessenkollision führen muss, hat zu dem vielstimmigen öffentlichen Ratschlag an Piëch geführt, den Aufsichtsratsvorsitz bei VW niederzulegen. Doch Piëch scheint sich als unumschränkter Herrscher von VW erst recht wohlzufühlen. Ein derartiges Anhäufen von »Hüten«, zu denen bei Piëch auch lange Zeit noch der Sitz im Porsche-Aufsichtsrat hinzukam, widerspricht zwar dem Corporate Governance Kodex. Er sieht vor, dass »Aufsichtsratsmitglieder keine Organfunktion oder Beratungsaufgaben bei wesentlichen Wettbewerbern des Unternehmens ausüben« sollen. Doch das scheint Piëch nicht zu kümmern. Es handelt sich ja lediglich um eine Empfehlung.

Ein weiterer Fall von Interessenkollision zeigte sich exemplarisch bei Siemens. Hier hatte der frühere Vorstandsvorsitzende Heinrich von Pierer nahtlos den Aufsichtsratsvorsitz übernommen. Die Korruptionsvorgänge, deretwegen seit November 2006 die Münchner Staatsanwaltschaft ermittelt, lagen aber just in der Zeit, als von Pierer Vorstandsvorsitzender war. Der Aufsichtsrat sollte also ein Fehlverhalten aufklären, für das sein Vorsitzender selbst unternehmerische Mitverantwortung trug. Es dauerte lange, bis von Pierer die Konsequenz zog und zurücktrat. Dieser Fall hat die Frage auf die politische Tagesordnung gebracht, ob Vorstandsvorsitzende, wie in Deutschland üblich, nach dem Ende ihres Amtes den Vorsitz des Kontrollorgans des Unternehmens übernehmen sollten. Die Regierungskommission Corporate Governance empfiehlt, solches Sesseltauschen einzuschränken. Der Vorsitzende dieser Kommission, Gerhard Cromme, hatte aber genau jenes getan. Er war vom Vorstandsvorsitz der Thyssen-Krupp AG unmittelbar in den Vorsitz des Aufsichtsrats gewechselt und hatte damit aller Welt gezeigt, welchen Wert solche Kommissionsempfehlungen in der Praxis besitzen. Und dieser Mann, der die selbst aufgestellten Grundsätze nicht wirklich ernst nimmt, folgte von Pierer als Aufsichtsratsvorsitzender von Siemens. Cromme hat insgesamt nicht weniger als fünf Aufsichtsratsmandate.

In dieser Hinsicht sündigt übrigens auch Piëch. Er war, als der Betriebsrat mit Lustreisen korrumpiert wurde, Vorstandsvorsitzender von VW. Von dort wechselte er dann in dessen Aufsichtsratsvorsitz. Wie soll er für Aufklärung und Abstellung von Missständen sorgen, die er selbst zumindest unternehmenspolitisch zu verantworten hat? Er hatte von den Machenschaften seines Vorstandskollegen Hartz offenbar nichts mitbekommen. Zudem hatte Piëch als früherer Vorstandchef selbst gravierende unternehmerische Fehlentscheidungen getroffen (siehe S. 269 f.).

Der Gesetzgeber sollte endlich seine auf unrealistischen Erwartungen beruhende »Konflikttoleranz« aufgeben und entsprechende Kollisionsverbote erlassen.

4 Kontrollierte Kontrolleure: »Gleichschaltung« von Betriebsräten

Der Betriebsrat soll die Interessen der Arbeitnehmer gegenüber dem Vorstand des Unternehmens vertreten. Dazu braucht er Unabhängigkeit und Standfestigkeit. Da der Betriebsrat wichtige Unternehmensentscheidungen blockieren oder erschweren kann, ist der Vorstand allerdings versucht, Mitglieder des Betriebsrats durch persönliche Vorteile zu ködern oder regelrecht zu kaufen. Dies steht zwar unter Strafe. Doch mit VW und Siemens ist Derartiges gleich in zwei der bekanntesten deutschen Unternehmen ruchbar geworden, und kaum einer glaubt, dies seien nur vereinzelte Ausreißer. Das bringt die Mitbestimmung insgesamt in Misskredit.

Am schlimmsten erwischte es die Volkswagen AG, als ein Bestechungs- und Sexskandal sie in ihren Grundfesten erschütterte. Der Personalvorstand Peter Hartz, der unter Bundeskanzler Gerhard Schröder auch Vorsitzender der sogenannten Hartz-Kommission und Namensgeber für die Reform bestimmter Sozialleistungen geworden war, hatte den Betriebsratsvorsitzenden des Konzerns, Klaus Volkert, der auch im Aufsichtsrat saß, mit Schmiergeldern in Millionenhöhe auf Vorstandslinie gebracht. Der gelernte Schmied Volkert, der zum wichtigsten Betriebsrat Deutschlands aufgestiegen war, einflussreicher Unterstützer von IG-Metall-Chef Jürgen Peters wurde und seit 2002 Doktor der Staatswissenschaften Ehrenhalber der Technischen Universität Braunschweig ist., bekam nicht nur Sonderboni von fast zwei Millionen Euro, obwohl Betriebsräte nach dem Gesetz ihr Amt als unentgeltliches Ehrenamt zu führen haben. Hartz veranlasste auch, dass mehr als eine halbe Million Euro für Volkerts Geliebte ausgegeben, diese immer wieder aus Brasilien eingeflogen wurde und auch anderen Betriebsratsmitgliedern Lustreisen und Prostituierte bezahlt wurden. Derartige Treffen wurden richtig gehend organisiert und dafür auf VW-Kosten extra eine Wohnung angemietet. Organisator der Treffs und der Lustreisen war Klaus-Joachim Gebauer, seines Zeichens »Personalmanager« bei VW.

Alle diese Aktionen zur Ruhigstellung des Betriebrats dürften dessen Kuschelkurs gegenüber dem Vorstand die Richtung gewiesen haben. Der Betriebsrat segnete z.B. die extravagante Modellpolitik von Ferdinand Piëch ab, der von 1993 bis 2002 Vorstandsvorsitzender des Konzerns war und 2002 an die Spitze des Aufsichtsrats wechselte. Piëch hatte gravierende Fehlentscheidungen getroffen, an denen VW immer noch leidet: Er hat den kostenträchtigen Bau des praktisch unverkäuflichen Luxusautos Phaeton zu verantworten, den er offenbar aus persönlichem Ehrgeiz durchsetzte, obwohl er so gar nicht zum Firmenimage passt. Dasselbe gilt für die unglückliche Übernahme von Nobelmarken wie Bentley, Bugatti und Lamborghini, die viel Geld verschlangen und für Volkswagen ebenfalls ein Klotz am Bein waren.

Piëch will vom Schmieren führender Leute des Betriebsrats allerdings nichts gewusst haben, obwohl das Konto, über das alles Unaussprechliche als »Ausgaben im Geschäftsinteresse« pauschal und ohne Belege abgebucht wurde, bis Ende der Neunzigerjahre offenbar im Generalsekretariat des Vorstandschefs Piëch geführt wurde. Hartz habe mit ihm lediglich besprochen, Volkert wie einen »Top-Manager« zu behandeln – die Details seien aber allein Hartz' Sache gewesen. Dass Piëch wirklich nichts wusste, will zwar niemandem so recht in den Kopf. Aber wenn die Beweise fehlen... Und niemand hat wirklich ein Interesse daran, den Staatskonzern noch weiter in öffentlichen Misskredit zu bringen. Unternehmenspolitisch verantwortlich aber ist Piëch in jedem Fall.

Hartz wurde verurteilt – aufgrund eines Deals mit der Justiz aber lediglich zu zwei Jahren Haft auf Bewährung und einer Geldstrafe von 576000 Euro. Volkert erhielt dagegen trotz eines umfassenden Geständnisses eine Strafe von zwei Jahren und neun Monaten Haft, die nicht mehr zur Bewährung ausgesetzt werden kann (siehe S. 227 ff.). Gebauer kam dagegen mit einem Jahr Haft auf Bewährung davon. Beide haben gegen die Urteile beim Bundesgerichtshof Revision eingelegt. Auch Bernd Sudholt, früher Stellvertreter von Volkert, erwartet noch seinen Prozess.

Der Bundestagsabgeordnete und frühere VW-Betriebsrat Hans-Jürgen Uhl, der ebenfalls mit VW-Geld und Prostituiertendiensten ruhiggestellt worden war und eine ganze Serie falscher eidesstattlicher Erklärungen abgegeben hatte, wurde ebenfalls nur zu einer Geldstrafe verurteilt. Er war allerdings so blamiert, dass er sein Abgeordnetenmandat und seine Position bei VW aufgeben musste. Der Fall Uhl hatte weitere Konsequenzen. Auch beim VW-Werk für Nutzfahrzeuge in Hannover arbeitete ein Betriebsratsmitglied, das zugleich Politiker war: Günter Lenz, wirtschaftspolitischer Sprecher der Sozialdemokraten im Landtag. Als der Organisator Gebauer Lenz im Uhl-Prozess der Teilnahme an den Lustveranstaltungen beschuldigte, musste der Abgeordnete sein Landtagsmandat niederlegen und auch aus dem Betriebsrat ausscheiden. Er wurde inzwischen zu einer Geldstrafe verurteilt.

Alle diese Vorgänge, die man in dem deutschen Vorzeigeunternehmen nie und nimmer für möglich gehalten hätte, setzen den gesamten Vorstand, Aufsichtsrat und Betriebsrat ins Zwielicht. Doch nichts wäre rausgekommen, und die schmierigen Geschichten würden immer noch weiterlaufen, wenn Gebauer sich nicht in einem Berliner Hotel so maßlos aufgeführt hätte, dass die Geschäftsführung den VW-Vorstand informierte. Die Affäre flog auf – denn Gebauer wollte nicht allein den Kopf hinhalten.

Da die meisten Akteure nicht nur bei Volkswagen, sondern auch in SPD und IG Metall aktiv waren, sprach die CDU von einem »roten Genossenfilz bei Volkswagen«. In der Tat zeigt sich hier eine Gemengelage, in der Filz besonders gut zu florieren scheint: Das VW-Gesetz sicherte länger als vierzig Jahre den starken staatlichen Einfluss, bevor das Gesetz von der EU im Jahre 2007 gekippt wurde. Wenn aber parteiliche Landespolitik, Betriebsräte, Gewerkschaften und der Vorstand eines staatlich dominierten Automobilkonzerns derart eng kolludieren, muss sich geradezu ein Klima von Kumpanei und Begünstigung breitmachen, das »System Volkswagen« eben.

Ein ganz ähnlicher Verdacht kam bei Siemens auf. Hier hatte man offenbar darauf hingearbeitet, gleich eine komplette Betriebsratsorganisation unter Regie der Konzernspitze aufzubauen, eine Art kontrollierte Kontrolle, ein Potemkin'sches Dorf der Mitbestimmung. Der Chef der als arbeitgeberfreundlich geltenden Arbeitsgemeinschaft Unabhängiger Betriebsangehöriger (AUB), Wilhelm Schelsky, soll von Siemens zwischen 1999 und 2004 14,5 Millionen Euro erhalten haben, ohne dafür eine nennenswerte Gegenleistung zu erbringen, es sei denn, diese bestand darin, eine Gegengewerkschaft zur IG Metall aufzubauen. Das Geld soll verschleiert über die Unternehmensberatung gelaufen sein, die Schelsky gleichzeitig betrieb. Daraus sollen der Gewerkschaft jährlich zwischen 1,5 und zwei Millionen Euro zugeflossen sein. Schelsky war über zwanzig Jahre lang Bundesvorsitzender der AUB, die nach eigenen Angaben über 30 000 Mitglieder hat und 19 000 Betriebsräte in der ganzen Republik stellt, unter anderem bei Unternehmen wie DaimlerChrysler, Aldi, Lufthansa, Zeiss und Ikea. Wenn die Vorwürfe zutreffen, geht es also nicht nur um Siemens, sondern um das System als solches. Es lag offenbar im Interesse der Unternehmensführungen, dass sich Schelskys managementfreundliche Organisation bei der Betriebsratswahl durchsetzt – und der Konzernspitze den Rücken freihält, und das ist auch in vielen Fällen geschehen.

Um derartigen Missständen in Zukunft vorzubeugen, zumindest was überhöhte Gehälter anlangt, sollten Unternehmen gesetzlich verpflichtet werden, die Bezüge von Mitgliedern des Betriebsrats zu veröffentlichen. Manche Unternehmen tun dies freiwillig schon jetzt.

5 Strompreise in Deutschland: Gegen die Konzerne scheint kein Kraut gewachsen

Für Strom müssen Konsumenten in Deutschland sehr viel mehr bezahlen als in unseren Nachbarstaaten. Die Preise sind seit dem Jahr 2000 um rund vierzig Prozent gestiegen, im Ausland dagegen nur um etwa sieben Prozent.

Das hat mehrere Gründe. Einer besteht in der oligopolistischen Marktstruktur. Es gibt nur vier große Energiekonzerne, die rund achtzig Prozent des Stroms produzieren und den Markt unter sich aufteilen, auch regional: Im Westen ist allein RWE tätig, im Osten um Berlin und Brandenburg Vattenfall, in und um Baden-Württemberg EnBW und von Bayern über Hessen bis Niedersachsen E.on. Wie der amerikanische Wirtschaftswissenschaftler William Fellner schon vor Jahrzehnten in seinem bahnbrechenden Werk »Competition among the Few« dargelegt hat, tendieren Oligopole ganz »natürlich« dazu, die Preise durch Verknappen des Angebots nach oben zu puschen und dadurch ihren Gewinn zu maximieren. Und genau das praktizieren, wie neueste Untersuchungen belegen, auch die Stromriesen. Sie haben in den letzten Jahren Milliardengewinne eingefahren.

Ein anderes probates Instrument, wirksamen Wettbewerb, etwa durch ausländische Stromanbieter, zu unterbinden, ist die Beschränkung des Netzzugangs: Die Netze sind in der Hand der großen Vier, die den Zugang unter allerlei Vorwänden verweigern oder beschränken und zudem hohe Durchleitungspreise verlangen. Die entsprechende Aufsicht hat versucht, die Preise für den Netzzugang zu senken. Ob dies aber auf die Preise für Endabnehmer durchschlägt, ist bisher offen.

Ein weiterer Grund für die Vermachtung und die hohen Preise ist die gegenseitige Verflechtung von Staat und Energiewirtschaft. Sie ist zum guten Teil ein Erbe der Geschichte. Energie ist ein Schlüsselbereich für das Funktionieren und Florieren der Wirtschaft. Es ist deshalb kein Zufall, dass die deutsche Energiepolitik seit fast einem Jahrhundert einseitig die Stromkonzerne und ihre technisch-unternehmerischen Konzepte begünstigt. Das galt erst recht für den auf militärische Expansion drängende Nationalsozialismus. Die Energiewirtschaft hatte in Deutschland also stets »besondere Beziehungen« zur Politik, und das ist bis heute so geblieben. Die Wirtschaft beschränkt sich dabei keineswegs nur auf lautere Mittel der Einflussnahme. Das zeigt die Vielzahl der großen und kleinen Skandale, die in letzter Zeit publik wurden und an denen immer wieder die Energiewirtschaft beteiligt war, die auf problematische Weise Einfluss auf die Politik zu nehmen versuchte. Erwähnt sei das »Anfüttern« des nordrhein-westfälischen Landtagsabgeordneten Hermann-Josef Arentz (CDU), der 5000 Euro monatlich von RWE erhielt, ohne dafür eine vorzeigbare Gegenleistung zu erbringen. Oder Laurenz Meyer, der nicht nur nordrheinwestfälischer Landtagsabgeordneter, sondern auch Bundesgeschäftsführer der CDU war und ebenfalls üppige Zahlungen von RWE bekam, ohne dafür etwas Belegbares zu tun. Beide mussten zurücktreten. Hierher gehört auch die Einstellung von Politikern und hohen Beamten durch Unternehmen der Energiewirtschaft, die schon während ihrer Amtszeit intensiv mit deren Belangen befasst waren, so der frühere Staatssekretär im Bundeswirtschaftsministerium, Alfred Tacke, der frühere Bundeskanzler Gerhard Schröder und die früheren Bundeswirtschaftsminister Werner Müller und Wolfgang Clement. Die Fusion von E.on und Ruhrgas war während der Amtszeit von Müller und Tacke genehmigt worden, obwohl vorher das Kartellamt und die Monopolkommission massive Einwände dagegen erhoben hatten. Schröder wurde hoch bezahlter Verwaltungsratsvorsitzender einer Pipeline-Gesellschaft, obwohl er ihre Errichtung als Bundeskanzler mit eingefädelt hatte. Hierher gehört – neben zahlreichen Sponsoring-Aktivitäten der Energiewirtschaft zugunsten von kommunalen Energieunternehmen – auch die Berufung von Bürgermeistern, deren Gemeinden zu den Kunden der Energieriesen gehören, in deren Aufsichtsräte und Beiräte. Wegen der Einladung einer Vielzahl (mit der Energiepolitik befasster) Kommunalpolitiker mit ihren Partnern zu kostspieligen Lustreisen ins Ausland ermittelt die Staatsanwaltschaft. Darüber hinaus beschäftigt die Energiewirtschaft Hunderte von ehrenamtlichen Mitgliedern der Stadträte und Kreistage und stellt sie zur Wahrnehmung ihrer Ämter unter Fortzahlung ihrer Bezüge frei.

Inzwischen regt sich aber Widerstand gegen den Missbrauch der wirtschaftlichen und politischen Macht der Konzerne. Politiker kündigen Gegenmaßnahmen an, und auch der kleine Mann ist vielfach nicht mehr bereit, die rasant steigenden Kosten noch klaglos hinzunehmen. Strom- und Gaskunden verweigern die Zahlung, und die Gerichte geben ihnen recht. Der öffentliche Protest muss allerdings noch viel massiver werden, damit wirklich etwas Durchgreifendes geschieht. Immerhin kann das Bundeskartellamt neuerdings marktbeherrschende Energieunternehmen, die vergleichsweise hohe Preise verlangen, zur Offenlegung ihrer Kalkulation zwingen. Auch das dürfte auf Dauer nicht ohne Wirkung auf die Preisgestaltung bleiben.

6 Landesbanken: Vom Prestigeinstitut zum Klotz am Bein

Politiker gelten vielfach als nicht besonders qualifiziert für ihre Ämter (siehe S. 167 ff.). Sie haben das politische Geschäft gelernt und wissen, meist jedenfalls, was man öffentlich zu tun und zu unterlassen hat, um sich einigermaßen passabel zu präsentieren. Wie man sich hinter den Kulissen Macht und Posten sichert, darin sind sie Meister. In der Wirtschaft sind allerdings ganz andere Kenntnisse und Erfahrungen vonnöten. Mit den Macht- und Öffentlichkeitsregeln, die Politiker beherrschen, kann man kein Unternehmen führen. Andererseits lockt die Wirtschaft mit lukrativen Posten. Das macht es für Politiker schwer, sich zu bescheiden und der Versuchung zu widerstehen, auch diese Bühne zu betreten, zumal ihr Einfluss ihnen den Zugang eröffnet. Solange öffentliche Unternehmen, etwa im Bereich der Versorgung und Entsorgung, eine Monopolstellung innehaben, fallen Dilettanten an der Spitze des Unternehmens kaum auf. Fehler werden – aufgrund des politischen Rückenwinds – selten an die große Glocke gehängt und im Übrigen einfach durch Erhöhung der Preise für den Endverbraucher ausgeglichen.

Ein Dorado für »verdiente« Politiker bieten vor allem die Bundesländer, aber auch die Städte, die eine Fülle von öffentlichen Leistungen in Unternehmen ausgelagert haben. Im Zuge der sogenannten Privatisierungswelle wurden daraus vielfach privatrechtliche Aktiengesellschaften oder Gesellschaften mit beschränkter Haftung gemacht. Dadurch haben sie sich von den strengen Obergrenzen für die Gehälter des Führungspersonals im öffentlichen Dienst befreit, was die Attraktivität der Posten für Parteikarrieristen gewaltig erhöht.

Ein trauriges Musterbeispiel solchen Postengeschachers zulasten der Allgemeinheit sind die sogenannten Landesbanken. Sie fungieren aufgrund personeller Verflechtungen als eine Art schwarze Kasse und Nebenhaushalt der Landesregierung, die die finanzielle Kapazität der Bank für politische Zwecke, etwa Unterstützung notleidender Unternehmen, aber auch für höchst eigene Zwecke nutzt. Ein Beispiel ist die sogenannte Flugaffäre der nordrhein-westfälischen Landesbank im Jahre 1999. Der Vorstandsvorsitzende Friedel Neuber, der die Bank von 1981 bis 2001 leitete, hatte Minister und andere Politiker der SPD großzügig den Privatjet nutzen lassen, den die Bank regelmäßig für viel Geld anheuerte. Bei Aufarbeitung der Affäre wurde ein Sumpf von Filz, Vetternwirtschaft und Korruption öffentlich. Neubers Nachfolger Sengera musste sich vor dem Landgericht Düsseldorf verantworten wegen eines notleidend gewordenen Kredits an das britische Unternehmen Boxclever, was eine Krise einleitete, die die Bank innerhalb von zwei Jahren vier Milliarden Euro gekostet hat. Unter seinem Nachfolger Thomas Fischer kam es zu Spekulationen mit VW-Aktien, die einen Verlust von 600 Millionen Euro einbrachten – und dann zog auch noch die Immobilienkrise herauf, die die WestLB besonders reinritt. Im Sommer 2007 wurde auch Fischer geschasst. Im Januar 2008 mussten die Eigner der Bank, das Land Nordrhein-Westfalen und die Sparkassenverbände, zwei Milliarden Euro nachschießen. Einen Tag nach der Bekanntgabe fiel der DAX um über sieben Prozent.

Angesichts der Politisierung der Führungs- und Aufsichtsebene öffentlicher Unternehmen war es kein Zufall, dass die sogenannte Bankenkrise, die 2007 begann, in Deutschland zuerst eine Staatsbank ins Trudeln brachte. Die Deutsche Industriebank (IKB), an der die staatliche Kreditanstalt für Wiederaufbau (KfW) wesentlich beteiligt ist, hatte sich in den USA beim Kauf fragwürdiger Immobilienkredite verspekuliert. Sie hatte sich über einen Ableger mit dem Namen Rhineland und nur 500 Dollar Eigenkapital, den sie an der Wallstreet betrieb, höchst riskant engagiert und dabei Milliarden verloren, als in den USA die Immobilienblase platzte. Der Aktienkurs der IKB stürzte ab, und wenn die Staatsbank KfW nicht eingesprungen wäre, hätte die Insolvenz gedroht. Die öffentliche Hand musste Milliardenbeträge zuschießen. An der Spitze der KfW steht die frühere Politikerin Ingrid Matthäus-Meyer, den Vorsitz im Aufsichtsrat führt Bundesfinanzminister Peer Steinbrück. Der Vorstand der IKB wurde zwar entlassen, mit hohen Pensionsansprüchen übrigens, der Verantwortlichkeit der KfW-Führung wurde jedoch zunächst nicht weiter nachgegangen.

Nicht weniger dramatisch war die Krise um die Sächsische Landesbank. Sie hatte sich über einen irischen Ableger ebenfalls im hochriskanten amerikanischen Immobilienkreditgeschäft versucht und verlor Milliarden. In ihrem Aufsichtsrat saßen gleich drei sächsische Landesminister. Den Vorsitz führte Finanzminister Horst Metz, ein gelernter Wasserbaufacharbeiter. Noch kurz vor einer plötzlich einberufenen Krisensitzung, in der der Verkauf der Bank an die Landesbank Baden-Württemberg beschlossen wurde, hatte er jegliche Probleme in Abrede gestellt. Später sprach er den denkwürdigen Satz: »Sicher hätte ich mir manchmal bessere und präzisere Informationen gewünscht« – so, als ob der Verwaltungsratschef nicht die Pflicht gehabt hätte, intensiver nachzufragen. Er musste schließlich zurücktreten. Der letzte Vorsitzende der Landesbank war vorher Chef einer Sparkasse. Ein früherer Vorsitzender berief seine Lebensgefährtin an die Spitze eines Tochterunternehmens.

Die Sächsische Landesbank zeigt exemplarisch, wohin es führt, wenn ein Land sich aus Prestigegründen eine Bank hält. Schon früh war gewarnt worden, dass dafür in einem Land wie Sachsen kein Raum sei: Für eine reine Sparkassenzentrale ist sie zu groß, und für Finanzgeschäfte, die der Größe entsprechen, fehlen die Erfahrung und die Kompetenz. Daran ist die Landesbank ja schließlich auch gescheitert. Aus guten Gründen hält sich kein anderes östliches Bundesland eine solche Bank. Ministerpräsident Milbradt, in dessen Zeit als sächsischer Finanzminister die Bank gegründet worden war und der natürlich auch politische Verantwortung für ihr katastrophales Scheitern trägt, blieb allerdings im Amt.

Auch wirtschaftlich an sich angezeigte Fusionen scheitern häufig an Prestigeüberlegungen der jeweiligen Regierungschefs. So sprach sich der bayerische Ministerpräsident Günther Beckstein zunächst gegen eine Fusion der Bayerischen Landesbank mit der Landesbank Baden-Württemberg aus, nur weil die BayernLB dann der »Juniorpartner« der größeren LBBW geworden wäre – obwohl diese, wie der bayerische Finanzminister Erwin Huber offen einräumte, »betriebswirtschaftlich sinnvoll« wäre. Und auch der nordrhein-westfälische Ministerpräsident Jürgen Rüttgers wehrte sich aus ähnlichen Gründen gegen eine Fusion seiner WestLB mit der Landesbank Baden-Württemberg.

Erst seitdem im Februar 2008 herauskam, dass der BayernLB durch die Immobilienkrise mit 1,9 Milliarden Euro belastet war, scheint sich der Kurs der Regierung zu ändern. Huber hatte kurz zuvor noch Berichte über Milliardenverluste dementiert, obwohl er, wie er später zugeben musste, als stellvertretender Verwaltungsratsvorsitzender der Bank längst Bescheid wusste. Er hatte die Bekanntgabe offenbar bis nach den bayerischen Kommunalwahlen vom 2. März 2008 hinauszögern wollen. Hier zeigt sich einmal mehr, wie Landesbanken im Kielwasser der Politik schwimmen. Als Bauernopfer musste der Vorstandsvorsitzende der Bank, Werner Schmitt, seinen Hut nehmen, Huber aber, der die Öffentlichkeit hintergangen hat, ist noch im Amt.

7 Funktionäre: Unselige Macher in Politik, Verwaltung, Wirtschaft und Verbänden

Funktionäre haben heute überall das Sagen: in politischen Parteien, in Verbänden, in Medien, in Großunternehmen und auch im Staat. Typisch für den Funktionär ist, dass er zwar mächtig ist (dadurch unterscheidet er sich vom normalen Angestellten), aber von anvertrauter Macht lebt und nicht wirklich für Fehler haftet. Das Gegenbild zum Funktionär ist der Unternehmer, der auf eigene Rechnung wirtschaftet und vom Erfolg profitiert, aber auch für Misserfolge voll einstehen muss. Funktionäre werden regelmäßig über Mittelsmänner bestimmt, es findet keine direkte Wahl oder Ernennung statt, sondern eine indirekte – Verfahren, die der großen Tragweite der Entscheidungen, die Funktionäre aufgrund ihrer Machtposition treffen, nicht gerecht werden. So wird der Vorstand einer als Aktiengesellschaft organisierten Bank oder Versicherung nach deutschem Recht nicht von den Aktionären, sondern vom Aufsichtsrat bestimmt, der, meist durch einen kleinen Ausschuss, auch den finanziellen Status des Vorstands festlegt. Der Aufsichtsrat wird seinerseits teils von der Mitgliederversammlung, teils von den Arbeitnehmern (faktisch allerdings wohl der »zuständigen« Gewerkschaft) gewählt.

Ähnlich ist es in vielen Verbänden. Hier werden die Vorstände gleichfalls nicht von der Mitgliederversammlung bestimmt, sondern vom Verwaltungsrat, der seinerseits von den Mitgliedern gewählt wird. Zwar erfolgt die Wahl des Vorstandes regelmäßig nur auf drei oder fünf Jahre, doch haben die Vorstandsmitglieder ihrerseits erheblichen Einfluss auf die Auswahl der Verwaltungsratsmitglieder. Sie steuern die Auswahl, etwa durch entsprechende Personalvorschläge, so dass ihre Wiederwahl regelmäßig gesichert ist.

Für die Volksvertreter in den Parlamenten sieht das Grundgesetz zwar vor, dass sie direkt von den Bürgern gewählt werden. Tatsächlich entscheiden darüber aber bei uns die Parteien. Aus der vorgeschriebenen Direktwahl wurde faktisch eine verfassungswidrige indirekte Wahl durch die Parteien. Ähnliches gilt für die öffentlich-rechtlichen Rundfunk- und Fernsehanstalten. Sie haben große Macht und unterliegen kaum einer Kontrolle durch die Gebührenzahler. Diese haben keinen Einfluss auf die Bestellung der Aufsichtsgremien. Auch sie verfolgen primär ihre eigenen Interessen. Oft gerieren sie sich wie »kleine Könige«, die sich fast alles erlauben können.

Neben Wirtschafts-, Partei-, Verbands- und Medienfunktionären sind auch Beamte zu den Funktionären zu rechnen. Sie verfügen ebenfalls über Geld, das nicht ihnen gehört, sondern letztlich den Steuerzahlern. Deshalb kümmert es sie oft viel zu wenig, wenn etwas verschwendet wird, vergammelt oder Geld nicht sinnvoll verwendet wird. Jedenfalls fehlt es sehr viel stärker an entsprechenden Anreizen zur wirtschaftlichen und sparsamen Verausgabung von Mitteln, auch wenn es sich um Milliarden handelt, als wenn über eigenes Geld verfügt würde. Zu den Funktionären gehören auch hauptberufliche Vorstandsmitglieder von Zwangskorporationen, wie Industrie- und Handelskammern, Ärzte- und Rechtsanwaltskammern etc., die ebenfalls von Zwangsbeiträgen leben, und die Bediensteten öffentlich-rechtlicher Kirchen, die in Deutschland von der Kirchensteuer leben.

Funktionäre zeichnen sich durch ihre »Abgehobenheit« von den Menschen aus, die sie eigentlich zu repräsentieren und zu vertreten haben. Der Funktionär schwebt weit über ihnen, kann seine eigenen Interessen und Vorstellungen realisieren, weitgehend unabhängig von den Präferenzen der Menschen, also seiner eigentlichen Auftraggeber, die tendenziell vernachlässigt werden. Zwischen den Funktionären werden – wie früher zwischen Verbindungsstudenten und noch früher zwischen einer adligen Oberschicht – Netzwerke auf Gegenseitigkeit geknüpft und Seilschaften gebildet, die dem persönlichen Fortkommen der Funktionäre dienen und gleichzeitig die Verantwortlichkeiten (und damit auch das Haftbarmachen für Fehler und Mängel) verdecken.

Der Funktionär ist meist risikoscheu: Er gewinnt wenig von einem großen Erfolg seiner Organisation, so dass es sich für ihn kaum lohnt, etwas zu riskieren. Das Agieren von Funktionären tendiert deshalb zur ansprechenden Verpackung statt zu Dynamik und zu Innovationen. Die Herrschaft der Funktionäre bewirkt, dass wir keine wirkliche Elite haben, nur eine formale Elite der Mittelmäßigen, die sich nach dem Besitz von hervorgehobenen Positionen definiert.

Während man seinerzeit gegen die Privilegien des Adels Front machen (und diese letztlich abschaffen) konnte, sind die Probleme, die die jetzige Funktionärsschicht aufwirft, vielfach noch nicht einmal erkannt, von einem gezielten Gegensteuern ganz abgesehen.

XIV Lobbying und Pluralismus

1 Lobbying: Zwischen Notwendigkeit und Missbrauch

Im Jahre 1957 veröffentlichte der Politikwissenschaftler Theodor Eschenburg ein Buch mit dem Titel »Herrschaft der Verbände?« Das Thema Lobbying begleitet die Bundesrepublik also seit ihren Anfängen. Bloß wird die Frage inzwischen sehr viel drängender gestellt als früher. Das hat mehrere Ursachen: Das wirtschaftliche Wachstum ist stark zurückgegangen. Der wirtschaftliche und politische Wettbewerb hat sich im Zuge der Europäisierung und Globalisierung verschärft. Hinzu kommen in Deutschland die hohe Arbeitslosigkeit und die Lasten der deutschen Vereinigung. Wir müssen unser politisches und wirtschaftliches System heute also mit ganz anderem Nachdruck auf den Prüfstand stellen als früher. Dazu gehört der gesamte Komplex des Lobbying, des organisierten Einflusses von Wirtschaft und Gesellschaft auf Politik und Verwaltung.

Auch bei den Akteuren und Methoden des Lobbying haben sich seit Eschenburgs Zeiten gewaltige Änderungen ergeben. Lobbying ist nicht mehr allein Sache von Verbänden. Große Unternehmen nehmen unmittelbar selbst Einfluss. Und es geben nicht mehr allein die Produzenten die Musik an, Konsumenten-, Umweltschutz- und andere Organisationen spielen ebenfalls mit. Eine zunehmende Rolle kommt – nach angelsächsischem Vorbild – auch sogenannten »Public Affairs«-Agenturen zu, die von Ein-Mann-Unternehmen bis zu großen Büros mit vielen Mitarbeitern reichen, und Anwaltskanzleien, die den politischen Prozess vor allem in Brüssel im Auftrag ihrer Klientel begleiten.

Warum hören Politik und Verwaltung auf Wirtschaft und Bürgergesellschaft? Will man die Antwort auf einen kurzen Nenner bringen, so sind es vor allem vier Gründe: Politik und Verwaltung benötigen

- Sachverstand
- Einvernehmen

und speziell die Politik auch:

- Wählerstimmen und
- Geld.

In früheren Zeiten stand man dem Einfluss von Interessen teilweise sehr kritisch gegenüber: Einer der Väter der Demokratie, Jean-Jacques Rousseau, wandte sich vehement gegen alle Interessengruppen. Dabei hatte er die verkrusteten Strukturen des vorrevolutionären Feudalismus Frankreichs vor Augen. Die Stände hatten selbst die dringendsten Reformen blockiert und so der Revolution von 1789 mit den Weg bereitet. In seinem »Contrat social« schrieb Rousseau 1762: »Es gibt nichts, was gefährlicher ist als der Einfluss privater Interessen auf die öffentlichen Angelegenheiten.« Vom gleichen Geist war dann die Loi Le Chapelier erfüllt, die die französische Nationalversammlung 1791 erließ. Sie enthielt den »fundamentalen Grundsatz«, »alle Arten von Vereinigungen der Bürger desselben Standes und desselben Berufes« seien zu vernichten. Auch im gedanklichen System des deutschen Philosophen Georg Wilhelm Friedrich Hegel hatten partikulare Interessen keinen Platz. Hegel charakterisierte den Staat als Verkörperung sittlicher Ideen, der vor der Überwucherung durch die Gesellschaft, die er als »Reich der Interessen« verstand, geschützt werden müsse.

Solche »phobie des groupements« ist heute – auch kraft angelsächsischer Einflüsse – überwunden. Die Einwirkung von Interessenten auf Politik und Verwaltung gilt in der pluralistischen Demokratie nicht mehr von vornherein als schlecht. Im Gegenteil: Solches Einwirken ist legitim. Lobbying ist für viele das einzige Mittel, um sich überhaupt noch Gehör zu verschaffen. Das ist auch verfassungsrechtlich abgesichert. Demokratietheorie und Philosophie haben ebenfalls ihren Frieden mit dem Pluralismus gemacht.

Eine Abgrenzung ist jedoch gegen Korruption erforderlich. Demokratie beruht auf dem Gedanken der staatsbürgerlichen Gleichheit: »One man, one vote.« Der Idee nach soll jeder Staatsbürger etwa gleichen politischen Einfluss besitzen. Wenn »das große Geld« sich nun aber politischen Einfluss kaufen kann, ist es damit vorbei. Aus der Demokratie droht Plutokratie zu werden, die Herrschaft der Reichen. Hier kommen wir in den Bereich der Korruption, die in rechtsstaatlichen Demokratien, die etwas auf sich halten, illegitim und verboten ist.

Beamte und Minister dürfen überhaupt kein Geld annehmen, Vorteilsannahme und Bestechlichkeit stehen unter Strafe. Das Gesetz wurde vor einigen Jahren verschärft, so dass jetzt auch das sogenannte Anfüttern strafbar ist. Es gibt allerdings Grauzonen, die strafrechtlich bisher nicht erfasst sind. Dazu gehört das Überwechseln von Politikern und Beamten in Verbände oder Wirtschaftsunternehmen, mit deren Belangen sie vorher amtlich befasst waren. Hier entsteht der Verdacht, dass der Amtsträger schon vorher nicht unbefangen war. Solchen Drehtüreffekt nennen die Franzosen Pantouflage (siehe S. 292). Die Amerikaner sprechen von revolving door und haben dagegen strenge Vorschriften.

Parteien und Abgeordnete genießen eine Sonderstellung. Sie dürfen sogenannte Spenden annehmen – und dies in Deutschland sogar in unbegrenzter Höhe. Hier klafft ein – problematisches – Einfallstor, durch das die Wirtschaft ganz legal mit Geld Einfluss auf die Politik nehmen kann. Oft werden auch noch die Publikationsvorschriften umgangen, was völlig unzureichende Kontrollen geradezu herausfordern (siehe S. 134 f.).

Eine wirksame Strafvorschrift gegen Abgeordnetenkorruption fehlt immer noch (siehe S. 289). Zulässig ist auch, dass Abgeordnete selbst Lobbyisten sind und dafür üppig bezahlt werden. Sogenannte »arbeitslose« Einkommen, die Abgeordnete sozusagen anfüttern, sind seit Kurzem im Bund ausdrücklich verboten. Dann lässt es sich aber nicht mehr begründen, dass Spenden, die ja auch arbeitslose Zahlungen darstellen, nach wie vor erlaubt sein sollen.

Im Bund ist neuerdings größere Transparenz der Einkünfte von Bundestagsabgeordneten vorgeschrieben, die sie neben ihrem Mandat erhalten. Das verbessert die Kontrolle, ob der Abgeordnete für seine Arbeit korrekt bezahlt oder in Wahrheit politischer Einfluss gekauft wird. Auch der »Zugang zum Machthaber« und die Beschaffung von Insiderinformationen sind Unternehmen und Verbänden viel Geld wert. Hinsichtlich der Höhe der Einkommen sollte allerdings nicht nur die Zugehörigkeit zu einer von drei Gruppen angegeben werden, sondern der exakte Betrag. Was der Bundestag den Vorständen großer Unternehmen zumutet, sollte er auch in eigener Sache beschließen (siehe S. 150).

Zu einer ganz neuen Form des Lobbying haben sich bestimmte Formen von Beratung entwickelt. Es geht darum, mit weitverzweigten Beziehungen und umfassenden Personenkenntnissen Wirtschaft und Politik zusammenzubringen. So finden Politiker, die für Informationen, aber möglicherweise auch für Zuwendungen empfänglich sind, und Wirtschaftsführer oder Verbandsfunktionäre, die politischen Einfluss suchen, zum beiderseitigen Vorteil leichter zusammen. Die Möglichkeiten für derartige Zusammenarbeit werden durch solche Berater, die gelegentlich wie politische Kuppler wirken, enorm ausgeweitet. Zugleich wird die Intransparenz verstärkt: Selbst Politiker pflegen gern zu behaupten, sie hätten gar nicht bemerkt, dass »Aufmerksamkeiten«, die Berater ihnen erweisen, dazu dienen, dahinterstehenden Geldgebern den Zugang zu ihnen zu eröffnen. Solcher Naivität fielen wohl der Grünen-Politiker Cem Özdemir, der sich von dem Berater Moritz Hunzinger einen »Kredit« geben ließ, und Rudolf Scharping zum Opfer, den Hunzinger beim Herrenausstatter einkleidete. Özdemir musste 2002 auf seine Kandidatur zum Bundestag verzichten, ist aber nun im Europäischen Parlament. Scharping verlor sein Amt als Bundesverteidigungsminister.

Ein weiteres grundlegendes Problem, zu dem Lobbying führt, mündet in die Frage, ob im Spiel der pluralistischen Kräfte alle relevanten Interessen in etwa angemessene Berücksichtigung finden und ein gerechter Ausgleich zustande kommt, ein Postulat, dessen Sicherung zentrale Aufgabe des Staates und der Europäischen Union bleiben muss, wollen sie sich nicht selbst aufgeben (siehe S. 285 ff.).

In der Europäischen Union besteht ein besonders günstiger Boden für Lobbyismus. Ein Grund liegt in der großen Bedeutung des eigentlichen Motors der EU, der Kommission, die aber nur über begrenzten Sachverstand verfügt. Die Kommission hat das Monopol zur Formulierung gesetzgeberischer Initiativen und damit eine umfassende Vetoposition, besitzt aber nur einen Beamtenapparat, der kaum größer ist als derjenige einer Großstadt wie München und kleiner als viele Ministerien in den Mitgliedstaaten. Ihr steht eine riesige Zahl von häufig hochprofessionellen Lobbyisten gegenüber. Praktisch kommt auf jeden Bediensteten der Kommission ein Lobbyist. Zudem stammen die Beamten aus höchst unterschiedlichen Ländern und Kulturen mit je eigenen Kenntnissen und Erfahrungen und sind schon aus Eigeninteresse für Informationen und sachliche Unterstützung jeglicher Art in hohem Maße offen. Zugleich ist Brüssel, da die Ausführung der Gesetze Sache der Mitgliedstaaten ist, weit weg von der – auch wieder von Land zu Land höchst unterschiedlichen – Basis. Brüssel versucht seine mangelnde Praxisnähe zwar durch eine Fülle von Gremien zu ersetzen, die aus Fachleuten und Verwaltungsangehörigen der Mitgliedstaaten bestehen. Gerade das aber eröffnet zusätzliche Einflussmöglichkeiten für Interessenten.

Andererseits fehlen in der EU politische Gegengewichte gegen ein Zu-kurz-Kommen allgemeiner Interessen, wie sie in den Nationalstaaten immerhin noch einigermaßen vorhanden sind. In der EU gibt es keine integrierende europäische öffentliche Meinung, keine einheitlichen europäischen Parlamentswahlen, keine wirksamen europaweiten politischen Parteien und kein europäisches Volk. Der Ministerrat zerfällt in eine Vielzahl von Spezialräten, so dass die Fachleute, die ihren jeweiligen Kompetenzbereich auszudehnen versuchen, um ihre Existenzberechtigung nachzuweisen, jeweils unter sich sind. Ein Vetorecht des Finanzministers oder des Justizministers, das zur Sicherung allgemeiner Interessen zum Beispiel in Deutschland bei Regierungsentscheidungen besteht, fehlt in der EU. Auch die 25 Kommissare tendieren in zentrifugale Richtung, weil sich jeder auf seinem Gebiet profilieren möchte. Zudem ist das Geflecht von Willensbildung und Entscheidung in Europa derart undurchsichtig, dass selbst krasse Einseitigkeiten gar nicht bemerkt werden. Ein Beispiel ist die Agrarpolitik. Das Überwuchern allgemeiner Interessen wird durch den grassierenden Egoismus der Mitgliedstaaten noch verschärft. Anschauungsunterricht bietet neben der Agrarpolitik die Strukturpolitik. Ein anderes Beispiel ist das aberwitzige Festhalten an drei verschiedenen Arbeitsorten des Europäischen Parlaments in Straßburg, Brüssel und Luxemburg. Dieser »Parlamentarismus im Umherziehen« kostet den Steuerzahler weit über 200 Millionen Euro jährlich – ein gutes Fünftel des gesamten Parlamentshaushalts.

2 Pluralismus: Wunsch und Wirklichkeit

Im Spiel der pluralistischen Kräfte finden Interessen desto weniger Berücksichtigung, je größer der Kreis der Betroffenen ist. Das läuft auf einen Mechanismus umgekehrter Demokratie hinaus. Die politikwissenschaftliche Pluralismustheorie will das allerdings nicht wahrhaben. Sie versteht Politik als Ergebnis des Drucks der unterschiedlichen gesellschaftlichen Gruppierungen und unterstellt, die verschiedenen Vektoren führten per saldo zu ausgewogenen Ergebnissen. Ein eigenes »Gemeinwohl«-Konzept wird in dieser Sicht überflüssig. Gemeinwohl sei vielmehr mit der Resultante des Gruppendrucks identisch. Drohe ein wichtiges Interesse zu kurz zu kommen, bilde sich eine entsprechende Gegenmacht, die die Dinge wieder ins Lot bringe. Auf diese Weise werde eine angemessene Berücksichtigung aller Interessen gewährleistet. Die Rechtsetzung von Arbeitgeberverbänden und Gewerkschaften durch Tarifverträge ist die offensichtlichste und unmittelbarste Form des Gruppeneinflusses, der sich aber keineswegs darin erschöpft, da das Harmoniekonzept auch auf die Politik insgesamt übertragen wurde. Diese »pluralistische Harmonielehre«, die ihren Ursprung in amerikanischen Pluralismustheorien hat, hat weit tragende Auswirkungen, auch auf die Beurteilung des Lobbyismus bis hin zur Korruption. Träfe die Lehre nämlich zu, wäre die Unabhängigkeit von Parteien und Politikern, die die Verfassungen postulieren, gar nicht wirklich schützenswert, nicht einmal vor finanziell-materieller Einflussnahme potenter Interessenten, weil die unterschiedlichen Vektoren des Interessentenparallelogramms sich zu einer insgesamt stimmigen Resultante auspendelten.

Gegen diese »naive« Pluralismuslehre richtet sich die Pluralismuskritik. Sie weist darauf hin, dass *allgemeine* Interessen schwerer wahrzunehmen sind und deshalb nur allzu leicht zu kurz kommen. Ob zum Beispiel ein Steuersystem zur Leistung anreizt oder aber demotiviert, ob es das Florieren von Wirtschaft und Gesellschaft fördert oder unterminiert, das ist, zumindest auf den ersten Blick, nicht leicht zu erkennen. Dasselbe gilt – jedenfalls in Kontinentaleuropa – erfahrungsgemäß hinsichtlich der Frage, ob eine wettbewerbliche Marktwirtschaft den Menschen eher nützt als schadet. Näher liegen meist die jeweiligen *besonderen* Interessen zum Beispiel als Berg- oder Werftarbeiter, als Krankenschwester, als Landwirt oder Unternehmer eines bestimmten Industriezweigs.

In dieselbe Richtung argumentiert auch der amerikanische Politikökonom Mancur Olson. Er legt mittels eines stringenten politik-ökonomischen Modells dar, dass spezielle Interessen regelmäßig besser organisierbar sind als allgemeine und die Politik unter dem Druck von Verbänden und Großunternehmen leicht die wichtigsten Interessen vernachlässigt. Auch die Interessen künftiger Generationen werden oft auf dem Altar der Gegenwart geopfert: z.B. durch Aufnahme öffentlicher Schulden, durch Umlagefinanzierung von Pensionen, von Renten- und Pflegeversicherung (siehe S. 301 ff.) und durch den Verbrauch endlicher Ressourcen. Solche Zukunftsvergessenheit droht Züge einer korrumpierenden Politik anzunehmen. Die »Repräsentationsdefizite« hat kaum einer so ungeschminkt beim Namen genannt wie der frühere Bundespräsident Roman Herzog. Überhaupt ist die Erkenntnis, dass allgemeine Interessen im Spiel der pluralistischen Kräfte leicht zu kurz kommen, so neu nicht, mögen große Teile der Politikwissenschaft durch die Konstruktion immer neuer modischer Pluralismusmodelle diesen zentralen Tatbestand auch eher verdecken: »Neopluralismus«, »Spätpluralismus«, »Korporatismus«, »Netzwerkpluralismus« etc. Warum haben wir eine unabhängige Bundesbank, und warum hat sie auch für die Europäische Union Modell gestanden? Weil sich die Sicherung des Geldwerts als zentrales allgemeines Interesse verbandlich nicht wirksam organisieren lässt und deshalb im Kräftespiel der Parteien und sonstigen Gruppierungen zu kurz zu kommen droht.

Allerdings entwickeln sich – neben den partikularen Verbänden – auch »public interest groups« wie zum Beispiel amnesty international, Transparency International, Umweltschutz-, Konsumenten- und Steuerzahlerverbände sowie viele andere sogenannte Nicht-Regierungsorganisationen. Doch diese sind regelmäßig relativ schwach und können selbst in den USA, wo sie sehr viel potenter sind als bei uns, die Unterlegenheit allgemeiner Interessen normalerweise nicht ausgleichen. Einfluss gewinnen sie vor allem dann, wenn es ihnen gelingt, ein Thema so zu *politisieren*, dass davon breite Schichten der Bevölkerung berührt werden. Dies ist Bürgerrechts- und Menschenrechtsbewegungen und – auf internationaler Ebene – zum Beispiel amnesty international immer mal wieder gelungen. Die Umweltschutzorganisation Greenpeace ist von vornherein nicht als Mitgliedsverband, sondern als »Mobilisierungsagentur« konzipiert. Ähnliches gilt für attac. Die zugehörigen Fallstudien zeigen, dass auch ein verbandlich nur schwach organisierbares Interesse durch demokratische Politisierung aufgewertet und dadurch seine Durchschlagskraft erheblich gesteigert werden kann. Das lässt sich auch theoretisch erklären: Olsons Modell geht vom Menschenbild des Privatmanns aus, des »homo oeconomicus«, des Bourgeois. Seine eigennützigen Interessen und seine privatistische Perspektive werden durch die geschilderten Verbandsorganisationen noch weiter verstärkt. Die Dominanz des organisierten Egoismus kann aber in dem Maße zurückgedrängt werden, in dem es gelingt, durch Politisierung den »homo politicus«, den Staatsbürger, den Citoyen, zu aktivieren und so die im Wirken der Verbandsorganisationen zu kurz kommenden allgemeinen Belange zu stärken.

Doch im Gegensatz zu den USA scheinen viele deutschen Public Interest Groups die (im Sinne der allgemeinen Interessen ihrer Mitglieder) erforderliche Politisierung zu scheuen. Das dürfte teilweise daran liegen, dass derartige Verbände von hauptberuflichen Funktionären dominiert werden, die – aufgrund manchmal zweifelhafter Praktiken der Mitgliederwerbung – auch ohne große Erfolge eine gesicherte Existenz genießen und in der behaglichen Nähe zu anderen etablierten Verbänden und zu Parteien grundlegenden Auseinandersetzungen lieber aus dem Wege gehen und öffentliche Scheingefechte bevorzugen.

Der berechtigten Pluralismuskritik kommt heute, zu Beginn des 21. Jahrhunderts, ein sehr viel höherer Stellenwert zu als früher. Die Lage ist nämlich eine völlig andere, als sie den amerikanischen Pluralisten seinerzeit noch vor Augen stand. Damals herrschten hohe wirtschaftliche Wachstumsraten und relativ geringe staatliche Aufgaben, für deren Befriedigung – trotz der Wünsche von Partikulargruppen – immer noch genügend Mittel übrig blieben, alles Voraussetzungen, die bei uns heute nicht mehr vorliegen. In Deutschland stagniert das Wachstum seit Langem, ungeachtet gelegentlicher konjunktureller Belebung. Und der Staat schöpft die Hälfte des Sozial-produkts ab, um die riesigen Aufgaben, die er sich aufgebür-det hat, noch finanzieren zu können. In dieser Situation wird manifest: Die Politik steuert sich ebenso wenig selbst wie die Wirtschaft. Wie diese bedarf sie einer adäquaten verfassungs-mäßigen Ordnung, die aber nicht rückwärtsgewandt, sondern auf das Wirken der politischen Mächte unserer Tage bezogen sein muss.

XV Korruption

1 Politische Korruption: In Deutschland erlaubt

Beamte stehen mit einem Bein im Gefängnis, wenn sie Geschenke annehmen. Dagegen werden Politiker und Parteien mit Samthandschuhen angefasst, wenn es um Korruption geht. Es fehlt an gesetzlichen Verboten, und die vorhandenen sind ausgesprochen lax formuliert und das Papier nicht wert, auf dem sie geschrieben stehen. Die Politik beschließt die Gesetze in eigener Sache, und wer stellt sich schon gern selbst unter Strafe?

Volksvertreter kann man in Deutschland getrost korrumpieren. Wer einem Abgeordneten Geld anbietet, läuft allenfalls Gefahr, dass der einen rausschmeißt. Nimmt der Abgeordnete das Geld aber an, und sei es auch ein ganzer Sack voll, handeln beide regelmäßig völlig legal. Es gibt zwar im Strafgesetzbuch einen Paragrafen der Abgeordnetenkorruption (§ 108e). Der aber ist ein zahnloser Tiger. Er bestraft nur den Kauf der Stimme eines Abgeordneten im Parlament. Der Stimmenkauf in der Fraktion, in der die Entscheidungen des Plenums vorbereitet werden, und sämtliche andere Formen des Missbrauchs des politischen Einflusses zugunsten des Geldgebers bleiben straflos. Aufgrund des § 108e ist denn auch noch nie ein Parlamentarier verurteilt worden. Eine UN-Konvention, die auch Deutschland unterschrieben hat, verpflichtet zwar zur Verschärfung der Strafvorschrift, und selbst der Bundesgerichtshof mahnt sie an. Die Reform drängt sich auch deshalb förmlich auf, weil ein anderes deutsches Gesetz die Bestechung *ausländischer* Abgeordneter und die Bestechung von Mitgliedern des *Europäischen* Parlaments, auch von deutschen Mitgliedern, bereits verschärft unter Strafe stellt. Doch der Bundestag bremst und blockiert mit immer neuen fadenscheinigen Ausflüchten.

Hermann-Josef Arentz und Laurenz Meyer mussten ihre Mandate im nordrhein-westfälischen Landtag aufgeben, und Meyer auch den Posten des Bundesgeschäftsführers der CDU, weil sie hohe laufende Zahlungen von dem Energieriesen RWE angenommen hatten, ohne belegen zu können, dass sie dafür etwas Vorzeigbares getan hätten. Die Rücktritte waren allein öffentlicher Kritik geschuldet. Rechtliche Vorschriften, die solch »arbeitslose« Bezüge, mit denen Abgeordnete »angefüttert« werden, eindeutig untersagen, fehlen bisher großteils. Anders als in Niedersachsen und seit Kurzem auch im Bund, wo entsprechende Vorschriften bestehen, sind den Parlamentspräsidenten in den meisten anderen Ländern nämlich die Hände gebunden: Sie können das Geld nicht herausverlangen und in zweifelhaften Fällen keine Ermittlungen anstellen (siehe S. 151 f.).

Abgeordnete dürfen sich in zynischer Weise sogar ganz offen bei finanzkräftigen Unternehmen oder Verbänden verdingen und ihren politischen Einfluss zu Höchstpreisen verscherbeln. Der Europaabgeordnete Elmar Brok ist gleichzeitig hoch bezahlter Lobbyist des Bertelsmann-Konzerns. Der Bundestagsabgeordnete Reinhard Göhner fungierte bis vor Kurzem als Hauptgeschäftsführer der Bundesvereinigung der Deutschen Arbeitgeberverbände. Als im Jahre 2006 Norbert Röttgen – unter Beibehaltung seines Bundestagsmandats – Hauptgeschäftsführer des Bundesverbandes der Deutschen Industrie werden wollte, protestierten sogar die ehemaligen BDI-Präsidenten Hans-Olaf Henkel und Michael Rogowski, so dass Röttgen schließlich seine Absicht aufgeben musste. Andere aber machen ungerührt weiter. Seit dem Jahre 2007 müssen Abgeordnete des amerikanischen Repräsentantenhauses mindestens ein Jahr und Senatoren mindestens zwei Jahre warten, ehe sie nach ihrem Ausscheiden aus dem Kongress eine Tätigkeit als Lobbyist aufnehmen dürfen. Bei uns werden solche Tätigkeiten sogar *während* des Mandats ausgeübt. Dass solches Dienen für zwei Herren in Deutschland nicht verboten ist, ist umso misslicher, als auch die Kontrolle durch Wahlen versagt.

Die politische Klasse hat das Wahlrecht nämlich so ausgestaltet, dass die Wähler selbst Abgeordnete, die gesündigt haben, nicht loswerden können. Wen die Parteien auf einen sicheren Listenplatz setzen oder in einem sicheren Wahlkreis nominieren, dem können die Wähler nichts mehr anhaben (siehe S. 42 ff. und S. 46 ff.). Und in den Parteien zählen häufig Proporz und parteiliche Netzwerke mehr als Pflichterfüllung im Interesse der Bürger.

Regierungschefs, Minister und hohe Beamte wechseln ungestraft in die Chefetagen von Großunternehmen und erwecken so den Eindruck, sie ließen sich neben dem im Amt erworbenen Know-how auch das Wohlwollen, das sie diesen vorher als Amtsträger erwiesen haben, vergolden – Beispiele: Bundeskanzler Gerhard Schröder, Bundeswirtschaftsminister Werner Müller, Staatssekretär Alfred Tacke und Staatssekretär Caio Koch-Weser (siehe S. 292 ff.).

Gewählte Stadträte werden, ohne den Staatsanwalt fürchten zu müssen, in sogenannten Beiräten von Energiemultis finanziell und auch sonst verwöhnt – von Unternehmen, die nur am Einfluss auf die energiepolitischen Entscheidungen der Stadt interessiert sind.

Auch politische Parteien profitieren von der Großzügigkeit in eigener Sache. Nach bundesdeutschem »Recht« kann man ihnen Millionen zuwenden, ohne strafrechtliche Sanktionen befürchten zu müssen, ja ohne überhaupt mit irgendwelchen Gesetzen in Konflikt zu geraten, obwohl solche »Spender« oft alles andere als selbstlos sind, sondern mit ihrem »Geschenk« die Erwartung einer bevorzugten Behandlung seitens der Politik verknüpfen. Großspenden bewegen sich stets »im Dunstkreis der Korruption«, wie der Politikwissenschaftler Theodor Eschenburg zutreffend festgestellt hat. So erhielt das Hamburger Ehepaar Ehlerding 1998 beim Verkauf von über 100 000 Eisenbahnerwohnungen des Bundes für 7,1 Milliarden Mark den Zuschlag, obwohl ein um eine Milliarde höheres Konkurrenzangebot vorgelegen hatte. In der gleichen Zeit hatte das Ehepaar – straflos – an die Regierungspartei 5,9 Millionen Mark gespendet, die höchste Einzelspende, die die CDU jemals erhalten hat. Davon waren 2,5 Millionen zunächst nur als Kredit deklariert, so dass der Rechenschaftsbericht der CDU für das Jahr 1998 noch nicht einmal die ganze Summe enthielt (S. 114 ff.).

Selbst wo die Strafgesetze Politiker und Parteimanager doch einmal erfassen, können die Gerichte nur dann tätig werden, wenn die Staatsanwaltschaft dies beantragt. Die aber unterliegt in Deutschland den Weisungen der Politik. Die politische Spitze kann den Staatsanwalt also zurückpfeifen, wenn es heikel wird (siehe S. 196 ff.). Wie das geschieht, haben Parteispendenaffären immer wieder gezeigt.

Was Sauberkeit in Staat und Gesellschaft anlangt, stinkt der Fisch also vom Kopf her. Bedenkt man, dass Politiker immer noch als Vorbilder gelten und sie schließlich die verbindlichen Regelungen für sämtliche Bereiche von Wirtschaft, Gesellschaft, Politik und Verwaltung beschließen, sollte dieser Sachverhalt uns eigentlich gründlich aufrütteln – und der Politik Dampf machen.

2 Pantouflage: Wie man sein Amt ungestraft zu Geld macht

Minister und Beamte wechseln häufig wie durch eine Drehtür in die Chefetage von Großunternehmen und lassen sich das Wohlwollen, das sie diesen Unternehmen vorher als Amtsträger erwiesen haben, ungeniert vergolden. Diesen Sachverhalt meint das Wort »Pantouflage«. Der Begriff entstammt ursprünglich dem Sprachgebrauch der französischen École Politechnique und bezieht sich auf den Betrag, der zu zahlen ist, falls ein Absolvent seine zehnjährige Bindung an die Verwaltung nicht einhält. Regelmäßig übernimmt dann das Unternehmen, in das der Beamte eintritt, die Zahlung und befreit den Beamten so von der »Pantoffelherrschaft«. Im heutigen Sprachgebrauch bezeichnet Pantouflage ganz allgemein bedenkliche Formen des Überwechselns von der Verwaltung oder der Politik in die Wirtschaft. Es geht um Inhaber staatlicher Ämter, die nach ihrem Ausscheiden bei einem Unternehmen oder Verband anheuern, mit dessen Belangen sie vorher dienstlich befasst waren, so dass Interessenkollisionen drohen. Für Ruhestandsbeamte enthält das deutsche Beamtenrecht Vorkehrungen. Ihnen muss der Dienstherr ein solches Überwechseln innerhalb einer bestimmten Karenzzeit verbieten, wenn zu besorgen ist, dass dadurch »dienstliche Interessen beeinträchtigt werden«. Der Sinn dieser 1985 erlassenen Vorschriften, die eine gewisse Verwandtschaft mit arbeitsrechtlichen Wettbewerbsverboten aufweisen, ist der Schutz der Integrität der früheren Amtsführung. Das drohende Verbot soll der Gefahr entgegenwirken, dass schon der aktive Beamte zugunsten seines späteren Arbeitgebers agiert. Bereits der böse Schein eines solchen »vorauseilenden Gehorsams« soll vermieden werden. Außerdem soll dem ehemaligen Beamten die Möglichkeit genommen werden, seine Kenntnis der behördlichen Interna für seinen neuen Arbeitgeber auszuschlachten und damit dem Interesse und dem Ansehen der Behörde zu schaden.

Die Vorschriften weisen allerdings Lücken auf, die zu Einfallstoren für Korruption werden können. Sie erfassen solche Beamte nicht, die auf eigenen Wunsch ohne Ruhegehaltsansprüche entlassen worden sind. Das begründet die Gefahr, dass die Vorschriften umgangen werden, indem der Beamte sich entlassen lässt und der neue, meist wirtschaftlich höchst potente Arbeitgeber die Finanzierung seiner Altersversorgung übernimmt. So geschehen im Fall des beamteten Staatssekretärs im Bundeswirtschaftsministerium, Alfred Tacke. Er genehmigte am 5. Juli 2002 die Megafusion des größten privaten Stromversorgers E.on mit dem Gasmarktführer Ruhrgas per Ministererlaubnis, obwohl das Kartellamt und die Monopolkommission diesem Zusammenschluss vorher entgegengetreten waren. Ende 2004 wurde Tacke dann, nachdem er auf eigenen Wunsch als Staatssekretär entlassen worden war, Chef der Steag, einer E.on-Tochter. Auch ehemalige Minister und Bundeskanzler, die formalrechtlich keine Beamten sind, werden von den Vorschriften nicht erfasst. Besonders der Fall Gerhard Schröder hat zu der rechtspolitischen Forderung geführt, die Vorschriften auch auf ehemalige Regierungsmitglieder auszudehnen. Schröder hatte eine Vereinbarung über eine russisch-deutsche Pipeline als Kanzler mit eingefädelt und wurde nach seinem Ausscheiden Vorsitzender des Verwaltungsrats der für Bau und Betrieb der Pipeline zuständigen, mehrheitlichen Gazprom-Gesellschaft mit einem offiziellen Jahressalär von 250000 Euro. Ein anderer Fall betraf den früheren Bundeswirtschaftsminister Werner Müller. Er hatte sich als Tackes Vorgesetzter bei der erwähnten Fusion formell zurückgehalten und diesen die Ministererlaubnis unterschreiben lassen, war aber direkt etwa an der Verlängerung der Steinkohlesubventionen beteiligt und wurde im April 2003 Vorstandsvorsitzender des Steinkohlekonzerns RAG, ebenfalls einer E.on-Tochter. Der Ex-Wirtschaftsminister Wolfgang Clement hatte, als er noch im Amt war, tief greifende Arbeitsmarktreformern vorgenommen und wechselte nicht einmal ein Jahr nach Ende der rot-grünen Koalition in den Aufsichtsrat der Zeitarbeitsfirma »Deutsche Industrie Service AG« (DIS AG). Als diese von Adecco übernommen worden war, wurde er Vorsitzender des »Adecco Instituts zur Erforschung der Arbeit«. Otto Schily hatte sich als Innenminister massiv für die Einführung biometrischer Merkmale in Ausweispapieren eingesetzt. Nach seinem Ausscheiden wurde er Aufsichtsratsmitglied bei Byometric Systems AG (bis Mai 2007) und Aufsichtsratsmitglied und Anteilseigner bei SAFE ID solutions AG – beides Unternehmen, die biometrische Anwendungen herstellen. Hierher gehören auch die sechsstelligen Summen, die Helmut Kohl und einige seiner Minister nach ihrem Ausscheiden aus der Regierung für die Beratung des Medienunternehmers Leo Kirch erhielten – nach ihrer früheren ausgesprochen Kirch-freundlichen Medienpolitik.

Die Vorschriften sind nicht nur lückenhaft, sondern auch derart vage formuliert, dass sie selbst in ihrem eigentlichen Anwendungsbereich oft großzügig ausgelegt und nicht streng angewendet werden, so etwa im Fall Caio Koch-Wesers, eines ehemaligen Staatssekretärs im Bundesfinanzministerium. Koch-Weser hatte dort weitreichende und vom Bundesrechnungshof scharf kritisierte Entscheidungen zugunsten der Deutschen Bank getroffen, bevor er Anfang 2006 in den einstweiligen Ruhestand versetzt wurde, um in die Dienste ebendieser Bank überzuwechseln. Außerdem hatte er eine Milliarden-Bürgschaft des Bundes für einen vorgesehenen Kredit der Deutschen Bank an den russischen Gazprom-Konzern abgezeichnet, die höchste Bürgschaft, die der Bund jemals vergeben hat. Das Überwechseln zur Deutschen Bank wurde ihm dennoch nicht untersagt.

Auch für Parlamentarier besteht keinerlei rechtliche Schranke. Ihnen gestattet das deutsche »Recht« sogar, während ihrer aktiven Zeit Lobbydienste zu betreiben (siehe S. 151 f.).

Die Vorschriften müssen auf Regierungsmitglieder und Parlamentarische Staatssekretäre erstreckt werden und auch Beamte erfassen, die auf eigenen Wunsch entlassen werden. Vor allem aber müssen sie klarer formuliert und strikt angewendet werden. Am besten wäre die Einführung einer mehrjährigen Karenzzeit.

3 Sponsoring der öffentlichen Hand:
Zwischen Wohltätigkeit, Werbung und Korruption

Die Bundeswehr lässt sich Veranstaltungen von einer Rüstungs-
firma bezahlen, die ihr Panzer liefert. Andere Firmen geben
den Ministerien Geld für Kampagnen und haben gleichzeitig
ein unübersehbares Interesse an den Maßnahmen ebendieser
Ministerien. Was hier verniedlichend »Sponsoring« genannt
wird, ist in Wahrheit eine Verwilderung der Sitten, wie man sie
vor Jahren noch für unmöglich gehalten hätte.

Solche Zuwendungen sind hochproblematisch. Wenn Bun-
desministerien sich von Firmen sponsern lassen, die Geschäfte
mit ebendiesen Ministerien machen und an ihren politischen
Maßnahmen interessiert sind, entsteht zwangsläufig der böse
Schein unlauterer Beeinflussung. Wer einzelnen Beamten Geld
gibt, und seien es nur geringe Beträge, muss den Staatsanwalt
fürchten. Eine ganze Behörde und ein Ministerium soll man
dagegen ungestraft mit privatem Geld eindecken können? Es
fehlt zwar an einer gesetzlichen Regelung, weil derartige Ge-
fährdungen erst in jüngster Zeit aufgekommen sind. Die Lücke
muss aber schnellstens geschlossen und der Missstand berei-
nigt werden. Ministerien, Ämter und Behörden sind zur strik-
ten Neutralität verpflichtet und dürfen einzelne Unternehmen
nicht bevorzugen.

Immerhin hat das Bundesministerium des Innern im Jahr
2003 eine Verwaltungsvorschrift erlassen. Danach »muss die
öffentliche Verwaltung schon jeden Anschein fremder Einflussnahme vermeiden, um die Integrität und die Neutralität des
Staates zu wahren«. Doch die Ministerien halten sich nicht
daran. Sie haben eben keine Aufsicht über sich.

Der Bundesrechnungshof verfolgt die Praxis des Sponserns,
deren Umfang – auch im Zuge der Ökonomisierung von Staat
und Verwaltung – von Jahr zu Jahr zunimmt, »mit Sorge« und
empfahl schon 2002, »möglichst grundsätzlich« auf die Gaben
der Wirtschaft zu »verzichten«.

Die vielfach geforderte öffentliche Nennung des Sponsors
hilft dem Missstand nicht ab, ganz abgesehen davon, dass die
Ministerien die Veröffentlichung von der Zustimmung des
Sponsors abhängig machen. Denn hier entsteht erst recht der

Eindruck, dass in zynischer Offenheit mit Geld Einfluss genommen wird.

Zuwendungen an Ministerien, Ämter und Verwaltungen sind etwas völlig anderes als das Sponsoring von privaten Sportveranstaltungen oder von Kunst und Kultur. Wenn die Telekom ein Radfahrerteam bei der Tour de France oder ein Unternehmen Künstler unterstützt, wird, jedenfalls der Idee nach, Gemeinnütziges gefördert. Gleichzeitig hat die gute Tat durch Anbringung des Logos und durch Nennung des Unternehmens einen Werbeeffekt für den Sponsor, jedenfalls solange der Gesponserte nicht seinen guten Namen, etwa durch Doping, verliert. Beim Sponsern staatlicher Stellen ist dagegen immer auch die Möglichkeit einer Beeinflussung der von Verfassungs wegen auf Neutralität verpflichteten Ämter mit im Spiel, und das darf nicht sein.

Was erschreckt, sind nicht die absoluten Beträge. Die halten sich noch in Grenzen, sondern die rasante Zunahme. Damit der Staat unabhängig und neutral bleibt, wird er vom Steuerzahler finanziert. Was wirklich wichtig ist, muss deshalb aus dem öffentlichen Haushalt bezahlt werden, und alles andere sollte man lassen. In keinem Fall darf die Unabhängigkeit der öffentlichen Hand aufs Spiel gesetzt werden.

4 Whistleblower: Denunziant oder Anwalt des öffentlichen Interesses?

Für »Whistleblower« gilt trotz ihrer wichtigen gesellschaftlichen Funktion in Deutschland immer noch das »Edeka-Prinzip«: Ende der Karriere. Statt ihren Einsatz für Gemeinwohl und Öffentlichkeit gebührend anerkannt und belohnt zu sehen, müssen sie in Deutschland noch immer Mobbing und Entlassung fürchten.

Whistleblower, auf Deutsch Hinweisgeber, blasen die Pfeife oder besser: schlagen Alarm. Sie weisen auf Gesetzesverstöße oder Gefahren für Mensch und Umwelt hin, die in einem Betrieb, einer Verwaltung oder sonstigen Organisation geschehen oder drohen. Ihre Position zwischen betriebsinterner Verschwiegenheit und der Aufklärung von Delikten, die ohne Informanten nie entdeckt würden, ist prekär. Die Überzeugung, dass Whistleblower nicht denunzieren, sondern im öffentlichen Interesse zur Bekämpfung etwa von Korruption und zur Beseitigung von Gefahren unerlässlich sind und ihre Stellung in der Rechtsordnung deshalb gestärkt werden muss, entstand zuerst in den USA. Dort gibt es schon seit Längerem gesetzliche Regelungen zu ihrem Schutz. Als das amerikanische Nachrichtenmagazin *Time* drei mutige Frauen, die riesige Skandale aufdecken halfen, zu Personen des Jahres 2002 erklärte, erhielt das Thema weltweite Beachtung. Ein europäisches Beispiel ist das Schicksal des niederländischen EU-Beamten und Finanzcontrollers Paul van Buitenen. Er brachte 1998 die Mauscheleien und Vertuschungsmanöver von Mitgliedern der Europäischen Kommission an die Öffentlichkeit, was die Santer-Kommission im März 1999 zum Rücktritt zwang. Da die Vorgesetzten, die van Buitenen zunächst informiert hatte, abwinkten, hatte er das Europäische Parlament und den Rechnungshof eingeschaltet. Die Kommission schlug hart zurück: Van Buitenen wurde vorübergehend vom Dienst suspendiert, sein Gehalt gekürzt und ein Disziplinarverfahren wegen Verrats von Dienstgeheimnissen gegen ihn eingeleitet. Später wurde er an eine »ungefährliche« Stelle versetzt. Er quittierte den Dienst und verarbeitete seine traumatische Erfahrung, indem er die niederländische Partei »Transparentes Europa« gründete, für die er heute im Europaparlament sitzt. In Deutschland deckte der Steuerfahnder Klaus Förster den Flick-Skandal (siehe S. 298 ff.) auf, weil er, obwohl von oben immer wieder zurückgepfiffen, nicht nachließ, offenkundiges Unrecht zu verfolgen. Hier ging es nicht einmal darum, anderen Hinweise über einen Missstand zu geben, sondern schlicht um die Durchführung von Dienstpflichten. Als Förster schließlich, weil er sich dem Recht mehr verpflichtet fühlte als der Macht, strafversetzt wurde, quittierte er enttäuscht den öffentlichen Dienst.

In Deutschland und der Europäischen Union fehlt es bisher an speziellen Vorschriften zum Schutz von Whistleblowern. Hier gilt nach wie vor der grundsätzliche Vorrang der Verschwiegenheit und des Amtsgeheimnisses. Whistleblower müssen statt Anerkennung für Zivilcourage betriebsinterne Ächtung und den Verlust ihres Arbeitsplatzes fürchten. Mit der zunehmenden Erkenntnis, daß z.B. Korruption nicht ohne Whistleblower wirksam bekämpft werden kann, weil es dabei kein konkretes Opfer gibt, das Aufklärungsverfahren veranlassen könnte, wächst aber auch hier die Überzeugung, dass über die Rolle von Whistleblowern neu nachgedacht und ihre Rechtsstellung geklärt und verstärkt werden muss. Die Ethik-Kodices, die Großunternehmen, nicht zuletzt auf amerikanischen Druck, in letzter Zeit eingeführt haben, enthalten jetzt immerhin Regelungen über Whistleblowing. Diese reichen aber oft nicht aus, ganz abgesehen davon, dass sie nur auf dem Papier stehen. Andere Unternehmen haben ohnehin keine derartigen Kodices.

Erforderlich ist endlich eine klare Regelung, die den Status von Whistleblowern klärt. Personen, die im berechtigten guten Glauben einen Missstand, für den im Betrieb keine Abhilfe zu erwarten ist, den Behörden mitteilen oder an die Öffentlichkeit bringen, müssen sich auf den Schutz des Gesetzes verlassen können und dürfen keine Maßregelung zu befürchten haben.

5 Flick-Skandal: Sturz einer Regierung

Der Flick-Skandal erschütterte Anfang der 1980er-Jahre die Republik. Was aber kaum jemand weiß und auch die Geschichtsbücher verschweigen: Ohne die Aussicht auf Straffreiheit der Täter hätte die FDP wahrscheinlich nicht die Koalition gewechselt und Helmut Kohl zum Bundeskanzler gemacht.

Ende der Siebzigerjahre stellte sich heraus, dass die Parteien Großspender massenhaft zur Umgehung des Steuerrechts eingeladen hatten. Denn da die steuerlichen Grenzen für Geldzuwendungen an die Parteien eng gezogen waren, suchte sich deren Geldhunger illegale Ventile. Die Parteien animierten Unternehmen beispielsweise zum Ankauf von Scheingutachten, erstellt von sogenannten Beratungsgesellschaften, die in Wahrheit Spendensammelstellen der Parteien waren. Die kriminellen Praktiken versprachen einen dreifachen Vorteil: Erstens schwemmten sie zusätzliches Geld in die Parteikassen. Zweitens setzten die Geldgeber den vollen Betrag als Betriebsausgabe steuerlich ab. Drittens traten sie nicht öffentlich in Erscheinung, obwohl die Namen von Großspendern bei Zuwendungen über 20 000 Mark eigentlich hätten veröffentlicht werden müssen (siehe S. 116).

Als die Machenschaften aufgedeckt wurden, kam es zu einer Lawine von insgesamt fast 2000 Straf- und Ordnungswidrigkeitsverfahren gegen erste Adressen der deutschen Wirtschaft, die mit Strafbefehlen und Gerichtsurteilen wegen Steuerhinterziehung oder Steuerverkürzung (teilweise allerdings auch durch Einstellung des Verfahrens oder Freispruch) endeten.

In die groß angelegten Steuerhinterziehungen war auch der Flick-Konzern verwickelt. Dort hatte man mit hoher verbrecherischer Energie ein eigenes System schwarzer Kassen kreiert, aus denen man Politikern »zur Pflege der Bonner Landschaft« (so der Generalbevollmächtigte des Flick-Konzerns Eberhard von Brauchitsch) Bargeld zukommen ließ. Das System beruhte auf der engen Zusammenarbeit mit einem offiziell als gemeinnützig anerkannten geistlichen Orden, den Steyler Missionaren. Brauchitsch überwies der Soverdia, einer den Missionaren verbundenen Gesellschaft, die deren Vermögen verwaltete, hohe Beträge auf ein Konto in der Schweiz – gegen Spendenquittung natürlich, so dass der Flick-Konzern die angebliche Spende von der Steuer absetzen konnte. Denn an gemeinnützige Gesellschaften kann man – anders als an politische Parteien – in fast unbegrenztem Umfang steuerlich begünstigt spenden. Insgeheim wurden achtzig Prozent der Summe an Brauchitsch zurückgezahlt, womit dieser seine schwarze Kasse füllte. So bereicherten sich beide Seiten auf Kosten der Steuerzahler, und von Brauchitsch konnte so einen Geheimfonds aufbauen, aus dem er halb Bonn finanziell anfütterte.

Das kriminelle Netzwerk wurde ruchbar, als eine Gruppe unerschrockener Steuerfahnder um Klaus Förster bei Flick Belege über Barzuwendungen an zahlreiche Politiker fand und sich dann trotz massivstem politischem Druck nicht davon abhalten ließ, ihre Pflicht zu tun. Die Aufdeckung des Flick-Skandals führte dazu, dass der Bundestag einen Untersuchungsausschuss einsetzte und von Brauchitsch und die beiden FDP-Minister Friderichs und Graf Lambsdorff, die nacheinander das Wirtschaftsressort geführt hatten, wegen Bestechung vor dem Landgericht Bonn angeklagt wurden. Flick hatte sich nämlich beim Verkauf einer Industriebeteiligung um eine milliardenschwere, vom Wirtschaftsminister zu bewilligende Steuervergünstigung bemüht, und es lag nahe, einen Zusammenhang zu den Geldleistungen zu vermuten, die Friderichs und Lambsdorff erhalten hatten, was am Ende aber nicht nachweisbar war. So kamen die drei Angeklagten mit Bewährungs- und Geldstrafen wegen Steuerhinterziehung davon. Die Verurteilung schadete Graf Lambsdorff auf Dauer allerdings nicht. Er wurde später sogar Vorsitzender der FDP – ein Beleg dafür, dass die politische Klasse sein Verhalten als ganz normal akzeptierte und als alles andere als ehrenrührig ansah.

Fast wäre die strafrechtliche Aufarbeitung allerdings unmöglich geworden. Zweimal setzte die Politik nämlich dazu an, durch ein Amnestiegesetz die Taten der Spender und ihrer Mittäter nachträglich straflos zu stellen. Der erste Amnestieplan scheiterte 1981/82 am Widerstand der SPD. Das hatte politische Auswirkungen auf den Fortbestand der Regierungskoalition von SPD und FDP unter Bundeskanzler Helmut Schmidt. Denn die FDP, die am stärksten in den Spendenskandal verwickelt war, besonders ihre Spitzen Graf Lambsdorff und Friderichs, und deshalb an einer Amnestie besonders interessiert war, erwartete, in einer neuen Koalition mit der Union die Amnestie doch noch zustande zu bringen, und tatsächlich arbeiteten die Parteispitzen der CDU/CSU und der FDP 1984, also zwei Jahre nach der sogenannten Wende, unter großer Geheimhaltung einen neuen Amnestieplan aus. Doch er scheiterte an dem Sturm der Entrüstung, den sein vorzeitiges Bekanntwerden ausgelöst hatte – der *Spiegel* vom 14. Mai 1984 erschien mit dem Titel »Die Rechtsbeuger. Amnestie im Handstreich« –, und am Widerstand zahlreicher FDP-Abgeordneter, dem sich schließlich auch die Spitze der Partei beugen musste.

Der Flick-Skandal zeigt beispielhaft: Geht es um Geld und Macht, ist das Recht den Parteien oft nicht mehr viel wert. »Right or wrong – my party« lautet dann leicht die Devise. Und aus dem Versuch, die Delikte zu verschleiern oder nachträglich zu legalisieren, kann sich eine Kettenreaktion ergeben – bis hin zum Sturz einer Regierung.

XVI Zukunft unserer Kinder

1 Mangelnde Nachhaltigkeit: Das strukturelle Defizit

Unser politisches System begünstigt eine kurzfristige Perspektive. Langfristig negative Folgen von Entscheidungen werden tendenziell unterbelichtet oder ganz ausgeblendet. Das erschwert es, Vorkehrungen gegen ökologische und demografische Trends zu treffen, die die Zukunft schwer belasten.

Besonders im Wahlkampf wird die Dominanz vordergründiger Positionen deutlich. Wahlkampf ist in Deutschland aber fast immer. Denn die Landtagswahlen werden – auch wegen ihrer Auswirkungen auf die Zusammensetzung des Bundesrats – vielfach als kleine Bundestagswahlen verstanden, und ihre Termine liegen über die ganze Wahlperiode des Bundestags verstreut, im Durchschnitt etwa drei pro Jahr, so etwa 2008 in Hamburg, Hessen und Niedersachsen zu Anfang des Jahres und Bayern im Herbst. Die Folge ist eine Kurzatmigkeit des Handelns der Politik, die mit Blick auf die nächsten Wahlen die langfristigen strukturellen Probleme hinauszuschieben geneigt ist.

Die offensichtliche Frucht solcher kurzfristiger Gefälligkeitspolitik sind sogenannte Wahlgeschenke: Vor Wahlen versuchen die Parteien häufig, die Gunst der Wähler dadurch zu erkaufen, dass sie öffentliche Leistungen bewilligen, deren sachliche Notwendigkeit zumindest dubios ist. In Wahrheit handelt es sich natürlich um alles andere als »Geschenke«; was der Staat an die Bürger verteilt, müssen diese letztlich selbst bezahlen – und zwar mit einem Aufgeld, das für die Kosten der Verwaltung anzusetzen ist. Der Staat ist nun mal leider keine Kuh, die im Himmel frisst, aber auf Erden gemolken werden kann, so dass der Bürger für alle Ansprüche, die er an den Staat stellt, letztlich selbst zur Kasse gebeten wird (»ehernes Gesetz des

Steuerzahlers«). Beispiele bietet besonders die Rentengesetzgebung. Schon ihre Einführung im Bundestagswahljahr 1957, die die Finanzierung von der Kapitaldeckung auf die Umlage umstellte, blendete die Belastung der Zukunft aus. Im Bundestagswahljahr 1972 machte die konjunkturell bedingte, aber vorübergehende Fülle der Reserven der Rentenversicherungen die Politiker aller Parteien im Wahlkampf so »ausgabenfreudig«, dass sie Maßnahmen beschlossen, die in den folgenden 15 Jahren weit über 200 Milliarden Mark mehr gekostet hätten. Dabei unterstellte man Einkommenssteigerungen von sieben bis acht Prozent und reale Wachstumsraten von vier und fünf Prozent pro Jahr. So errechnete man für 1986 eine Reserve der Rentenversicherung von 200 Milliarden DM und ging frohgemut ans Verteilen. Schon bald darauf wurde offensichtlich, dass sich die beschlossenen Maßnahmen nur durch Einschränkungen der Ausgaben oder Beitragserhöhungen finanzieren ließen. Doch auch im Wahlkampf von 1976 vermieden die Parteien es, dem Bürger reinen Wein einzuschenken. Als dann unmittelbar nach der Wahl eine Einschränkung der Rentenleistung beschlossen werden sollte, deren Bestand die Regierungsparteien vorher garantiert hatten, musste der Bundesminister für Arbeit und Sozialordnung Arendt zurücktreten.

Wenn Parteien und Politiker immer noch glauben, dem Bürger traumhafte Zahlungen als besonders wahlwirksame Taten andienen zu können, so vertrauen sie offenbar darauf, dass dieser die Zusammenhänge nicht durchschaut. Sie rechnen mit dem kurzen Gedächtnis der Wähler. Hinzu kommt, dass die längerfristigen Auswirkungen politischer Maßnahmen von den Bürgern – schon mangels Kenntnis der Wirkungszusammenhänge – nicht mehr bestimmten Entscheidungen und Politikern zugerechnet werden. Auch die Medien tragen zu diesem Trend bei. Sie sind kaum an der Aufdeckung struktureller Zusammenhänge interessiert und spitzen sich eher auf kurzfristig-spektakuläre Ereignisse (siehe S. 239 ff.).

Inzwischen hat man die Problematik erkannt. Die Beschwörungsformel des früheren Sozialministers Norbert Blüm: »Die Renten sind sicher«, wird heute als das gesehen, was es war, eine Irreführung der Bevölkerung aus Gründen des Machterhalts. Das Rentenalter wurde auf 67 erhöht, die Steuerfreiheit der Renten und ihre Ankoppelung an die Entwicklung der Bruttoeinkommen der arbeitenden Bevölkerung beseitigt. Doch das ändert nichts an der besonderen Belastung der heutigen Aktiven, die nun für ihre Einzahlungen oft gar keine adäquate Gegenleistung im Alter mehr erwarten können.

Ähnlich zerrüttet waren die Staatsfinanzen vor der Bundestagswahl 2005. Doch die Regierung Schröder/Fischer wollte davon nichts wissen und machte massiv Wahlkampf gegen die von der CDU/CSU für erforderlich gehaltene Mehrwertsteuererhöhung um zwei Prozent. Tatsächlich beschloss die Große Koalition dann sogar ein Mehr von drei Prozent und zahlreiche weitere Steuererhöhungen.

Die Folge der Kurzfristorientierung der Politik ist generell ein zu geringes Investieren in die Zukunft. Die konsumtiven Ausgaben des Bundeshaushalts sind zehnmal so hoch wie die investiven. Investitionen in Kinder leiden Not: quantitativ und qualitativ. Die Bildungs- und Ausbildungseinrichtungen werden ihren Aufgaben nicht mehr gerecht. Zudem mindert die Staatsverschuldung, die seit den Siebzigerjahren stark zugenommen hat, den finanziellen Spielraum des Staates erheblich und stellt eine Hypothek auf die Zukunft dar.

Auch der Begriff der »Nachhaltigkeit« verdankt die Karriere, die er in letzter Zeit gemacht hat, dem allgemeinen Empfinden, dass künftige Interessen, die Belange unserer Kinder und Enkel, in der Politik zu kurz kommen. Fast alle Probleme, die uns heute drücken, resultieren aus der Unterbelichtung der Zukunft:

- die schon erwähnte Staatsverschuldung,
- der zögerliche Schutz der Ressourcen,
- die gefährdete Finanzierung der Sozialsysteme,
- die ebenfalls erwähnte Finanzierung von Subventionen statt Investitionen und
- die mangelnde Bildung und Ausbildung unserer Kinder und Heranwachsenden.

Was also kann man gegen die Kurzfristorientierung der Politik tun? Vielleicht könnten die Gerichte Zukunftsinteressen stärken. Immerhin gibt es seit 1994 den Artikel 20a Grundgesetz, wonach der Staat »auch in Verantwortung für die künftigen Generationen die natürlichen Lebensgrundlagen« zu schützen hat. Auch aus dem Begriff »Volk« könnte man die angemessene Beachtung der Interessen künftiger Generationen herauslesen. Der Begriff umfasst mehr als die Summe der Wahlberechtigten und auch mehr als die Summe der derzeitigen Einwohner. Er meint auch die Überlebens- und Zukunftsfähigkeit. Voraussetzung ist natürlich, dass die Gerichte diese Aufgabe erkennen und entschlossen wahrnehmen, woran gewisse Zweifel allerdings nicht unberechtigt erscheinen.

Ein weiteres Rezept besteht darin, das Volk selbst verstärkt zur Sprache kommen zu lassen. Bürger brauchen nicht in Wahlperioden zu denken und sind typischerweise eher bereit, sich den anstehenden Zukunftsaufgaben zu stellen, selbst dann, wenn ihre kurzfristigen Eigeninteressen damit kollidieren sollten. Das beruht nicht etwa darauf, dass Bürger bessere Menschen wären als parteigebundene Berufspolitiker, sondern darauf, dass für sie meist weniger auf dem Spiel steht und sie sich deshalb zukunftsorientiertes Verhalten eher leisten können. Die Bürger hängen normalerweise nicht mit ihrer ganzen wirtschaftlich-gesellschaftlichen Existenz von ihren Wahl- und Abstimmungsentscheidungen ab. Anders ausgedrückt: Bürgern verursacht zukunftsorientiertes Verhalten im Allgemeinen nur geringe »Kosten«. Wir wissen aber, insbesondere aus der Umweltschutzdiskussion, dass gemeinwohl- und zukunftsorientiertes Verhalten im sogenannten Niedrigkostenbereich besonders wahrscheinlich ist.

Doch die Bürger haben bei uns derzeit rein gar nichts zu sagen. Wie sehr sich die Parteipolitik von ihnen abschottet, haben wir gesehen. Selbst die Wahl des Parlaments ist keine wirkliche Wahl und kann deshalb den Verselbstständigungstendenzen der Politik nicht ausreichend entgegenwirken (siehe S. 175 ff.). Die Staatsfinanzierung der Parteien und ihrer Hilfsorganisationen (siehe S. 98 ff.) macht diese erst recht unabhängig vom Volk. Und die grassierende parteipolitische Ämterpatronage (siehe S. 92 ff.) schwächt das mögliche Gegengewicht gegen politische Kurzsichtigkeit: die Einwirkung und Beratung durch den öffentlichen Dienst, der ja, wie das Bundesverfassungsgericht mit Recht hervorgehoben hat, eigentlich auch die Aufgabe hätte, Mängel des politischen Kräftespiels bis zu einem gewissen Grad auszugleichen.

Daraus ergibt sich: Das Zu-kurz-Kommen künftiger Interessen in der Politik ist wesentlich dadurch mitbedingt, dass die Bürger praktisch keinen politischen Einfluss besitzen. Zur Stärkung künftiger Interessen, d.h. zur Sicherung von Nachhaltigkeit, gilt es daher, den Bürgern Einfluss auf die Politik zu verschaffen. Empirische Untersuchungen bestätigen, dass bei Eröffnung direkter Demokratie mehr Geld für die Schulbildung bereitgestellt und die Staatsverschuldung eingeschränkt wird.

Die Strategie muss also auch unter dem Aspekt der Zukunftssicherung dahin gehen, den Common Sense des Volkes zu aktivieren.

2 Staatsverschuldung: Geißel der Nationen

»Eine der schrecklichsten Geißeln, die je zur Plage der Nationen erfunden wurde«, ist die Staatsverschuldung. Das meinte schon der englische Nationalökonom David Ricardo vor fast 200 Jahren, und sein Urteil klingt auch heute noch ganz aktuell. Die Mahnungen vor staatlichem Schuldenmachen, die von allen Seiten ertönen, fallen heute kaum weniger drastisch aus. Umso irritierter fragt sich der Zeitgenosse, warum man's dann trotzdem immer wieder tut – und auch noch in so gigantischem Umfang. Bemüht man sich um eine ehrliche Antwort, gelangt man bald zu der ebenso schlichten wie fatalen Wahrheit: Gegen Staatsverschuldung ist auch die Demokratie nicht gefeit, ja, Schuldenmachen liegt geradezu in der Logik der auf Machterhalt erpichten politischen Klasse, die den modernen Sozial- und Subventionsstaat besetzt hat. Denn mit kreditfinanzierten Ausgaben kann die Politik den – in der Demokratie grundlegenden – Zusammenhang zwischen dem Wunsch der Bürger nach staatlichen Wohltaten und ihrem Widerwillen gegen zusätzliche Abgaben, der den staatlichen Leviathan in Grenzen hält, scheinbar aufheben. Da der Staat Wünsche erfüllt, *ohne* die Menschen *gleichzeitig* mit den entsprechenden Steuern zu belasten, erscheint er – zumindest für gewisse Zeit – als eine Art Kuh, die im Himmel frisst und auf Erden gemolken werden kann. Dieser Mechanismus verführt die allemal auf den Erhalt ihrer Macht bedachte Politik, auf Pump scheinbar kostenlos Wahlgeschenke unters Volk zu bringen, und führt damit die Gegenwart ständig in Versuchung, sich auf Kosten der Zukunft gütlich zu tun, wobei sie sich in Wahrheit aber selbst betrügt.

Denn der Staat grast natürlich keineswegs im Himmel, sondern auf den Feldern der Zukunft und verfrühstückt schon in der Gegenwart die eigene künftige Lebensgrundlage. So lastet die Flucht in die Staatsverschuldung als schwere Hypothek auf dem Gemeinwesen und dementiert den viel beschworenen Grundsatz der Nachhaltigkeit. In der Kreditaufnahme zeigt sich die typische Kurzfristorientierung der Politik. Die Möglichkeit der Kreditfinanzierung verzerrt die politische Willensbildung und leistet einer Ausdehnung der Staatsausgaben Vorschub.

Da alle Politiker sündigen, hat keiner die Autorität, gegen die Sünden der anderen glaubwürdig vorzugehen.

Das Leben über unsere Verhältnisse geht allerdings nur eine Weile »gut«. Die Zinsen früher aufgenommener Kredite fallen mit der Zeit immer mehr ins Gewicht und fressen immer größere Teile der öffentlichen Haushalte vorab auf, was dem Staat immer mehr die Fähigkeit nimmt, seine Aufgabe noch zu erfüllen, von der Rückzahlung des gewaltigen Schuldenbergs ganz zu schweigen. Doch es dauert lange, bis eine typischerweise nach kurzfristigen Erfolgen strebende Politik sich die Dramatik der öffentlichen Finanzlage eingesteht.

Früher druckte der Staat, wenn er mehr Geld brauchte, einfach neue Banknoten. Dies geschah vor allem zur Finanzierung von Kriegen. Die nationale Existenz erschien dann wichtiger als die Sicherung des Geldwerts. Deutschland hat – durch Aufblähung des Geldvolumens nach dem Ersten und nach dem Zweiten Weltkrieg – galoppierende Inflationen mit anschließenden Währungsreformen provoziert. Um dem künftig einen Riegel vorzuschieben, genießt die Zentralbank, die für die Ausgabe von Geldnoten zuständig ist, heute Unabhängigkeit von staatlichen Regierungen und Parlamenten. Staatsverschuldung wirkt allerdings ganz ähnlich wie das ungehemmte Drucken von Geld, und eine unabhängige Instanz, die die Verschuldung in Grenzen hält, fehlt bisher. Zu Anfang der Bundesrepublik erschien das auch nicht nötig. Staatsverschuldung war tabu. Der legendäre Bundesfinanzminister Fritz Schäffer sammelte in den Fünfzigerjahren sogar Haushaltsüberschüsse an (sogenannter Juliusturm). Staatsverschuldung wurde erst wieder salonfä-

hig durch die Übernahme der Lehre des englischen National-
ökonomen John Meynard Keynes ins deutsche Stabilitäts-
und Wachstumsgesetz von 1967. Danach sollten Konjunktur-
einbrüche durch »deficit spending«, d.h. schuldenfinanzierte
Staatsausgaben, überwunden werden. Das Konzept verlangte
aber gleichfalls die Bildung staatlicher Überschüsse (»surplus
saving«) und die Rückzahlung früher aufgenommener Kredite
in Phasen konjunktureller Überhitzung. Doch dazu findet eine
»machtversessene« politische Klasse (siehe S. 27), die sich mit
Staatsausgaben politische Unterstützung zu kaufen sucht, regelmäßig nicht die Kraft. Daher die geflügelten Worte: »Volle
Kasse macht sinnlich« und »Eher bildet ein Mops einen Wurst-
vorrat als Politiker Überschüsse.«
    Seit den Siebzigerjahren hat die Kreditaufnahme des Bundes
und allmählich auch der Länder gewaltig zugenommen. Der
dadurch angehäufte Schuldenberg betrug Ende 2006 nach offiziellen Angaben über 1,5 Billionen Euro. Das sind 1500 Milliarden. Davon entfallen fast zwei Drittel auf den Bund, ein
knappes Drittel auf die Länder und rund sechs Prozent auf die
Gemeinden. Legt man den Schuldenberg auf die Bevölkerung
um, so kommen auf jeden Deutschen rund 19000 Euro. Diese
Zahlen untertreiben den Ernst der Situation aber noch erheblich, weil sie die Verbindlichkeiten aus Rentenansprüchen der
Sozialversicherten und aus Pensionsansprüchen der Beamten
nicht einbeziehen, die die Zukunft genauso belasten, ohne dass
dafür Rückstellungen gebildet worden wären.
    Die hohen jährlichen Nettokredite, die der Bund und fast
alle Länder jahrzehntelang aufgenommen haben, sind vielfach sogar verfassungswidrig. Sie überschritten die Ausgaben
für Investitionen, ohne dass die Voraussetzungen der Ausnah-
meregelung (»erforderlich zur Abwehr einer Störung des ge-
samtwirtschaftlichen Gleichgewichts«) vorliegen. Das wurde
zwar wiederholt gerichtlich festgestellt. Wirkliche Sanktionen
folgten daraus aber nicht. Auch die europarechtlichen Regelungen erweisen sich in der Praxis eher als Papiertiger. Danach
darf die Staatsschuld grundsätzlich nicht mehr als sechzig Prozent des Bruttoinlandsprodukts und die jährliche Nettokreditaufnahme nicht mehr als drei Prozent des Bruttoinlandsprodukts betragen.
    Seit dem Jahr 2006 und erst recht 2007 hat sich wegen ho-

her zusätzlicher Steuereinnahmen, die auf massiven Steuererhöhungen, aber auch auf einer Belebung der Konjunktur beruhen, allerdings eine gewisse, zumindest vorläufige Entspannung bei der Verschuldung ergeben. Die Drei-Prozent-Grenze hat Deutschland 2006 erstmals wieder eingehalten. Auch die Nettoverschuldung liegt unter den Investitionsausgaben. Bayern, Mecklenburg-Vorpommern und Sachsen haben im Jahre 2006 sogar erstmals keine Nettokredite mehr aufgenommen, und in den Jahren 2007 und 2008 folgen weitere Länder. Der Bund und Länder wie das Saarland, Schleswig-Holstein und Bremen sind davon aber noch weit entfernt. Immerhin kam der Staat als Ganzes (Bund, Länder, Kommunen und Sozialversicherung) 2007 erstmals ohne Nettokreditaufnahme aus. Der riesige Schuldenberg bleibt aber. Nicht einmal die Sechzig-Prozent-Marke ist unterschritten.

In den Gemeinden und Landkreisen ist die Verschuldung sehr viel geringer, und in der Europäischen Union selbst gibt es praktisch überhaupt keine Verschuldung. Warum? Die Zulässigkeit von Krediten der Kommunen ist auf ihre langfristige Tragbarkeit begrenzt und an die Genehmigung des Landes gebunden. Die Europäische Union darf überhaupt keine Schulden aufnehmen. Solche Grenzen und ihre wirksame Überwachung fehlen bisher im Bereich des Bundes und der Länder. Wir werden – angesichts des Missbrauchs mit den Ausnahmeregelungen – um ein wirksames grundsätzliches Verbot der Nettokreditaufnahme nicht herumkommen. Auch ein Gebot der sukzessiven Tilgung früherer Kredite ist erforderlich, beides unter scharfer Kontrolle. Das Bundesverfassungsgericht hat in einem Urteil vom 9. Juli 2007 dem Bund denn auch eine Verschärfung der Regeln aufgegeben. Manche Länder wie Bremen (mit siebenmal so hoher Pro-Kopf-Verschuldung wie Bayern), Hamburg, Berlin und Schleswig-Holstein sind allerdings derart hoch verschuldet, dass sie ohne Hilfe von außen kaum zurande kommen werden.

3 Dinks (Double income, no kids): Verweigerung der Verantwortung

Früher bedeutete Kinderreichtum Ansehen und gleichzeitig die Versorgung im Alter. Je mehr Kinder man hatte, desto gesicherter war der Lebensabend. Diese Zeiten sind vorbei. Statt auf den leiblichen Kindern ruht die Versorgungslast heute auf den Schultern der arbeitenden Bevölkerung, die die Altersrenten und die Pensionen aus dem von ihnen erarbeiteten Sozialprodukt bezahlen. Heute sind Kinder, wirtschaftlich gesehen, eine Last. Wer sich bei durchschnittlichem Einkommen für mehr als ein Kind entscheidet, geht bereits ein Armutsrisiko ein. Die Ausgaben steigen, und die Einnahmen sinken. Nun sind vier oder mehr Mäuler zu stopfen, und der Elternteil, der sich um die Kinder kümmern muss, kann einer Erwerbstätigkeit nicht mehr oder jedenfalls nicht mehr voll nachgehen. Einkommen und Karrierechancen sind massiv reduziert. Die finanzielle Benachteiligung setzt sich im Alter fort, weil die Höhe der Versorgung von den früher erzielten Einkommen abhängt. Steht die Mutter gar allein, ist die Überbelastung noch größer. Ihr bleibt praktisch nichts außer ihren Pflichten und Hartz IV. Der ökonomische Wert der Leistungen für die Kinder wird in Euro und Cent sichtbar, wenn die Mutter ersetzt werden muss oder gar Pflege- und Erziehungsheime anstelle der Eltern Kost und Wohnung, Erziehung und Betreuung übernehmen. Nehmen Eltern ihre Pflichten ernst, bleibt kaum Raum für zwei Einkommen und damit auch für zwei Rentenansprüche, von allen anderen Einschränkungen und Entbehrungen ganz zu schweigen. Ehepaare und andere Partnerschaften stehen sich also in ihrer aktiven Zeit und im Alter umso besser, je weniger Kinder sie aufgezogen haben. Am besten geht es den Paaren, die das Kinderkriegen und damit die Sicherung der Altersrenten gänzlich anderen überlassen haben: Dinks sind die Aufsteiger unserer Tage. Keine Karriereleiter ist ihnen zu hoch.

Solange es sich von selbst verstand, dass die Menschen Kinder bekamen und die Renten gesichert waren, ergaben sich keine Probleme. Ob und wie viele Kinder man bekam, war ausschließlich Privatsache. Heute aber hat sich das gesellschaftliche Umfeld völlig verändert. Diverse Verhütungsmöglichkeiten überlassen den Menschen die Entscheidung, und der grassierende Individualismus hält viele davon ab, ihren Lebensstandard durch Kinder einzuschränken. Andererseits hängt die Tragfähigkeit der durch Umlagen finanzierten Altersversorgung davon ab, dass ausreichend Menschen nachwachsen, die in ihrer aktiven Zeit die Renten der Alten bezahlen. Genau das aber ist nicht mehr gesichert. Die Zahl der Kinder und der zukünftigen Aktiven reicht nicht mehr aus. Damit erhält die Entscheidung für Kinder auch einen wichtigen gesellschaftlichen Aspekt. Diejenigen, die die wirtschaftliche Last von Kindern auf sich nehmen, erbringen auch für die Gemeinschaft eine wichtige Leistung. Dass nun aber ausgerechnet sie im Alter schlechter dastehen und die, die sich der Verantwortung für Kinder entzogen haben, die großen Gewinner sind, ist – vor dem Hintergrund der gewandelten sozialen Situation – ein verteilungspolitischer Skandal.

Das Defizit wird an der Sozialrente beispielhaft deutlich. Die Ende der Fünfzigerjahre eingeführte sogenannte dynamische Rente beruhte auf einem Vorschlag von Wilfrid Schreiber. Danach sollten *zwei* »Solidarverträge« geschlossen werden: der eine zwischen den Kindern und den Erwerbstätigen, der andere zwischen den Erwerbstätigen und den Alten. Die jeweils produktive Generation sollte im Rahmen eines ausbalancierten Sozialsystems für die Alten eine »Volksrente« und für die Kinder eine »Jugendrente« finanzieren. Adenauer, dem der Vorschlag vorgelegt wurde, sah darin die politische Chance, über die dynamische Rente die Wählerschaft der Alten an sich zu binden. Die Jugendrente ließ er dagegen unter den Tisch fallen. Kinder sind nun mal keine Wähler. Im Übrigen meinte Adenauer, der selbst sieben Kinder hatte, noch, Kinder bekämen die Leute sowieso. Aus dem erforderlichen Dreigenerationenverbund, wurde ein sogenannter Generationenvertrag, der aber – entgegen der Konzeption seines Erfinders – auf zwei Generationen verkürzt war. Nun sorgen Eltern für die Finanzierung der Renten von Kinderlosen, ohne dafür von diesen finanziell entschädigt zu werden. Dies ist ein Lehrstück für politischen Opportunismus und für die Kurzfristorientierung der Politik: Eine Weichenstellung mit gewaltiger Tragweite für die Zukunft der Gesellschaft erfolgte allein mit Blick auf den nächsten Wahltermin. Da die erste Hälfte fehlt, ist der Begriff »Genera-

tionenvertrag« verfehlt. Wenn man ihn dennoch verwendet,
entspringt das schierer Harmonisierungsoptik und verschleiert die Wirklichkeit. Die Eltern werden ruhiggestellt, indem sie
direkt und sichtbar mit gewissen Beträgen begünstigt werden.
Verschwiegen aber wird, dass sie indirekt und unsichtbar mit
unvergleichlich größeren Beträgen belastet bleiben.

4 Kinderwahlrecht: Institutionelle Stärkung
der Zukunft

Vom Volk geht alle Gewalt aus oder sollte doch von ihm ausgehen (Art. 20 Abs. 2 Satz 1 Grundgesetz). Dazu gehören un-
zweifelhaft auch die rund 15 Millionen Kinder und Jugendliche.
Aber mitbestimmen dürfen sie nicht. Sie haben kein Wahlrecht.
Nur etwa achtzig Prozent des Volkes dürfen zur Wahl gehen –
auch mit Wirkung für die nichtbeteiligten rund zwanzig Prozent. Der Ausschluss von Minderjährigen erschien so lange als
unproblematisch, wie das Kinderkriegen eine Selbstverständlichkeit war. »Kinder haben die Leute immer«, hatte Bundeskanzler Adenauer in den Fünfzigerjahren noch gemeint.
   Doch heute ist alles anders. Der sogenannte Wertewandel
hat die Selbstentfaltung des Individuums in den Vordergrund
gerückt, und die Pille ermöglicht es, Sex ohne Konsequenzen zu
genießen. In der Folge sichert die Geburtenrate die Reproduk-
tion der Gesellschaft in den meisten entwickelten Staaten nicht
mehr. Das »demografische Problem« ist in Deutschland besonders krass. Die sogenannte Nettoreproduktionsrate ist weit unter eins. Die Bevölkerung schrumpft und wird im Durchschnitt
immer älter. Damit ist etwa die Finanzierung der Sozialsysteme
langfristig hochgradig gefährdet. Immer mehr Alte, die immer
länger leben, zapfen die Systeme an, die von immer weniger
Jungen gespeist werden. Unsere Gesellschaft droht insgesamt
zu vergreisen mit allen daraus entstehenden negativen Folgen
für Leistungskraft und Innovation.
   Damit wird das Nachwachsen von Kindern letztlich zu einer Überlebensfrage für unsere Gesellschaft. Es geht um unsere
Zukunft und die unserer Kinder und Enkel. Doch in unserem
politischen System werden gerade umgekehrt die Interessen der
Zukunft systematisch unterbewertet (siehe S. 301 ff.). Deshalb

nimmt man es weitgehend hin, dass die, die in Form von Kindern in die Zukunft investieren, in höchst ungerechter Weise überbelastet werden. Die Kosten der Kinderaufbringung werden im Wesentlichen den Eltern auferlegt, also privatisiert, obwohl man die Leistungen der erwachsen gewordenen Kinder zur Versorgung der Alten dringend benötigt, sie also sozialisiert.

In dieser Situation fragen sich immer mehr Menschen, ob es eigentlich noch zu rechtfertigen ist, wenn Leute, die entgegen dem Trend zwei oder drei Kinder aufziehen, bis auf ein Drittel des Lebensstandards absinken gegenüber den sogenannten Dinks (siehe S. 309 f.), obwohl die Opfer von Eltern einerseits ihre Selbstverständlichkeit verloren haben, andererseits für die Bestandskraft der Gesellschaft unverzichtbar, ja geradezu zu einer Überlebensfrage für Deutschland und Europa geworden sind.

Die Ungerechtigkeit lässt sich gegen Widerstand der am Status quo Interessierten allerdings nur dadurch beheben, dass Kindern und ihren Vertretern mehr politische Power gegeben wird. Ein Weg dahin wäre es, das Wahlrecht auch auf Kinder, und zwar von Geburt an, zu erstrecken und dieses von den Eltern ausüben zu lassen. Das wäre eine sinnvolle Antwort auf die gewaltige gesellschaftliche Herausforderung. Rechtlich bestehen keine durchgreifenden Bedenken gegen eine solche echte Demokratie-Innovation. Das Grundgesetz, das derzeit ein Wahlalter von 18 Jahren festlegt, könnte vom Bundestag und vom Bundesrat mit Zwei-Drittel-Mehrheit geändert werden. Die sogenannte Ewigkeitsnorm des Grundgesetzes in Art. 79 Abs. 3, die auch dem verfassungsändernden Gesetzgeber eine Antastung des Demokratieprinzips untersagt, steht nicht entgegen. Es würde im Gegenteil vollendet: Wenn nicht nur vier Fünftel, sondern das ganze Volk Wahlrecht erhielte, würde der Grundsatz der Allgemeinheit der Wahl erfüllt. Auch in anderen Bereichen, wie dem Vermögensrecht, sind Kinder bereits jetzt voll rechtsfähige Subjekte und werden durch ihre Eltern, die ihre Interessen wahrnehmen, vertreten. Warum also bei den Wahlen nicht? Natürlich würde sich mit dem Kinderwahlrecht der politische Einfluss von Eltern, die das Recht für ihre Kinder ausüben, erhöhen. Aber das wäre ja gerade gewollt. Auch die soziale Emanzipation, d.h. die Bekämpfung der Unterdrückung der Arbeitnehmer, gelang nur dadurch, dass auch die Lohnabhängigen volles Stimmrecht bekamen. Das zwang die Politik, ihre Interessen zu berücksichtigen. Daraus ist das gesamte Arbeits- und Sozialrecht entstanden.

Die Behauptung, die Wahl sei ein höchstpersönliches Recht und dürfe deshalb nicht von Eltern für ihre Kinder ausgeübt werden, findet keinerlei Stütze im Wortlaut des Grundgesetzes. Letztlich läuft das Argument darauf hinaus, die Stimmabgabe müsse höchstpersönlich erfolgen, also auf eine petitio principii. Auch der Grundsatz der geheimen Wahl steht nicht entgegen. Verletzungen werden auch an anderer Stelle hingenommen, so bei der Briefwahl und der Stimmenabgabe mithilfe einer Vertrauensperson. Auch bei Unterstützungsunterschriften, die kleine Parteien benötigen, wenn sie sich an Wahlen beteiligen wollen (siehe S. 62 f.), ist die geheime Wahl nicht mehr gesichert. Der Grundsatz lässt also Ausnahmen zu. Dies muss erst recht gelten, wenn dadurch dem Verfassungsgrundsatz der Allgemeinheit der Wahl entsprochen wird. Zur Einführung des Stellvertretermodells bedarf es ohnehin einer Grundgesetzänderung, und der Grundsatz der geheimen Wahl ist jedenfalls nicht gegenüber Verfassungsänderungen geschützt.

Es ist nicht zu erwarten, dass ein Kinderwahlrecht zu größeren Stimmverschiebungen zwischen den Parteien führen würde. Und selbst wenn, wäre dies hinzunehmen. Viel schwerer wiegt doch der Missstand, dass heute zwanzig Prozent der deutschen Bevölkerung von Wahlen ausgeschlossen sind – mit gravierenden Folgen für den Fortbestand der Gesellschaft. Das Kinderwahlrecht würde die Politik zwingen, sich im eigenen machtpolitischen Interesse viel stärker um die Belange von Kindern und den sie aufziehenden Eltern zu kümmern.

Des Buches roter Faden

Die vielen einzelnen Texte, die jeweils ein bestimmtes Thema behandeln, erleichtern zwar die Lesbarkeit dieses Buchs, aber sie begründen auch die Gefahr, dass vor lauter Bäumen der Blick auf den Wald verloren geht. Der Sinn dieses Kapitels ist es deshalb, die Gesamtsicht wieder herzustellen und die übergreifende Konzeption deutlich zu machen, die dem Buch zugrunde liegt. Sie wurde bereits in der Einführung angerissen und soll im Folgenden vertieft werden.

Im Zentrum des demokratischen Verfassungsstaates steht – und das entspricht bleibender aristotelischer Einsicht – die Politik. Sie ist von übergreifender Bedeutung, weil sie verbindliches Recht setzt, für sich selbst und für sämtliche anderen Bereiche: den Staat einschließlich Regierung, Verwaltung und Gerichtsbarkeit sowie Wirtschaft und Gesellschaft. Die Politik und ihre Mängel bilden deshalb den Ausgangspunkt auch unserer Darstellung. Es folgen Verwaltung, Justiz, Medien, Wirtschaft und Verbände.

Politik

Seit der Antike befassen sich Philosophen damit, wie man die »Führer« von Staaten dazu bewegen kann, bei ihren Handlungen dem Wohl des Volkes zu dienen und nicht ihren eigenen Interessen an Einfluss, Posten und Reichtum. Dies ist die Schlüsselfrage. Denn man muss Spitzenpolitikern sehr viel Macht anvertrauen, sonst können sie ihre Aufgaben nicht erfüllen. Andererseits darf diese Macht nicht missbraucht, sondern muss zum Wohl der Bürger eingesetzt werden.

Amtspflicht

Die klassische republikanische Lösung dieses Dilemmas besteht darin, an das öffentliche Amt und seine Befugnisse eine besondere Pflicht zu knüpfen, die Pflicht nämlich, die anvertraute Macht nur gemeinnützig zu gebrauchen, also im Sinne des Gemeinwohls. Das war auch der Standpunkt der Väter des Grundgesetzes. Sie waren in der Aufbruchstimmung nach Überwindung der Nazidiktatur von Gemeinsinn erfüllt und glaubten, diesen auch bei späteren Politikergenerationen voraussetzen zu können. Die verfassungsrechtliche Pflicht aller Amtsträger wird ganz deutlich im Amtseid, den der Bundespräsident, der Bundeskanzler und die Bundesminister bei Amtsantritt feierlich schwören. Sie geloben, ihre ganze Kraft »dem Wohle des deutschen Volkes« zu widmen, »seinen Nutzen zu mehren und Schaden von ihm zu wenden«. So steht es im Grundgesetz, und genau das erwarten auch die Bürger von ihren Vertretern.

Das ist aber nur die eine Seite, die Schauseite. Die andere Seite ist die heutige Wirklichkeit, und die sieht ganz anders aus. Hinter der Fassade schöner Worte existiert eine Welt, in der nicht Gemeinnutz, sondern Eigennutz vorherrscht. Ab und zu reißt der Schleier auf und gibt den Blick auf die ansonsten wohlgehütete hintergründige Seite der Politik frei. Besonders wenn politische Skandale aufgedeckt werden, etwa Spendenaffären der Parteien. Gelegentlich scheint dann auch die Verbissenheit durch, mit der Berufspolitiker ihre Interessen und die ihrer Parteien durchzusetzen versuchen. »Right or wrong – my party«, lautet hier die Losung.

Der Kampf um Macht, Einfluss und Posten – der frühere Bundespräsident Richard von Weizsäcker sprach von »Machtversessenheit« – ist nun mal der eigentliche Daseinszweck der Parteien. Das führt bei Berufspolitikern, die sich in ihrer Partei durchgesetzt haben und ihr die Karriere verdanken, leicht zu einer Art internen Sondermoral, nach der das Parteiinteresse allem anderen vorgeht. Dem Korpsgeist, den Professionen in der Verwaltung und in Freien Berufen entwickeln, scheint in den Parteien häufig ein gemeinsames Grundverständnis zu entsprechen, das erfolgreiche Politiker während ihres jahrzehntelangen Aufstiegs in Partei und Fraktion förmlich internalisieren: Das Wohl der Partei steht über allen Äußerungen und Aktionen. Öffentlich wird das natürlich nicht zugegeben; da herrscht Gemeinwohlrhetorik. Es wird aber etwa deutlich, wenn Politiker bei Gesetzesverstößen erwischt werden. Sie betonen dann stets, sie hätten im Interesse ihrer Partei gehandelt und damit in ihren Augen der guten Sache gedient.

Das Streben nach Macht allein muss allerdings noch nichts Schlimmes sein. Ohne Macht können schließlich auch keine inhaltlichen Ziele verwirklicht werden. Oft ist Macht aber eben nicht Mittel zum Zweck, sondern wird zum Selbstzweck. Es scheint dann wichtiger, den politischen Gegner schlecht aussehen zu lassen, als über gute Lösungen nachzudenken. Ideen werden nur deshalb abgelehnt, weil sie von der Gegenseite kommen. Abgeordnete, die eigene Meinungen vertreten, laufen dem machtpolitischen Imperativ der Geschlossenheit zuwider und sehen sich als »Abweichler« diskriminiert. Der Grundsatz des freien Mandats ist, obwohl im Grundgesetz niedergelegt, nur noch schöner Schein. Nicht selten ist auch jedes Mittel recht. Dem Erwerb von Macht, Einfluss und Posten werden dann Moral und allgemeine Normen untergeordnet.

Gewaltenteilung

Die Gefahr, dass Politiker ihre Macht missbrauchen, haben natürlich auch die Klassiker, auf deren Gedanken unser Grundgesetz beruht, schon gesehen und Vorkehrungen dagegen konzipiert. Seit Begründung des Verfassungsstaates wird das Prinzip der Gewaltenteilung als wichtiges Bollwerk gegen Machtmissbrauch angesehen: Durch Aufteilung der Macht auf Exekutive und Legislative soll, wie es bei Charles de Montesquieu, dem geistigen Vater der Gewaltenteilung, heißt, die Macht der Macht Grenzen setzen, soll das vom Volk gewählte Parlament die Regierung und deren weisungsgebundene Verwaltung wirksam unter Kontrolle halten.

Doch in der parlamentarischen Demokratie unserer Republik unterlaufen die politischen Parteien auch dieses Prinzip: Die durch Koalitionsverträge miteinander verkoppelte Parlamentsmehrheit hat die Regierung gewählt, lebt politisch von deren Erfolg und unterstützt sie nach Kräften. Sie ist schon aus schierem Eigeninteresse bestrebt, die Regierung an der Macht zu halten, und wenig geneigt, sie öffentlich zu kritisieren und zu kontrollieren. Wie sehr der Gedanke der Gewaltenteilung in der Praxis entwertet ist, sieht man daran, dass die Spitzen der Exekutive, die Minister und Parlamentarischen Staatssekretäre, ja selbst die Regierungschefs, in Deutschland regelmäßig auch Sitz und Stimme im Parlament haben, also quasi sich selbst kontrollieren müssten. Die Doppelrolle erhöht zwar ihr Einkommen, macht die Kontrolle der Regierung aber vollends zur Farce, zumal die Regierungschefs die Hoffnung vieler ehrgeiziger Abgeordneter auf höhere Ämter zu deren Disziplinierung benutzen.

Die Gewaltenteilung wird zusätzlich dadurch ausgehebelt, dass die deutschen Parlamente von Beamten und Lehrern nur so strotzen, die zwar meist vom Dienst suspendiert sind, nach Ablauf des Mandats aber dahin zurückkehren können und deshalb nach Status und innerer Einstellung Beamte bleiben. Wie aber sollen verbeamtete Parlamente noch die nötige Distanz aufbringen, den öffentlichen Dienst grundlegend zu reformieren? Wie sollen Lehrer-Parlamente die Schulen, also quasi sich selbst, erneuern, so notwendig solche Reformen in Deutschland auch sind, wie nach den TIMSS- und PISA-Studien auch dem Letzten klar geworden sein dürfte? Wie sollen unsere übergroßen und ineffizient arbeitenden Landesparlamente, die nicht einmal sich selbst reformieren können, durchgreifende Reformen der Verwaltung (die in den Ländern ihr Schwergewicht hat) beschließen?

Da die Kontrolle durch die Parlamente – trotz aller vollmundigen Betriebsamkeit – weitgehend ausfällt, werden auch diejenigen Kontrolleinrichtungen entwertet, deren Wirksamkeit vom Aufgreifen durch das Parlament lebt: Rechnungshöfe und Untersuchungsausschüsse laufen weitgehend leer. Die Opposition übernimmt ihre Kritik zwar gerne. Aber die Regierung unterbindet ernsthafte Konsequenzen, indem sie entsprechende Anträge mit ihrer Parlamentsmehrheit niederstimmt.

Angesichts des Stumpfwerdens des klassischen Kontrollmechanismus geraten neuere Formen von Gegengewichten immer mehr in den Blick, vor allem Gerichte, Medien und Sachverständigenräte. Auch dem Berufsbeamtentum wird eine solche Rolle zugeschrieben. Doch das Dilemma besteht darin, dass die Kontrollierten ihre Kontrolleure selbst auswählen und dabei häufig Personen bevorzugen, die ihnen nicht wehtun. Ein preußischer Justizminister formulierte das so: »Gebt den Richtern nur ihre Unabhängigkeit, solange ich sie ernenne.« Die Besetzung der Verfassungsgerichte und der Spitzen der Rechnungshöfe pflegen die Parteien ebenso unter sich auszumachen

wie die Posten in öffentlich-rechtlichen Medien und Sachverständigengremien. Auch der öffentliche Dienst wird zunehmend durch Ämterpatronage parteipolitisiert. Solche miss-
bräuchliche Beutepolitik ist zwar verfassungswidrig. Wen aber
kümmert's, wenn alle etablierten Kräfte beteiligt sind, deshalb
niemand dagegen Front macht und selbst die Gerichte im Glashaus sitzen? Auch diese Kontrollinstanzen sind also durch die –
zum Glück noch nicht immer erfolgreichen – »Gleichschal-
tungs«-Versuche der zu Kontrollierenden zu einem beträcht-
lichen Teil entwertet.

Politischer Wettbewerb

Neben dem Appell an Politiker zu gemeinnützigem, staatsmän-
nischem Verhalten und dem Pochen auf Gewaltenteilung gibt
es noch einen dritten Weg, Eigennutz unter Kontrolle zu halten.
Gemeint ist der Wettbewerb als Steuerungsinstrument. Selbst
wenn Berufspolitiker ihren Eigeninteressen – bei Kollision mit
dem Gemeinwohl – Vorrang geben, kann die Summe der Ego-
ismen durchaus zur allgemeinen Wohlfahrt führen, wenn der
Wettbewerb funktioniert. Dieses Konzept liegt bekanntlich der
Marktwirtschaft zugrunde. Von dort hat man es auch auf die
Politik übertragen. Funktionierenden politischen Wettbewerb
aber wirklich zu gewährleisten ist das Problem. Erforderlich
ist ein adäquater institutioneller Rahmen – die Politikwissenschaft spricht von den »Regeln des Erwerbs von Macht, Posten und Geld«.

Doch hier stellt sich das »Odysseus-Problem«. Ein solcher
Rahmen ist ja keineswegs automatisch vorhanden. Er unterliegt vielmehr der Gestaltung durch – die Politiker. Diese sitzen ja selbst mitten im Staat an den Schalthebeln der Macht
und befinden damit letztlich selbst über den Inhalt der Verfassung, der Gesetze, der öffentlichen Haushalte und damit
eben auch über jene Schlüsselregeln der Macht. Die Akteure
müssten sich also selbst Grenzen setzen. Sie müssten sich wie
Odysseus an den Mastbaum binden lassen, um dem Gesang der
Sirenen nicht zu verfallen, d.h. den Verführungen der Macht,
des Einflusses und des Geldes nicht zu erliegen. Kann man das
wirklich erwarten?

Aus der Wirtschaft kennen wir das Streben von Unternehmen, wettbewerbsbeschränkende Absprachen zu schließen,

also Kartelle zu bilden, um gemeinsam die Marktgegenseite auszubeuten. Das sucht der Staat durch das Gesetz gegen Wettbewerbsbeschränkungen und die Einrichtung des Kartellamts zu verhindern. Aber auch die *politischen* Akteure, die den Staat beherrschen, haben ein starkes gemeinsames Interesse daran, den *politischen* Wettbewerb außer Funktion zu setzen. Denn hier geht es um das in ihren Augen Wichtigste, den Erhalt von Macht, Posten und Einkommen. Und um eine Kontrollinstanz ist es hier schlecht bestellt. Das Bundesverfassungsgericht, das von den zu Kontrollierenden eingesetzt wird, nimmt diese Funktion nur unzureichend wahr.

Politische Kartelle

Und in der Tat, Parteien und Politiker bilden zur Ausschaltung des Wettbewerbs – über die Parteigrenzen hinweg – vielfach politische Kartelle. Am anschaulichsten werden die Probleme beim Wahlrecht, bei der Parteienfinanzierung und der Versorgung von Abgeordneten und Ministern. Geht es um die Erhaltung der Parlamentsmandate, um höhere Bezahlung oder die Sicherung eigener Privilegien, ist die politische Klasse sich meist schnell einig. Hier zeigt sich, wie Regierung und parlamentarische Opposition die Gewaltenteilung unterlaufen, den Wettbewerb ausschalten, politische Kartelle gegen außerparlamentarische Herausforderer und die Wähler bilden, Kontrollinstanzen unterwandern und so gemeinsam ihre Interessen sichern. Hier wird zugleich das zentrale Dilemma deutlich: Die politische Klasse, die von den Regelungen profitiert, erlässt sie selbst und entscheidet auch darüber, wer sie interpretiert. Auch systematische Ämterpatronage, die die Parteien einvernehmlich, wenn auch mit unterschiedlichen Vorzeichen, praktizieren, gehört zu den geheimen Regeln der Macht.

Die vielen Wahlen und das ständige Wahlkampfgetöse, das in unserer Republik herrscht, erwecken zwar den Eindruck unbeschränkten Wettbewerbs. Doch das täuscht. Denn bei den politischen Kartellen geht es nicht um den Konkurrenzbereich, in dem nur *eine* Seite gewinnen kann, indem sie bei Wahlen die Mehrheit erlangt und die Regierung stellt. Es geht vielmehr um diejenigen Themenbereiche, in denen die etablierten Parteien und ihre Politiker sich keinen Wettbewerb machen, weil sie die Interessen *aller* Berufspolitiker und ihrer Parteien am eigenen

Status betreffen. Auch die Wahlverlierer sitzen nach wie vor im Parlament, erhalten für sich und ihre Organisationen viel Geld aus der Staatskasse, werden für Verfassungsänderungen und – über den Bundesrat – meist auch für einfache Gesetze gebraucht, bestellen Verfassungsrichter usw. Allen, Gewinnern und Verlierern, geht es gemeinsam darum, ihre Stellung gut auszustatten und sie vor Verlust, das heißt in der Demokratie: vor Konkurrenz, möglichst zu schützen. Gemeinsame Interessen an der Aufrechterhaltung des Status quo und am Schutz der Platzhirsche vor neuen Herausforderern, die ihnen ihre Stellung streitig machen, haben natürlich auch Angehörige anderer Berufe. Der Unterschied besteht aber darin, dass die politische Klasse – im Gegensatz zu allen anderen – mitten im Staat an den Hebeln der Macht sitzt, dort ihre Belange unmittelbar einfließen lassen kann und ihre Position durch Nutzung staatlicher Macht, staatlicher Institutionen und Gesetze sowie staatlicher Personal- und Geldmittel fast unangreifbar macht.

Wahlsystem, Ämterpatronage und Politikfinanzierung sind nur drei Beispiele für Bereiche, in denen Regierungs- und Oppositionsparteien aus Eigeninteresse den Wettbewerb ausschalten, ein Kartell bilden und so gemeinsam ihre Pfründen sichern. Hier treten die charakteristischen Fehlentwicklungen unseres politischen Systems besonders deutlich in Erscheinung. Ähnliche Mechanismen wirken aber auch sonst, wo die Zusammenhänge indirekter und deshalb schwerer zu durchschauen sind, etwa bei der Größe der Parlamente und bei Auswüchsen des bundesrepublikanischen Föderalismus. Und das Schlimmste ist: Im Bestreben, ihren Status zu sichern, schottet die politische Klasse sich gleichzeitig von der Basis ab, beseitigt Gewaltenteilung, Kontrollen und die Verantwortlichkeit gegenüber dem Wähler. Dadurch wird das Funktionieren des Wettbewerbs auch dort, wo er noch besteht, massiv beeinträchtigt und die ganze demokratische Infrastruktur unseres Gemeinwesens von innen heraus aufs Schwerste beschädigt. Die Verformungen des Systems sind ein Grund, warum »die Politik« ihre Aufgaben nicht mehr befriedigend erfüllt.

Erosion der Verfassungsstaatlichkeit

Damit verliert die wichtigste Vorkehrung gegen Machtmissbrauch und zur Sicherung guter Politik ihre Wirkkraft: die geschriebene Verfassung, die Geltungsvorrang vor Gesetzen und allen sonstigen Akten besitzt. Die Bindung an die Verfassung soll die Staatsgewalt zähmen und möglichst in eine für die Bürger förderliche Richtung lenken. In der Praxis hat sich die politische Klasse aber großer Teile der Verfassung bemächtigt. Grundlegende Normen, etwa über Wahlen oder Politikfinanzierung, die eigentlich in die Verfassung gehören, sind als einfache Gesetze ausgegliedert, was den Zugriff der politischen Klasse erleichtert. Das Kernproblem besteht, generell gesprochen, darin, dass das Grundgesetz auf klassischen Vorbildern beruht und deshalb noch keine wirksamen Vorkehrungen gegen den Missbrauch neu aufgekommener Mächte wie der Parteien, der Verbände und Medien enthält, die heute die politische Willensbildung beherrschen. Zudem kann die politische Klasse in fraktions- und föderalismusübergreifender Einigkeit auch die Verfassung selbst ändern.

Die Lösung des Problems wird dadurch erschwert, dass die Eigeninteressen der politischen Klasse, auf denen die Mängel beruhen, sich auch wirksamen Verfassungsreformen widersetzen. Deshalb wird der Kern der Problematik auch nicht offen diskutiert. Wir haben nicht nur einen Reformstau in Deutschland, sondern auch einen »Wahrheitsstau«. Insofern muss Roman Herzogs viel zitierter Ausspruch relativiert werden, wir hätten gar kein Erkenntnisproblem mehr, »nur« noch ein Durchsetzungsproblem. Dass die Eigeninteressen der politischen Klasse allen Versuchen, eine adäquate Verfassungsordnung herzustellen, im Wege stehen, ist noch lange nicht allen klar.

Um nicht missverstanden zu werden: Es geht in diesen Buch keineswegs darum, die politische Klasse zu diskreditieren oder gar die politischen Parteien abzuschaffen (was ohnehin gar nicht möglich wäre). Parteien sind und bleiben unverzichtbar. Aber sie müssen in eine Ordnung eingebunden bleiben, die sie möglichst daran hindert, ihre Macht zu missbrauchen und sich an die Stelle des Volkes zu setzen, statt an der politischen Willensbildung des Volkes nur *mit*zuwirken, wie es das Grundgesetz vorsieht. An einer solchen Ordnung fehlt es bislang.

Modell der verantwortlichen Parteienregierung

Ein Hauptmangel unseres politischen Systems, so wie die politische Klasse es über die Jahrzehnte hinweg (miss)gestaltet hat, ist das Fehlen eines offenen, fairen politischen Wettbewerbs und das daraus resultierende Zerfließen von politischer Verantwortung. Wir kennen zwei Grundmodelle zur Sicherung politischer Verantwortung in der Wettbewerbsdemokratie. Das eine Modell ist das der verantwortlichen Parteienregierung (»responsible party government«). Hier wählen die Bürger zwischen alternativen Parteien, von denen eine die Mehrheit im Parlament besitzt und die Regierung stellt. Sind die Bürger mit ihren Leistungen unzufrieden, so wählen sie die Mehrheitspartei bei den nächsten Parlamentswahlen ab und bringen die Opposition an die Macht. So hat das Volk die Möglichkeit, schlechte Regierungen ohne Blutvergießen wieder loszuwerden. Das hat Karl R. Popper, der große Denker der Freiheit, als Kern der Demokratie erkannt. Doch an einem solchen System fehlt es in Deutschland, wie Popper selbst in der Festschrift für Helmut Schmidt eindrucksvoll dargelegt hat.

Für den Bürger ist es in unserem vielfach geschichteten Gemeinwesen schon ziemlich schwer, überhaupt den Überblick zu behalten. Der Wähler hat es ja mit mindestens fünf verschiedenen Ebenen zu tun:

- seiner Gemeinde oder Stadt,
- seinem Landkreis,
- seinem Land,
- dem Bund
- und der Europäischen Union.

Solange jede Ebene klar umrissene Zuständigkeiten besitzt und die Zuständigkeitsverteilung Sinn macht und einleuchtet, braucht darunter die politische Verantwortlichkeit nicht zu leiden, im Gegenteil. Das deutsche Problem besteht darin, dass die fünf staatlichen Ebenen untereinander vielfach verflochten sind. Das treibt die Unübersichtlichkeit auf die Spitze und macht dem Wähler die Orientierung praktisch unmöglich. Woher soll er – angesichts des verschachtelten Kompetenzwirrwarrs – noch wissen, welche Ebene für welche Themen zuständig ist? Die sogenannte Föderalismusreform von 2006 hat daran nichts Wesentliches geändert.

Zudem haben wir ein Wahlrecht, das die politische Zurechenbarkeit erst recht erschwert. In Deutschland kommen

Regierungen – aufgrund des vorherrschenden Verhältniswahlrechts – fast immer nur durch Koalitionen von zwei oder mehr Parteien zustande. Regierungswechsel erfolgen meist nicht durch Wahlen, sondern durch neue Koalitionen. Koalitionsabsprachen werden aber erst *nach* der Wahl, hinter dem Rücken der Wähler, getroffen, der dann keinen Einfluss mehr darauf hat, wer die Regierung bildet. Als die SPD-geführte Regierung bei der Bundestagswahl 2005 ihre Mehrheit verlor, ging sie nicht etwa in die Opposition, sondern setzte die Regierung mit der CDU/CSU fort – im Rahmen einer von den Wählern gar nicht gewollten Großen Koalition. Als die CDU in Sachsen unter Ministerpräsident Milbradt bei der Landtagswahl 2004 ihre absolute Mehrheit einbüßte, nahm sie die SPD mit ins Koalitionsbett und regierte ebenfalls weiter. So verhindert unser Wahlsystem das demokratische Minimum: Das Volk kann schlechte Herrscher nicht wieder loswerden. Diese bleiben vielmehr mit anderen Koalitionspartnern an der Macht. Einen völligen Austausch der Regierungsparteien gab es im Bund nur ein einziges Mal, 1998, als die schwarzgelbe Kohl-Regierung Schröders rot-grüner Koalition weichen musste.

Föderalismus

Hinzu kommt: Nach unserem System muss der *Bundesrat* wichtigen Bundesgesetzen zustimmen, sonst können sie nicht wirksam werden, und der Bundesrat war vor 2005 meist mehrheitlich in der Hand der Opposition. Dann ist die Regierung auf die Opposition angewiesen. Die aber ist versucht, der Regierung aus machtpolitischen Gründen jeden Erfolg zu missgönnen und sie deshalb im Bundesrat mit ihrem Nein an die Wand fahren zu lassen. Stimmt sie aber zu, verschwimmt die politische Verantwortung erst recht.

Im Bundesrat sitzen keine volksgewählten Senatoren, die sich nicht so leicht parteilich einbinden ließen, sondern die Ministerpräsidenten. Diese haben ihre Starrolle im Bundesrat vor fast sechzig Jahren selbst im Grundgesetz verankert und über die Jahrzehnte immer weiter ausgebaut. Dass die zweite Bundeskammer aus Landesregierungen besteht, ist eine verrückte Regelung, die es nirgendwo sonst in der westlichen Welt gibt. Einer Änderung müssten allerdings die Ministerpräsidenten zustimmen. Damit ist kaum zu rechnen, haben die »Landesfürsten« doch im Bundesrat die Möglichkeit, sich auf Bundesebene zu profilieren, und dort wird nun mal die politische Musik gespielt. Das Mitspracherecht auf Bundesebene geht aber nicht nur zulasten von Bundestag und Bundesregierung, sondern vernachlässigt auch die Kompetenzen der Landesparlamente, die an Einfluss verlieren. Letztlich sind die Bürger die Dummen, die nicht mehr durchblicken und deren Wahlrecht entwertet wird.

Die Blockademacht des Bundesrats (und die dadurch mit bewirkte politische Lähmung der Bundesregierung) war einer der Gründe, die Bundeskanzler Schröder im Jahr 2005 dazu bewogen, Neuwahlen anzustreben. Damals sah es so aus, als käme nun Schwarz/Gelb an die Regierung. Doch zum Schluss reichte es weder Schwarz/Gelb noch Rot/Grün zur Mehrheit. Da niemand mit der Neuen Linken-PDS koalieren wollte, blieb nur die Große Koalition – eine fatale Folge unseres Verhältniswahlrechts. Die Große Koalition besitzt zwar eine überwältigende Mehrheit im Bundestag, und auch der Bundesrat ist parteipolitisch in ihrer Hand. Bloß nützt das offenbar wenig. Denn beide Parteien fühlen sich in ihrer politischen Handlungsfreiheit massiv gebremst. Die CDU glaubte sich für ihre mutigen früheren Reformbeschlüsse vom Wähler abgestraft und ruderte deshalb zurück. Und auch die SPD hat der Mut, der die Regierung Schröder in ihrer Spätphase auszeichnete, verlassen. Sie befürchtet, Wähler an die Linke zu verlieren. Auch das ist eine Folge unserer Verhältniswahl.

Landespolitik

In den Bundesländern ist die Verflüchtigung der politischen Verantwortung fast noch größer. Die Republik sollte ursprünglich neu gegliedert und nicht lebensfähige Länder sollten mit anderen zusammengelegt werden. So stand es im Grundgesetz. Doch die Politik kapitulierte schließlich vor dem Egoismus der Betroffenen und hob die Pflicht zur Neugliederung kurzerhand auf. Jetzt bestimmt sich die Leistungsfähigkeit der Länder nach Bremen und dem Saarland, die am finanziellen Tropf der Gemeinschaft hängen. Denn wie ein Geleitzug, der sich nach dem schwächsten Dampfer richtet, so stimmen auch die 16 Bundesländer ihre Politik in länderübergreifenden Gremien ab. Ihren wichtigsten Bereich, die Schul- und Hochschulpolitik, haben die Länder praktisch an die Kultusministerkonferenz abgetreten. Die aber entscheidet grundsätzlich einstimmig, so dass selbst das kleinste der 16 Bundesländer alles blockieren kann. Es gibt fast 1000 derartige Koordinierungsgremien, in denen Gesandte der Regierungen und Verwaltungen der Länder sich absprechen. Das bindet dann faktisch die Regierungen und entmachtet die Landesparlamente noch weiter (von den Landesbürgern ganz zu schweigen). Denn die Regierungsfraktionen wollen ihre Regierung, die an den Absprachen mit den anderen Ländern festhält, nicht desavouieren, und der Opposition fehlen meist die nötigen Informationen, um fundiert Kritik üben zu können. Zudem sind ihre Parteigenossen in anderen Bundesländern an der Regierung und damit an den länderübergreifenden Kartellabsprachen beteiligt. (Deshalb ist auch von den zusätzlichen Kompetenzen, welche die Länder durch die Föderalismusreform von 2006 bekommen haben, nicht viel zu erwarten.) Lähmung und Innovationsmangel sind auch hier die Folgen.

Organisierte Unverantwortlichkeit

Alle diese Formen der »Politikverflechtung« auf Bundes- und Landesebene bewirken, »dass am Ende niemand mehr weiß, wer für welche Entscheidung überhaupt verantwortlich zu machen ist« (Warnfried Dettling). Der Wähler kann gute Politik nicht mehr mit dem Stimmzettel belohnen und schlechte Politik nicht bestrafen, wie es die Demokratie verlangt. Es herrscht ein Zustand organisierter Unverantwortlichkeit, ein Ausdruck, der nicht etwa von Revoluzzern stammt, sondern sich auch in einem Reformpapier der beiden CDU-Politiker Roland Koch und Jürgen Rüttgers und in der Abschiedsrede des früheren Bundespräsidenten Johannes Rau findet. Erfolge rechnet sich jeder zu, für Misserfolge sind dagegen immer die anderen verantwortlich. Weil alle beteiligt sind, trägt in Wahrheit niemand die Verantwortung. Das ist für die politische Klasse zwar angenehm. Ihr Berufsrisiko wird stark gemindert. Deshalb hat sie die Verantwortungsscheu ja auch zum System gemacht. Umgekehrt werden aber Bürger und Wähler vollends orientierungslos und die Steuerungsfähigkeit des Systems weitgehend aufgehoben.

Modell der Regierung verantwortlicher Personen

Wird es für den Wähler nun zunehmend unmöglich (und ganz »systematisch« auch unmöglich gemacht), zwischen den einzelnen Parteien zu unterscheiden, ihnen eine bestimmte Politik zuzurechnen und sie dafür verantwortlich zu machen, sollte er zumindest die *Personen* bestimmen können, die politische Ämter innehaben. Damit sind wir beim zweiten Modell der Wettbewerbsdemokratie: der Regierung verantwortlicher Personen (»responsible persons government«). Hier ist es weniger wichtig, für welches Programm die Partei eintritt, als welche Personen zur Wahl stehen.

Doch in Wahrheit kann der deutsche Wähler nicht einmal über die Personen, die ihn in den Parlamenten vertreten sollen, entscheiden. Das tun vielmehr die Parteien nach ihren Maßstäben. Die meisten Abgeordneten stehen in Deutschland – aufgrund parteiinterner Nominierungen – schon lange vor der Wahl fest. Viele Wahlkreise gelten als »sicher«. Hier kann die dominierende Partei den Bürgern auch höchst mittelmäßige Abgeordnete aufzwingen. In anderen Fällen ist der Ausgang im Wahlkreis zwar ungewiss. Doch die Kandidaten sind oft zusätzlich über die Parteiliste abgesichert, so dass sie ins Parlament kommen, auch wenn sie im Wahlkreis verlieren. Die Volkswahl degeneriert zum formalen Abnicken längst feststehender Resultate. Die Verantwortlichkeit der Abgeordneten gegenüber ihren Wählern, zu der natürlich auch die Abwählbarkeit gehört, steht nur noch auf dem Papier.

Auch von gleichem *passivem* Wahlrecht kann keine Rede sein. Ohne Partei im Rücken hat praktisch niemand eine Chance auf ein Parlamentsmandat, und *in* den Parteien werden hoch qualifizierte Personen von einer Kandidatur geradezu abgeschreckt: Die entwürdigende Ochsentour können sich viel gefragte Leute schon aus Zeitgründen gar nicht leisten, der faktische Fraktionszwang, der mit der grundgesetzlich garantierten Freiheit des Abgeordneten kaum vereinbar ist, nimmt dem Mandat die Attraktivität für die besten und eigenständigsten Köpfe, und die beamtenähnliche Einheitsalimentation, die dem Wortlaut und dem Sinn des Grundgesetzes widerspricht, macht das Mandat gerade für die Erfolgreichsten zu einem finanziellen Zuschussgeschäft. Die Folge der ungleichen Chancen ist eine mediokre Zusammensetzung der sogenannten Volksvertretungen.

Damit ist die ganze Konzeption von der repräsentativen Demokratie, wie sie dem Grundgesetz zugrunde liegt, infrage gestellt. Ohne freie, gleiche und unmittelbare Wahl der Abgeordneten durch das *Volk* (und nicht durch die Parteien) verlieren das Parlament und alle von ihm gewählten anderen Staatsorgane ihre Legitimation. Die Regierung, der Bundespräsident, das Bundesverfassungsgericht und der Bundesrat – alle leiten ihre demokratische Legitimation, zumindest indirekt, von der Wahl durch die Bürger ab. Degeneriert diese zu einer bloßen Fiktion ohne realen Gehalt, ist die repräsentative Demokratie in Wahrheit ohne Fundament. Die Bürger können die Abgeordneten nur dann als ihre Repräsentanten ansehen und die von ihnen beschlossenen Gesetze als bindend anerkennen, wenn sie ihre Vertreter wirklich *gewählt* haben, frei und unmittelbar (wie es das Grundgesetz ja auch ausdrücklich vorschreibt). Genau das ist aber nicht der Fall. Wer ins Parlament kommt, wird ganz allein von den Parteien bestimmt.

Hinzu kommt, dass auch dem Grundgesetz, das den Bundestag, die Bundesregierung und alle anderen Staatsorgane geschaffen und ihnen ihre Funktionen zugeteilt hat, die demokratische Legitimation fehlt, weil es – entgegen bundesrepublikanischer Ideologie – nicht auf dem Willen des Volkes beruht. Spätere Versuche, den Mangel zu beseitigen, wurden von der politischen Klasse und ihren staatsrechtlichen Zuträgern abgeblockt. Dem Bundestag, der Bundesregierung und den anderen Staatsorganen fehlen also nicht nur die sogenannte persönliche demokratische Legitimation (keine Wahl der Abgeordneten durch das Volk), sondern auch die institutionelle und funktionelle demokratische Legitimation.

Erstere ließe sich herstellen, indem man die starren Parteilisten beseitigt. Zugleich müsste man Vorwahlen einführen, damit den Wählern auch in sicheren Wahlkreisen eine Auswahl verbleibt. Die mangelnde Volkssouveränität wäre durch Einführung von Volksbegehren und Volksentscheid auf Bundesebene zu beheben, mit denen das Grundgesetz geändert werden könnte. Solange dies alles nicht geschieht, hat der Bürger trotz der vielen Wahlkämpfe zum Europaparlament, zum Bundestag, zu den 16 Landesparlamenten und den rund 15 000 kommunalen Volksvertretungen – jedenfalls auf den oberen Ebenen – wenig zu sagen.

Wer nun hofft, der Entmachtung der Bürger entspreche wenigstens eine besondere Handlungsfähigkeit der Regierungsmehrheit, sieht sich ebenfalls getäuscht. Auch hier ist, wie dargelegt, Fehlanzeige zu vermelden. Handlungsfähigkeit demonstriert die politische Klasse allenfalls, wenn sie ihre Diäten erhöht, wie es etwa im Herbst 2007 per Blitzgesetzgebung geschah. Bei anderen Entscheidungen sieht die Regierung sich auf alle und jeden angewiesen, und das schwächt ungemein. Nicht politische Handlungsfähigkeit, sondern Blockademacht ist charakteristisch für unser System. Wenn Demokratie Herrschaft durch und für das Volk ist, haben wir in Wahrheit keine.

Richard von Weizsäcker sprach – außer von der »Machtversessenheit« – auch von der »Machtvergessenheit« der Parteien. Damit meinte er die mangelnde »Wahrnehmung der inhaltlichen und konzeptionellen Führungsaufgabe«, eine Kritik, die der Nachfolger Weizsäckers, Roman Herzog, in seiner legendären Berliner »Ruck-Rede« groß herausstellte: die mangelnde Handlungsfähigkeit der Politik bei der Durchsetzung der notwendigen Reformen. Beide Staatsoberhäupter beschränkten sich allerdings auf Appelle an den guten Willen von Parteien und Politikern. Die brisante eigentliche Frage, ob die Regeln der Macht, so wie sie über die Jahre hinweg (miss)gestaltet worden sind, nicht der Blockade Vorschub leisten und deshalb das eigentliche Reformhindernis darstellen, ließen sie außen vor. Und beide wagten erst recht nicht auszusprechen, dass es Berufspolitiker sind, die in parteiübergreifendem Zusammenspiel jene Regeln pervertiert haben – aus kurzsichtigem Egoismus und zum langfristigen Schaden unseres Landes.

Es wäre allerdings falsch, pauschal »den politischen Parteien« die Schuld für die Fehlentwicklungen zuzuweisen, wie Weizsäcker dies scheinbar tat. Seine ungenaue Formulierung gab Bundeskanzler Helmut Kohl, der sich von Weizsäckers Kritik persönlich getroffen fühlte, vordergründig die Möglichkeit zur Verteidigung, indem er die Hunderttausende von Parteimitgliedern zu Zeugen rief, die sich vor Ort ehrenamtlich und aufopferungsvoll für das Gemeinwohl einsetzten. Doch die waren mit Weizsäckers Kritik gar nicht gemeint und haben ja auch – trotz des innerparteilichen Demokratiegebots des Grundgesetzes – wenig zu sagen. Die eigentlichen Akteure in den Parteien sind ihre hauptberuflichen Funktionäre in Parlament und Regierung; sie bilden die politische Klasse, die für die Fehlentwicklungen verantwortlich ist.

Die Volkssouveränität, die trotz des grundgesetzlichen Versprechens nichts weiter ist als eine Fiktion zur Ruhigstellung des Volkes, ist in Wahrheit auf die politische Klasse übergegangen. Diese hat in fraktions- und länderübergreifender Einigkeit den politischen Wettbewerb ausgeschaltet, die Institutionen und die Regeln der Macht Stück für Stück ihren Bedürfnissen angepasst, sie in weiten Teilen in ihr Gegenteil verkehrt und so das Auseinanderklaffen von Normativ- und Realverfassung bewirkt. Sie hat sich gegen kontrollierende Einwirkungen der Wähler immunisiert und in letzter Konsequenz die Richtung der politischen Willensbildung, die in der Demokratie ja eigentlich von unten nach oben verlaufen sollte, umgedreht.

Die politische Klasse hat auch fast alle Einrichtungen und Persönlichkeiten, die das politische Denken prägen, fest im Griff. Die Parteistiftungen und die Bundes- und Landeszentralen für politische Bildung sind in ihrer Hand. Kaum eine Führungskraft der öffentlich-rechtlichen Medien wird nicht nach Parteibuch bestellt. Die politische Klasse vergibt Ämter mit dem höchsten Ansehen bis hin zu den Bundes- und Landesverfassungsrichtern und spart nicht mit Dankbezeugungen für wissenschaftliche Doktrinen, die den bundesdeutschen Parteienstaat in möglichst hellem Licht erstrahlen lassen. Wenn Staatsrechtslehrer dennoch die mangelnde Gemeinwohlorientierung beklagen, übergehen sie doch regelmäßig die eigentlichen Ursachen und treten so »der Politik« nicht zu nahe. Etablierte Politikwissenschaftler haben lange sogar den Begriff »Gemeinwohl« rundheraus abgelehnt und gezielt lächerlich zu machen versucht. Die politische Klasse verleiht Orden, Ehrenzeichen und Preise und verpflichtet sich fast alle zur Dankbarkeit, die öffentlich etwas zu sagen haben. Auf diese Weise konnte sie in der Öffentlichkeit eine Sprachregelung der politischen Korrektheit schaffen und aufrechterhalten, die sie, jedenfalls bislang, vor Aufdeckung ihrer Machenschaften schützt und die Schuldigen vor öffentlicher Anklage bewahrt.

Berufspolitiker verfügen damit – als einzige Berufsgruppe

überhaupt – nicht nur über die gesetzlichen und wirtschaftlichen, sondern weitgehend auch über die geistig-ideologischen Bedingungen ihrer eigenen Existenz. Die politische Klasse ist so drauf und dran, sich den Staat vollends zur Beute zu machen – mit tief greifenden Rückwirkungen auf das politische System und die politische Kultur insgesamt.

Diejenigen, die gegen den Stachel löcken und an die Wurzel gehende Kritik an den Verhältnissen üben, werden als politisch inkorrekt gebrandmarkt, persönlich diffamiert und ins politische oder berufliche Abseits gestellt. Und wenn dann gar einer vom inneren Kreis der Berufspolitiker sich zu einer Fundamentalkritik aufrafft, wie Richard von Weizsäcker mit seiner Parteienschelte, wird das von der politischen Klasse und ihren unzähligen Zuarbeitern als Ausdruck von Undankbarkeit, ja von Verrat hingestellt.

Ausgleich durch Pluralismus?

Das Versagen des Amtsethos, der Gewaltenteilung und der Kontrolle durch die Wähler sucht ein vierter Ansatz dadurch zu überspielen, dass er unterstellt, die pluralistischen Kräfte, insbesondere die großen Unternehmen und die mächtigen Verbände von Wirtschaft und Gesellschaft, tendierten per Saldo zu einem Ausgleich der Interessen. Der Druck und der Gegendruck der Gruppeninteressen führten insgesamt zu ausgewogenen und angemessenen Ergebnissen. Drohe ein wichtiges Interesse zu kurz zu kommen, bilde sich eine Gegenmacht, die die Dinge wieder ins Lot bringe. Auch dieser Ansatz, der seinen Ursprung in amerikanischen Pluralismustheorien zu Anfang des 20. Jahrhunderts hatte und dem ebenfalls eine bestimmte Gemeinwohlskonzeption zugrunde liegt, hält unter heutigen Gegebenheiten einer Nachprüfung aber nicht mehr stand. Mangels Organisationsfähigkeit von Allgemein- und Zukunftsinteressen kommen im Spiel der pluralistischen Kräfte gerade die wichtigsten Belange typischerweise zu kurz.

Abhilfen

Da wir nicht an der Klagemauer verharren wollen, stellt sich nun mit aller Macht die Frage, ob die geschilderten Fehlentwicklungen unabänderlich sind oder ob wir etwas dagegen tun können. Wohlfeile Appelle zu gemeinwohlorientiertem Handeln der Politiker, wie sie an runden Geburtstagen des Grundgesetzes immer wieder ertönen, nützen wenig. Längerfristig kommt nur eine grundlegende Änderung unseres Systems in Betracht. Der größte Hemmschuh besteht dabei in den Eigeninteressen der politischen Klasse. So hat, um nur ein Beispiel aufzugreifen, die politische Klasse selbst unser Wahlsystem samt Ochsentour und Absicherung der Wahlkreiskandidaten auf starren Listen hervorgebracht und sperrt sich deshalb gegen jede Reform. Wie also lassen sich Reformen dennoch durchsetzen? Welches sind die »tragenden Kräfte«? Hier sollen zwei zur Diskussion gestellt werden: die Verfassungsgerichte und der Common Sense des Volkes selbst.

Bundesverfassungsgericht

Das Bundesverfassungsgericht und die Landesverfassungsgerichte haben die Mittel, viele der geschilderten Missstände zu beseitigen. Hier seien nur fünf Beispiele genannt:

1. Ämterpatronage ist regelmäßig verfassungswidrig – Verstoß gegen Art. 33 GG. Die Gerichte könnten deshalb organisatorisch-verfahrensmäßige Vorkehrungen vorschreiben, die die fatale Praxis eindämmen. Manche halten das zwar nicht für realistisch, sitzen die Gerichte – in Sachen parteipolitische Berufung – doch selbst im Glashaus. Doch dieser Einwand braucht nicht unbedingt das letzte Wort zu sein. Es gibt ja doch so etwas wie den »Becket-Effekt« – ein Begriff, den ich aufgrund Jean Anouilhs Drama »Becket oder die Ehre Gottes« gebildet habe. Erst einmal berufen, neigen nämlich gerade Richter dazu, die Treue zu ihrem Amt und seinen Anforderungen über die Loyalität zu denen zu stellen, die sie berufen haben. Die zwölfjährige Amtsperiode von Bundesverfassungsrichtern unter Ausschluss der Wiederwahl untermauert die grundgesetzlich gewährleistete Unabhängigkeit und erleichtert eine echt gemeinwohlorientierte Haltung.

2. Die Verfassungsgerichte könnten auch gegen die Verbeamtung der Parlamente einschreiten. Der Widerspruch zum Verfassungsgrundsatz der Gewaltenteilung liegt ja auf der Hand.

3. Die Gerichte könnten die Wahlgesetze zum Bundestag, zu den Landtagen und zum Europaparlament wegen fehlender

Freiheit und Unmittelbarkeit der Wahl der Abgeordneten kassieren und auf diese Weise grundlegende Verbesserungen an der Infrastruktur unserer Demokratie erzwingen. Dass wir unsere Abgeordneten in Wahrheit nicht frei und nicht unmittelbar wählen, habe ich in einer Abhandlung in der *Juristenzeitung* lege artis nachgewiesen.

4. Die Gerichte könnten auch die Fünf-Prozent-Klausel, die mit ihren direkten und ihren gewaltigen indirekten Folgen die Offenheit und Chancengleichheit des politischen Wettbewerbs beseitigt, aufheben und damit dem Vermächtnis der Väter des Grundgesetzes entsprechen.

5. Sie könnten die politische Klasse zwingen, endlich Volkssouveränität herzustellen, und den Vorrang von unmittelbaren Volksgesetzen vor bloß mittelbaren Parlamentsgesetzen klarstellen.

Dies alles – und noch manches mehr – könnten die Gerichte tun. Voraussetzung ist natürlich, dass sie diese Aufgabe erkennen und entschlossen wahrnehmen. Dass dies wirklich geschieht, daran scheinen Zweifel allerdings nicht ganz unberechtigt.

Das Volk

Wir müssen also nach einem anderen Akteur Ausschau halten. Als solcher kommt letztlich wohl nur das Volk selbst in Betracht, das die Fähigkeit erhalten muss, seine Belange eigenständig zur Sprache zu bringen. Das ganze System ist für den Willen der Bürgerschaft durchlässiger zu machen, so dass der Common Sense den ihm in der Demokratie zukommenden Einfluss erhält. Das kann auf verschiedene Weise geschehen. Ein Weg liegt in der Gründung einer neuen Partei, die sich Strukturreformen aufs Panier schreibt. Dies ist allerdings ein schwerer Gang. Die etablierten Parteien haben dem Aufkommen neuer politischer Konkurrenten eine Unmasse von Steinen in den Weg gelegt. Aber soll man die parteilich organisierte Kritik an Mängeln des politischen Systems wirklich solchen Rattenfängern wie der NPD und der DVU überlassen?

Ein anderer Weg liegt in der Direktwahl von Amtsträgern, etwa des Bundespräsidenten. Um die verschiedenen unabhängigen Institutionen dem Einfluss der politischen Klasse zu entziehen, wäre es sinnvoll, den Bundespräsidenten direkt zu wählen und ihm die Rekrutierung der Richter, der Beamten etc. anzuvertrauen. Diese genössen dann wirklich demokratische Legitimation. Zugleich würde der schädliche Einfluss der politischen Klasse zurückgedrängt. Die Direktwahl des Bundespräsidenten wird nicht nur von der großen Mehrheit der Bevölkerung gefordert, sie würde auch die Stellung einer vom Machtkartell der politischen Klasse weitgehend unabhängigen Instanz stärken. Dem Bundespräsidenten müsste dann neben der Auswahl von Beamten und Richtern auch die Bestellung der bisherigen Parteivertreter in den Rundfunkanstalten und der Mitglieder von Rechnungshöfen und Sachverständigenräten, nicht nur formal, übertragen und dadurch der politischen Klasse die Auswahl ihrer Kontrolleure genommen werden.

Ein weiterer Weg liegt in der Einführung und Nutzung von Volksbegehren und Volksentscheiden auch auf Bundesebene. Dadurch würde es möglich, der politischen Klasse die Alleinherrschaft über die Regeln der Macht zu entziehen und diese für das Funktionieren der Demokratie fundamentalen Normen im Sinne der Bürger umzugestalten. Direktdemokratische Entscheidungen würden, erstens, ein Hauptelement der Demokratie – Partizipation der Bürger – besser verwirklichen als Entscheidungen durch das Parlament. Wenn das Volk selbst entscheidet, ist der Grad seiner Mitwirkung offenbar sehr viel größer, als wenn das Parlament, das nicht einmal wirklich vom Volk gewählt ist, beschließt. Zugleich wären, zweitens, Volksbegehren und Volksentscheid der Hebel, mittels dessen das Wahlrecht und andere Regeln des Machterwerbs – an der politischen Klasse vorbei – reformiert werden könnten. Hier wäre die Erfolgschance deutlich höher, als wenn die befangene politische Klasse in eigener Sache über die Regeln der Macht entscheidet. Es würde mehr Regierung *durch* und *für* das Volk erreicht, also mehr Demokratie im besten Sinne des Wortes. Die Einführung der Direktwahl der Bürgermeister durch Volksentscheid hat gezeigt, wie eine solche Reform erfolgen kann. Sie wurde – an der politischen Klasse vorbei – durch Volksentscheid durchgesetzt. Auf diese Weise könnte auch die Direktwahl des Bundespräsidenten erzwungen werden, sobald direktdemokratische Elemente auf Bundesebene eingeführt wären. Volksbegehren und -entscheide nötigen auch die Medien, umfassend über das Wie und Warum anstehender politischer Fragen und Alternativen zu berichten, weil der Bürger solche Informationen nachfragt, wenn davon seine Sachentscheidung abhängt.

Direkte Demokratie würde auch wirkliche Volkssouveränität herstellen. Das Einräumen der effektiven Möglichkeit, die Verfassung zu ändern, stellt sie zur Disposition des Volkes. Dann kann auch das Nicht-Gebrauch-Machen von dieser Möglichkeit – bei realistischer Betrachtung – als Einverständnis mit ihrem Inhalt angesehen werden.

Direkte Demokratie gibt es bereits in den Ländern und Gemeinden. Eine Änderung der Regeln des Machterwerbs im Sinne der Bürger und gegen den Willen der politischen Klasse ist dort schon jetzt möglich, und in den meisten Ländern kann man damit auch die Landesverfassung reformieren. Ein realistischer Vorschlag läuft im Kern auf die Reform des Landtagswahlrechts und die Direktwahl des Ministerpräsidenten hinaus. Vorbild ist die erfolgreiche Direktwahl der Oberbürgermeister, durch die mehr Bürgernähe und mehr politische Handlungsfähigkeit in Städten und Gemeinden erreicht wurde. Ministerpräsidenten würden dann nicht mehr in Hinterzimmern ausgekungelt wie im Jahre 2007 in Bayern. Die Gewaltenteilung zwischen Legislative und Exekutive würde wieder hergestellt. Direkt gewählte Regierungschefs ließen sich auch im Bundesrat nicht so leicht parteipolitisch instrumentalisieren.

Würde eine solche »legale Revolution« nur in einem Bundesland gelingen, könnte davon eine demokratische Aufbruchstimmung ausgehen, der sich auch andere Länder und der Bund kaum entziehen könnten. In jedem Fall ist demokratische Politik zu wichtig, als dass man sie allein Berufspolitikern überlassen sollte.

Politisierung

Letztlich verlangen grundlegende Reformen, vor allem Reformen der Regeln der Macht, eine Aktivierung des Volkes, das heißt, die grundlegenden Mängel und Fehlentwicklungen unseres Systems müssen durch öffentliches Brandmarken in die Köpfe der Menschen und dadurch zur Geltung gebracht werden. Solche Politisierung zentraler Themen ist ja auch Voraussetzung für erfolgreiche direkte Demokratie. Es geht darum, die Bürger auch mittels der Medien (einschließlich der modernen elektronischen Medien) unmittelbar anzusprechen, die öffentliche Meinung wirksam zu mobilisieren und dadurch die Funktionäre der Parteien und anderer intermediärer Gruppen und ihr Sperrfeuer auszumanövrieren. Wir Menschen haben zwei Seelen in der Brust: den nur am eigenen beruflichen und privaten Erfolg interessierten »Bourgeois« und den dem Allgemeinen zugewandten »Citoyen«. Das Ziel der Politisierung ist die Stärkung und Aktivierung des Citoyens in uns. Dies ist in anderen Bereichen mehr oder weniger gelungen, etwa im Umweltschutz, den gegen die vereinigte Macht der Unternehmen und Gewerkschaften in Angriff zu nehmen gleichfalls lange für unrealisierbar gehalten wurde.

Andere Akteure

Vorderhand verschafft die Schwäche der Politik anderen Funktionskreisen umso größeres Gewicht: der Verwaltung, der Justiz, den Medien, der Wirtschaft und den Verbänden. Sie bilden jeweils eigene Systeme mit je besonderen Funktionsweisen. Probleme ergeben sich in zwei Richtungen: Einmal gibt es auch hier hauptberufliche Akteure, die kraft ihrer beherrschenden Stellung versucht sind, ihre egoistischen Interessen durchzusetzen, auch wenn dadurch das ganze System unterhöhlt wird. Zum Zweiten suchen die Akteure wechselseitig – über die Systemgrenzen hinweg – Einfluss zu nehmen. Dadurch stärken sie zwar ihre persönliche Position, beeinträchtigen aber die Eigengesetzlichkeit und damit das befriedigende Funktionieren der Systeme erst recht.

Verwaltung

Festzuhalten ist zunächst ein grundlegender Unterschied zwischen Verwaltung und Rechtsprechung einerseits und Politik andererseits. Während Politiker in der Sache typischerweise dilettieren, dafür aber gut trainiert sind im Kampf um Macht und Einfluss, sind Beamte und Richter gerade in der Sache stark und verdanken – jedenfalls der Idee nach – ihrer fachspezifischen Kompetenz, die sie durch langjährige Ausbildung und Erfahrung erworben haben, ihre Karriere. Ernennung und Beförderung hängen (mehr oder weniger ausgeprägt) von ihrer fachlichen Qualität und zielbezogenen Leistung ab. Ihre

Anreizstrukturen sind leistungsorientiert und im Gegensatz zu denen der Politiker auch längerfristig ausgerichtet. In diesem Klima können sich Pflichtgefühl und ein gewisses leistungsbezogenes Berufsethos entwickeln, was gerade im Gegensatz zur politischen Klasse steht, deren Angehörige ihren Aufstieg ihrer Stellung in macht- und kampforientierten Parteiverbänden verdanken.

Das schließt natürlich nicht aus, dass auch in der Verwaltung und Justiz Eigeninteressen wirken, die Aufblähungstendenzen begünstigen, oder sich im Schutz der Unabhängigkeit auf Lebenszeit mangelnde Pflichterfüllung und Übermut breitmachen. Die Voraussetzungen eines pflichtorientierten Beamten- oder Richterethos erodieren erst recht, wenn die Politik mittels Patronage Einfluss auf die Ernennung und Beförderung von Beamten und Richtern nimmt. Sachverstand, Pflichtgefühl und die konfliktbereite Fähigkeit von Beamten, dilettierende Politiker zu beraten und ihnen die Wahrheit zu sagen, geraten dann ebenso in Gefahr wie die Bereitschaft der Richter, der Politik die Grenzen aufzuzeigen.

Die Verwaltung ist einerseits ein unentbehrlicher Helfer der Politik, indem sie berät, vorbereitet und ausführt. Andererseits greift die Bürokratie vielarmig um sich wie eine Krake. Die Selbstwachstumstendenzen, die auch hier auf dem Egoismus der Akteure beruhen, hat Northcote Parkinson schon vor über fünfzig Jahren in ironischer Form karikiert. Die Neue Politische Ökonomik und die etablierte Finanzwissenschaft haben seine Thesen zum guten Teil übernommen. Die immanenten Wachstumstendenzen werden nur unzureichend im Zaum gehalten. Das rechtliche Gebot wirtschaftlicher und sparsamer Verwaltung (und Politik) wird von der Praxis belächelt. Die Rechnungshöfe prüfen allenfalls die korrekte Verwendung der öffentlichen Mittel, nicht aber ihre Bewilligung, und halten sich, aufgrund der parteipolitischen Gleichschaltung ihrer Spitzen, in heiklen Angelegenheiten ohnehin zurück – ganz abgesehen davon, dass die Regierung mithilfe der sie tragenden Fraktionen die öffentliche Kritik der Rechnungshöfe regelmäßig mehrheitlich niederbügelt und damit das Parlament als wirksamer Kontrolleur der Verwaltung weitgehend ausfällt. Was für ein Gegengewicht die Rechnungshöfe – gemeinsam mit der öffentlichen Meinung – bilden *könnten*, würde sich zeigen, wenn ihre Spitze nicht mehr vom Parlament nach parteipolitischem Proporz, sondern direkt vom Volk gewählt würde. Gegen zu hohe Staatsausgaben hat der deutsche Michel, der sie in Form von Steuern und Abgaben bezahlen muss, keine verfassungsrechtliche Handhabe und muss schweigend leiden, obwohl das überkommene Dogma von der Ausgewogenheit der politischen Willensbildung, das hinter dieser Grundrechtslücke steht, von der Praxis längst widerlegt ist.

Der gleiche Zugang qualifizierter Bewerber zu den öffentlichen Ämtern, die nicht durch Wahl, sondern durch Ernennung besetzt werden, ist zwar im Grundgesetz garantiert. Doch die Regel steht häufig nur auf dem Papier. Die schon erwähnte Parteibuchwirtschaft führt zur Bevorzugung von Leuten mit dem »richtigen Parteibuch« und demotiviert alle anderen, bläht den öffentlichen Dienst weiter auf und mindert seine Leistungsfähigkeit. Zugleich zwingt sie karrierebewusste Beamte förmlich in die Parteien (wo sie, wie ebenfalls schon erwähnt, leichter als andere vorwärtskommen, ein bezahltes Mandat ergattern und so zur Verbeamtung der Parlamente beitragen). In der Verwaltung geraten Neutralität und Gesetzmäßigkeit in Gefahr. Oder kann von Beamten, die ihre Stellung der Patronage verdanken, erwartet werden, dass sie bei ihrer Amtsführung dem Patronageprinzip abschwören? Auf demselben Weg versucht die politische Klasse, wie erwähnt, auch alle möglichen Kontrollinstanzen »gleichzuschalten«.

Justiz

Auch im Gerichtswesen führen Eigeninteressen, die sich aufgrund lebenslanger Unabhängigkeit nur schwer unter Kontrolle halten lassen, zu Fehlentwicklungen wie überlanger Prozessdauer und einem bisweilen selbstherrlichen Habitus von Richtern. Parteibuchwirtschaft grassiert auch hier, besonders bei den Verfassungsgerichten und den oberen Bundes- und Landesgerichten. Deshalb fällt es ihnen schwer, gegen politische Korruption Front zu machen. Die Übertragung der Richterernennung auf den direkt vom Volk zu wählenden Bundespräsidenten könnte hier bis zu einem gewissen Grad Abhilfe schaffen. Die politische Weisungsgebundenheit der Staatsanwaltschaft ist zu beseitigen. Sie leistet erst recht Entscheidungen Vorschub, die »verdiente Politiker« und mächtige

Wirtschaftsbosse schonen und das Vertrauen in die Unabhängigkeit der Justiz aufs Spiel setzen. Die Kleinen hängt man, und die Großen lässt man laufen.

Medien

Die Medien stellen – angesichts der Versuche der politischen Klasse, andere Kontrollorgane zu schwächen – oft die einzige noch halbwegs wirksame Kontrolle dar. Doch der sie beherrschende Trend zur Personalisierung macht es ihnen fast unmöglich, Sachfragen gründlich zu behandeln, von komplizierten, vielschichtigen Zusammenhängen oder gar Systemfragen ganz zu schweigen. Dass auch die Akteure in den Medien ihre Eigeninteressen mit aller Macht verteidigen, zeigt sich, wenn die Politik gegen Missstände in diesem Bereich vorzugehen versucht. Dann sieht sie sich einer medialen Einheitsfront gegenüber, gegen die in unserer Mediendemokratie kaum etwas auszurichten ist.

Hinzu kommt, dass die politische Klasse an einer systemkonformen Sichtweise der Medien ganz besonders interessiert ist. Die für Politiker und Parteien lebenswichtige Inszenierung der Wirklichkeit macht gerade die Medien zum vorrangigen Gegenstand politischer Einfluss- und Gleichschaltungsversuche. Vor allem im öffentlich-rechtlichen Rundfunk einschließlich dem Fernsehen sitzen Regierungen und Parteien in den Schlüsselgremien, so dass ihre Grundeinstellung auf den ganzen Rundfunk durchschlägt. Die alltägliche Korruption aufgrund parteilicher Netzwerke kann der Rundfunk nicht thematisieren, weil er selbst Teil davon ist. Zwar garantiert das Grundgesetz die Meinungs- und Pressefreiheit ausdrücklich. Bestehen die faktischen Voraussetzungen dieser Freiheiten aber wirklich in vollem Umfang? Findet berechtigte Systemkritik bei uns ein Sprachrohr? Zentrale, an die Wurzel unser Probleme gehende Aussagen werden durch die Zensur der politischen Korrektheit so gefiltert, dass sie nicht mehr zum Tragen kommen, ja oft nicht einmal mehr gedacht und konzipiert werden können. Auch hier bestätigt sich: Die Lücke zwischen Norm und Wirklichkeit gehört zu den großen Tabuthemen. Erst recht sind die Ursachen für diese Kluft tabu.

Wirtschaft

Die Wirtschaft schafft die materielle Basis der ganzen Gemeinschaft. Auch hier zeigen sich aber zunehmend Fehlentwicklungen. Spitzenmanager von Großunternehmen haben im eigenen Interesse Usancen geschaffen, die der Wirtschaft insgesamt und erst recht den Verbrauchern schaden. Sie bilden – über die verschiedenen Unternehmen hinweg – in der Einigkeit ihres gemeinsamen Egoismus die »Managerklasse« (so auch Altbundeskanzler Helmut Schmidt). Aufsichtsratsmitglieder, die auf das Wohl ihrer Gesellschaft verpflichtet sind, kontrollieren ganz ungeniert auch noch konkurrierende Unternehmen, obwohl die Interessenkollision auf der Hand liegt. Vorstandschefs wechseln an die Spitze des Aufsichtsrats desselben Unternehmens und sollen dann die eigenen früheren Sünden aufklären. Vorstände sitzen im Aufsichtsrat *anderer* Unternehmen – und umgekehrt. Solche Über-Kreuz-Verflechtungen bilden einen schweren Systemdefekt, schwächen die Kontrolle durch Anteilseigner und Öffentlichkeit und treiben die Bezüge und Abfindungen bestimmter Bosse in öffentlich nicht mehr vermittelbare Höhen, selbst wenn ihnen gravierende Fehler unterlaufen sind. Betriebsräte und Gewerkschaftsbosse werden mit Sonderzuwendungen gekauft, damit sie ihre eigentliche Funktion vergessen und die ihnen anvertrauten Arbeitnehmer verraten.

Großunternehmen, etwa der Energiewirtschaft, teilen den Markt unter sich auf, beseitigen den Wettbewerb und schröpfen die Verbraucher. Sie nehmen massiv Einfluss auf die Politik, um zu verhindern, dass diese ihre Kreise stört. Prinzipiell ist gegen den Einfluss der Wirtschaft auf die Politik zwar nichts einzuwenden, wenn er sich auf die Vermittlung von Informationen bezieht. Es gibt aber Grenzen, die beim Einsatz der Wirtschaftskraft zur politischen Einflussnahme grundsätzlich überschritten werden. Dann droht Demokratie zur Plutokratie, der Herrschaft der Reichen, zu entarten. Korruption grassiert, nicht nur im Ausland. Stichworte sind: Bestechung; Einstellung von aktiven Abgeordneten als hoch bezahlten Lobbyisten; Kaufen ehemaliger Minister und Staatssekretäre durch das Angebot lukrativer nach-amtlicher Positionen; Anfüttern von Volksvertretern durch laufende Zuwendungen; Großspenden an Parteien und Politiker und anstößiges Sponsern. Die alltägliche Korruption lässt sich auch mit Glanzpapier-Ethik-kodices nicht verdecken.

Die Dominanz von Großunternehmen führt in Wirtschaft und Politik zu einer regelrechten Ausblendung der Belange des Mittelstandes, die in krassem Missverhältnis zu dessen großer Bedeutung für den wirtschaftlichen Erfolg der Republik steht.

Die Politik hat aus bloßem Machtkalkül die deutsche Einheit mit schweren Hypotheken belastet, und die Wirtschaft hat ihr aus eigensüchtigen Motiven dabei assistiert.

Verbände

Verbände und Kammern sind voller pfründengespickter Druckposten für ihre Funktionäre, die ohne wirksame Kontrolle ihrer Mitglieder über große Handlungsspielräume verfügen und dabei vor allem ihr eigenes Fortkommen im Sinn haben. Durch ihr Wirken konterkarieren sie gemeinwohlorientierte Politik und Wirtschaft erst recht. Entgegen verbreiteten Beschwichtigungsthesen führt der Druck der zahlreichen Verbände auf die Politik in seiner Summe keineswegs zu einem angemessenen Ausgleich. Organisationsstarke Interessen der Wirtschaft dominieren, so dass nicht nur Zukunftsbelange, sondern auch allgemeine Interessen der Gegenwart typischerweise zu kurz kommen, ein Mechanismus umgekehrter Demokratie.

Resümee

Da allein die Politik verbindliche Regeln erlässt und den Rahmen und die Anforderungen auch für alle anderen Systeme setzt, kommt ihr eine Schlüsselrolle für die Bekämpfung von Defiziten zu. Sie muss letztlich die Institutionen adäquat gestalten, um Exzesse in Justiz und Verwaltung, in Medien, Wirtschaft und Verbänden zu unterbinden. Dazu muss sie sich aber von der »Umarmung« etwa durch die Verwaltung und die Wirtschaft, die ihre Handlungsfähigkeit beeinträchtigt, befreien. Gleichzeitig muss sie sich selbst zurücknehmen und auf funktionswidrige Einflussnahmen auf die anderen Systeme verzichten. Alles das kann durch Stärkung des Volkes günstig beeinflusst werden. Wird der politischen Klasse die Alleinherrschaft über die Regeln der Macht entzogen und werden ihre Übergriffe in andere Bereiche unterbunden, so kann sie auch konsequenter gegen Missbräuche in anderen Bereichen vorgehen.

Zum Schluss: 16 Thesen

Die Essenz des Buches lässt sich in 16 Thesen zusammenfassen, die zum Schluss noch einmal die Grundgedanken verdeutlichen sollen, die das ganze Buch durchziehen:

1. Die eigentlichen Macher in unserem Gemeinwesen sind nicht der Staat, die Parteien, die Verbände, die Unternehmen und die Medien als Ganze, sondern hauptberufliche Akteure *innerhalb* dieser Organisationen. Sie besitzen gewaltige geliehene Macht und einen großen Handlungsspielraum, unterliegen aber nur eingeschränkter Kontrolle und keiner persönlichen Haftung. Die enorme Tragweite ihrer Entscheidungen steht im umgekehrten Verhältnis zu ihrer mangelnden Verantwortlichkeit. Dagegen haben die Bürger und die einfachen Mitglieder der Parteien und Verbände – trotz aller Beschwörung von Demokratie – in der Praxis wenig zu sagen. Das gilt auch für (Klein-)Aktionäre von Großunternehmen, Gebührenzahler von Fernsehanstalten und Konsumenten aller Art.

2. Jene Akteure handeln – entgegen ihrer Selbstbeschreibung – oft nicht im öffentlichen Interesse, sondern in ihrem eigenen. Das berufliche Ethos bestimmter Professionen bildet nicht immer ein ausreichendes Gegengewicht und besteht auch nicht überall.

3. Am klarsten wurde das Problem in der Politik erkannt. Deshalb suchen die geistigen Väter der demokratischen Verfassung den Egoismus von Staatsfunktionären durch mehrere wohldurchdachte Vorkehrungen unter Kontrolle zu bringen: durch Bindung der Politik an die Verfassung, durch Gewaltenteilung, politischen Wettbewerb und die Verantwortlichkeit der Parteien und Politiker gegenüber den Wählern.

4. Doch die Verfassung unserer Republik ist nicht im Himmel oder von Philosophen gemacht, sondern von denen, die sie eigentlich zähmen soll, den Berufspolitikern. Diese haben in ihren Parteien nicht nur ein jahrzehntelanges Training genossen, wie man politische Kämpfe erfolgreich besteht und Macht und Posten erwirbt. Sie sitzen auch mitten im Staat an den Hebeln der Macht und können dort ihre Interessen in Gesetze, öffentliche Haushalte und selbst in die Verfassung einfließen lassen.

5. Berufspolitiker bilden im Bewusstsein ihrer gemeinsamen Interessen und ihrer Gestaltungsmacht – über Fraktions- und Föderalismusgrenzen hinweg – eine »politische Klasse«.

6. Diese hat die grundlegenden Normen, nach denen politische Macht erworben und gesichert wird, und die Institutionen, in denen sie ausgeübt wird, im Laufe der Jahrzehnte im eigenen kurzsichtigen Interesse immer mehr verfälscht: Verfassung, Gewaltenteilung und politischer Wettbewerb werden unterlaufen. Scheinwahlen und überzogene Politikfinanzierung herrschen vor, Missbräuche bei der Beamten- und Richterernennung sind an der Tagesordnung. Aus Volkssouveränität ist die Souveränität der politischen Klasse geworden, deren Verantwortlichkeit gegenüber den Wählern aufgehoben ist. Das hat sie zum neuzeitlichen absoluten Herrscher gemacht und die Richtung der politischen Willensbildung, die in der Demokratie eigentlich von unten nach oben verlaufen sollte, umgedreht.

7. Mangels Volkssouveränität und mangels Wahl der Abgeordneten durch die Bürger fehlt dem gesamten politischen System die demokratische Legitimation. Diese wird als politische Formel nur vorgeschoben und dient dazu, die Monopolmacht der politischen Klasse zu camouflieren. Die pervertierten Institutionen lähmen die Handlungsfähigkeit der Politik. Wenn Demokratie Regierung durch das Volk und für das Volk ist, haben wir in Wahrheit gar keine.

8. In der deutschen Verwaltung und Gerichtsbarkeit ist zwar immer noch ein gewisses Berufsethos verbreitet, doch das bröckelt und kann ihre Angehörigen, auf Lebenszeit abgesichert und versorgt, nicht mehr zuverlässig unter Kontrolle halten. Spezialistenmentalität und eigene Interessen

tendieren nach außen zu dirigistischen Maßnahmen, nach innen wuchern Ausdehnungstendenzen.

9. Viele Verbände und Kammern bieten Druckposten für ihre Funktionäre, die ohne wirksame Kontrolle ihrer Mitglieder vor allem ihr eigenes Fortkommen im Sinn haben. In ihrer Summe drohen Lobbyisten wegen der einseitigen Organisationskraft von Interessen die Fähigkeit der Politik, das Gemeinwohl und die Zukunft zu sichern, erst recht zu lähmen. Die Leitbilder des Pluralismus und das Korporatismus, die einen Ausgleich der Interessen versprechen, halten einer Nachprüfung nicht stand.

10. Die Medien, besonders das Fernsehen, sind zu einer alles durchdringenden Macht aufgestiegen. Doch vielfach gieren politisch korrekte Meinungsmacher in vordergründiger Personalisierung und unkontrollierter Selbstverwirklichung vor allem nach Einschaltquoten und versäumen dabei ihre wichtigste Aufgabe: Mängel und Schwachstellen unseres Systems zu thematisieren.

11. Manager von Großunternehmen, die für Verluste nicht haften und vertraglich nur relativ kurzfristig gebunden sind, haben sich einen Selbstbedienungsladen geschaffen, in dem die Verantwortung klein- und die Bezüge großgeschrieben werden. Selbst wer wegen völligen Versagens ausscheiden muss, wird bisweilen noch mit gigantischen Übergangsgeldern und Abfindungen belohnt.

12. Die Akteure greifen systemwidrig auf andere Bereiche über: Politiker auf Verwaltung, Justiz, Medien und Wirtschaft; Manager, Verbandsfunktionäre und Medien auf Politik und Verwaltung. Dadurch stärken die einzelnen Akteure zwar ihre Position, beeinträchtigen aber erst recht das Funktionieren von Staat und Gesellschaft.

13. Auch Berufsfunktionäre können allerdings die Belange ihrer nominellen Auftraggeber nicht allzu sehr vernachlässigen und deren Werte und Normen nicht völlig ignorieren. Sie pflegen sich deshalb als gemeinnützige Diener zu präsentieren, die nur am Wohl der Bürger bzw. ihres Unternehmens interessiert seien. Ihre wahren Motive und Verhaltensweisen, die sich öffentlich nicht rechtfertigen lassen, müssen sie verdecken. Wort und Tat fallen auseinander. Eine Doppelmoral, die den öffentlichen Diskurs vergiftet,

ist die Folge. Die von Eigeninteressen getragene Ideologie infiziert oft auch die veröffentlichte Meinung.

14. Der Doppelzüngigkeit entspricht eine gewaltige Diskrepanz von Soll und Ist. Zwischen dem von Bürgern und öffentlicher Meinung geforderten Bild und dem mängelbehafteten tatsächlichen Zustand unserer Republik besteht eine riesige Kluft. Zu ihrer Überbrückung werden Potemkin'sche Dörfer errichtet und Begriffe ideologisch verfälscht. Die Täuschung gelingt zwar nicht immer und schon gar nicht auf Dauer, sie trägt aber umso mehr zur allgemeinen Verdrossenheit bei.

15. Trotz aller Camouflage-Versuche stechen die Mängel unserer Systeme zunehmend ins Auge, seitdem die Ressourcen immer knapper und die Herausforderungen größer werden. Angesichts der Anforderungen des demografischen Wandels und der Globalisierung lässt sich die Frage immer schwerer unterdrücken, wie lange wir uns derart funktionswidrige Systeme noch leisten können.

16. Letztlich gibt es in der Demokratie nur eine Kraft, die in der Lage ist, die politische Klasse zu begrenzen und in eine adäquate Ordnung einzubinden: das Volk selbst. Gelingt es, die Bürger zu politisieren, die Elemente der direkten Demokratie zu nutzen und zu verbessern und durch grundlegende Reformen mehr Herrschaft *durch* und *für* das Volk, also echte Demokratie, herzustellen, können auch andere Bereiche leichter unter die Kontrolle der Gemeinschaft gebracht werden.

Personenregister

A

Abromeit, Heidrun 19, 75
Ackermann, Josef 228 f., 260 ff., 266 f.
Adenauer, Konrad 17, 59, 71, 209, 215, 310 f.
Althaus, Dieter 20
Altmaier, Peter 43
Apel, Hans 139
Arentz, Hermann-Josef 151, 273, 290

B

Barzel, Rainer 169
Beck, Kurt 111, 265
Beckstein, Günther 277
Benöhr, Susanne 126
Berger, Roland 147, 204
Berninger, Matthias 168
Beust, Ole von 82 f.
Beyme, Klaus von 192
Biedenkopf, Kurt 71, 249
Blüm, Norbert 302
Böhmer, Wolfgang 20
Böll, Heinrich 121
Bosetzky, Horst 97
Bourdieu, Pierre 28

Brandt, Willy 59
Brauchitsch, Eberhard von 114, 299
Brentano, Heinrich von 17
Breuer, Rolf 260 f.
Brok, Elmar 47, 290
Buitenen, Paul van 297
Bush, George W. 246
Bütikofer, Reinhard 168

C

Carstens, Karl 204
Chirac, Jacques 246
Christiansen, Sabine 245 f.
Claassen, Utz 262
Clay, Lucius D. 214
Clement, Wolfgang 204 f., 273, 293
Cromme, Gerhard 268

D

Döring, Walter 199
Dürig, Günter 234, 236

E

Ebert, Friedrich 121
Echternach, Jürgen 82, 203
Ehard, Hans 215

Ehlerding, Karl 116, 291
Erhard, Ludwig 59, 257
Ernst, Werner 212 f.
Eschenburg, Theodor
    101, 280, 291
Essen, Jörg van 43
Esser, Klaus 261, 264
Eucken, Walter 257

F
Fellner, William 272
Fischer, Joschka
    76, 168, 196, 246, 248,
    303
Fischer, Thomas 275
Flach, Ulrike 151
Förster, Klaus 297, 299
Fraenkel, Ernst 207
Franz, Wolfgang 168
Frey, Gerhard 235
Friderichs, Hans 299
Funk, Joachim 261

G
Gansäuer, Jürgen 151
Gebauer, Klaus-Joachim
    269 ff.
Geck, Wilhelm Karl 95
Geiger, Willi 155
Geißler, Heiner 101, 249
Genscher, Hans-Dietrich
    248
Glotz, Peter 241
Göhner, Reinhard 163, 290
Gorbatschow, Michail 255
Göring-Eckardt, Katrin 168
Grass, Günter 243

H
Häfner, Gerald 76
Halstenberg, Friedrich 130
Hartz, Peter 228 f., 268 ff.
Hassel, Kai Uwe von 61, 155
Hasselfeldt, Gerda 145
Haussmann, Helmut 250
Hayek, Friedrich August von
    191
Heesen, Peter 148
Hegel, Georg Wilhelm Friedrich
    281
Heil, Hubertus 111
Hendricks, Barbara 104, 111
Henkel, Hans-Olaf 290
Hennis, Wilhelm 168
Herzog, Roman 67, 89, 234 f.,
    255, 286, 321, 328
Heuss, Theodor 209, 215
Hill, Hans-Kurt 163
Hillinger, Jörg 199
Hinsken, Ernst 69
Hirsch, Burkhard 158
Hitler, Adolf 18, 115, 252
Hollerith, Josef 120
Holthoff-Pförtner, Stephan
    153
Horst, Patrick 181 f.
Hörster, Joachim 182
Hunzinger, Moritz 135 f., 283

I
Irmer, Hans-Jürgen 119

J
Janssen, Albert 153
Jefferson, Thomas 19

Jung, Franz Josef 131, 135
Jung, Otmar 21, 74, 76

K

Kahrs, Johannes 116
Kanther, Manfred 131, 135,
    137, 228 f.
Karpen, Ulrich 184
Karry, Heinz Herbert 130
Kasparow, Garri 246
Kastner, Susanne 146
Kauder, Siegfried 163
Keynes, John Maynard 306
Kiep, Walther Leisler 130
Kinkel, Klaus 248
Kirch, Leo 151 f., 261, 279, 294
Kirchhof, Paul 19
Klaeden, Eckart von 106, 182
Klar, Christian 209
Klein, Hans Hugo 108, 202,
    236
Kleinfeld, Klaus 262
Kloth, Hans Michael 184
Koch, Roland 131, 218, 325
Koch-Weser, Caio 291, 294
Koenig, Pierre 214
Kogon, Eugen 170
Kohl, Helmut 26, 59, 68, 71,
    97, 118, 130, 132, 135 ff.,
    149, 151, 153, 199, 207–
    210, 249 f., 254, 294, 298,
    323, 328
Köhler, Horst 207–210
Kopper, Hilmar 260
Körting, Ehrhart 103
Kuhl, Hans-Joachim 133
Kuran, Timur 240, 244

L

Lafontaine, Hans 163
Lafontaine, Oskar 163
Lambsdorff, Otto Graf 137,
    299 f.
Lammert, Norbert 149, 245 f.
Lassalle, Ferdinand 22
Lehne, Klaus-Heiner 47, 161
Leibholz, Gerhard 45, 53, 63,
    97, 107, 124 ff., 174, 201,
    233, 236
Lenz, Günter 270
Linck, Joachim 153 f.
Lincoln, Abraham 79
Luhmann, Niklas 97
Luxemburg, Rosa 122

M

Machiavelli, Niccolò 170
Maier, Winfried 198 ff.
Maizière, Lothar de 255
Maschmeyer, Carsten 119
Matthäus-Meyer, Ingrid 276
Maunz, Theodor 234 ff.
Menzel, Walter 215
Merkel, Angela 246
Merz, Friedrich 149, 245
Metz, Horst 276
Metzger, Dagmar 158
Meyer, Laurenz 43, 135, 151,
    273, 290
Milbradt, Georg 277, 323
Möllemann, Jürgen 133
Montesquieu, Charles de
    190 ff., 316
Mosca, Gaetano 92, 138, 177
Müller, Gottfried 153

Müller, Peter 20, 196
Müller, Werner 273, 291, 293
Münch, Ingo von 194
Müntefering, Franz 48, 69
Mußgnug, Reinhard 18

N

Naumann, Friedrich 120
Neuber, Friedel 275
Noelle-Neumann, Elisabeth
    241

O

Oberreuter, Heinrich 181,
    184 f.
Olson, Mancur 286 f.
Ortega y Gasset, José 39
Orwell, George 242
Özdemir, Cem 135, 283

P

Paffrath, Constanze 255
Parkinson, Northcote 336
Patzelt, Werner 181, 183
Pauli, Gabriele 71
Peters, Jürgen 269
Pfahls, Holger 199
Pflug, Johannes 69
Piëch, Ferdinand 267–270
Pierer, Heinrich von 262, 267 f.
Popper, Karl R.
    47, 91, 193, 217, 322
Poß, Joachim 69
Putin, Vladimir 246 f.

Q

Quaritsch, Helmut 212

R

Rau, Johannes 71, 205, 325
Rawls, John 23
Reinicke, Wolfgang 206
Reinke, Elke 168
Ricardo, David 305
Robertson, Brian 214
Roellecke, Gerd 18
Rogowski, Michael 290
Romer, Franz-Xaver 69
Roth, Wolfgang 172
Röttgen, Norbert 140 f., 290
Rottmann, Joachim 97
Rousseau, Jean-Jacques
    281

S

Sacksofsky, Ute 184
Sayn-Wittgenstein, Casimir
    Johannes Prinz zu 130
Schächter, Markus 96
Schäffer, Fritz 306
Scharping, Rudolf 136, 283
Schäuble, Wolfgang
    132, 135, 255
Scheel, Walter 155
Schelsky, Wilhelm 271 f.
Schenk, Fritz 95
Scheuner, Ulrich 77
Schill, Ronald 82
Schiller, Friedrich 128
Schily, Otto 71, 150, 294
Schmalz-Jacobsen, Cornelia
    158
Schmid, Carlo 15, 17, 215
Schmidt, Helmut
    59, 300, 322, 339

Schmidt-Vockenhausen,
Hermann 98
Schneider, Hans-Peter
184
Scholz, Olaf 139, 141
Schreiber, Karlheinz
130, 132, 135
Schreiber, Wilfrid 310
Schreiner, Ottmar 43
Schrempp, Jürgen 259 f., 262,
266
Schröder, Gerhard 48, 71, 76 f.,
87, 119, 158, 196, 209, 246,
269, 273, 291, 293, 303,
323 f.
Schulz, Martin 47, 161
Schulz, Swen 146
Schumacher, Kurt 215
Schüttemeyer, Suzanne S. 183
Schwarzmeier, Manfred 184
Sebaldt, Martin 183
Seidel, Hanns 121
Sengera, Jürgen 275
Steinbrück, Peer 276
Steinmeier, Frank-Walter
246, 248
Sternberger, Dolf 99
Stoiber, Edmund 20, 71, 90,
184, 204 f.
Strauß, Franz Josef 57
Sudholt, Bernd 270
Süssmuth, Rita 158, 249
Sutherland, Edwin H. 228

T
Tacke, Alfred 273, 291, 293
Thaysen, Uwe 182 ff.

U
Uhl, Hans-Jürgen 151, 270

V
Viereck, Ingolf 151
Volkert, Klaus 228, 269 f.
Volmer, Ludger 168

W
Wächter, Gerhard 69
Wahl, Rainer 95
Waigel, Theo 250
Wallmann, Walter 85
Walser, Martin 243
Wedel, Hedda von
96, 147
Wehner, Herbert 98
Weis, Petra 69
Weizsäcker, Richard von
26, 29, 52, 54, 84, 92, 99,
100, 109, 110, 119, 127,
168, 207, 210, 315, 328,
330
Wendhausen,
Hans-Herrmann 151
Werwigk-Hertneck,
Corinna 199
Wettig-Danielmeier,
Inge 105
Wieczorek-Zeul, Heidemarie
111
Wiedeking, Wendelin 264
Wiefelspütz, Dieter 43
Wildenmann, Rudolf 51
Will, Anne 148, 245
Willsch, Klaus-Peter 120
Wissmann, Matthias 116

Wolf, Margareta 168
Wulff, Christian 86 f.

Y
Ypsilanti, Andrea 158

Z
Zehetmair, Hans 184
Zumwinkel, Klaus
    263, 265
Zwickel, Klaus 261

Sachregister

A

Abgeordnete
siehe auch Volksvertreter
– Altersversorgung 38, 142 f.,
146, 152 f., 203, 205, 293,
309
– Aufwandsentschädigung
32 f., 38, 133, 153 f.,
171–174, 183, 187
– Höchstversorgung 143
– Versorgung 27 f., 30, 38, 93,
96, 140, 142 ff., 146, 152 ff.,
158, 166, 169, 186, 195,
203 ff., 239, 319
– Wahl 42–47
– Zusatzeinkommen 149–152,
166, 173, 205, 294
Abgeordnetenmitarbeiter 34,
62, 100, 103, 109, 128, 162 f.
Absolutismus, moderner 193
Agrarpolitik 67, 284
Akademie für politische
Bildung Tutzing 184
Aldi 271
Alimentation 33, 173 f., 188,
202 f., 206, 234, 326
Allgemeiner Wirschaftsdienst
(AWD) 119

Amnestie(gesetz) 239, 300
Amts-/Berufsethos 330, 336,
341 f.
Amtspflicht 314 f.
Amtszeit, Begrenzung 70 ff.
Arbeitgeberverbände 251, 285,
290
Arbeitsgemeinschaft
Unabhängiger
Betriebsangehöriger (AUB)
271
ARD 245
AUB *siehe* Arbeitsgemeinschaft
Unabhängiger
Betriebsangehöriger
Ausbildung 121, 142, 167 f.,
170 ff., 258, 303, 335
Außenpolitik 246 ff.
Ämterpatronage
24, 92 ff., 96 ff., 124, 134 f.,
192, 209 f., 304, 318 ff., 331
siehe auch Patronage
(prinzip/-potenzial),
»Parteibuchwirtschaft«

B

Beamte 30 ff., 37, 52, 66, 92,
94, 98, 114, 144, 147 f.,

166 f., 169, 172, 175, 178 ff.,
188, 192, 195, 197, 200,
210, 225, 237, 273, 278,
282 ff., 289, 291–295, 307,
317, 333, 335 ff., 342 *siehe*
auch Verbeamtung
Beamte, Dienstpflicht(en) 179,
222, 297
»Becket-Effekt« 79, 331
Bentley 270
»Berger-Kommission«
147, 204
Berlin 17, 21, 40, 55, 103,
140 f., 146, 199, 212 f., 228,
247, 259, 271 f., 308, 328
Berliner »Ruck-Rede« (R.
Herzog) 328
Berufs-/Amtsethos 330, 336,
341 f.
Berufspolitiker 26 f., 29, 32, 36,
45 f., 70, 75, 91, 145, 155,
167–171, 193, 238, 304,
315, 318 f., 328 ff., 334, 342
Besatzungsmächte 16 f., 57
siehe auch Siegermächte,
alliierte
Besoldung(sordnung) 77, 124,
144, 147, 172, 237
Betriebsräte 228, 261, 268–
272, 339
Bildung (Schule/Hochschule)
236, 254, 303, 305
Blockade(haltung/-kurs/-macht)
86, 91, 187, 193, 216, 240,
324, 328
Bodenreform (1945) 25, 235,
252, 254 ff.

Bonn 21, 57, 258, 299
»Bourgeois« 287, 335
Brüssel 21, 46, 65 ff., 110,
161, 165, 216, 259, 280,
284
Bugatti 270
Bund der Steuerzahler 78
Bundesländer, Neugliederung
24 f., 211–214, 324
Bundespräsident 22, 26, 29, 54,
67, 70 f., 89, 92, 98, 109 f.,
127, 147, 155, 168, 178,
204 f., 207–210, 235, 240,
255, 286, 315, 325, 327,
332 f., 337
– Umfrage, *Spiegel* (2006)
209 f.
Bundesrat 24 ff., 34, 40, 76, 91,
182, 187, 192 f., 208, 210,
215–218, 301, 320, 323 f.,
327, 334
Bundesrechnungshof 96, 294 f.
siehe auch Rechnungshöfe/-
höfler (des Bundes)
Bundestag 18, 20, 24 ff., 37,
39 f., 43, 45 ff., 53, 57 f.,
66, 71, 76, 79, 95, 98, 100,
102, 108 f., 116, 120, 122,
127 f., 133–136, 140 f., 143,
145, 147 f., 150 f., 160, 162,
167 f., 171 f., 175 f., 178,
181 ff., 188, 195, 208 ff., 212,
245 f., 254, 283, 289, 299,
301, 312, 324, 327, 331
Bundestagswahl(en) 18 f., 43,
49, 57 ff., 61 f., 69, 80, 116,
122, 135 f., 147, 149, 216,

218, 249, 301 ff., 323
siehe auch Wahl(en)/wählen
– Wahlbeteiligung 49
Bundestagswahlrecht 57
Bundesvereinigung
der Deutschen
Arbeitgeberverbände 163
Bundesverfassungsgericht 18,
23, 25, 28, 46, 51, 53 f., 59 f.,
63 f., 69, 83, 94 f., 99–104,
107–110, 112 f., 117, 121–
124, 126, 142, 147, 149 f.,
162, 164, 174 ff., 179, 186,
200, 203 f., 207 f., 210, 212,
234 f., 240, 254, 255, 304,
308, 319, 327, 331–334, 337
– Diätenurteil (1974) 155, 202,
236
Bündnis 90/Die Grünen 56, 76,
78, 85, 89, 97, 103, 111 f.,
121, 149, 168, 195 f., 283,
294, 323
Bürger 19 ff., 23, 26, 31 f.,
34 ff., 39–51, 56, 60, 63 f.,
66, 68 f., 71, 73 ff., 79–82,
85, 90, 95, 100, 104, 111,
115, 117, 135, 138, 145 f.,
152, 155 f., 160, 164, 166,
171 f., 175 f., 185, 188 f.,
193 f., 200, 217 f., 220, 233,
241, 244, 246, 255, 257,
281, 291, 301 f., 304 f.,
314 f., 321 f., 325, 327 f.,
333 ff., 341–344 *siehe auch*
Volk
Bürgerbegehren/-entscheid
73 f., 88

Bürgerrechtsbewegung 287
Bürokratie 67, 167, 251, 336
Byometrie Systems AG 294

C

CDU 17, 21, 26, 43, 47, 58 f.,
65 f., 71, 82, 85 f., 88 f., 95,
103, 106, 113, 116, 119 ff.,
126, 130 ff., 135 f., 140, 149,
151, 158, 161, 182, 184,
196, 198 f., 202, 218, 228,
251, 271, 273, 290 f., 300,
303, 323 ff.
CDU-Spendenskandal 132 f.,
198
Chancengleichheit 34, 54,
59 ff., 122 f.,164, 332
»Citoyen« 287, 335
»Contrat social« (J.-J. Rousseau)
281
Corporate Governance Kodex«,
»Regierungskommision 264,
268
CSU 21, 46, 57 ff., 65 f., 71,
88 f., 95, 113, 117, 120 f.,
135, 136, 140, 145, 182,
184, 204, 218, 235, 300,
303, 323

D

DaimlerChrysler AG 259 f.,
262, 266, 271
Dänemark 20
DAX 264, 275
DDR 88, 235, 250, 252, 255,
256
Deal, Strafprozess 227–231

353

Defizite, strukturelle, zu Lasten
der Zukunft 301–305
Demografie/demografisch 252
Demokratie/-prinzip 11, 13, 17,
21 ff., 31 f., 35–39, 44, 47 f.,
50 f., 64–68, 70, 92, 110,
118, 123, 125, 139, 146,
155 ff., 161, 166, 176, 178,
181, 185 f., 190 f., 193 f.,
202, 213, 231, 242, 253,
281 f., 285, 305, 312, 316,
320, 325, 327 ff., 332 f.,
340 ff., 344
–, direkte 73–91
–, repräsentative *siehe* Repräsen-
tation(sgedanke)
– Selbstheilungskräfte der
Demokratie 239
Demokratiedefizit 18, 36, 64 f.,
167
Demokratieerziehung 94
Demonstrationseffekt,
Ämterpatronage 93
Demoskopie 241
Deutsche Bank 228, 260 f., 266,
294
Deutsche Industriebank (IKB)
276
Deutsche Industrie Service AG
(DIS) 294
»Deutsche Politische
Akademie« 170 f.
Deutsche Post 263
»Deutsche Vereinigung für
Parlamentsfragen« 182
Deutsche Volksunion *siehe*
DVU

Deutschland 11 f., 20, 34, 39 f.,
42 ff., 46, 52, 59, 66 ff., 70 f.,
73–80, 84 f., 99, 105, 117,
125, 140, 149, 151, 164,
171, 175, 179 f., 186, 191,
196, 200, 206, 214, 216,
221, 234, 237, 245, 247,
250, 252 ff., 258, 261 f., 266,
268 f., 272 f., 276, 279 f.,
282, 284, 287, 289–292,
296 f., 301, 306, 308, 311 f.,
316 f., 321 f., 326
Diätenerhöhung(en) 139–148,
171, 328
Diätengesetz, Europaparlament
(2003) 78, 164 f.
Diäten(system) 25 f., 30,
33, 38, 45, 47, 109,
112 f., 118, 128, 133,
150, 152–155, 161, 166,
173 f., 183, 187, 195,
202 f., 236, 239
Dienstaufsicht 223, 225
Dienstgeheimnisse 198, 297
Dienstpflicht(en),
Beamte 179, 222, 297
Dinks (double income, no kids)
309 f., 312
Direktwahl(en) 46, 60, 79, 84–
91, 98, 145, 159, 185, 189,
278, 332 ff.
– Ministerpräsident 89 ff.
DIS *siehe* Deutsche Industrie
Service AG
Diskriminierung 51–56, 94,
101
– Randgruppen 243

Dreigenerationenverbund 310
Drei-Länder-Klausel 60
Drei-Mandats-Klausel 58
Drei-Parteien-System 58
Drei-Viertel-Mehrheit 264
DVU (Deutsche Volksunion)
235, 332

E

Ehrverletzung, schuldhafte 242
Eigennutz/eigennützig 23, 36,
155, 183, 287, 315, 318
Einbürgerungskommission 158
EnBW 272
Entschädigung, Abgeordnete
32 f., 38, 133, 153 f., 171–
174, 183, 187
E.on 272 f., 293
Etat *siehe* Haushalt *sowie* EU-
Haushalt
EU-Haushalt 67
EU-Reformvertrag 21
Euro, Einführung 20
Europa/Europäische Union/
europäisch 15, 20 ff., 34, 39,
46 ff., 62, 93, 99, 101, 110,
160, 164–167, 175, 213,
216, 236, 247 f., 265, 280,
283–286, 297, 307 f., 312,
322
– Wahl(en) 46 ff., 53, 59, 64–
68, 83, 102
Europaabgeordnete 46, 48,
134 f., 160 ff., 165 f., 185,
290
Europäische Investitionsbank
172

Europäische Kommission 66,
185, 297
Europäische Menschen-
rechtskonvention 221
Europäische Volkspartei 65,
161
Europäischer Gerichtshof 221
Europaparlament
37, 39, 46 f., 59, 127,
161, 164, 178, 185 f., 283 f.,
289, 297, 327, 331
– Stimmengewichtung 65
Europapolitik 216, 246 ff.
Europarat 110, 164, 186
Europawahlen 46, 48, 53, 59,
65 ff., 81, 83, 102, 164, 167,
185
– Wahlbeteiligung 49
Exekutive 30, 34, 67, 73,
159, 190, 192, 194 f.,
316, 334
Experten/-wissen 42, 122,
146, 168, 206, 267

F

Faschismus *siehe* Ideen,
faschistische *sowie*
Nationalsozialismus/-
sozialistisch
FDP 17, 43, 57 ff., 86, 88 f.,
103, 116 f., 121, 130, 133,
147, 149, 151, 158, 199,
251, 254, 298 ff.
FDP, Spendenskandal 133
»Federalist Papers«
(Kommentar zur US-
Verfassung 1787) 190

Fehlerquote, Rechtsprechung
226
Fernseh(anstalt)en
66, 94, 117, 133, 157,
191, 199, 239 f., 245 ff.,
261, 278, 338, 341, 343
Feudalismus 281
Finanzrevolten 77
Flick-Skandal 114, 297–300
Föderalismus 20, 24, 38, 211–
220, 320 f., 323 f., 342
Föderalismusreform 154, 322,
325
Forsa-Umfrage für *Stern*
(2006), Volksbegehren 74
Fort-/Weiterbildung(swesen)
123, 230, 237 f.
Fraktionsdisziplin 33, 44, 140,
157–160, 179
Frankreich 20 ff., 68, 146, 164,
281
Französische Revolution 77,
92, 281
Freie Demokraten 58
Freie Wähler 54
Freiheit(en) 15, 32 f., 42, 44,
65 f., 157–161, 190, 217,
240, 242, 322, 326, 332, 338
»Freispruch-Justiz« 225
Friedenspreis des Deutschen
Buchhandels 243
Friedrich-Ebert-Stiftung 121,
123
Friedrich-Naumann-Stiftung
120
Fundamentalrecht,
entwertetes (Wahl) 39 ff.

Fünf-Parteien-System 89–91
Fünf-Prozent-Klausel
25, 49, 52 f., 56–64, 187,
332
Funktionäre 32, 39, 44,
56, 85, 87, 115, 128,
137, 183, 224, 229,
240 f., 251, 257, 266,
277 ff., 283, 287, 329,
335, 340 f., 343

G
Ganztagsschule 238
Gazprom 293 f.
Gefälligkeitspolitik 301
Geldentwertung 32, 106
Gemeinnutz/gemeinnützig
32, 35 f., 120, 213, 296,
299, 315, 318, 343
Gemeinwohl 22–26, 32,
36, 75, 129, 169, 171,
174, 176, 183, 213, 232 f.,
285, 296, 304, 315, 318,
328–331, 340, 343
Gerechtigkeit/Ungerechtigkeit
67, 144, 221 f., 229 ff., 265,
312
Gerichte (hohe) 62, 94, 191,
197, 199, 221–231, 274,
291, 303 f., 317 f., 331 f. *siehe
auch* Verfassungsgerichte
Geschwister-Scholl-Institut 184
Gewaltenmonismus 190
Gewaltenteilung 23, 25, 30 f.,
64, 91, 94, 153, 179, 187,
190–210, 254, 316–320,
330 f., 334, 341 f.

Gewerkschaft(en)
251, 261, 265 f., 271, 278,
285, 335, 339
Grauen Panther, Die 56, 132,
135
Großbritannien 99, 117, 180
Großspenden 101, 105, 114 f.,
117, 122, 129, 132 f., 291,
298, 339
Grundgesetz/-lich (1949)
15–19, 22 ff., 26, 30–36,
38, 40, 42, 44 f., 57, 70,
76, 79, 81, 94 f., 99, 108,
112, 115, 118, 126, 137,
157, 162, 173, 175–178,
180, 187 f., 190 f., 194,
206, 208 f., 211 f., 214–217,
222 f., 234 f., 255, 278, 303,
311 ff., 315 f., 321, 323 f.,
326 f., 328, 331 f., 337 f.
siehe auch Verfassung
Grünen,
Die *siehe* Bündnis 90/
Die Grünen

H

Hamburg/-er (Bürgerschaft)
49, 55, 81–84, 89, 113, 116,
152, 161, 166, 184, 188,
194 f., 212, 239, 291, 301,
308
Handlungsfreiheit, politische
324
Hanns-Seidel-Stiftung 121
Hartz-Kommission 269
Hartz-IV(-Empfänger) 113, 309
Harzburger Front 115

Haushalt(splan/Etat),
öffentlicher 28, 32, 37, 65,
67, 77, 101, 116, 120, 122,
146, 162 f., 168, 185, 221,
224, 253, 275, 284, 296,
303, 306, 318, 342
Haushaltspläne 37, 77, 163
Heiligendamm (2007) 20, 247
Heinrich Böll Stiftung 121, 123
»Herrschaft der Verbände?«
(T. Eschenburg) 280
Herrschaftspatronage 93
Hitlerdiktatur 18
Hitler-Partei *siehe* NSDAP
Hochschulen *siehe*
Schul(we)sen/Schüler *sowie*
Studenten
Hofkommission(en) 147, 203–
207, 233
Hunzinger-Affäre 136

I

Ideen, faschistische 236
IG Metall 261, 269, 271
Ikea 271
Immobilienkreditgeschäft,
USA 276
Impeachment 207
Indemnität *siehe*
Unverantwortlichkeit
Informationsfreiheitsgesetze
32
Inszenierung (mediale) 43, 170,
239, 246 ff., 338
Irland/Iren 20, 22
Irreführung, Öffentlichkeit
203–207

J

Jahresrechenschaftsbericht,
Partei 117
Journalisten 117, 133, 141,
172, 239, 244, 247
Justiz 136, 196f., 199, 225ff.,
270, 314, 335–338, 340, 343

K

Kapitalismus, humaner 257
»Kartell des (Ver-)Schweigens«
93, 243
Kartellamt 273f., 293, 319
Kartelle/Kartellierung
(politische) 27, 34, 122, 183,
318ff., 325
»Kartellparteien«/Parteikartelle
27, 52, 64
Kinder
– Förderung 31
– Zukunft 31, 78, 111, 130,
165, 236, 238, 301–313
Kinderwahlrecht 311ff.
Koalition(en) 33, 40, 57f., 71,
76, 88ff., 95, 104ff., 114ff.,
135, 141, 143, 145, 158f.,
162, 169, 185, 187, 192f.,
216ff., 246, 248, 294, 298,
300, 303, 316, 323f.
–, Große (1966–1969) 59
– Vertrag 2005 77
»Kommission unabhängiger
Sachverständiger« 96, 205
Kommissionen 54, 59, 65f., 76,
82, 96, 147, 185f., 212, 264,
283f., 297
Kommunalverfassung 84–89

Kommunalwahlrecht 46
Kompetenz(en) 22, 34, 154,
169f., 186, 208ff., 215, 219,
277, 284, 322, 324f., 335
Konjunktur 307
Konrad-Adenauer-Stiftung 121,
123
Konstitutionalismus 30
Konsument(en) 280, 286, 341
Kontrolldefizit(e) 107f., 110,
122f., 135
Kontrollinstanzen 94, 192, 194,
318f., 337
Korrektheit, politische 11, 52,
64, 171, 241–245, 329, 338
Korruption/korrupt(iv)
31, 91, 101, 105, 125,
129–137, 150, 157, 166,
183, 200, 231, 244, 251,
262, 265, 267, 275, 281f.,
285, 289–300, 337–340
–, institutionalisierte 114–120
KPD 17
Kreditanstalt für Wiederaufbau
(KfW) 276
Kultusministerkonferenz 34,
219, 325
Kunstfehler 225
Kunstsprache, politische
(»Neusprech«) 242

L

Lähmung
(konstitutionelle/politische)
211, 214–217, 324f.
Lamborghini 270
Landesbanken 274–277

Landespolitik(er) 212, 218, 271, 324 f.

Landesverfassungsgerichte *siehe* Verfassungsgerichte/-gerichtshöfe (Länder)

Landtagsabgeordnete, Diäten/ Alterversorgungen 152–156

Landtagswahlen 53 f., 82, 85 f., 90 f., 113, 119, 218, 301, 323, 334
– Wahlbeteiligung 48

Landtagswahlrecht 90 f., 334

Legislative 30, 192, 194, 316, 334

Legitimation (demokratische) 16, 18, 22, 39, 79, 83, 86, 90, 175–180, 187, 194, 210 f., 327, 333, 342

Lehrer 32, 128, 168, 172, 179 f., 188, 236–239, 317

Lex Wiedeking 264

Liechtenstein 130 f., 228, 263

Linke(/WASG) 40, 89, 103, 158, 168, 216, 218, 324

Lissabon
– Verfassungsvertrag (2007) 186, 247
– -er Erklärung (2000) 67

Listenwahlrecht 42

Lobby(ing/-ismus)/Lobbyisten 31, 47, 67, 130, 151, 157, 166, 183, 186, 259, 280–288, 290, 294, 339, 343

Loi Le Chapelier (Frankreich) 281

Lufthansa 271

Luxemburg 65, 133, 185, 284

M

Maastricht-Vertrag 34

Macht(streben/-erhalt/-interessen) 23, 25, 27 ff., 31, 34, 36, 56 f., 64, 78, 80 f., 84 f., 90, 92 ff., 96, 103, 110, 123, 125–129, 139, 157, 168, 170, 176 f., 186 f., 192 ff., 200, 207–210, 214 f., 217, 223, 232, 242 f., 246, 274, 277 f., 297, 300, 305, 314 ff., 318–323, 328 ff., 333 ff., 338, 340–343
– Regeln 20

Machtmissbrauch 22 ff., 28, 51, 75, 79, 81–84, 190, 316, 320

MAN 267

Mandate 30, 32 ff., 41, 43 f., 50, 53, 58, 68 f., 71, 85, 87, 112, 126, 128, 131, 134 f., 138 ff., 142 f., 145 f., 149–160, 171 ff., 178 ff., 185, 187 f., 195 f., 205, 212 f., 224, 246, 268, 270, 282, 290, 316 f., 319, 326, 337

Mandats, Freiheit des 157–160

Mannesmann 228 f., 261, 266

Marktwirtschaft(/-lich 67, 252 f., 257, 263, 265, 285, 318

Maximierung, Profit 258

Medien (öffentlich-rechtliche) 13, 21, 24, 29, 42, 45, 52, 80, 99, 136, 151, 160, 164, 166, 170, 191, 197,

239–248, 259, 277 f.,
294, 302, 314, 317,
321, 329, 333, 335, 338,
340 f., 343
Mediendemokratie 170, 338
»Mehr Demokratie e. V.«
(Bürgergruppe) 76, 81, 88
Meinung 66, 86, 99, 139,
167, 185, 240 f., 243 f., 284,
335 f., 344
Meinungsfreiheit 338
Menschenrechte 221, 254, 287
– Bürgerrechte, Französische
Erklärung der (1789) 190
Menschenrechtserklärungen 16
Menschenrechtskonvention,
Europäische 221
Minister/Ministerin/
Ministerium 17, 27, 30, 34,
45, 71, 98, 111, 114 ff., 122,
124, 129 ff., 135 f., 139,
142, 144, 151, 168 ff., 179,
184, 194–197, 199, 205,
223, 228, 231, 235 f., 246,
248, 250, 255, 273, 275 ff.,
282 ff., 291–296, 299, 302,
306, 315 ff., 319, 339
Ministerpräsident(en) 20, 24,
57, 71, 85–88, 98, 111, 115,
119, 131, 158 f., 165, 187,
196, 204, 211, 214 ff., 218,
240, 277, 323, 334
Ministerpräsident, Direktwahl
89 ff.
Ministerrat 59, 64, 164, 284
Missbräuche 17, 22 ff., 28,
37, 51, 75, 78 f., 81 f., 93,

137, 155, 162, 190, 222,
280–284, 314, 316, 318,
320 f.
Misswirtschaft 259–266
Mitsubishi 260
Mittelstand/-ständisch
256–259, 340
Möllemann-Affäre 133
Monopolkommission 273, 293

N

Nachhaltigkeit 31, 301–306
Nationalsozialismus/-
sozialistisch 214, 252, 273
Nazidiktatur 191, 235, 315
Nazivergangenheit 235
»1984« (G. Orwell) 242
»Neusprech« *siehe*
Kunstsprache, politische
Niederlande/niederländisch
20 f., 68, 165, 297
NPD 103, 137, 332
NSDAP 115, 252
n-tv 43, 245

O

»Odysseus-Problem« 318
Öffentlichkeit, Irreführung
203–207
Opportunität 254 ff.
Opposition(sparteien) 27 f.,
31, 76, 86, 122, 144, 183,
187, 190 f., 216–219, 246 f.,
317, 319 f., 322 f., 325
Ost-/West-Mark,
Währungsumstellung 252
Österreich 52, 164 f.

P

Pantouflage 282, 291–294
Parlament(e) 175–189
–, Europäisches *siehe*
Europaparlament
– Verbeamtung 331
Parlamentarischer Rat 15 ff.,
24, 57, 180, 214 f.
Parlamentsersatz 245 f.
»Parteibuchwirtschaft« 29, 31,
41, 52, 62, 64, 92–98, 107,
180, 192, 209, 232, 243,
337, 337
Parteien, politische 92–137
–, rechtsextreme 235
Parteiendemokratie, Ideal 217
Parteienfinanzierung
25, 30, 38, 50, 55, 61,
95 f., 98–107, 109 f., 112,
115, 118 f., 121, 124,
128, 132 ff., 155, 162 ff.,
200–205, 236, 319
Parteienfinanzierungs-
kommission 109, 119
Parteiengesetz (1967) 23,
50, 54, 99, 101, 105 f.,
108, 110, 114 f., 118 f.,
122, 130–135, 164
Parteienregierung,
verantwortliche
(»responsible party
government«) 321 ff.
Parteienschelte, Weizsäcker'sche
(1992) 26, 330
Parteiensouveränität 125
Parteienstaat 53, 62, 124 ff.,
174, 182, 233 f., 329

Parteienstaatsdoktrin
45, 53, 63, 107, 174,
201, 233
Parteifunktionäre 81, 100,
118, 138 ff., 165 *siehe auch*
Funktionäre
Parteigründungen 56
Parteikartelle/»Kartellparteien«
27, 52, 64
»Parteisoldaten« 44, 91, 139 f.,
156, 159, 171 f., 246
Parteisteuern 25, 33, 44, 93,
103, 108 f., 111–114, 128,
130, 133, 146, 173
Parteistiftungen 20, 28, 52, 61,
100 f., 103, 109 f., 120–124,
164, 186, 201, 329
Partizipationsdefizit 30,
37, 84 f. *siehe auch*
Demokratiedefizit
Patronage(prinzip/-potenzial)
31, 62, 93, 97, 134, 336 f.
siehe auch Ämterpatronage
PDS 121, 149, 213, 251 f., 324
Persönlichkeitswahlrecht 160
Pessimismus 253
Pflichtwerte/Pflichtgefühl 222
Phoenix live 245
PISA-Studien 180, 236, 317
Pluralismus/-theorie(n) 31, 157,
280–288, 330 f., 343
Plutokratie 157, 282, 339
Polen 49, 186
Political Correctness 41, 49, 95,
127, 153, 243 f.
Politik 314
– Richtlinien 209, 216

361

Politiker, Realitätsverlust 70
Politikerverdrossenheit 50 f.
Politikwissenschaft(ler/-in)
19, 21, 27, 51 f., 75 f., 90,
97, 99, 137, 168, 170,
181–184, 192, 205 ff.,
232 ff., 240, 280, 285 f.,
291, 318, 329
Politisierung
52, 276, 287, 318, 334 f.,
344
Porsche 116, 264, 267
Preissteigerung 104, 106 f.
Pressefreiheit 338
»Private Truths – Public Lies«
(T. Kuran; 1995) 244
Profit, Maximierung 258
Pro-Kopf-Verschuldung 307 f.
Propaganda 84, 123, 186
Prozessökonomie 229
»Public Affairs«-Agenturen 280

R
RAG 293
Randgruppen,
Diskriminierung 243
Rat, EU 64
Realitätsverlust, Politiker 70
Rechnungshöfe/-höfler (des
Bundes) 52, 94 ff., 107, 123,
177, 191, 210, 297, 317,
333, 336
Rechtspflege 221 f., 230
Rechtsprechung,
Fehlerquote 226
Rechtsstaatsprinzip 32
Referendum 20 f., 73, 85

Reformbereitschaft
91, 129, 207
Reformpolitik 216
Reformstaus 85, 321
Regierungskonferenz, EU 64
Regierungsmodell
»verantwortliche Personen«
326–330
Repräsentation(sgedanke)
35 ff., 39, 44, 73 ff., 138,
140, 155, 157, 172, 176,
178 ff., 202, 244, 247,
286, 327
Repräsentationsdefizite 286
»responsible party
government« siehe
Parteienregierung,
verantwortliche
»responsible persons
government« siehe
Regierungsmodell
»verantwortliche Personen«
Revolution
(basisdemokratische)
18, 29, 71, 77, 84–88,
137, 178, 334
Richter 19, 22, 25 f., 29,
31, 37, 70, 79, 81, 95–98,
107 f., 116 f., 141 f., 147,
155, 163, 166, 169, 171,
177, 180, 187, 193, 199 ff.,
202, 208, 221–227, 229 ff.,
236, 317, 320, 329, 331,
333, 335 ff.
– Dienstpflicht 222
– Ernennung 342
Römische Verträge 247

Rosa-Luxemburg-Stiftung
122 f.
»Rosinenbomber« 17
»Ruck-Rede«,
Berliner (R. Herzog) 328
Ruhrgas 273, 293
Ruhrkohle AG 116
Rundfunk(anstalten)
94 f., 181, 184, 191, 239,
278, 333, 338
RWE 135, 151, 272 f., 290

S
Sachkompetenz siehe
Kompetenz(en)
Sachverständigenkommissionen
54, 94, 96, 107, 109,
208, 212 siehe auch
Kommissionen
Sachverständiger«,
»Kommission unabhängiger
96, 205
SAFE ID solutions AG 294
Santer-Kommission 297
Schill-Partei, Hamburg 82
Schreiber-Spende 135
Schul(wes)en/Schüler
28, 126, 180, 183 f.,
232–238, 255, 317
Schulden 305–308
Schweden 164
Schweigens«,
»Kartell des 93, 243
»Schweigespirale« 244
Schweiz 38, 84, 99, 130, 148,
156, 159, 188, 248, 299
SED 251 f.

Selbstbedienung 25, 28, 31,
37 f., 78 f., 99, 107, 147, 155,
259, 264, 343
Selbst-Verfassungsgebung 75
siehe auch Verfassungsgeber/-
gebung/-gebend
Siegermächte, alliierte 211 siehe
auch Besatzungsmächte
Siemens AG 150 f., 262, 267 ff.,
271 f.
Solidarverträge 310
Souveränität siehe
Volkssouveränität
Soverdia 299
Sowjetunion 17, 250, 254
Sowjetzone 25, 254
Spendenurteil (1986) 202
Sperrklausel 57–61, 63 f., 241
siehe auch
Fünf-Prozent-Klausel
Spesensystem,
EU-Abgeordnete 165, 186
Sponsoring 273, 295 f.
Springer-Verlag 161
Staat und Verwaltung 92–98
Staatsanwaltschaft/-anwälte
56, 98, 114, 131, 196–200,
225, 229, 231, 260 f., 263,
267, 274, 291 f., 295, 337
Staatsfinanzierung
99, 104 f., 109 f., 113,
162, 187, 200 f., 304
–, direkte 54, 103, 122, 204 f.
–, indirekte/verdeckte 62,
101 ff., 109, 111, 130, 163
Staatsrecht(slehre) 18 f., 26, 35,
63, 77, 79 f., 84, 90, 95, 100,

363

124, 126, 175 f., 181,
194, 202, 206, 212,
232–236, 255, 327,
329
Staatsrechtslehre(r) 18 f., 26,
77, 80, 84, 90, 95, 100, 126,
175 f., 194, 202, 206, 212,
232–236, 255, 329
Staatssekretäre 30, 111, 129,
139, 168 f., 179, 190, 194 f.,
199, 202, 205, 212, 273,
291, 293 f., 316, 339
Staatsverschuldung
31, 77 f., 286, 303, 305–308
Stasi 252
Statesman/»Stateswoman«,
Elder 158
Statt-Partei, Hamburg 82
Steuerfreiheit 202, 236, 302
Steuern 32, 39, 305, 337
Steuerzahler 52, 78, 97, 103 f.,
108, 120, 122, 141, 146,
153, 156, 163, 247, 278,
284, 286 f., 296, 299, 302
Steyler Missionare 299
Stiftungen 61, 99 siehe auch
Parteistiftungen
Stiftungsfinanzierung 101,
121 ff., 202
Stimmengewichtung,
Europaparlament 65
Straffreiheit 298
Strafprozess, Deal 227–231
Strompreise 272 ff.
Strukturpolitik 67, 284
Studenten 113, 234, 235, 279
Studienstiftung 124

Subventionen/Subventionierung
31, 52, 67, 99 ff., 103, 108 ff.,
112 f., 116, 118, 121, 123 f.,
131–135, 201, 204, 213,
250, 253, 293, 303, 305

T
Tabuisierung 13, 241 f., 244
Tabuthemen 244, 338
Talkshows 148, 245 f. siehe
auch Fernseh(anstalt)en
Teilzeitparlamente 156, 188
Telegenität 240
Telekom 296
TIMSS-Studien 236, 317
Tschechien 49, 186, 253

U
Überhangmandate 43
Umfrage (Forsa für Stern;
2006), Volksbegehren 74
Umfrage, Bundespräsident
(Spiegel; 2006) 209 f.
Uneigennützig siehe
Gemeinnutz
Ungerechtigkeit/Gerechtigkeit
67, 144, 221 f., 229 ff., 265,
312
Unverantwortlichkeit
(organisierte/parlamentari-
sche/politische; Indemnität)
12, 24, 47, 67, 160 ff.,
217–220, 325
–, Sofortmaßnahmen gegen
186–189
Urteilsabsprachen,
Rechtsprechung 230

USA 22, 71, 77, 117, 146, 156,
159, 180, 188, 206, 237,
243, 265, 276, 286 f., 297

V
Verantwortung
(slosigkeit/-sscheu) 11, 26,
40, 44, 46 f., 50, 89, 104,
118, 129, 131, 139 f., 145,
158 ff., 167, 169, 172, 179,
185, 198, 203, 217–220,
225 ff., 231, 254, 257, 259,
262 f., 266, 268, 277, 303,
308 ff., 322–325, 343
Verbände 13, 24, 31 f., 34,
116, 126 ff., 134, 151,
157, 163, 183, 212, 223 f.,
251, 258, 275, 277–280,
282 f., 285 ff., 290, 292,
314, 321, 330, 335 f.,
340 f., 343
Verbeamtung 24 f., 30, 32,
92, 153, 172, 178 ff., 192,
331, 337
Verdrossenheit,
Sofortmaßnahmen gegen
186–189
Verfassung(en) 15–38, 44,
71, 75, 76, 78, 80, 82, 86,
99, 111, 130, 136, 175–178,
193, 209, 214 f., 217, 232,
285, 296, 318, 320 f., 341 f.
siehe auch
Grundgesetz (1949)
–, amerikanische (1787) 190
–, Bayerische 57, 78
– Bundesländer 88, 111, 196

–, Europäische 66, 68, 164,
167, 175
–, saarländische 196
Verfassungsänderung(en)
28, 71, 76, 78, 80, 83,
147, 187, 189, 210, 213,
217, 312 f., 320, 334
Verfassungsgeber/-gebung/-
gebend 15 ff., 20, 22,
25 *siehe auch* Selbst-
Verfassungsgebung 75
Verfassungsgerichte/-
gerichtshöfe, Länder
52, 60, 62, 78 f., 82, 84,
94, 162, 191, 317,
331–334, 337
Verfassungskommission (1992)
76
Verfassungsrecht/-rechtler/-
lich 23, 36, 55, 57, 97, 106,
108 f., 113, 126, 193, 208,
211, 212, 222, 234, 242,
281, 315, 337
Verfassungsstaat(lichkeit)
314, 316
– Erosion 320 f.
Verfassungsverstoß 43, 135
Verfassungsvertrag (Lissabon
2007) 186
Verflechtung(en)
226 f., 273, 275, 325, 339
Verhältniswahlrecht
40, 217, 322 f., 324
Verschuldung 305–308
Versorgung, Abgeordnete
27 f., 30, 38, 93, 96, 140,
142 ff., 146, 152 ff., 158,

365

166, 169, 186, 195, 203 ff.,
239, 319
Versorgungspatronage 93
Verwaltung 12, 16, 22, 30 ff.,
77, 87, 89, 129, 131, 133,
136, 149, 155, 167, 180,
185, 188, 192, 199, 212,
219, 251, 257, 266,
276–281, 284, 292, 295 f.,
301, 314–317, 325, 335 ff.,
340, 342 f.
Verwaltung, Staat und 92–98
Vetternwirtschaft (legalisierte)
165, 186, 275
Vodafone 261, 266
Volk 15–22, 28 f., 34–38,
42–45, 47 f., 59, 61, 64,
73, 79 ff., 83–90, 95, 127 f.,
138 ff., 146, 175 f., 181, 187,
193 f., 208, 210, 214, 217,
219, 284, 304 f., 311 f., 316,
322 f., 327 f., 332 ff., 337,
342, 344 *siehe auch* Bürger
Völkerrecht/-lich 209, 254
Volksbegehren/-entscheid(e) 19,
29, 38, 41, 46, 71,
73–78, 81–84, 86–90,
104, 137, 156, 174, 178,
188, 211 f., 327, 333
Volkssouveränität 15–38, 75,
80 f., 83 f., 125, 176, 194,
244, 327, 329, 332, 334, 342
Volksverdummung 105
Volksvertreter 31 f., 91,
118, 127, 138 ff., 146, 151,
172, 278, 289, 339
siehe auch Abgeordnete

Volkswagen AG (VW) 116,
151, 228, 267–271, 275
Vorstandsgehälter 259–267
Vorstandsvergütungs-
offenlegungsgesetz (2005)
150, 264
Vorwahlen 68 ff.

W
Wahl(en)/wählen
16, 18 f., 22 f., 25, 32 f.,
75, 82, 85, 89, 98, 104,
112, 117, 127, 140, 148,
158, 168, 178, 180, 185,
188, 193, 194, 207, 209,
218, 244, 278, 291, 302,
304, 311 ff., 323, 326 f.,
332, 337, 342
– Amtszeit, Begrenzung 70 ff.
– Bundestagswahl(en) 18 f., 43,
49, 57 ff., 61 f., 69, 80, 116,
122, 135 f., 147, 149, 216,
218, 249, 301 ff., 323
– Europa/Europäische Union
46 ff., 64–68
– Fundamentalrecht,
entwertetes 39 ff.
– Fünf-Prozent-Klausel 57–64
– Ministerpräsident,
Direktwahl 89 ff.
– von Abgeordneten 42–46
– Vorwahlen 68 ff.
Wählbarkeit 32, 63, 113, 156,
171, 326
Wahlbeteiligung
18, 43, 48–51, 102, 105,
107, 187 f.

Wählergemeinschaften 51–56
Wahlgeschenke 301, 305
Wahlgesetze 331
Wahlkampfkosten/-erstattung
101, 103, 107, 201
Wahlkreis 32, 41 ff., 58,
69 f., 116, 120, 136,
145, 163, 188, 290,
326 f., 331
Wahlrecht 20, 23, 25, 28, 31,
36, 38–42, 45 f., 48, 57, 65,
79–82, 178, 188, 193, 217,
240, 246, 290, 311 f., 319,
322, 324, 333
–, passives 326
Währungsumstellung,
Ost-/West-Mark 252
WASG *siehe* Linke(/WASG)
Web-TV 245
Wedel-Kommission 147
Weimarer Republik/
Reichsverfassung
50, 63, 74, 188, 208,
210
Weisungsrecht/-freiheit/-
gebundenheit 65 f., 98,
159, 196–199, 292, 316,
337
Weltkrieg, Erster/Zweiter
207, 214, 233, 306
Werbungskosten 141
Wettbewerb (politischer)
23, 34, 51–54, 56, 61 f.,
67 f., 123, 129, 145,
155 f., 164, 213, 219,
236, 238, 250 f., 257 ff.,
263, 267, 272, 280, 285,

292, 318–322, 326, 329,
332, 339, 341 f.
Wettbewerbsdemokratie 322,
326
Whistleblower 32, 296 ff.
»White Collar Crime«
(E. H. Sutherland) 228
Wiedervereinigung (deutsche),
Folgen 17, 49, 59, 249–256
Willensbildung,
politische 20, 26, 28, 35,
37, 41, 88, 99, 164,
284, 306, 321, 329, 337,
342
Willkür 119, 200, 211
Wirtschaft/-lich
12 f., 39 f., 44, 67, 108,
114 f., 128, 136, 166 f.,
180, 224, 228, 238, 242,
244, 247, 250 f., 253,
257–280, 282 f., 285,
288, 292, 295, 299,
314, 318, 330, 335,
339 f., 343
»Wirtschaftswunder« 257
Wissenschaft(ler/-in)
13, 36, 67, 97, 171 f.,
183, 192, 202, 206,
232–238, 247
Wissenschaftspreis,
Bundestag 181–185

Z

ZDF 95 f., 245
Zeiss 271
Zeitschrift für Parlamentsfragen
181 ff.

Zentralisierung 219
Zukunft, Kinder 31, 78, 111,
130, 165, 236, 238, 301–313
Zulassungsverfahren,
Parteien 54
Zuschüsse,
staatliche 55 f., 60,
101 ff., 112 f., 117 f.,
120 f., 132 f.
Zwei-Drittel-Mehrheit(en)
24, 71, 76, 83, 210,
312
Zweitstimme
43, 58